| 中国当代研学丛书 |

文化

闻一多与中国学术史

刘殿祥 | 著

图书在版编目（CIP）数据

闻一多与中国学术史/刘殿祥著. —北京：
中央编译出版社，2020.3
ISBN 978-7-5117-3775-5

Ⅰ.①闻…
Ⅱ.①刘…
Ⅲ.①闻一多（1899-1946）—文学思想——思想评论
Ⅳ.① K825.6

中国版本图书馆 CIP 数据核字（2019）第 285996 号

闻一多与中国学术史

出 版 人：	葛海彦
责任编辑：	刘　溪
责任印制：	刘　慧
出版发行：	中央编译出版社
地　　址：	北京西城区车公庄大街乙 5 号鸿儒大厦 B 座（100044）
电　　话：	（010）52612345（总编室）　　（010）52612339（编辑室）
	（010）52612316（发行部）　　（010）52612346（馆配部）
传　　真：	（010）66515838
经　　销：	全国新华书店
印　　刷：	三河市华东印刷有限公司
开　　本：	710 毫米×1000 毫米　1/16
字　　数：	296 千字
印　　张：	16.5
版　　次：	2020 年 3 月第 1 版
印　　次：	2020 年 3 月第 1 次印刷
定　　价：	95.00 元

网　　址：	www.cctphome.com　　邮　箱：cctp@cctphome.com
新浪微博：	@中央编译出版社　　微　信：中央编译出版社(ID: cctphome)
淘宝店铺：	中央编译出版社直销店（http://shop108367160.taobao.com）（010）55626985

本社常年法律顾问：北京市吴栾赵阎律师事务所律师　闫军　梁勤
凡有印装质量问题，本社负责调换，电话：（010）55626985

目 录

引言 …………………………………………………………… 1

第一章 诗歌与学术之间 …………………………………… 5
一、诗歌中的学术 5
二、从诗歌到学术 20
三、学术中的诗歌 31

第二章 学术中的史家意识 ………………………………… 48
一、文化人生历程中历史意识的生成 48
二、学术研究历程中历史意识的成熟 57

第三章 学术研究中的学术史意识 ………………………… 76
一、闻一多的学术史意识 76
二、闻一多与古代学术文化史的关系（从先秦到宋明） 80
三、闻一多与清代学术 101

第四章 "国学"意识的历史生成 ………………………… 122
一、从"汉学"到"中学" 122
二、"国学"话语的兴起 133
三、闻一多的国学意识历程 142

第五章 现代学术语境中"国学"的共生结构 ······ 152
- 一、新文化运动的"历史法则" 152
- 二、北京大学的"整理国故"与"疑古"思潮 166
- 三、"美国化"清华的国学研究院 174
- 四、清华园的人文环境和现代思想格局 190
- 五、清华学派的形成和"释古"研究 203
- 六、学术个性与学术流派之间 215

结　语 ······ 234

参考文献 ······ 246

后　记 ······ 256

引 言

在中国现代诗歌史上,以郭沫若、闻一多为代表的诗人不仅在诗歌创作上开创了中国诗歌的全新局面,而且以他们深厚的古典文化修养在诗歌创作中体现出一种鲜明的学术化倾向;而以郭沫若和闻一多为代表的一部分现代诗人如胡适、朱自清、冯至、陈梦家、何其芳等同时又是现代学者,或在新诗创作的同时致力于学术研究,或从前期的诗歌创作转向后期的学术研究,以诗人的特性为中国现代学术史带来了新风格和新气象。中国现代诗人兼为现代学者,或从现代诗人转变为现代学者,这成为现代文化史上一个突出的现象。从创作到研究、从诗歌到学术、从诗人到学者,诗歌与学术的转化,一方面意味着一个作家和诗人的消失,另一方面意味着一个现代学者的产生,诗歌与学术的转化之间,在中国特定的历史时代和文化传统中,自有意味深长的地方,不仅关涉诗歌和学术本身的文化转化问题,而且关涉诗人和学者的人格、精神和思想的变迁问题。正是在这样的转化和变迁中,这既有趣味又更有意义的现象背后隐含了中国文化和现代精神的深刻内涵。

由"学"而"诗",从"诗"到"术",体现了文学创作和学术研究的互动关系。文学创作本就是构成学术研究的对象,学术研究可以促进文学创作,创作的艺术思维和创作经验能够开创出全新的学术研究的境界和范式。中国学术史上本来就有作家从事学术研究的传统,但古代文学和学术没有严格分科界限,文史哲都浑然一体,文学几乎就是学术。而现代分科后,人类思维明晰化,艺术和科学分途发展,文学和学术各司其职,艺术为创作,学术成客观的研究。只有在现代文化格局和学科分化中,文学家和学者才具有鲜明的区别。而只有在现代文化格局和学科分化中,诗人转变为学者才具有了文学史和学术史意义。

现代诗人学术研究的取向分四个方向:一是中国古典文化和文学的整理、鉴赏和研究,如胡适、郭沫若、闻一多、朱自清、陈梦家、林庚、何其芳;二是外国文化和文学的翻译、介绍与研究,如郭沫若、冯至、戴望舒、穆旦、曹葆华；三是中外文化和文学的比较研究，如胡适、郭沫若、冯至；四是对印度文化和文学、佛教文化和文学的研究，如胡适、金克木、废名。

而以已经成就了的诗人指向学术研究，一方面通过他们的学术反观其诗歌的艺术精神世界，会有更为深厚的文化感受和精神体验；另一方面，诗歌创作的经验和天然的诗性思维无疑给中国的学术研究带来了全新的气象，使中国学术史特别是在现代学术史上增加了诗人型的学者，一改传统学者皓首穷经、古板迂腐的形象，而出现了思维活跃、精神勃发的现代学者，尤其于学术世界中平添了一股新鲜的气息。而他们更以特有的艺术创造性思维，在学术研究上做出了前所未有的贡献，无论是在中国现代诗歌史上，还是在中国学术史上特别在现代学术史上都有着重要的意义。

本书正是在此基点上展开闻一多对古典学术的研究，力图发现现代诗歌和古典学术研究之间关系的意义，以重新认知中国现代诗歌和中国现代学术的特征。其研究价值主要有以下几个方面。

1. 中国现代诗歌史价值。通过对具体诗人诗歌创作和他们作为学者的古典学术研究之间关系的研究，发现诗歌创作中所蕴含的学术含量和文化底蕴，即揭示出"诗中有学"的特征。"以学为诗"本就是中国古典诗歌的传统，尽管文学革命后在"诗体大解放"的口号下白话自由诗中"学"的含量愈来愈稀薄，但因为第一代现代诗人基本都受过传统文化的系统教育以及随后有意识地从事古典学术研究，所以他们的诗歌中仍然保有深厚的学术含量和文化底蕴。这一点不仅仅使我们认知现代诗歌的新特质，而且也提供了反思现代诗歌创作问题的参照，对当下新诗的创作具有启发和重要参考价值。

2. 中国现代学术史价值。现代诗人转变为学者后，诗歌创作的经验和天然的诗性思维深刻地影响了他们的学术研究，就使中国学术史特别是在现代学术史上增加了诗人型的学者，一改传统学者皓首穷经、古板迂腐的形象，而出现了思维活跃、精神勃发的现代学者，尤其于学术世界中平添了一股新鲜的气息。而他们更以特有的艺术创造性思维，在学术研究上做出了前所未有的贡献，在现代学术史上都有着重要的意义，他们的学术研究成果具有了更为特别的学术价值。本课题即重点阐发现代诗人在古典学术研究上的贡献和他们的诗意化的学术研究对于中国学术史的价值。

3. 中国文学现代化的认知价值。中国文学的现代化是从新文化运动和文学革命运动后开始的，而中国文学的现代化应该指向两翼，一是新文学的创作，二是古代文学的现代化。中国现代作家多数既是新文学的创作者，又是古代文学研究的学者，而古代文学的现代化正有赖于现代学者以现代视角和方法去研究将古代文学推向现代化。现代诗人们在新诗创作的同时进行古代文学、古代诗歌研究，他们从创作和研究两个方面推进着中国文学、中国诗歌的现代化。通过阐发现代诗人的诗歌创作和学术研究的关系，可以更具体深入地认知中国文学现代化的"全面"。

4. 研究中国现代知识分子精神特征的价值。身兼现代诗人和现代学者双重身份的郭沫若、闻一多、朱自清、冯至、何其芳等人，在他们身上体现了中国现代知识分子的精神变迁和人格特征，而这种精神变迁和人格特征正具体化地体现在他们在诗歌与学术之间的选择中。可以说，这些知识分子都是从古典文化和学术中涵养出来的，受新文化运动影响而致力于诗歌的革命和新诗创作，但古典学养基础和传统文化的情结使他们对古代文化、古代文学、古代诗歌始终不能忘怀，不仅常潜心于诗歌创作，而且常情不自禁地进入古代经典的研究中。这样，他们在精神上走过了一条从古代到现代、从现代返归古代的文化旅程，同时也构成了他们的精神变迁轨迹，影响了他们作为中国现代知识分子的文化人格的形成。在诗歌与学术的互动关系中深入，可以探索知识分子的精神轨迹和文化人格特性，对于深入认知中国现代知识分子的精神世界和文化命运会有一定的参照价值。

诗人、学者、民主斗士，这是朱自清按照闻一多主要业绩进行论定后我们对闻一多一贯的认定。尤其毛泽东在新民主主义革命即将胜利时高度评价了闻一多不怕牺牲、"拍案而起"的民主斗争精神并号召写"闻一多颂"，更突出了闻一多的政治斗争业绩和政治人格。对一个如闻　多这样的具有多方面业绩的人物进行概括，难免陷入片面性，因为任何一种抽象和概括都必然以牺牲其他属性为代价。当我们说出"对象是什么"的时候，就排除了"对象不是什么"的特性，但这"不是什么"里面，固然有确实的"不是什么"，但也许还包含着对象的"是什么"而对对象的认识有所遗漏。应该说，从闻一多全部的业绩看，闻一多在中国现代文化思想史、中国现代文学史和诗歌史、中国现代政治革命史、中国现代学术文化史、中国现代教育史特别是现代大学教育史、中国现代艺术史、中国现代知识分子思想和人格演变史上面，都既有杰出的贡献，又富有相当的典范意义，也就是说，闻一多不仅仅是诗人、学者和民主斗士。闻一多一生从外在的现实身份看，基本上是从学生到大学教授，终其一生都基本生活在学院、书斋和文化中，由此自然提升出他的文化身份。但学院、书斋和文化并没有完全压制闻一多诗意化的创造力，更没能限定闻一多的精神扩展和思想的辐射力，他在常规的学术研究活动过程中突破了单纯的"学者"角色，思想和精神既指向历史，又指向社会现实，在历史文化与现实社会的沟通对照中体现出他独特的人格精神和思想力量。"学者闻一多",这是我们基于闻一多杰出的学术研究贡献而对他文化身份的一种认定,闻一多的学术研究即构成了本文的基本内容。当把闻一多定位于"学者"时,一方面,主体的"学者"身份指向或标明了他客观的学术研究成果,凝集于12卷本《闻一多全集》中的皇皇八卷古代文学和文化研究的学术论著是他留下来的宝贵精神遗产;另一方面,闻一多作为学者,有着超越于一般学者的更为丰富的含义,闻一多的"学者"中包含了他全部的现实感受和文化精神,含纳了中国现代文化、现代文学、现代革命、现代学术、现代教育、现代艺术、现代知识分子精神人格各个层面的内容,有些本就是他学术研究的对象,而有些是作为精神底蕴体现于学术研究中的。"学者"所指的大部分学者单纯就是一个"学者",学术研究既职业化又在具体的学术研究中趋于技术化,学术的职业化和学术操作中的技术化已经成为现代学术研究典型的特征。当我们进一步追问"学术何为"和"学者的使命是什么"的时候,学术的单纯实用化和学者的视学术为谋生手段的答案与问题本身还是有所偏离的。以学术研究为职业和在研究中进行必要的技术操作,这同样表现在闻一多的学术研究生涯中。但闻一多在学术研究中从根本上超越了学术的职业化和技术化,在学术研究的实践过程中事实上回答了"学术何为"和"学者的使命是什么"的问题。本书主旨就是要揭示出闻一多作为学者而不同于常规意义上学者的特质,要说明:闻一多作为中国现代学者同时担当着中国现代知识分子的使命,以学者为中心在学术研究中体现出诗人、文化史家和现代思想家的维度,在中国古代文学文化研究中表现出诗性创造思维、文化史的穿透力和现代思想家的深度,以一个现代知识分子的文化反思和文化批判精神担当起中国文化的"杀蠹的芸香"的使命。这是闻一多作为现代学者的特质,更是闻一多学术研究的目的和思想的归宿。本书即以此立论,阐述闻一多从诗人到学者的转变和他的古典学术研究与中国学术史的联系,最终说明他的古典学术研究中的诗意化思维、文化史家意识和现代思想家的文化价值,落实在闻一多作为"杀蠹的芸香"对于中国古代文学文化的思想价值取向中,标示了闻一多作为一名中国现代知识分子的基本精神。

第一章　诗歌与学术之间

诗歌属于艺术，学术归于科学。闻一多创作诗歌，以《红烛》《死水》奠定了他在中国现代诗歌史上的地位；他进行学术研究，更以博大精深的学术研究成果奠定了在中国现代学术史上的地位。诗人与学者，闻一多一身二任，在分属于艺术和科学的诗歌创作和学术研究两大领域都取得了杰出成就。表面看，闻一多先为诗人，后转变为学者，诗歌创作和学术研究呈现为时间上鲜明的先和后的状态，但实际上，闻一多的精神始终自然而自由地驰骋于诗歌和学术之间，固然表现为从诗歌到学术、从诗人到学者的转化，但同时还存在着作为诗人的一贯性和作为学者的持续性，即他的诗歌创作积淀着学术文化，在他的学术研究中体现着诗人的本性。当我们说闻一多是诗人时，他是一个学者型诗人；当我们说闻一多是学者时，他是一个诗人型学者，诗人和学者、诗歌与学术在闻一多的精神和文化世界中实际上是统一的。闻一多本质上是一个诗人，这不仅在于他创作诗歌，而且在于他具有一种诗性的思维，其诗人的特性贯穿于整个学术研究历程中。事实上，闻一多一生都处于诗歌与学术之间，不是简单地以一贯说法"从诗人到学者的转变"能够概括的。诗中有学，从诗到学，学中有诗，是闻一多在诗歌与学术之间的最大特征。

一、诗歌中的学术

属于艺术领域的诗歌和归于科学范畴的学术，虽然有一定的区别，但从更广阔的人类文化角度，艺术和科学本来就有相当的联系。而学术研究对象如果属于人文社科领域，学术和诗歌就更加靠近。诗人的诗歌创作与学术研究并没有绝对的界限。首先从诗歌创作机制看，任何诗人在创作之前都要有一定的学养基础，不仅学习前人和别人的诗歌创作经验和从已有诗歌中吸收诗歌艺术营养，而且要博览广收人类文化中各学科和各方面的知识，以作为诗歌创作的必要知识准备。没有多方面的知识基础和丰厚的学养积累,即使天才诗人也不可能凭空创作出作品。艺术家、诗人固然不是通过学习而通往艺术、诗歌的"象牙之塔",尚需要一定的天赋、感觉能力和对现实人生的体验,但没有对以往人类文化、艺术、诗歌的学习,仅仅通过艺术天赋、感觉能力和对现实人生的体验,不仅不会创作出伟大的作品,而且连基本的创作能力都不会具备。其次,从诗歌创作过程看,诗歌作为抒情的语言艺术,诗人要把自我所感受和体验到的个性化的情感、思想、生活表现出来,就需要调动长期积累的精神的和艺术的储备,包括最基本的语言和艺术表现方式,一方面需要自我的创造,但另一方面创造也需要有所凭借。诗歌创作的过程是自我学养的外在化、对象化过程。再次,从诗歌创作成果看,完成了的诗歌作品在表现具体对象的同时,实际上包含着或积淀了诗人精神范围内的文化底蕴,以不同诗人学养的深浅而表现在诗歌中的文化底蕴也或深厚或浅薄。也就是说,从诗歌文本就可以看到诗人文化知识和学术素养的深浅,每一首诗歌都必然体现着一定的学术文化含量。最后,从诗歌接受角度看,诗歌作品及其诗人往往又会成为学术研究的对象,诗歌一旦成为学术研究对象,原本分离的诗歌和学术几乎可以合二为一。所以,诗歌中包含学术,就为本题中的应有之意,以此认知可以首先肯定闻一多诗歌中的学术。

研究闻一多的学术文化,首先应该把他的诗歌作为进入他的学术殿堂的入口,因为闻一多自己进入学术研究的入口就是诗歌。而他即使在诗人时期,学者的一面已经开始逐渐生成,其诗歌中的学术鲜明地表现在两个方面,一是闻一多诗歌创作中所包含的深厚学术素养,二是闻一多在诗人时期所进行的学术研究。这实际上也构成了闻一多作为学者的生成机制,他是通过诗歌进入学术研究领域并进而走上学术研究道路的,诗歌及其诗性思维伴随了他整个学术历程。闻一多的学术文化既然是发端于诗歌的,那么他的诗歌就体现出鲜明的学术文化意识和学术化特征。

闻一多诗歌创作中的学术文化含量以他长期的学养为基础,从《红烛》和《死水》中的诗歌及一些集外诗歌可以鲜明地感受到闻一多深厚的古典诗歌、古典文学和古典文化的学术素养。闻一多生于1899年,中国尚处于传统社会,科举制度还没有废除,全社会的价值取向仍然趋于读书举业,加之闻一多的家庭属于中国传统的"耕读世家",祖上多有科举得中而进入仕途者,其祖父虽然没有考中,但寄希望于子孙,对自己的不第耿耿于怀之余,"以为书香不继,大是恨事。每于试后见族有报捷者,终夜涕泣,又强自解曰,有孙可弄,岂无后望。

爱筑书室于屋侧，延名师课孙辈"①。这样，闻一多祖父在闻家营造了一个良好的读书氛围。闻一多稍长后在家庭私塾中接受启蒙教育，开始学习中国传统典籍。当然，最初的教育内容一是启蒙读本，二是科举考试内容的初步准备。1905年科举制度废除后，闻一多的学习内容不仅限于四书五经、八股制艺而扩展到史部、子部和集部，尤其开始从私塾教育转向新式学堂，在传统典籍的学习中增加了"新学"内容。但在启蒙教育阶段所受到的传统文化典籍的熏陶不仅构成他知识结构的基础，而且内化为他根深蒂固的文化情感，所以，在随后的求学过程中，正规的学习内容为"新学"，但闻一多自己却在正式学业之余主要投入中国古典诗文和古代文化的学习中。1913年冬，闻一多考取清华留美预备学校，开始了他在清华长达10年的求学历程。在此期间的学习内容可分两大板块：一是清华学校的课程体系，包括英文、数理化、生物、地理、历史等现代学科，以英文为主；二是中国古代文化和文学课，为中文课程，其中主要为闻一多自己选择研习的内容。当时学生重视英文课程而轻视中文课程，闻一多还特作文批判，批判中文课堂的"僑骗欺诈，放僻嚣张，丑态恶声，比戏院，茶馆、赌博场还不如"的状况②，所以，闻一多自己在课余投入大量精力学习传统文史，特别重点研读古典诗歌，以为传统典籍中"《礼》以节人，《乐》以发和，《书》以道事，《诗》以达意，《易》以道化，《春秋》以道义。江河行地，日月经天，亘万世而不渝，胪万事而一理者，占学之为用，尓既广且大矣"。带着这样的认识，闻一多针对清华学校"以预备游美之校，似不违注重国学者"的教育现状，"不忘其旧，刻自濯磨"，志要"振兴国学"！③ 我们从闻一多在清华时留下的一部分读书笔记和日记中可以看到闻一多在古代典籍和古典诗文学习内容的广泛和深入。如《二月庐漫记》中，闻一多阅读范围涉及古代文化各个领域，经史子集，无所不包，特别都有自己的阅读心得和评价。当然，闻一多的研习内容不仅有古典诗文，而且包括了西方文化。现存他1919年1月到4月的日记中提到的阅读书目中西并进，古典文化方面的有《日下旧闻考》《文选》《史记》《类纂》《清诗别裁》《明诗综》《元诗选》《宋诗选》《全唐诗》《八代诗选》《诗经》等；西方文化方面的有《罗马史》《希腊史》《旧约

---

① 闻黎明、侯菊坤：《闻一多年谱长编》，湖北人民出版社1994年版，第4页。
② 闻一多：《中文课堂底秩序底一斑》，载《闻一多全集》第2卷，湖北人民出版社1994年版，第318页。
③ 闻一多：《论振兴国学》，载《闻一多全集》第2卷，湖北人民出版社1994年版，第282、283页。

故事》《天演论》《千年进化史》《英文名家诗类纂》等。① 单就中国古典诗歌的学习看，闻一多的阅读范围从晚近的清诗一直上溯到唐诗，包括八代以至《诗经》，囊括了中国诗歌史，吸收了历代诗歌的艺术营养。及至留学美国后，闻一多也多带中国古典诗歌书籍，虽然主修美术，但钟情于中国文学、中国诗歌，出国不久，已经完成陆游和韩愈两诗家的研究，"现已作就陆游、韩愈两家底研究，蝇头细字，累字盈寸矣"②。闻一多经常和同学带一本《十八家诗钞》去公园读杜甫、李白、苏轼、陆游等。③ 这样，闻一多从启蒙教育开始到清华学校读书以至出国留学的整个求学过程，一以贯之，持续着中国古代文化和古典诗文的学习，形成他知识结构中至为深厚的古代文化和古典诗歌学养基础。与此同时，闻一多开始诗歌创作，先是旧体诗，文学革命运动后转向新诗创作，在新诗创作的探索中，从自由诗转向新格律诗的创作。无论是旧体诗，还是新体诗，都可以在诗歌中看到他此前或同时的学养成分，诗歌中包含着闻一多的学术文化因素。早期所作古典诗文结集为《古瓦集》，就诗歌部分更体现了"以学为诗"的特征。这里的"学"既指他初试旧体诗写作时对古诗的袭用，也指他把自己所学的古代文化融入诗歌内容中。如《拟李陵与苏武诗三首》《读项羽本纪》《自言子文学书院射圃谒言子墓》《寻桃源石屋二涧皆洇溯石屋上游乃得水因濯足焉》《维摩寺》等咏史诗，当然立足于他对古代人物和事迹的了解而以此抒怀，这里涉及李陵、苏轼、项羽、言子、陶渊明、维摩诘等人物典故。如《读项羽本纪》："垓下英雄仗剑泣，遥遥泪湿乌江荻。早知天壤有刘邦，宁学吴中一人敌？"短短四句，把项羽生平遭际、项刘争锋、垓下战役、当时天下大势和项羽作为英雄的悲剧都表现了出来。还如《七夕闺词》："卍字回文绣不成，含愁泪滴杏腮盈；停针叹道痴牛女，修到神仙也有情。"其中包含了中国古代民间传说和历史文化的多种背景知识，如古代为吉祥象征的卍字、诗歌中的回文锦、牛郎织女传说、道教和神仙传说等。创作新诗之前，闻一多还写过多篇赋体作品，如《马赋》《松赋》《招亡友赋》《清华体育馆》《清华图书馆》等，

---

① 闻一多：《二月庐漫记》《仪老日记》，载《闻一多全集》第 12 卷，湖北人民出版社 1994 年版，第 411—428 页。
② 闻一多：《闻一多致 1922 年 8 月致父母亲信》，载《闻一多全集》第 12 卷，湖北人民出版社 1994 年版，第 49 页。
③ 闻一多：《致 1922 年 9 月 1 日致梁实秋、吴景超信》，载《闻一多全集》第 12 卷，湖北人民出版社 1994 年版，第 68 页。

虽然为咏物写景，但赋中所铺陈更多包含着古典文化意蕴和闻一多的学养积累。① 旧体诗创作的传统本就是讲求"无一字无来历"和"借他人酒杯浇自我胸中块垒"而多用典故，诗歌更见诗人的学养基础和学术积累。文学革命运动中胡适首倡"诗体大解放"，打破格律束缚，废除用典，"要有话说，方才说话""有什么话，说什么话；话怎么说，就怎么说""要说我自己的话，别说别人的话""是什么时代的人，说什么时代的话"。② 新诗代旧体诗兴起后，最初的自由诗如胡适所言诗体解放，不押韵、不对仗、不求平仄、不用典故，直抒胸臆，诗歌语言使用白话文，但随之也在新诗中流失了古典诗歌所特有的学术文化含量。闻一多转为新诗创作后，一部分诗歌在内容和表现上也流于新式浮浅，但他毕竟有着深厚的古代诗歌艺术修养和扎实的古代文化修养基础，所以大部分诗歌中都体现出他的学术文化含量，可见出"诗中之学"。

闻一多的诗歌中的学术文化含量自然体现在诗歌创作机制中（前述他的学养基础）、体现在他的诗歌创作过程中（在创作中调动了他的学养积累）、体现在他的诗歌作品中（在具体诗歌文本直接可以见出学术文化含量）、体现在他的诗歌被欣赏和研究过程中（读者从学术文化的角度接受和研究其学术性特征）。在此，我们主要从三个方面把握闻一多新诗中的学术化特征。

诗歌内容上，闻一多多有诗歌取材于中国古代历史文化和历史人物事迹，包括神话传说，他在自己的古代文化知识结构中经过选择而提炼出最能够表现自我情思的古代文化和历史人物事迹，构成了他厚重的诗歌内容。这不仅见出他的学养，而且见出他的学力，更见出他把学术文化诗歌化的创作能力。而这些历史文化的内容不是单纯作为他知识结构的层面存在，仅仅作为知识结构的一个层面而存在的历史文化是死的知识，而闻一多在诗歌创作中不是搬用而是化用学术内容，在诗歌化用的创作过程中有效地激活了以前所掌握的历史文化和人物事迹。学习内容的诗歌化实际造成了诗歌的学术化，在诗歌中包含了厚重的学术文化含量，体现出厚重的文化底蕴。最为典型的是《红烛》中的《李白之死》，取材于李白"捉月骑鲸而终"的传说故事，闻一多以气势宏大的诗笔，借这个传说故事高歌李白的"诗人底人格"。李白本自喻"我本楚狂人，凤歌笑孔丘"，闻一多依据历史和传说故事进行了大胆的想象，淋漓尽致地描绘了

---

① 闻一多早期文言旧体诗文集自编为《古瓦集》，后发现于中国社会科学院文学研究所资料室，陕西人民出版社影印出版。新版《闻一多全集》收录一部分。闻惠编注有《闻一多青少年时代旧体诗文浅注》（群言出版社 2003 年版）。
② 胡适：《建设的文学革命论》，载《胡适文存》第 1 集，黄山书社 1996 年版，第 42 页。

李白醉酒和自蹈池水、捉月而死的情形，更出神入化地表现了李白醉意朦胧中的心理活动和对那"清寥的美！莹澈的美！"的月亮的向往。更为突出的是，闻一多通过李白之死的描绘，借李白之口，点化出异常丰富的中国文化元素，全诗充溢着浓郁的中国文化氛围和中国文化的美。诗歌一开始，龙烛燃尽，杯盘狼藉，客人云散，而主人醉倒。李白在醉眼朦胧中，思绪飞扬，看见月亮，想象为"广寒宫里的仙娥"，而自己则不过为"戏弄黄土的女娲""散到六合里来底一颗尘沙！"在这里，闻一多一方面运用了"女娲造人"的神话，另一方面化用了李白自己的一首诗歌："女娲戏黄土，团作愚下人，散在六合间，濛濛如沙尘。"又取典籍记载中李白的出身和名字的来历："惊姜之夕，长庚入梦，故生而名白，以太白字之。"（李阳冰《草堂集序》，闻一多原注）诗中让李白对月抒怀："谁不知我是太白之精？我母亲没有在梦里会过长庚？"因而引月亮为同族。像这样把李白的现实感受、神话传说和李白自己的相关诗歌融为一体的写法，在全诗随处可见，是闻一多对历史文化知识融会贯通后在诗歌创作中挥洒自如的运用。与《李白之死》相类似的有《剑匣》，叙写一位古代"盖世的骁将"在战争失败后偃旗息鼓，退隐民间后致力于雕刻自己的剑匣，在上面精雕细刻了一幅精美的中国历史文化图案。从闻一多所描绘的剑匣图案的元素看，包容了中国历史中物质性的和非物质性的文化要素，体现了独有的中国文化美。如所用雕刻材料有象牙、墨玉、金丝、银线、玛瑙、珊瑚、琥珀、翡翠、琉璃、螺钿、蓝珰玉、紫石英等，这些虽然为物质性材料，但已经沾染了浓郁的中国文化色彩而成为中国特有的文化载体；闻一多在艺术中驱策这位将领运用这些中国特有的材料在剑匣上面雕刻出中国特有的文化形象，如白面美髯的太乙、三首六臂的梵像、弹奏古瑟的瞎人、化为蝴蝶的梁山伯和祝英台等，熔传统文化中儒道佛于一炉，点缀了美好的爱情传说，几乎构成了中国文化的全貌。其中还穿插着李广射虎、李白断水、高祖斩蛇、霸王别姬的历史故事。"剑匣"雕刻的中国文化含量正是诗歌的中国文化底蕴，当然体现了闻一多对中国历史文化和思想长期的积淀。闻一多出国留学后，思家念国，升腾起强烈的爱国主义情感，在美国时创作了一系列想念祖国的诗歌，回国后创作了一系列"惊心动魄"的爱国诗，而这些诗大即取材于中国历史文化和中国特有的物象，如他在美国写的《孤雁》《忆菊》《红豆》组诗，同样基于闻一多对中国历史文化的了解和对民族文化象征物的透彻把握而选取了"孤雁""菊花""红豆"这样具有文化含量的意象。闻一多的爱国主义思想集中体现为"文化上的爱国主义"，诗歌在表现"文化上的爱国主义"时主要以中国文化为基础、在诗歌中集中描绘中国的历史文化和文化历史。而要表现"文化上的爱国主义"，当然首先要有对中国文化的充分了解和在了解基础上发自内心的爱。那么表现在诗歌中就必然强化了诗歌的学术文化含量。《死水》诗集中的《一个观念》以抽象的诗歌艺术思维和诗歌表现方式点化出那"横蛮"和"美丽"的"五千多年的记忆",在《祈祷》中把"五千多年的记忆"形象化,罗列了"民族的伟大"处:尧舜的心、荆轲聂政的血、神农黄帝的遗孽、河马献来的馈礼(即传说中的"河图洛书")、九苞凤凰传授的各声节奏、孔子吊唁死麟的清泪、庄周和淳于髡以及东方朔的狂笑,还有戈壁的沉默、五岳的庄严、泰山石雷的忍耐、大江黄河的和谐等,这些正如《我是中国人》中所歌咏的,构成了"伟大的民族"的"五千年的历史"。从这些历史文化的列举中,我们从情感上可以充分感受闻一多诗歌中强烈的爱国情,从思想上可以透彻把握闻一多诗歌中鲜明的"文化上的爱国主义"。那么换一个角度,从诗歌自身内容上,我们可以明显认知闻一多诗歌中的学术文化含量,没有他从学术文化角度的深入学习和研究,是不可能如此娴熟地把如此丰富的历史文化和人物事迹纳入新诗中。闻一多对中国的历史文化和文化历史并不限于学习和了解的层面,而是在学习过程中经过学术化的研究,从上述诗歌中可以明显地看出他的研究"成果",换句话也可以说,如《祈祷》这样的诗是闻一多以"诗歌"的形式撰写的一部中国"五千年文化"的"学术论文"。所谓"论文"之"论",繁体写作"論",据张舜徽说,"論"的本字当作"侖",从亼册(亼即集字),"是集合很多简册加以排比辑录的意思。《论语》那部书的命名,便取义于此"①。又,许慎《说文解字》谓:"論,议也。"段玉裁注云:"侖,思也。""侖,理也。"② 以此解"论"的标准,闻一多的《祈祷》之类"诗"也可以做"论"看。笔者在此并非曲解闻一多之"诗",只是想说明闻一多诗歌中的学术性特征。姑且视闻一多"诗"有学术性之"論"的意味,那他就不单是本义的选择、排比、辑录中国历史文化要素,而同时在"思"、在论"理",即学术化的诗歌之"论"中有闻一多的思考和学理,通过历史文化素材的排列辑录表现自我的情思主旨。这也体现在闻一多表现近代中国文化历史的诗歌中,如集中表现他"文化上的爱国主义"思想中的包含有国家主义、民族主义思想的《醒呀!》《七子之歌》《长城下之哀歌》《南海之神》,从古代文化历史延伸到近代中国的历史文化。面对中国的落后和被帝国主义侵略的屈辱,闻一多发出呐喊,力图唤醒"熟睡的神狮",希望代表五大族的"神明的元首""勇武的单于""伟大的可汗""神圣的苏丹""庄严的活

---

① 张舜徽:《张舜徽集·中国文献学》,华中师范大学出版社2004年版,第25—26页。
② 许慎撰、段玉裁注:《说文解字注》,浙江古籍出版社1998年影印版,第91—92页。

佛"都"醒呀"！特别是《七子之歌》，更包含了深厚的历史内容，几乎表现了一部中国近代的屈辱史。从历史文化的学术内容看，《七子之歌》是基于闻一多对中国近代史的充分了解和深入思考而创作出来的，《七子之歌》所表现的失养于祖国、受虐于异类的七个地方，所涉及的近代不平等条约就有：1887年的中葡《和好通商条约》（澳门）、1842年的中英《南京条约》（香港）、1860年的中英《北京条约》（九龙）、1895年的中日《马关条约》（台湾、威海卫）、1899年的《中法互订广州湾租界条约》（广州湾）、1898年的中英《展拓香港界址专条》（九龙）、1898年的中俄《旅大租借条约》及其《旅大租借条约续约》（旅顺、大连）。正是这些不平等条约，使得澳门、香港、台湾、威海卫、广州湾、九龙、旅顺和大连长期沦为帝国主义的殖民地。虽然，诗歌以抒情为主，以形象化笔法抒发了"七子"热望回归祖国母亲怀抱的强烈呼唤，诗歌中并没有出现这些不平等条约，但支撑全诗的基础和骨架是近代历史，是具体的一系列不平等条约。这里闻一多就以诗歌形式展示了中国的近代史，又在展示中融入自我的思想、情感和学理上的研究成果，如他的《长城下之哀歌》对长城文化的反思，在《南海之神》中对孙中山的歌颂，都是置于广阔的中国历史文化背景下展开抒写的幅度、表现深厚的文化思想的。诗歌内容或取材于自我内在的情感和思想，或取材于外在的社会生活；或取材于当下的现实人生，或取材于历史文化。诗歌内容取决于诗人自我的人生阅历、知识结构、感受趋向和整体精神的价值取向，这些决定了诗歌的内容特征，或者说决定了诗歌是否具有学术含量和文化底蕴。仅仅感悟现实的诗人或缺乏学术文化素养的诗人，只能反映现实中的人事物景和自我的现实感受，诗歌不会有多丰厚的文化内涵。只有如闻一多这样的对中国历史文化和文化历史有充分的了解和掌握，经过自我的学术研究，才会取材于历史文化而表现出诗歌的学术化特征。

  闻一多诗歌的学术化特征在诗歌艺术上体现为他对中国古典诗歌意象的吸收和创化，从诗歌中古典意象的借用可以见出闻一多深厚的古典诗歌艺术修养，在新诗创作中以所"学"的古诗融入新诗，在新诗中表现出古典诗歌学养和诗歌学术文化的含量。诗歌本质上是抒情的艺术，而在怎么抒情上即分野出直接抒情和间接抒情两种基本方式。中国古典诗歌崇尚间接抒情，通过格律化形式如平仄、押韵、对仗、用典等达到温柔敦厚、含蓄蕴藉的艺术效果，其中用典而外，多采用意象抒情法。现代新诗在"诗体大解放"后，最初的自由诗追求直接抒情，从胡适的《尝试集》开端，到郭沫若的《女神》达到高峰。在胡适和郭沫若影响之下，最初的白话诗集如俞平伯的《冬夜》、康白情的《草儿》、汪静之等的《湖畔》、朱自清等的《雪朝》、冰心的《繁星》《春水》，包括闻一多最早自编的《真我集》和《红烛》中的部分诗，基本上都是以直接抒情为主的自由诗体。并非这些诗人不具备古典诗歌的学养基础，事实上，他们都是深通古典诗歌，在古典诗歌熏陶下成长的，只是顺应文学革命和诗歌新变的潮流而专心于诗歌新体格式和自由风格的创造。在自由诗的时代浪潮中，闻一多在诗歌创作中相对比较注意吸收古典诗歌艺术营养，这不仅体现在后期新格律诗的提倡中，也表现在新格律诗理论提倡前的诗歌创作实践中，最突出的是逐渐转向以间接抒情为主，在抒情中大量借用中国古典诗歌意象。一个诗人笔下的诗歌意象可以有两种类型：一种是借用已有意象，通过历代诗人创造和广泛运用的意象抒发自我情感；一种是诗人自我独创的意象。独创自我意象之前，基本上通过借用已有意象而抒情，这本无可非议，其实已经成为创作公例。闻一多在《死水》集中是独创出自我意象的，最典型者如"死水"意象。而在此之前，特别在《红烛》时期，闻一多已经注重意象抒情，但其意象群落基本上是借用古典或流行意象。而从他对古典诗歌意象的或袭用或化用，则可以感受到闻一多的古典诗歌的学养基础，这样也带来了他诗歌的学术化倾向。闻一多的知识结构中，古典诗歌应该说占据了相当大的比例。如他1919年在清华读书时表示："枕上读《清诗别裁》。近决志学诗。读诗自清明以上，溯魏汉先秦。读《别裁》毕，读《明诗综》，次《元诗选》，次《宋诗钞》，次《全唐诗》，次《八代诗选》，期于二年内读毕。"① 从闻一多后来的学习情况看，他不仅完成了这样庞大的阅读计划，而且是远远超过了的。以此可知闻一多对中国古典诗歌的学习广度和熟悉程度，所以他在诗歌创作中能够自如地运用可用的古典意象。闻多笔下的诗歌意象运用可以分为两个阶段，即《红烛》时期和《死水》时期。

《红烛》时期的意象可以分作三类，一是取之于习见的自然景物，如月亮、雨夜、雪片、柳条、花丛、稚松、烂果、废园、朝日、黄昏、季节等，呈现出来的主要为写景抒情、借景抒情的特征；二是使用一些带有现代气息的语词所表达的意象如太阳、宇宙、国手、火柴、流囚、时间等，基本不见于古代诗歌而流行于现代新诗；三是借用古典诗歌意象，为古典诗歌反复吟咏过的物象，如红烛、香篆、荷花、孤雁、秋菊、红豆、菱花、莲子，特别在《李白之死》和《剑匣》中集中陈列出的古典意象群落，琳琅满目，蔚为大观。如《李白之死》中的古典意象，李白面前摆放的是"一对龙烛"，月亮是"广寒宫里的仙娥"或"一个琥珀盘"或"碧空悬着的玉盘"，而自己是"那戏弄黄土的女娲，

---

① 闻一多：《仪老日记》，载《闻一多全集》第12卷，湖北人民出版社1994年版，第421页。

散到六合里来底一颗尘沙"和"太白之精",还有那"束刃的彩帛""五色的龙文""射愁的弓矢""琼宫的管钥",琼宫里有"鸣泉漱石,玲鳞怪羽,仙花逸条"和"琼瑶的轩馆同金碧的台榭","还有吹不满旗的灵风推着云车,满载霓裳缥缈,彩佩玲珑的仙娥,给人们颁送着驰魂宕魄的天乐。啊!是一个绮丽的蓬莱底世界",还有,"一只大鹏浮游于八极之表","一阕鸾凤和鸣底乐章"等意象齐集于诗中,韵雅和美,读之令人满口生香,不由心驰神往于这极美极乐世界,闻一多所描绘出的就是一个中国文化、中国艺术、中国诗歌中的美的世界。在《剑匣》里,这位盖世的骁将对剑匣进行雕、镂、磨、镶而成一幅色彩斑斓的中国文化美图,闻一多调动了自己最美的词汇,以最美的诗笔进行了浓墨重彩的描绘,而出之以最为瑰丽的古典意象。且看闻一多所描绘的剑匣上的雕刻:"我将描出白面美髯的太乙,卧在粉红色的荷花瓣里,在象牙雕成的白云里飘着。我将用墨玉同金丝,制出一只雷纹镶嵌的香炉;那炉是炷着袅袅的篆烟,许只可用半透明的猫儿眼刻着。烟痕半消未灭之处,隐约地又升起了一个玉人……""我又将玛瑙雕成一尊梵像,三首六臂的梵像,骑在鱼子石的象背上。珊瑚作他口里含着的火,银线辫成他腰间缠着的蟒蛇,他头上的圆光是块琥珀的圆壁。""我又将镶出一个瞎人,在竹筏上弹出单弦的古瑟。然后让翡翠,蓝珰玉,紫石瑛,错杂地砌成一片惊涛骇浪;再用碎砾的螺钿点缀着,那便是涛头闪目的沫花了。上面再笼着一张乌金的穹隆,只有一颗宝钻的星儿照着。"这里雕出的是三位中国古典人物形象:卧在荷花里的太乙真人、三首六臂的梵像和弹着古瑟的瞎人,而环绕他们的剑匣的花边同样富丽堂皇,"有盘龙,对凤,天马","有芝草,玉莲,卍字",还有角花,"把蝴蝶嵌进去应当恰好。玳瑁刻作梁山伯,壁玺刻作祝英台,碧玉,苏瑛,白玛瑙,蓝琉璃,……拼成各种彩色的凤蝶。"这些古典意象,加厚了闻一多诗歌的文化底蕴,极大地丰富了中国新诗的园地。及至《死水》诗集,虽然闻一多的意象营造从内容到风格都与《红烛》时期不同,但他仍然多以古典意象抒情,而新的意象创造也是在继承古典意象的基础上做出的。《死水》诗集中更带有"闻一多式的精神特征"的意象,如苦茶、残瓣、秕糠、寒雁、霜林、黄叶、秋虫、冷雨、孤舟、暗影、萍水、恶魔、夜鹰、青蛙、蝙蝠、蚯蚓、墓草、苦雨、残冬,以至《末日》中出现的笕筒里哽咽着的露水,舐着玻璃窗的芭蕉的绿舌头,往后退的四围的垩壁、蛛丝、鼠矢、花蛇的鳞甲、灰堆、阴风和最后降临的"客人"也是更多包含有古典诗歌意象的影响,以这些阴冷灰暗的意象表现自我悲苦哀凉的情感,在此基础上才生成了他独创的"死水"意象。当然,《死水》中也有比较亮色的意象,如《死水》中描绘死水的翡翠、桃花、罗绮、云霞,《春光》中的天竹、珊瑚、碧桃、朝暾、阳光、金箭,《我要回来》中的兰花、柔丝、灵光、铃铛、流萤,但这些亮色的意象主要是反衬对象的阴冷、灰暗和丑恶的。而这个时期闻一多仍然继续沿用或袭用或化用古典诗歌意象,特别在他的爱国主义诗歌里,从诗歌内容的主旨出发,每一首诗都以中国文化最美丽的典故和中国诗歌最韵雅的意象来抒写自我的爱国情思,如《我是中国人》《长城下之哀歌》《南海之神》《醒呀!》《七子之歌》等。古典诗歌意象在文学革命中被胡适在《文学改良刍议》中指斥为"滥调套语",他列举了一些如"蹉跎""身世""寥落""飘零""虫沙""寒窗""斜阳""芳草""春闺""愁魂""归梦""鹃啼""孤影""雁字""玉楼""锦字""残更"……并希望新文学"务去滥调套语"——"无所谓务去滥调套语者,别无他法,唯在人人以其耳目所亲见亲闻所亲身阅历之事物,一一自己铸词以形容描写之;但求其不失真,但求能达其状物写意之目的,即是工夫。其用滥调套语者,皆懒惰不肯铸词状物者也。"① 胡适所指斥为"滥调套语"的古典意象和语词,正是闻一多在新诗创作中所沿用的,从上举闻一多所用古典意象可以发现,相当一部分恰好是胡适所批判过的。

但笔者认为闻一多并非胡适所说"懒惰不肯铸词状物者",更不能简单地断定闻一多是用"滥调套语"写诗。他运用的古典意象和语词,固然有闻一多尚未能够创造自己的语词意象的原因,但更主要还是取决于闻一多的学养基础、思想情感和诗歌自身的表现内容。闻一多本就涵养于古典诗歌中,古典诗歌意象已经化为他内在的思维语言和文化思想,成为类似于我们语言习得中的"母语"一样的"诗歌母语",在创作诗歌时从思维到语言表达,首先涌动和自然浮现的就是已经成为他自己语言的古典诗歌语词所表达的意象。他从出国留学后产生出强烈的思念祖国情感和因祖国落后的屈辱而升腾起鲜明的爱国主义思想,要表现自我的爱国情思,最好的诗歌语词和诗歌意象无疑就是古典诗歌的语词和意象,不仅在于古典诗歌具有表现力,而且在于闻一多借此更可以寄托自我的爱祖国、爱祖国艺术、爱祖国文化的情感和思想。再则,闻一多要通过诗歌来歌颂和赞美中国的艺术美、文化美,只有运用中国语言、中国艺术、中国诗歌、中国文化所特有的语词和意象才能够达到自己的诗歌艺术理想,而且这些语词和意象所描绘的对象就是闻一多诗歌赞美的对象,如当他描绘"李白之死"时,只能用中国传统的语词和意象,而不可能用现代新出现的语词和意象描绘。"剑匣"上面雕刻出来的是一幅中国文化的图案,特定的物象在几千年已经约定俗成了特定的语词,闻一多自然运用,自然不能说为"滥调套语"。在闻一多看来,现代诗歌一定要有"时代精

---

① 胡适:《文学改良刍议》,载《胡适文存》第1集,黄山书社1996年版,第7页。

神",但同时也要保留"地方色彩",不能如郭沫若《女神》那样以"西洋名词"来表现中国文化,而要时时想到自己是一个中国人在做中国诗:"《女神》中底西洋的事物名词处处都是,数都不知从哪里数起。""若我在郭君底地位,我定要用一种非常的态度去应付,节制这种非常的情况。那便是我要时时想着我是个中国人,我要做新诗,但是中国的新诗,我并不要做个西洋人说中国话,也不要人们误会我的作品是翻译的西文诗。"① 闻一多也并非没有自己的诗歌意象创造,《死水》诗集以"死水"为代表的一系列意象就是闻一多的独创,做到了胡适所说的"以其耳目所亲见亲闻所亲身阅历之事物,一一自己铸词以形容描写之"。而闻一多独创的意象也是以充分了然和化用古典诗歌意象为基础的。没有对传统的继承,不会有新的创造。正是在继承传统诗歌意象的诗歌创作中,我们可以把握闻一多新诗中的古代诗歌在学术文化角度的积淀,可见他诗歌的学术化特征。

闻一多诗歌中的学术化尤其体现在他整体诗歌体制的创造方面,特别在新格律诗体式的创建上,包含了此前闻一多全部的学术文化积累,建立在他对古今中外诗歌体式考察的基础上,吸收古典格律诗的特质、西方诗歌的建制和中国现代新诗的特征而创建新格律诗,通过新格律诗理论中的音乐美、绘画美、建筑美原则追求新诗的形体美和艺术形式美。任何新理论都不会凭空产生,时代的需要固然激发新理论的诞生,而新理论的内容则须以创造主体的学术性准备为基础。闻一多的新格律诗理论和实践固然是他有感于自由诗形式的散漫和粗疏,既无节制更缺乏美感而开始新诗形式美的追求,但他之所以能够提出新格律诗理论,则有赖于他对古典诗歌、西方诗歌和现代诗歌的阅读和在阅读基础上的学术性研究,诗歌的学术性研究过程正是闻一多创建诗歌新体制的过程,而对诗歌的学术性研究结果必然会体现在新格律诗的理论和实践中。闻一多新格律诗的理论纲领主要表述于《诗的格律》一文中,而在此之前,除了闻一多对古今中外诗歌的研读和自我诗歌的创作实践外,理论上的学术准备至少有三方面。一是新诗批评。1921 年发表了《评本学年〈周刊〉里的新诗》,全面地评价了《清华周刊》在 1921 年前半期所发表的新诗,初步展示了他的诗歌批评标准和最初的诗歌理论,所看重的是诗歌的"幻象、情感、声调和色彩",其中的"声调"成为后来"音乐美"的萌芽,"色彩"可谓后来"绘画美"的先导。以此为基本标准,闻一多又全面地评论了俞平伯的《冬夜》,在《〈冬夜〉评论》中既赞扬俞平伯诗歌中"凝练,绵密,婉细"的音节美,又批评了他的缺

---

① 闻一多:《〈女神〉之地方色彩》,载《闻一多全集》第 12 卷,湖北人民出版社 1994 年版,第 119、120 页。

乏幻想力和理大于情的特征，特别指出了他诗歌的"破碎、喽唆和重复"，预示了闻一多在其后的理论走向。这个时期闻一多还重点评论了郭沫若的《女神》，作有《〈女神〉的时代精神》和《〈女神〉的地方色彩》，从"时代精神"和"地方色彩"两个角度评论《女神》，闻一多从郭沫若诗歌中发现出缺乏"地方色彩"，意味着他自己在诗歌上的民族化追求。闻一多的这些诗歌批评实践为他新格律诗的建构进行了必要的准备，其中实际上已经孕育着他的新诗的形式美理想。二是对西方诗歌的研究。作为新文化运动产儿的闻一多，当然不会故步自封，仅限于研读中国诗歌，而同时将艺术视野投向西方诗歌，从中吸收新诗所需要的营养。闻一多研究西方诗歌的成果是用英文写出的《诗歌节奏的研究》①，虽然仅是一份提纲，但内容丰富，结构完整，闻一多意图要建立一种诗歌节奏理论的体系。闻一多从节奏的生理基础和美学基础入手，分析了节奏的特性和作用，认为节奏既有实用性的作用，又有美学作用，在美学上，节奏具有整体的重要性、一致中的变化、注意力的悬置和结构框架等作用。然后，闻一多从自然界的节奏论述到各种艺术的节奏，重点要谈的是诗歌的节奏，从诗歌节奏的分类、作用、特性谈到诗歌的韵和诗节。事实上，"节奏"后来成为闻一多新格律诗的核心概念和诗歌美的中心。同样，《诗歌节奏的研究》可为闻一多新格律诗理论的学术基础。三是对中国古典律诗的研究，这是闻一多新格律诗最主要的学术理论基础，一方面从古典律诗中吸收有益的因素融入新格律诗中，另一方面，新格律诗之"新"建立在对古典格律诗的深入研究基础上，只有彻底了解了古代律诗的优劣利弊，才能够推陈出新。闻一多早期研究格律诗的主要学术成果是他 1922 年 3 月撰写的《律诗底研究》。"手假研诗方剖旧，眼光烛道故疑西。"闻一多的这句诗表明他研究律诗的目的是要创建现代新诗美的体式，终是要吸收中国传统诗歌的特质。《律诗底研究》系统地梳理了律诗的渊源、流变、组织、音节，发现了律诗的美学作用，即短练的作用、紧凑的作用、整齐的作用、精严的作用，以为"律诗底体格是最艺术的体格"，"他是中国诗底最高水涨标。他是纯粹的中国艺术底代表。因为首首律诗里有个中国式的人格在。"② 因此，闻一多事实上在新格律诗理论中吸收了中国古典律诗特有的"均齐、浑括、蕴藉、圆满"的美而创建新诗的形式美。正因为有了上述现代新

---

① 闻一多的《诗歌节奏的研究》是他在清华文学社的一次报告的提纲，初为英文，原名 *A Study of Rhythm in Poetry*。现《闻一多全集》第 2 卷所收为英文的汉译文本。这份提纲从内容看，主要的研究对象为西方诗歌。
② 闻一多：《律诗底研究》，载《闻一多全集》第 10 卷，湖北人民出版社 1994 年版，第 159 页。

诗批评、西方诗歌研究和古代律诗研究的学术积累，所以闻一多才在1926年提倡新格律诗理论，以所吸收之西方诗歌节奏和中国律诗的美矫正现代新诗在形式上的缺陷。即如《诗的格律》，从学术性的理论生成过程看，是他此前新诗批评、《诗歌节奏的研究》和《律诗底研究》的发展和结果。新格律诗理论得之于中西诗歌的实践考察，新格律诗的创作自然是吸收古今中外诗歌、特别吸收西方诗歌节奏和古典格律诗美质而创造出的诗歌新体式。闻一多新格律诗中所追求的视觉方面的"节的匀称"和"句的均齐"显然来自于古典格律诗的形式体制，听觉方面的"格式、音尺、平仄、韵脚"等造成"音乐美"的音节特征，同样与古典格律诗的韵律规则分不开，而"绘画美"本就是中国诗歌"诗中有画，画中有诗"的传统继承。当然，新格律诗之"新"体现了闻一多的创造，自然从根本上有别于传统格律诗，如闻一多自己所归纳的："律诗永远只有一个格式，但是新诗的格式是层出不穷的。""律诗的格律与内容不发生关系，新诗的格式是根据内容的精神制造成的。""律诗的格式是别人替我们定的，新诗的格式可以由我们自己的意匠来随时构造。"因此，他说："有了这三个不同之点，我们应该知道新诗的这种格式是复古还是创新，是进步还是退化。"① 闻一多的新格律诗比较古典律诗和现代新诗，既推陈出新，又有力地推动了现代新诗形式美的进步，不可否认地也存在对自由诗的矫枉过正之处。无论如何，闻一多以自我扎实的诗歌学术文化储备，为现代新诗开创了一个新局面，而这应该说是得益于他的诗歌学养和诗歌的学术研究成果的。诗歌中的学术成分，不仅指闻一多的诗歌创作，也包括他的诗歌理论和对新诗体制的建构，从中同样可以表现出丰厚的学术含量。

  诗歌中包含学术，以学为诗，诗歌学术化，这当然不仅仅表现在闻一多的诗歌中，应该说，这是中国古代诗歌的一种传统。尽管诗有别才，非关学也，诗有别趣，非关理也，但古代诗歌史上"以学为诗"可谓源远流长，不仅在诗歌创作中多有体现，而且更有系统的理论提倡。单就中古以后，闻一多在唐诗研究中就发现初唐诗歌的学术化特征，文学被学术同化，文学学术化的同时，学术也文学化。按照闻一多的研究，文学被学术同化的结果，一方面是章句的研究，另一方面是类书的编纂，第三方面形成了文学本身的堆砌性。特别是类书的编纂，唐太宗时编纂了大量类书，如《文思博要》《累璧》《瑶山玉彩》《三教珠英》《芳林要览》《事类》《初学记》《文府》《碧玉芳林》《玉藻琼林》

---

① 闻一多：《诗的格律》，载《闻一多全集》第2卷，湖北人民出版社1994年版，第141、142页。

《笔海》等，当然这些类书大都没有传下来。这些类书"既不全是文学，又不全是学术"的文学和学术的混合体，正是唐太宗提倡文学的方法，因此而形成了闻一多所说的"类书家的诗""类书式的诗"。① 诗歌的学术化到宋诗可说达到了高潮，苏轼、黄庭坚等创作都体现出以学为诗的特征，更有黄庭坚、陈师道为代表的江西诗派，崇尚严羽《沧浪诗话》所说"以文字为诗，以议论为诗，以才学为诗"，如黄庭坚在《苕溪渔隐丛话前集》中说："诗词高胜，要从学问中来"，在《答洪驹父书》中说："老杜作诗，退之作文，无一字无来历。盖后人读书少，胡谓韩杜自作此语耳。古之能为文章者，真能陶冶万物，虽取古人之陈言入于翰墨，如灵丹一粒，点铁成金也。"这无异于说韩愈、杜甫也是以学问作文、以学问作诗，表露出诗词的标准就是学问，学问成为诗歌的渊源。以学为诗、诗歌的学术化倾向到清代更加突出，如翁方纲（1733—1818）提倡诗歌"肌理"说，与当时流行的诗歌神韵说和诗歌格调说相对。所谓"肌理"，就是要求诗歌以学问为诗歌内容基础，将对儒家经籍的考据学内容充实到诗歌的结构辞章中，构成诗歌的肌理。翁方纲自己在诗歌创造实践中就以学问为诗，用诗歌做考据文章，以诗体作金石题跋。以翁方纲为代表的这种倾向，从文化思潮角度，实际上是乾嘉学派影响的结果。流风余韵所及，到道光、咸丰年间，诗界兴起了宋诗运动，出现了宋诗派，由朴学家程恩泽、祁寯藻等提倡，代表诗人有何绍基、郑珍、莫友芝、江湜、金和等。清代的宋诗派主要就是标榜苏轼、黄庭坚为代表的宋诗，强调以学问为诗，以考据学为诗，甚至以文字训诂为诗。而这种倾向又为同光体诗人所继承，陈三立、陈衍、沈曾植等同光体诗人同样有以学问为诗的鲜明特征。且不说"以学为诗"的好坏与否，就其演变结果，这个诗歌和诗学的传统在新诗中几乎成为绝响，闻一多在诗歌中能够表现出比较鲜明的学术性特征，可谓空谷足音。古代"以学为诗"的传统，闻一多在对古诗的研读过程中自然深得其味。但我们这里所指闻一多诗歌的学术化，与古代诗歌的以学为诗还是有差异的，闻一多并不如古代诗人那样刻意为之，而是服从于、服务于诗歌自身的内容，以自己对中国文化和中国诗歌的所学融入新诗创作中，厚积薄发而成诗歌典雅、厚重、沉郁的艺术效果。这是闻一多诗歌的学术化特征，成就了他诗歌中的博学美。

---

① 闻一多：《类书与诗》，载《闻一多全集》第 6 卷，湖北人民出版社 1994 年版，第 3—10 页。

二、从诗歌到学术

闻一多一生向两个方面发展着自我的文化精神和扩张了自我的文化世界,一是诗歌,二是学术,在诗歌与学术之间既呈现出从诗歌到学术的发展态势,又始终致力于诗歌与学术之间的沟通。先以诗歌名世,但在诗歌中已经饱含了丰厚的学术文化,后专注于学术,但在学术中仍然保有了浓郁的诗歌色彩。而闻一多在诗歌创作和新格律诗体式创造中既然体现出鲜明的学术化特征,那么他的从诗歌到学术的文化精神路径实质上可谓轻车熟路,在内在的精神理路上更是顺理成章的发展。就外在的文化身份变迁而言,闻一多是从诗人转变为学者,学界多从现实角度分析闻一多的"转变";而从内在的精神结构生成看,闻一多是从诗歌中的学术化表现发展到在学术中体现诗歌文化的,可以从文化角度看取闻一多的精神"发展"。所以,闻一多的从诗人到学者、从诗歌到学术,不完全是转变,更主要是自我精神文化的一种自然而且必然的发展。当然,闻一多在诗歌与学术的"转变"和"发展"中,无论是现实感受还是文化体验,都存在和表现出相当的"矛盾"性,这共同构成了闻一多的"整体"精神文化世界。

闻一多的诗歌创作和诗歌理论固然积淀着丰厚的古典学术文化特别是古典诗歌要素而表现出"诗中有学"的学术化特征,但诗歌毕竟是诗歌,不会因为包含学术化因素而成为学术,即使如清代翁方纲和宋诗派以诗歌表现学术考据内容,也仍然不失为诗歌而不是学术性文体。诗歌和学术毕竟是两种不同的感受和表现世界、认知和反映文化的方式,具有不同的思维特征、表达手段和成果形式。有的人终其一生是诗人,有的人终其一生是学者,而如闻一多则既是诗人又是学者,以两种方式建立自我与世界、自我与文化的联系,诗歌与学术在他的精神世界里具有同等重要的作用和意义。从诗歌到学术、从诗人到学者,在闻一多这里确实存在着一种转变,因为,当他致力于学术研究后,基本上放弃了新诗创作,不像郭沫若那样即使在学术研究过程中,仍然没有放弃文学创作,或者文学创作和学术研究同时并举。而闻一多在从诗歌到学术的转变中表现出他个性中的彻底性特征。1928年《死水》诗集出版后,闻一多就开始专攻中国文学,任教于武汉大学;1930年转往青岛大学任教,到1933年正式任教于清华大学,一直到他牺牲时的西南联大,在长达18年的时间里,闻一多只在1931年创作了《奇迹》和1944年创作了《八教授颂》两首诗歌。应该说,一般认为闻一多是从诗人"转变"到学者,如果仅仅从外在现实角度看,自然符合闻一多的实际人生情态。朱自清在为《闻一多全集》所写的序中,明确划分闻一多的一生为诗人时期、学者时期、斗士时期,"大概从民国十四年参加《北平晨报》的诗刊到十八年任教青岛大学,可以说是他的诗人时期,这以后直到三十三年参加昆明西南联合大学的五四历史晚会,可以说是他的学者时期,在以后这两年多,是他的斗士时期。学者的时期最长,斗士的时期最短,然而他始终不失为一个诗人;而在诗人和学者的时期,他也始终不失为一个斗士。"①但朱自清此论,固然强调了闻一多学者的漫长性和作为诗人与斗士的一贯性,但,一方面,大大地延后了他的诗人时期,事实上,闻一多的诗人时期并不是仅仅从参加《晨报》诗刊的编辑开始,而应该从闻一多"五四"时期创作诗歌开始;另一方面,以斗士时期掩盖了最后两年的学术研究而截掉了学者时期最重要的一段,事实上,闻一多即使参加政治民主斗争,仍然继续着学术研究并取得了更加丰厚的学术成果。朱自清之论,自然影响深远,在长期的闻一多研究中,都依据朱自清的论说把闻一多一生鲜明地分作三段,构成了观照闻一多生平和业绩的基本学术框架,如刘烜的《闻一多评传》、苏志宏的《闻一多新论》;从诗人到学者的"转变"也就成为闻一多研究的主要观点和一大论题,如杨洪勋的《闻一多:从诗人到学者》。② 这几部专著和其他的闻一多研究论著共同之处都是:第一,把闻一多一生机械地分作诗人时期、学者时期、斗士时期;第二,都认为闻一多在这三个时期存在着鲜明的"转变",可谓之"转变说";第三,在分析闻一多转变的原因时基本上归于社会现实的影响。在此,笔者当然也不否认朱自清的论定和闻一多从诗人到学者、从学者到诗人的"转变说",笔者以为重要的是,在认知闻一多人生转变的同时要注意他在这三方面的一贯性,特别是要在更广阔的人生、社会、文学、诗歌、学术、文化等背景上分析闻一多所以"转变"的原因,进而领略闻一多人生事业"转变"的意义。

正是在保持自我人生形态和精神文化世界的一贯性和统一性基础上,闻一多人生和精神世界的转变才具有人格的完整性和持久性意义。就我们一贯所认知的闻一多的三重人格所体现的三种人生形态,实际上都具备一贯性。如作为诗人的闻一多,创作诗歌的时期是诗人,而创作诗歌之前和基本停止诗歌创作之后,一方面,他一直生活在诗歌中,之前的研读古代诗歌和之后的研究古代

---

① 朱自清:《〈闻一多全集〉序》,载《闻一多全集》第12卷,湖北人民出版社1994年版,第442页。
② 刘烜的《闻一多评传》(北京大学出版社1983年版)、苏志宏的《闻一多新论》(中央编译出版社1999年版)、杨洪勋的《闻一多:从诗人到学者》(中国海洋大学出版社2006年版)。

诗歌，都可以看到他与诗歌的密切关系；另一方面，闻一多本来的诗人气质使他的人生必然总是富有诗性思维和诗意化特征，人生如此，学术研究亦然。如作为学者的闻一多，诗歌中已经包含了学术，即使作为斗士也是一个学者型斗士，因为闻一多的战斗对象不仅针对现实中专制腐败的政治当局，而且还针对了自己的学术研究对象即中国封建文化思想。还如作为斗士的闻一多，在诗歌创作中多有战斗性的诗歌如针对"三一八"惨案而创作的《天安门》《唁词——纪念三月十八日的惨剧》《欺负着了》和爱国主义诗歌《发现》《一句话》《七子之歌》等；在学术研究中更体现出他的作为"杀蠹的芸香"而批判传统文化思想即后期学术性杂文所表现的战斗精神；就现实的斗士而言，闻一多最后的拍案而起，不怕牺牲，发表《最后一次的讲演》实际也是他青年时期现实斗争精神的延续，如参加五四运动，特别是 1921 年清华学校毕业时冒着被学校开除而不能出国留学，多年学习将功亏一篑的危险，参加支持当时高校教师向政府"索薪"的罢课罢考运动，正说明他晚年参加民主斗争也是他现实斗争精神一以贯之的结果。在这样的基点上我们把握闻一多的人生形态和精神文化的转变，才可以不流于片面性，也才能更准确地看到他转变的原因和意义。闻一多的从诗歌到学术表现在现实人生的层面，就是从诗人到学者的转变，文化身份的变化隐含着自我精神世界的转换，意味着他人生文化的扩展，而对于如闻一多这样的文化人，就不仅仅是现实职业的改变。一个人的人生总是处在不断地变化和人生领域的扩展历程中，固守一方面而没有新的开拓，最后的人生结果不免狭隘。闻一多的从诗歌到学术、从诗人到学者标志着他进入了一个比单纯创作诗歌更为阔大的文化世界。如果说，1928 年前闻一多的学术研究还仅仅是兴之所至、偶然为之，那么 1928 年以后的学术研究在闻一多就成为专业性的职业所在了。闻一多从诗人到学者的转变并不是偶然的，是由多种因素综合促成，其中既有自我主动性的一面，也有现实人生被迫的一面，更存在诗歌和学术之间转换的文化合理性的一面。

  闻一多走上学术研究道路是自我人生选择和社会现实影响的结果。闻一多的人生道路表面看起来似乎一帆风顺，基本上生活在学院和文化世界，但实际上历经坎坷、备尝人生困苦。他有过顺利的时候，那就是略为殷实的"耕读世家"给他的求学和精神的充分发展提供了基本的物质保障。闻一多在自家所办私塾里经过启蒙教育后，1910 年即赴武昌入两湖师范附属高等小学校接受新式教育，于 1913 年考取了留美预备学校清华学堂。他在清华学校学习近 10 年后，1922 年 7 月赴美国留学。在美国的大学（芝加哥大学、科罗拉多大学）学习三年后，1925 年 6 月回国。如果说闻一多求学时期的人生历程尚属顺利的话，那么回国后闻一多在就业以及人生遭际上屡受挫折，感受到最多的是理想的破灭和生计的艰难。闻一多结束留学生涯，回国的目的是要实现自己的理想，这个时候闻一多具体有三方面理想：一是继续在美国时就开始了的国剧运动，希望在国内创办艺术剧院，提倡和振兴戏剧，1925年8月和赵太侔、余上沅、孙伏园共同拟就了详细的《北京艺术剧院计划大纲》，① 并与胡适、徐志摩、张欣海、蒲伯英、邓以蛰、萧友梅、丁燮林等商谈，又有萧友梅筹得的20万款项，雄心勃勃致力于艺术剧院的创办，似乎"剧场事业可庆成功矣"。② 二是提倡新诗形式运动，以新格律诗的理论提倡和创作实践矫正自由诗的偏颇之处。为此，闻一多在1926年投入巨大热情，周围聚集了一群青年诗人如朱湘、刘梦苇、孙大雨、饶梦侃、杨世恩、蹇先艾、朱大枬等，联合徐志摩，依托徐志摩主编的《晨报·副刊》创办了《诗镌》，共同提倡新格律诗。三是投身于政治运动，加入国家主义派别，希望实现自己"文化上的爱国主义"的理想。在美国时，闻一多就加入国家主义派别的大江学会，并参与编辑会刊《大江季刊》，回国后参加了当时反对帝国主义入侵的集会和示威活动。但实际上，在两年间的活动中，除了新诗形式运动卓有成效，在当时诗坛上引起反响并在诗歌史上显示出开一代诗风的作用外，其他两大理想都因为现实原因破灭了。而这个时候的闻一多最要紧的是找到能够养家糊口的职业，因为他不再是学生，而已经拖家带口，全家的生存和生计问题是最重要的，所以闻一多最急切的是能够有一份稳定的职业。1925年8月后，闻一多除从事上述理想中的活动外，同时处于现实职业的奔波中。最初参与筹办北京国立艺术专门学校，1925年11月开始正式在该校任教并担任教务长，1926年3月因校长风潮即辞去教务长职务，暑假后再未到艺专。同年8月，受潘光旦邀请，往上海吴淞国立政治大学任职，但仅数月，年底因为女儿病夭而回老家。1927年2月应邓演达邀约前往武昌参加国民革命军总政治部工作，担任艺术股股长，但因为不习惯军中政治生活而一月后即告辞。③ 再到吴淞国立政治大学时，学校已经被北伐军封闭，他又一次失业。期间在上海参与开办新月书店，又曾经到南京土地局任职，任职时间极为短暂。

---

① 闻黎明、侯菊坤：《闻一多年谱长编》，湖北人民出版社1994年版，第277页。该书引录了《北京艺术剧院计划大纲》的详细内容，分组织概略、剧场建筑、营业方法、练习生功课和进行步骤，详列了各项开支费用、人员编制和职责分工。
② 闻一多：《闻一多1925年8月11日致闻家驷、闻家騄信》，《闻一多全集》第12卷，湖北人民出版社1994年版，第226、227页。
③ 章伯钧：《哀悼闻一多先生》，参见季镇淮：《闻一多先生年谱》，新版《闻一多全集》第12卷，第486页，闻黎明《闻一多年谱长编》，第340页。

1927年8月应宗白华约往南京东南大学（第四中山大学）任教，担任外文系主任。一年后，辗转到新筹备的国立武汉大学文学院院长，1930年6月因为人事倾轧和学潮而辞职。这意味着闻一多又一次失业。直到8月，应杨振声邀请担任青岛大学文学院院长、中文系主任，两年后又是因为学潮（因为闻一多没有答应学生无理要求而遭到学生反对）而辞职，再度失业。赋闲一月后，1932年8月正式受聘于清华大学中文系，至此闻一多的职业才得以长期稳定。在此不厌其烦地介绍闻一多的职业经历，是想说明闻一多所遭逢的人生坎坷和生活挫折。闻一多结束学业、步入职业生涯后，长期处于动荡不安中，从北京到上海，从南京到武汉，从青岛又返到北京，七年时间易地六次，频换学校，频频失业，其颠沛流离之苦状使他体验到现实的险恶和人生的艰难，其精神感受比较充分地表现在他这个时期的诗歌创作中，特别是《死水》诗集，多阴冷悲苦之作。以上职业的奔波和不断的失业打击都对他从诗歌到学术以及学术研究产生了巨大的影响，即在以后的学术研究过程和学术研究成果中都积淀和体现了这些现实人生经验和人生体验。闻一多最大的理想是致力于艺术、做一个"艺术底忠臣"（《红烛·艺术底忠臣》），以艺术美救治混乱的国家，所以他参与创办艺术剧院、发起新格律诗运动，特别是通过参加国家主义派别的政治活动表现自己"文化上的爱国主义"精神以反对帝国主义而追求国家的独立富强。但当时国家的政治状况和社会现实更令他失望。我们知道，闻一多在美国留学前后，饱受国家贫弱而带来的种族歧视的屈辱，如他就读清华学校和留学的费用，是1901年八国联军得胜后所签订《辛丑条约》中的"庚子赔款"，帝国主义国家以多要出来的赔款形成的退款而为中国培养留学生，首先从美国开始，以此款设立清华留美预备学校，并支付留学生的学费。闻一多深知自己求学的这个背景，本来就有屈辱感，出国后更切身地感受到美国对中国的歧视，由此而升腾起强烈的爱国主义情感和思想，创作出一系列惊心动魄的爱国主义诗歌。在美国时的思念祖国之情因为客观上形成时间和空间距离，所以闻一多在想象中美化祖国，在诗歌《忆菊》中借赞美"祖国底花"而赞美"如花的祖国"，把祖国想象为如花般美丽。但事实上，当时的中国内不统一、外不独立，军阀混战，民不聊生。所以，闻一多一回国就"发现"："这不是我的中华，不对，不对！"而是"噩梦"、是"恐怖"、是"噩梦挂着悬崖"。（《死水·发现》）他还进一步"发现"中国社会不过是"一沟绝望的死水"（《死水》），因为军阀混战而中国农村变成了"荒村"（《荒村》），因为当局残暴而中国城市成了"鬼城"（《天安门》）。诗歌中的形象化表现不仅是闻一多耳闻而且是他目睹的现实，反映了他的亲身经历和最切实的内心感受。他对中国的失望从一回国就产生了，闻一多是1925年6月1日在上海登岸的，正是刚刚发生过"五卅"运动，他首先看到的是鲜血。据和闻一多同行的余上沅回忆："我同太侔、一多刚刚跨入国门，便碰上五卅的惨案，六月一日那天，我们亲眼看见地上的碧血，一个个哭丧着脸，恢恢地失去了生气，倒在床上，三个人没有说一句话。在纽约的雄心，此刻已经受过一番挫折。"① 可以想见闻一多的感受，真如俗话说的，兜头浇了一盆冷水啊！1926年，闻一多定居北京，本以满腔热情投入诗歌运动和爱国活动中，但距离"五卅"运动仅仅9个多月，北京发生了震惊社会的"三一八"惨案，这不仅又给闻一多以打击，而且更令他愤怒。惨案发生前后，正是闻一多提倡新格律诗运动、编辑《诗镌》的时候，所以他把诗歌运动和爱国运动相结合，以《文艺与爱国——纪念三月十八》为诗歌运动的宣言，并创作了一系列悼念死难烈士、揭露北洋军阀腐败政府的诗歌如《天安门》《唁词——纪念三月十八日的惨剧》《欺负着了》。随后，闻一多在职业奔波过程中的1927年，正是北伐战争高潮，国内政治瞬息万变，国共联合取得北伐胜利后，国共关系破裂，上海发生了"四一二"政变，这时闻一多正在上海，因为北伐军封闭了国家主义派别据点的国立吴淞政治大学而他刚失业赋闲在上海。不到两年，闻一多目睹和亲历了影响中国社会政治的三大政治事变，自然也影响了闻一多，不仅影响到他外在的生活，而且极大地影响了他的思想和精神，构成了他从诗人到学者、从诗歌到学术转变的社会背景。所以，闻一多后来谈到自己进入学术研究领域的原因时说："我近来最痛苦的是发现了自己的缺陷，一种最根本的缺憾——不能适应环境。因为这样，向外发展的路既走不通，我就不能不转向内走。在这向内走的路上，我却得着一个大安慰，因为我实证了自己在这向内的路上，很有发展的希望。因为不能向外走而逼得我把向内的路走通了，这也可说是塞翁失马，是福而非祸。"② 闻一多所说"向内走的路"就是指学术研究，说这话时是1933年，闻一多已经完全投入学术研究并取得了相当成绩。他的从"向外走"而转入"向内走"，具体到从诗人到学者、从诗歌到学术，实在是他自我职业选择和社会现实共同作用的结果。因为当时社会政治的混乱，所以，闻一多所期望的艺术理想和爱国运动即"向外走"的路走不通；因为自我现实人生的需要，所以，闻一多必须为自己谋得一份教职而任教于大学；又因为闻

---

① 余上沅：《一个半破的梦——致张嘉铸君书》，载《晨报·剧刊》，1926年9月23日第15号。
② 闻一多：《闻一多1933年9月28日致饶梦侃信》，载《闻一多全集》第12卷，湖北人民出版社1994年版，第265页。

一多自己意识到"不能适应环境",所以从北京艺专到武汉大学乃至青岛大学,所担任教务长、院长职务均半途而废,在作为社会缩影的学院里做了人事倾轧中争权夺利、勾心斗角的牺牲品,而他性格耿直、刚直不阿、坚持原则,其个性不能见容于所在环境,往往成为受攻击和被排挤的对象,数年来所积累起来的多是"痛苦的回忆",所以在学院里担任社会职务的"外向"发展也走不通;于是,闻一多就专心致志于学术研究,与作为大学教授的职业相结合而精神上"向内走",在古籍研究中涵养自我人生,在研究中国文化中感受和发现中国文化的特征,同时为自己安身立命之所。学术研究道路于闻一多既为自己兴趣,也是现实所迫而不得不然。

而从诗歌与学术的关系着眼,闻一多的从诗人到学者、从诗歌到学术,如果说以"转变"之说论,除了现实人生和社会政治原因,其实有着诗歌自身、诗歌和学术之间关系的内在理路的因素,同时,从诗歌到学术研究在转变的同时呈现出一种文化意义上的内在发展逻辑。闻一多即使作为诗人,写诗也并非他全部的精神活动,基本上是在学业和职业之余进行诗歌创作。诗人并不是一份职业,诗歌更不能够养家糊口。中国古代文学传统中就少有专业作家,大部分作家是参加科举考试进入仕途做官之余写诗作文,文学成为业余雅兴。近代商业兴起,随着现代出版机构创立和现代报纸杂志创办,确立了稿费制度和版税制度,出现了卖文为生的文人,但基本上局限于大众化、通俗性的小说和戏曲,而且既不普遍实际上也没有根本保障。"五四"文学革命运动一方面反对旧文学,另一方面也针对着近代商业化的通俗文学如"鸳鸯蝴蝶派",反对把文学作为迎合小市民的消遣娱乐工具而提倡为人生、为社会的新文学,本质上新文学属于雅文学,文化思想功能、社会现实功能、文学艺术功能远远大于商业功能,这样自然而必然地削弱了新文学的商业性和市场价值,新文学作家就难以靠文学创作维持生计。事实上,从文学革命后现代作家基本上都有另外职业,文学创作大即为业余所为。如新文学初期的作家主要由两部分构成,一部分是大学教授,一部分是在校大学生。如鲁迅本为教育部职员,同时在大学兼课而进行学术研究,辑录古代典籍、撰著《中国小说史略》,《呐喊》《彷徨》《野草》是职业之余的产物;直到二十世纪三十年代鲁迅在上海才成为自由撰稿人,以版税和稿费为生,但也不全依靠创作,而多辅之以外国文学翻译的版税。当时文学研究会的青年作家如冰心、许地山等,创造社同仁郭沫若、郁达夫、张资平、成仿吾等,均为在校学生。闻一多其实亦为新文学作家中典型,创作《红烛》时,他是学生身份,创作《死水》时,实际已经是教授身份,开始了学者生涯。所以,诗人并非职业,学者反倒依托学院教职而具有职业化特征。

这样，闻一多不可能专写诗歌，以诗歌创作为专门生涯，他必然另外开辟自己人生道路。而既任教于学院，学术研究就成为他顺理成章的选择。或也可以说，诗歌更多带有闻一多的志业所向，学术研究偏于闻一多的职业所在。闻一多本是一个有浓厚艺术气质的人，兴趣尤其广泛。据熊佛西回忆，闻一多在谈到他为什么不写诗而研究中国文学时说："我已发现我在创作方面无天才。诗，只好留给那些有天才的人们去写。过去，我觉得我搞的玩意儿太多，太杂，结果毫无成就，今后我愿意集中精力来研究中国文学。"① 闻一多之专攻中国文学，与他对自己的人生期望密切相关，是希望自己从广泛的兴趣收束到学术研究中，由博返约，做出一番成就。1927 年他在给饶梦侃的信中以风趣的语言自我调侃："绘画本是我的原配夫人，海外归来，逡巡两载，发妻背世，诗升正室。最近又置了一个妙龄的姬人——篆刻是也。似玉精神，如花面貌，亮能宠擅专房，遂使诗夫人顿兴弃扇之悲。"这也就是他所说"搞的玩艺儿太多，太杂"，致使他感觉到"转瞬而立之年，画则一败涂地，诗亦不成家数，静言思之，此生休矣！"因此刻章"壮不如人"而"志恨"。② 当然这里有闻一多的谦虚之处，而语虽幽默，但确实有闻一多心所不甘的遗憾，所以他立志在而立之年集中于学术研究。诗歌从本质上是属于青年的，青年时期是理想主义、浪漫主义、热情高涨、个性张扬的人生阶段，最是需要也最适合通过诗歌来表现自我。而人到中年后，性情趋于平和，生活更近现实，理智代替情感成为主要的精神状态，诗情诗意自然在现实生活和理智思维中消退。从文学文体上说，人到中年意味着从诗歌入了散文。如朱自清，在青年时期创作诗歌，参加中国现代文学史上第一份诗歌刊物《诗刊》的创办和诗集《雪朝》的出版，写有中国现代最早的长诗《毁灭》；但到自己所认为的中年时期，不再创作诗歌而转入散文创作，成为现代文学史上杰出的散文家；随着年龄的增长，朱自清又从散文创作转向学术研究而成为学者。在文学文体和精神活动的变迁方面，闻一多和朱自清有类似处，只是闻一多没有经过散文阶段而直接从诗人转向了学者。这里有如朱自清所总结的年龄、性情和性情表现之间的人生规律性特征。闻一多自然是随着年龄增长，精神在发生变化，精神表现的方式也随之从诗歌抒情发展到理性化的学术研究。我们说闻一多的从诗人到学者的转变在文化意义上是从诗歌到学

---

① 熊佛西：《悼闻一多先生——诗人、学者、民主的鼓手》，载《闻一多纪念文集》，生活·读书·新知三联书店 1980 年版，第 74 页。原载《文艺复兴》1946 年第 2 卷第 1 期。
② 闻一多：《闻一多 1927 年致饶梦侃信》，载《闻一多全集》第 12 卷，湖北人民出版社 1994 年版，第 238—239 页。

术的发展，在转变中更体现出一种文化理路的自然发展。对于闻一多来说，无论诗歌还是学术，在他的精神历程中都有相当的一贯性，他一直处于诗歌和学术的起伏消长中。从诗歌到学术的过程，在他的精神文化世界中是诗歌创作逐渐退隐、学术研究日益增长的过程。从诗歌到学术不是完全的转变而也是自然的发展，因为诗歌的成分以转化了的形式表现在学术研究中，他在学术研究中因为以研究古代诗歌为主，所以并没有脱离诗歌；而他的学术研究活动在诗歌创作阶段已经开始，如1922年研究中国古典律诗而撰著《律诗底研究》，后来的学术研究实则是以前学术活动的继续。虽然闻一多放弃诗歌艺术活动有现实被迫的因素，但也有自己心甘情愿的成分，因为研究古代文学、古代诗歌同样为他一贯的兴趣和"志业"所在。如沈从文在新中国成立后因为不能适应新社会下文学的新要求，被迫放弃文学创作，转向文物研究，固然有被迫的原因，但同时也有他主动性的一面，因为沈从文对文物爱好由来已久，退守故宫研究中国文物，正满足了他文学追求之外追求文物研究的又一大愿望，可以说甚合其意。学界多以为沈从文完全被迫转向，多以同情笔调而叹息不已，实在是只知其一而不知其二。闻一多在诗歌与学术之间，从诗歌到学术的情形同样如此，不完全是现实逼迫，同时有着他自己的志愿和主动选择的一面。尤其对于闻一多，诗歌创作和诗歌研究同根植于诗歌一体，从创作到研究的距离其实就是一步之遥，所以，为之转变固然可以，但要意识到闻一多在诗歌和学术之间，从诗歌到学术的一贯性和发展性。

但诗歌创作和学术研究毕竟属于不同的文化部类和不同的精神活动，前者是艺术的创造，需要热情、才气和美的创造力，而后者是理智的、冷静的、客观的科学研究；作为诗人，在诗歌创作过程中会更贴近现实社会人生，而作为学者无形中和现实社会会有一定距离，尤其研究中国古籍。闻一多的从诗歌到学术，无论是人生内容由此及彼的"转变"，还是文化精神一以贯之的"发展"，诗歌和学术显然存在着鲜明区别，这区别反映在闻一多的思想和精神中，形成了他在诗歌与学术之间的矛盾性。选择的同时意味着放弃，选择了学术研究为自己的文化事业就意味着放弃了灵动激情的诗歌创作，选择了学者生涯就意味着与经典古籍为伴，更多时候生活在寂寞的书斋和平静的学院。固然有在而立之年后专攻中国文学、力图成就自己事业的愿望，但放弃自己钟爱的诗歌创作总觉不甘心，其间的矛盾首先是闻一多精神感受中的。1930年，饶梦侃把他的诗歌呈给闻一多，闻一多在回信中说："诗极好，依然是那样一泓秋水似的清。我自己是惭愧极了。故纸堆终竟是把那点灵火闷熄了。近来也颇感着技氧，只是不知道如何下笔,干着急。怕的是朋友们问起我的诗。"① 这透露出了闻一多此时复杂矛盾而微妙的心理。正是带着这样的心理,在1928年后三年没有写诗,1931年创作了长诗《奇迹》,证明了自己的诗歌"灵火"并没有被"故纸堆""闷熄"。写作《奇迹》时,闻一多正在青岛大学,《奇迹》是他"花了四天工夫,旷了两堂课"创作的,他的得意之情溢于言表:"毕竟我是高兴,得意,因为我已证明了这点灵机虽荒了许久没有运用,但还没有生锈。写完了这首,不用说,还想写。说不定第二个'叫春'的时期到了。"② 当然,《奇迹》之后,闻一多再没有如自己预想的继续创作,《奇迹》亦几乎成为他诗歌创作的"绝响"。(直到1944年才又创作了一首《八教授颂》)而且愈离开诗坛,他愈看重文学界对他诗歌的评价,如他在创作《奇迹》期间看到了沈从文所作评论《死水》的文章《论闻一多的〈死水〉》,"真叫我把眼泪都快喜出来了。那一句话不中肯?正因为他所说的我的短处都说中了,所以我相信他所提到的长处,也不是胡说。你们知道我不是那种追逐时髦,渔猎浮名的人。我并不为从文替我作了宣传而喜欢(当然论他的声价,他的文字,那文章的宣传的能力定是不小),实在他是那样的没有偏见的说中了我的价值和尺度。我是为得了一个'知音'而欢喜"③。这里表露出来的既有因为沈从文客观地评价了自己诗歌的欣慰,又有自己诗歌能够得到文学界关注的得意,特别是得到沈从文这样有相当分量的作家和批评家的高度评价而更加喜悦,同时也透露出闻一多对诗歌创作的留恋之情。闻一多自谦说"诗亦不成家数",而实际上已经自成一家,在诗坛上影响巨大且有了深远的文学史、诗歌史意义。而现在他放弃诗歌创作,确实非常可惜。所以,在1930年基本都在进行学术研究活动的时候,闻一多自然怀念诗歌创作,在诗歌与学术之间产生了犹疑。当然,诗歌创作的"灵光"一闪而过,此后他又埋首古籍中。感受中的矛盾反映了他思想中的矛盾,他所谓"向外走"和"向内走"本身就是对立的两种人生形态,因为"向外走"没有走通,所以转向"向内走"。从诗歌创作与学术研究的关系看,"向外走"无疑可以特指与现实密切联系的诗歌创作,"向内走"即意味着在书斋、在学院专注古代、专注典籍,前者指向现实社会人生,后者指向文化、学术和自我内在生

---

① 闻一多:《闻一多1930年致饶梦侃信》,载《闻一多全集》第12卷,湖北人民出版社1994年版,第251页。

② 闻一多:《闻一多1930年致饶梦侃信》,载《闻一多全集》第12卷,湖北人民出版社1994年版,第251页。

③ 闻一多:《闻一多1930年致饶梦侃信》,载《闻一多全集》第12卷,湖北人民出版社1994年版,第253页。

活。无论是以诗歌介入现实还是以学术研究疏离现实，都涉及和现实的关系。如何建立与现实的联系，闻一多在思考和选择，思考和选择过程中生成的矛盾构成了闻一多的精神特征。从《死水》诗集中的诗歌我们可以感受到闻一多鲜明的现实情怀，在精神上经历了从自我内在的情思世界的抒发突入到外在现实社会的表现，《心跳》一诗表明了闻一多在精神上的从内向外的转向，面对自我的生活情态："灯光漂白了的四壁"里有"朋友似的亲密"的"贤良的桌椅"，面前飘悠着"古书的纸香"和洁白的茶杯，触目是"受哺的小儿"，听闻到"大儿的鼾声"，此情此景，诗人不由陶醉，"这神秘的静夜，这浑圆的和平，我喉咙里颤动着感谢的歌声"。这正是闻一多后来书斋生活、学者生涯的写照。但在写作《心跳》的1927年，闻一多尚没有完全陶醉其中，诗笔一转，"但是歌声马上又变成了咒诅"，他不能够满足于这静夜"墙内尺方的和平"，"我的世界还有更辽阔的边境"。于是他从"个人的休戚"转向"更辽阔的边境"，听见了"战争的喧嚣"中"四邻的呻吟"，看见了"寡妇孤儿抖颤的身影""战壕里的痉挛，疯人咬着病榻"和"各种惨剧在生活的磨子下"。于是，闻一多由陶醉于"静夜"而为现实的惨剧"心跳"，创作了一系列从表现爱国主义情思到揭露黑暗现实的诗歌，如从《一个观念》到《一句话》的爱国诗，从《荒村》到《洗衣歌》的现实诗。这是闻一多在诗歌中"向外"发展的典型体现。但如同《闻一多先生的书桌》所描绘的诸物都不能够各安其位，正象征了当时中国社会的混乱状况。面对从"五卅"到"三一八"、从"四一二"到"九一八"，政治风云变幻莫测、外敌入侵迫在眉睫的中国现实，一介诗人的闻一多即使想"向外走"，能有什么办法呢？只有徒唤奈何而放弃改造社会的勃勃雄心，回归书斋"向内走"。在此期间提倡新格律诗运动，在闻一多的理想中，一方面针对诗歌，希望通过诗歌"三美"的格律化来规范现代新诗，另一方面，诗歌格律的追求隐含着闻一多的美学理想和社会理想，是要通过诗歌格律的建立而帮助重建社会的秩序，希望社会亦如诗歌，能够有自己的秩序、规范、纪律。但再美的艺术和再理想的愿望，在强大而社会问题积重难返的中国现实面前都无济于事而彻底粉碎，格律的有限形式永远无法规范和约束混杂的社会，甚至对诗歌本身都不可能一劳永逸。理想和现实的巨大反差、现实对理想的强大反弹和最终的毁灭，使闻一多不得不发出感叹："秩序不在我的能力之内！"（《闻一多先生的书桌》）从此，闻一多在"心跳"之后又复归平静，回到"墙内尺方的和平"中而开始纯粹的学者生涯。离开诗歌创作转入学术研究，意味着同时也远离了现实社会而进入古籍世界，诗歌创作担当了闻一多从现实社会到古籍研究的过渡桥梁角色，前以诗歌创作介入现实，后从诗歌过渡到学术而与现实社会进行了精神上一定程度的疏离。诗歌艺术理想极致化的结果是诗歌格律成为彻底禁锢自我丰富精神和复杂社会的"枷锁",诗歌艺术格律不仅无补于社会现实,格律反倒压抑了诗情,严格制约了诗情的抒发,闻一多情感"火山"此后就压抑在"死水"下面,新格律诗提倡和实践的结果是,闻一多自己再写不出诗歌,因为太理想、太精严、太完美的诗歌格律禁锢了他的诗情,所以,闻一多放弃写诗而发展到学术,同时也有诗歌自身的原因。而在这样的精神矛盾中,从诗歌到学术的转化和发展,实际意味着闻一多把诗歌的格律转化为人生格律和学术上的"格律"化追求,"学者"的人生形态实则是闻一多转化了的诗歌格律的体现,诗歌和现实的秩序化理想转向了对中国文化的秩序化厘定,闻一多全部的学术研究在这个意义上说,就是要建立中国文化的理想秩序。诗歌与现实的矛盾、诗歌与学术的矛盾转移到学术研究内部的矛盾中,带着热爱中国诗歌、中国文化的目的进入中国的文化历史中寄托自我的精神理想,结果发现中国文化历史和历史文化的同样混乱,于是在厘定其文化秩序的过程中发现中国文化的本相和本质,禁锢的精神在学术研究中爆发,在爆发中既做出了巨大的学术研究成绩,更在爆发中起而批判腐坏的中国文化思想。诗歌与学术的矛盾在生成过程中进入学术世界,在学术研究过程中孕育了矛盾解决的最终选择。

从诗人到学者的转变过程中学术性逐渐强化,从诗歌到学术的发展过程中诗歌性逐步转化,转变和发展中生成了诗歌和学术之间的矛盾,这都构成了闻一多整体的精神文化世界。如果从闻一多整体的精神文化世界看,诗人和学者是统一的,诗歌和学术是能够整合的,诗歌和学术呈现出一种互动关系,形成了闻一多学术研究中"诗中有学"和"学中有诗"的文化特征。

三、学术中的诗歌

闻一多在诗歌创作中已经包含了丰厚的学术文化,又从诗歌创作发展到学术研究,自然在学术研究中有着鲜明的诗歌因素,体现出诗歌化的特征,即"学中有诗"。所谓"学中有诗",一是指闻一多的学术研究内容以中国古代诗歌为主,他最早的学术研究是中国古代诗歌,他学术研究成绩最大的部分是对中国古代诗歌的研究;二是指闻一多以诗人的精神研究中国古代诗歌,在学术研究中体现出诗性思维,全部的学术研究都具有鲜明的诗意化特征。前者属于学术研究对象和研究内容,后者属于学术研究思维和学术研究风格,在这两个方面,闻一多的学术文化世界都与诗歌有非常密切的关系,整体的学术研究都可以说诗意盎然,可以见出闻一多的诗人型学者的个性特征。

一个学者要进行学术研究，进入学术研究，首先面临的是研究对象的选择和研究内容的确定。而研究什么、不研究什么，取决于诸多因素，包括时代思潮、社会需要、学界动态、研究条件等外部的社会文化氛围，从研究主体而言，则取决于他的天赋才能、兴趣爱好、学养基础、学术识见、意义感知等因素。外部的社会文化氛围对于闻一多学术研究的意义倒不完全决定他具体的研究内容，而根本上决定了他进入学术研究本身和主要以古籍研究为主，因为从当时的时代思潮看，"五四"新文化运动中和之后，反对旧思想旧道德的现代化文化价值取向中，要以现代文化思想的标准重估一切传统价值，首先就要在学术上清理和认识中国一切古籍，所以在建构新文化的同时，新文化运动的主体纷纷投入对传统文化的整理和研究中，其中影响大者有胡适的在"输入学理"基础上的"整理国故"，以图"再造文明"。这成为一种时代的学术文化主潮。闻一多走上学术道路，自然顺应了新文化运动后重估传统文化价值的潮流。从客观的社会需要看，具体说，闻一多出于职业考虑而任教于大学，学术研究成为职业的要求和职业的一部分。当时的学界在内容取向上有的专注于整理和研究中国古籍，有的致力于胡适所说"输入学理"，翻译、介绍和研究外国文化，有的苦心孤诣于以西方文化思想重新阐释中国古代文化而求中西文化的融合。闻一多自然了然学界的这些研究动态，在其中当然会有自己的选择。应该说，闻一多置身于学院环境，具备了基本的学术研究条件，有了自己所选定研究内容的文献保障。这样，外部的社会文化氛围给闻一多提供了必要的学术研究背景和保障。至于具体研究内容的选择，则主要由闻一多主体精神因素决定，闻一多自身的天赋才能、兴趣爱好、学养基础、学术识见、意义感知等决定他最初和主要选择了研究中国古代诗歌。人生各有禀赋，闻一多天性中就富有艺术性才华，这决定了他的兴趣爱好，后天自然多在艺术上发展自我，在绘画、诗歌、戏剧、篆刻等艺术部类都有所发展并都有成就，其中发展最充分、成就最高的是诗歌。天性禀赋和兴趣爱好决定闻一多在启蒙教育之后的学习内容一反传统以读经为主而更多集中在古典诗歌的研读上，从时间上贯穿他整个求学阶段，内容上贯穿了整个中国古代诗歌历程，如他在清华学校读书时所开列的读书计划，包括了《八代诗选》《全唐诗》《宋诗选》《元诗选》《明诗综》《清诗别裁》，囊括了中国历代诗歌。这样就形成了闻一多在古典诗歌方面深厚的学养基础，为他以后的学术研究对象的选择奠定了基础。在诗歌上愈有天赋，就愈感兴趣；愈感兴趣，就愈会花出时间和精力去学习；学习愈多，积累愈深厚。这就为今后学术研究对象的选择进行了必要的准备。学者研究对象的选择总是基于自己最感兴趣、获知最多的内容，闻一多选择古代诗歌为自己研究对象具有得天独厚的学养优势。同时，研究对象的选择还可以见初学者的识见能力，选择什么更可见主体的识见能力，即在纷繁复杂、杂乱无章的古代文化、古代文学、古代诗歌中选择最有价值的研究内容，这需要研究主体具有一双文化"慧眼"。独具慧眼，才能发现既有研究价值，又为人所未至、所未道的研究领域。闻一多选择中国古代诗歌为自己研究对象，无疑体现了他的学术眼光和文化"慧眼"。因为他知道，中国文化的精粹在文学，中国文学的精粹在诗歌，诗歌作为中国古代文学最正统的文体，集中体现了中国文学的美和中国文化的特质（"诗定是文化的胚胎"①）；而他对古代诗歌的研究首先从唐诗开始，因为唐诗为中国诗歌创作的顶峰，尤其唐诗把古典律诗的创作推到极致，而"律诗底体格是最艺术的体格"，"他是中国诗底艺术底最高水涨标。他是纯粹的中国艺术底代表。因为首首律诗里有个中国式的人格在"②。带着这样的识见，闻一多在学术研究对象的选择上就不仅仅单纯从自己的兴趣爱好出发，而更进一步在感知古代诗歌研究的意义，在研究对象意义的意识中进入自己的研究过程。仅仅从自己趣味出发的研究，势必将学术研究沦为毫无意义的玩偶，不是在进行思想意义的认识，而是在对象的赏玩中消解研究对象的意义。闻一多尽管在选择自己的研究对象时有从情趣出发的因素，但他无论在选择中还是在整个研究过程中，都不忘研究对象本身的意义和自己研究的意义。当然，闻一多学术研究的意义非常丰富而重大，单就他最初选择古代诗歌、选择古代诗歌中的唐诗、选择唐诗中的律诗为自己的研究对象，就体现出他的价值认知，正是在这样的价值认知中，闻一多的研究的意义就这样体现了出来。

既有深厚的古典诗歌学养，在诗歌创作中体现出学术文化的含量，又从诗歌创作发展到学术研究，那么，研究的对象首先选择诗歌是闻一多从诗歌创作到诗歌研究顺理成章的结果。诗歌是他的基点，实际上除创作和研究外，闻一多还有诗歌批评的层面。如果说，闻一多正式的学术研究从1928年开始，那么此前的诗歌创作、诗歌批评、诗歌研究都可以是他学术研究的准备，而其中的古代诗歌研究实际不限于学术准备，可以说是真正的学术研究了。无论是他早期的学术研究尝试，还是后来正式的学术研究，共同而鲜明的特征就是学术中丰富的诗歌内涵和浓厚的诗歌意味。从创作到批评到研究，闻一多始终没有离

---

① 闻一多：《律诗底研究》，载《闻一多全集》第10卷，湖北人民出版社1994年版，第159页。

② 闻一多：《律诗底研究》，载《闻一多全集》第10卷，湖北人民出版社1994年版，第159页。

开诗歌，学术中有诗为他学术研究最大的特征。

我们可以大概排列出闻一多早期诗歌活动的进程和内容层面：旧体诗习得——旧体诗创作——新诗创作——新诗批评——律诗研究——古代诗人研究。旧体诗的学习和创作为新诗创作赋予了厚实的古代艺术和学术文化内涵，新诗的创作实践为诗歌批评赋予了感性的艺术经验，新诗的创作为古诗的研究赋予了现代性的视角，新诗批评为律诗的研究赋予了理论基础，律诗的研究为研究古代诗人和诗作进行了必要的学术准备。诗歌创作、诗歌批评和诗歌研究构成了闻一多诗歌活动的链条和完整世界。从诗歌的学术研究角度，他的诗歌批评可以说是诗歌研究的艺术的和理论的基础。除了评论《清华周刊》上面的诗歌而作《评本学年〈周刊〉里的新诗》、评俞平伯《冬夜》而作《〈冬夜〉评论》、评郭沫若《女神》而作《〈女神〉之时代精神》和《〈女神〉之地方色彩》外，闻一多还曾经计划写一本书，名为《新诗丛论》，"这本书上半本讲我对于艺术同新诗的意见，下半本批评《尝试集》《女神》《冬夜》《草儿》及其他诗人的作品"①。虽然他计划中的《新诗丛论》没有成书，但从已经完成的评《冬夜》和《女神》的论著可以窥见其书的基本内容，包括他的诗歌批评标准和诗歌艺术观。闻一多与现代诗人鲜明的区别在于，虽然他置身于新诗园地，但始终不忘旧诗的传统，所以在创作新诗和进行新诗评论的同时，有意识地开始了最初的古代诗歌研究。闻一多最早的学术研究成果是《律诗底研究》。首先，这与闻一多所意识到的中国诗歌在中国艺术、中国文化、中国社会中的崇高地位有关，他说："诗在各门艺术之中所站位置很高（依我的意见比图画高）。但诗之普遍诚未有如中国者。在中国几乎无处没有诗。穷家小户至少门联是贴得起的。门联上写得不是诗是什么？至于从前科举时代凡是读书过考，谁不要会作几句诗！至于读诗更是普遍了。《唐诗三百首》《千家诗》一类的课本西方是找不出的。"②其次，闻一多是基于律诗本身的价值而把研究律诗作为研究中国古代诗歌的切入点和出发点，"今之欲研究中国旧诗者，辄不知从何处下手，且绝无有统绪而且可靠的指南底著作。余则谓须从律诗下手。一、因律诗为中国诗独有之体裁。以中诗之全数与西诗之全数相减，他种诗都相抵消，其余诗则为律诗。故研究中国诗者若不着手于律诗，直等于没有研究中国诗。二、因

---

① 闻一多：《闻一多1922年4月11日致闻家骊信》，载《闻一多全集》第12卷，湖北人民出版社1994年版，第33页。
② 闻一多：《闻一多1923年2月10日致闻家骊信》，载《闻一多全集》第12卷，湖北人民出版社1994年版，第145页。

律诗能够代表中国艺术底特质,研究了律诗,中国诗底真精神,便探见着了。三、因律诗兼有古诗、绝句、乐府底作用。学者万一要遍窥中国诗底各种体裁,研究了律诗,其余的也可以知其梗概"①。再次,从现实的意义看,闻一多研究律诗主要是有感于现代新诗的过分西化,而要求现代诗人"当细读律诗,取其不见于西诗中之原质,即中国艺术之特质,以融入其作品中",因为在他看来,"夫文学诚当因时代以变体;且处此二十世纪,文学尤当含有世界底气味;故今之参见西法以改革诗体者,吾不得不许为卓见。但改来改去,你总是改革,不是摈弃中诗而代以西诗。所以当改者则改之,其当存之中国艺术之特质则不可没。今之新诗体格气味日西,如《女神》之艺术吾诚当见之五体投地;然谓为输入西方艺术以为创倡中国新诗之资料则不可,认为正式的新体中国诗,则未赶附和"。正是在这样的认识下,闻一多后来吸收律诗的美质而创造新格律诗,那么他的研究律诗就有了更大的现实意义。最后,律诗毕竟成为了历史,可以借鉴,但再不可能继续成为诗歌正统,闻一多认为偶尔为之也未尝不可,如蔡元培所说之篆籀虽然不再通行,但可以作为一种美术品而习用,那么,在闻一多看来,律诗即使没有创作的价值,也有鉴赏的价值,"无论如何,律诗之艺术的价值,历万代而不泯也。创作家纵畏难却步,不敢尝试;律诗之当永为鉴赏家之至宝,则万无疑义"②。正是在这样对律诗价值的认定中,闻一多全面系统地研究了律诗在诗体组织方面包括章的组织、句的组织、音调的组织的渊源和进化历史,分析了律诗在形体和音节方面的特征,揭示出律诗的美学作用和艺术特质,最后论定了律诗的永恒价值。当总体上对律诗有了基本认定后,闻一多一方面进入古代具体诗人的研究中,另一方面也意味着他在律诗研究基础上研究内容的扩展。从他出国留学前后的研究计划看,都集中在诗歌研究,特别是唐代诗人和诗作的研究上。与研究律诗、撰写《律诗底研究》几乎同时,闻一多一边创作《李白之死》,一边展开了自己的古代诗歌研究,作《义山诗目提要》,续写《风叶丛谈》(又名《松麈谈玄阁笔记》),又研究陆游,在给友人的信中对陆游高度称许,并多引他诗歌以自赏。③ 出国后,虽然身处西方文化氛围,但不忘继续研读中国古诗,并积极收集资料研究自己所喜欢的诗人如杜甫、

---

① 闻一多:《律诗底研究》,载《闻一多全集》第 10 卷,湖北人民出版社 1994 年版,第 165—166 页。
② 闻一多:《律诗底研究》,载《闻一多全集》第 10 卷,湖北人民出版社 1994 年版,第 165—166 页。
③ 闻一多:《闻一多致 1922 年 6 月 22 日致梁实秋信》,载《闻一多全集》第 12 卷,湖北人民出版社 1994 年版,第 38 页。

李白、李义山、韩愈、陆游等，在书信中曾经提到一直在继续着"唐代六大诗人底研究"，并做出了《昌黎诗论》，为唐代六大诗人研究之一；还有义山研究正在进行，向家里索寄《义山诗评》四本。这些虽然没有留存下来，但我们从中可以知道闻一多早期的学术研究概况，既说明闻一多的学术研究很早就开始，又可见他的学术研究内容取向，是集中在诗歌研究上。

当闻一多在 1928 年前后正式进入学术研究领域后，闻一多诗人的精神特征，对古典诗歌的挚爱和初期学术研究的基础自然决定了他的研究内容集中在中国古代诗歌，其中主要是唐诗研究，但已经开始扩展或从唐诗上溯到了《诗经》研究和《楚辞》研究。1927 年 7 月闻一多在《时事新报·学灯》上连载了《诗经的性欲观》，意味着他开始了《诗经》的研究；1928 年 8 月在《新月》杂志上刊载出《杜甫》，继续着唐代诗人的研究；1929 年 11 月在《新月》杂志发表《庄子》一文，也主要从诗意化角度论庄子。随后，闻一多制订了宏大的学术研究计划并按部就班地进入研究过程。据朱湘《闻一多与〈死水〉》披露，闻一多在唐诗研究上，由杜甫而推广到整个唐代的诗、整个唐代的文和整个唐代的文化。关于杜甫，除杜甫的年谱会笺和杜甫的交游考外，计划作一部《杜学考》，考订杜甫每一首诗的著作年月。朱湘在文章中列举了闻一多在唐代文学研究中将近告成和正在进行的项目，计有：《王有丞年谱》《岑嘉州系年考证》《岑嘉州集笺疏》《唐代文学年表》《初唐大事表》（分政治、四裔、宗教、学术、文学、艺术六栏）、《唐语》《全唐诗人补传》《唐诗人生卒年考》《全唐石校勘记》《全唐诗拾遗》《唐石绫笺》《全唐诗选》《见存唐人著述目录》《唐代遗书撰人考》《唐两京城坊考续补》《长安风俗志》《唐器物著录考》《全唐研究用书举要》《全唐文选》《唐人小说疏证》《诗经》研究、汉魏六朝诗研究等。① 这些研究计划闻一多在后来基本上都完成了，其中大部分是唐代文学和唐代诗歌的研究。如果说这里还多有诗歌以外的文化研究内容，那么闻一多在 1933 年给饶梦侃的信中谈到自己的研究工作和研究计划则主要集中在古代诗歌方面了。闻一多自谓"向内发展的工作"包括："（一）毛诗字典。将诗经拆散，编成一部字典，注明每字的古音、古义、古形体，说明其造字的来由，在其句中作何解，及其 part of speech（古形体便是甲骨文，钟鼎文，小篆等形体）。这项工作已进行了一年，全部完成的期限当在五年以上。（二）楚辞校议。希望成为最翔实的楚辞注。已成三分之二。二年后可完工。（三）全唐诗校勘记。校正原书的

---

① 朱湘：《闻一多与〈死水〉》，该文在朱湘生前未发表，1947 年才发表，初刊载于 1947 年 7 月《文艺复兴》第 3 卷第 5 号。

误字。(四) 全唐诗补编。收罗全唐诗所未收的唐诗。现已得诗一百余首,残句不计其数。(五) 全唐诗人小传订补。全唐诗作家小传最潦草。拟订其讹误,补其缺略。(六) 全唐诗人生卒年考,附考证。(七) 杜诗新注。(八) 杜甫(传记)。"① 虽然闻一多转向了考据学研究,但研究的对象主要是诗歌。以考据学研究中国古代诗歌,更见出闻一多的"学中有诗",可以想见,闻一多在完全转向学术研究后,诗歌并没有消退,在他的学术规划中,诗歌是他学术世界的中心。

闻一多以勃勃雄心和宏伟的研究计划进入学术研究中,而他以对古代诗歌的挚爱和对古代诗歌研究价值的认定在学术研究中集中在中国古代诗歌,不仅从古代诗歌研究开始自己的学术生涯,而且在他全部的研究成果中,古代诗歌的研究成绩是最大的。闻一多在自己研究范围里所涉及的古代诗歌包括了《诗经》《楚辞》、唐诗和汉乐府。汉乐府只有《乐府诗笺》和论乐府诗的残篇而显得用力不多,闻一多在其他三大诗歌领域都是全力以赴,均做出了巨大成就。当然,闻一多转向学术研究后,更多以考据学方法对诗歌进行文献学的整理和考订,首先求得文本的真实可靠,其次求得对文本的准确理解,所以不惜花费大量精力进行校勘和词义的诠释,在此基础上进行诗歌的鉴赏和文学背景的说明。闻一多以这样的研究程序全面梳理了《诗经》《楚辞》和唐诗。在《诗经》研究上,计划中的《毛诗字典》虽然没有完整地编定,但闻一多在《诗经》研究中用力最多的就是对诗中字、词的考证和训释,《诗经新义》和《诗经通义》是其中最杰出的成果。与词义诠释相关,闻一多对《诗经》中的代表性词语进行词类划分,如对《诗经》中的"以",把全部含"以"字的诗句摘录出来,按照词类进行归纳,分出名词、代名词、疑问代名词、虚指示代名词、外动词、助形容词、副词、连词、介词、助动词、比较连词、代名词、副词、助词、指示形容词等共 15 种词类。② 当然,闻一多不仅限于字词的训释和归类,在此基础上,对《诗经》进行文体辨类,如《诗风辨体》,分出四言诗和杂言诗。特别以现代视角读《诗经》,在大量研究基础上,闻一多给我们留下了《诗经》的全新读本《风诗类钞》,更好地引导读者欣赏《诗经》,而每一首诗后面闻一多的鉴赏都体现着他作为诗人的独到眼光和美学标准。最为宝贵的是闻一多对

---

① 闻一多:《闻一多 1933 年 9 月 29 日致饶梦侃信》,载《闻一多全集》第 12 卷,湖北人民出版社 1994 年版,第 265—266 页。
② 闻一多:《诗经词类》,载《闻一多全集》第 4 卷,湖北人民出版社 1994 年版,第 584 页。

《诗经》所做的现代学科的文化和美学阐释,《诗经的性欲观》从文化人类学和心理学角度对《诗经》的阐释别开生面,令人耳目一新。《匡斋尺牍》中更从多学科角度解读《芣苢》,对于阅读两千年前的《诗经》给我们树立了绝好的阐释典范。在《楚辞》研究上,较之《诗经》和唐诗,闻一多的研究开始略晚,但后来居上,有认为"闻一多治古典文学,以研究《楚辞》的时间最长,用力最多,成绩也最突出"①。与《诗经》研究和唐诗研究相比较,是否如此,还需要考订和比较,但闻一多在《楚辞》研究上面确实取得了学界公认的巨大成就。闻一多开始研究《楚辞》,与《楚辞》研究专家游国恩的影响分不开,1931年9月,游国恩亦到青岛大学任教,和闻一多曾经同住一座楼,常在一起谈论《诗经》《楚辞》;加之闻一多在清华大学开设楚辞研究课,需要用心钻研;在研究《楚辞》过程中,和游国恩有时相切磋,现存闻一多写给游国恩讨论《楚辞》的书信有八通,如1933年7月2日信说:"兄下年讲授《楚辞》,故近来颇致力于此书。间有获弋,而疑难处尤多。"所以请求游国恩把研究《楚辞》的手稿带给他,"以便拜诵"②。7月26日信:"比来日读骚经数行,咀嚼揣摩,务使字字得解而后止,忽有所悟。自熹发千古以来未发之覆。恨不得行家如吾兄者,相与拍案叫绝也。"③ 后游国恩从青岛往北平,闻一多如愿读到其著作,赞赏之余,亦给以补订:"病中再读大著,渊博精审,突过古人,是诚不愧为后来居上矣。近偶读朱一栋《群书札记》,中有论《楚辞》十余条,精当处似欲与朱丰芑,俞荫甫辈方驾。……大著似未采及此书,不知贵校有此书否?如一时不易觅得,弟可代为录出寄上也。"④ 此后几封书信,多讨论到《楚辞》中具体问题。切磋之余,虚心请教,"近读《诗》《骚》,好标新义,然自惟学识肤浅,时时惧其说之邻于妄,不敢自信,质之高明,倘有以教我,余不一一"⑤。从中可见闻一多对于《楚辞》研究的热情。闻一多开始研究《楚辞》,更为主要的原因还在于,他既以古代诗歌为自己研究对象,必然会关注到先秦除《诗经》外成就最高的《楚辞》,研究《诗经》必然会进入《楚辞》,因为自

---

① 刘烜:《闻一多评传》第257页,北京大学出版社1983年版。
② 闻一多:《闻一多1933年7月2日致游国恩》,载《闻一多全集》第12卷,湖北人民出版社1994年版,第259页。
③ 闻一多:《闻一多1933年7月26日致游国恩》,载《闻一多全集》第12卷,湖北人民出版社1994年版,第260页。
④ 闻一多:《闻一多1933年8月21日致游国恩》,载《闻一多全集》第12卷,湖北人民出版社1994年版,第261页。
⑤ 闻一多:《闻一多1933年9月7日致游国恩》,载《闻一多全集》第12卷,湖北人民出版社1994年版,第264页。

古"诗骚"并称。而且,出生于湖北的闻一多事实上从小就景仰乡贤,特别景仰伟大的爱国主义诗人屈原,本来就熟知屈原及其《楚辞》。在进入《楚辞》研究后,闻一多从多个层面展开研究,遵循他在《楚辞校补》"引言"中给自己定下的《楚辞》研究三项课题而进行:(一)说明背景,(二)诠释词义,(三)校正文字。他的《楚辞》研究即从这三方面展开,在这三项课题上都取得了成绩。《楚辞校补》即是他运用考据学方法"校正文字"兼"诠释词义"的代表作,1942年3月出版后获得了1943年度教育部学术审议会二等奖。同属于考据学研究的成果还有如《离骚解诂》《天问疏证》《天问释天》《九歌释名》《九歌解诂》《九章解诂》等。而属于"说明背景"的研究则有如《屈原问题》《人民的诗人——屈原》《读骚杂记》《怎样读九歌》《九歌的结构》《九歌古歌舞剧悬解》《论九章》等。闻一多以自己献身学术的钻研精神,甫一进入《楚辞》研究领域,即有创获,日积月累,终于成为《楚辞》研究的一代大家。中国作为诗国,在诗歌上面最有代表性的、成就最大的就是《诗经》《楚辞》和唐诗,闻一多的诗歌研究集中在这三个领域,可以说探得了中国诗歌最精美、最艺术的诗歌神韵。与《诗经》《楚辞》研究比较,闻一多在唐诗研究上应该是开始最早的(1922年研究律诗即开始了唐诗研究)。他同样以考据学研究唐诗,集中在唐诗的辑佚、校勘、补证、史料考订、史料汇编、年表编定等多个层面,当然亦有诗歌鉴赏和文化思想内容的研究,如《唐诗杂论》中各篇综合性的研究论文,对如初唐四杰、陈子昂、孟浩然、贾岛、李白、杜甫、岑参等诗人有精深独到的论说,对整个唐代诗歌的特征有独到的观察和解析,如《类书与诗》发现了唐诗的学术化特征,《宫体诗的自赎》解析了宫体诗的源流、演变和终结,总结出诗歌流派自我演化的规律。其实应该说,他在唐诗研究上时间最长、用力最多,起码从数量上看成就也最大。说时间最长,闻一多至少从1922年开始唐诗研究到最后进入中国文学史的构想,唐代文学、唐代诗歌仍然在学术范围中,也就是说,唐诗研究基本一直贯穿于他的学术研究历程中;时间如此漫长,自然他在唐诗上花费的精力应该是多于《楚辞》的;当然,成就的大小主要取决于研究成果的质量,如果从数量看,唐诗研究的成果量是最大的,新版全集12卷,唐诗研究部分占三卷,是全集的四分之一。这三卷唐诗研究成果,主要分六部分,一是考据学研究成果如唐诗的校勘、辨证和辑佚成果,二是文学史料汇编如《说杜丛钞》《唐风楼捃录》,三是全唐诗人传记材料的汇集,四是唐诗选本《唐诗大系》,五是唐代诗人诗作的综合研究论著如初版全集所收《唐诗杂论》,六是唐文学史研究如《唐文学年表》《诗的唐朝》《唐诗要略》。自然,闻一多在《诗经》《楚辞》和唐诗研究上各有所长、难分轩轾,如果将他在诗歌研究上的成就（包括对乐府诗的研究）看作一个整体，那么所有这些研究成果就从整体上反映了闻一多学术研究中古代诗歌的研究成果。闻一多的学术研究对象不限于古代诗歌，后来扩展到先秦诸子研究、《周易》研究、神话研究、语言文字研究、文学史和文化史研究，但在他整个学术研究世界中，中国古代诗歌的研究所占比例最大。而即使是其他领域的研究，一方面，是以古代诗歌研究为基础，从古代诗歌研究的内在精神自然过渡到其他学术文化领域，另一方面，在非诗歌的学术研究中仍然带有他诗人的眼光和视角，在研究过程中保有了自己诗人的特性，即既在研究过程中体现出他自己的诗性思维，又在研究结果中表现出诗意化特征。

闻一多"学中有诗"的特征固然表现在他的研究对象和研究内容以古代诗歌为主，但这毕竟是表面化的"学中有诗"，最为重要的是闻一多在他整个学术研究过程和学术研究成果中体现出诗性思维和诗意化特征，这才是内在的、本质的"学中有诗"，在此层面上讨论他的"学术中的诗歌"才更有意义。首先，闻一多在学术研究中从始至终贯穿着一种诗性思维，以诗性思维选择自己的学术研究对象，以诗性思维激发自我的学术创造力，以诗性思维推动自我在学术研究过程中不断向前跨越。学术研究本来属于冷静的、理智的、客观的科学研究范畴，但在文学研究特别是诗歌研究中，追求科学性的同时还应该保持研究对象和研究主体的艺术性。从思维方式和思维品格上说，存在着两种思维，一种是诗性思维，一种是科学性的思维，这两种思维都是人类的精神品格和智慧所在。所谓诗性思维，是指一种与生俱来的原初性和原创性思维，在思维过程中首先从主体之于对象的直观和直觉开始，然后以具象化、形象化的方式建立主体与对象的情感性联系，在自我情感的感觉和感受中作用于对象，或改造对象或通过想象创造新的对象，这样的思维体现出原初的本真性和创造性特征。十七、十八世纪意大利哲学家维柯在《新科学》中发现了人类文明都出于"诗性智慧"，"诗性的智慧"是"世界的最初的智慧"，不是理性的抽象的玄学，而是"一种感觉到的想象出的玄学"，人类的儿童具有"强旺的感觉力和生动的想象力"，"诗就是他们生而就有的一种功能（因为他们生而就有这些感官和想象力）"，"因为能凭想象来创造，他们就叫作'诗人'，'诗人'在古希腊文里就是'创造者'。伟大的诗都有三重劳动：（1）发明适合群众知解力的崇高的故事情节；（2）引起极端震惊，为着要达到所预期的目的；（3）教导凡俗人们做好事，就像诗人们也会这样教导自己"①。维柯所说具有三重劳动的"伟大的

---

① ［意大利］维柯：《新科学》，朱光潜译，人民文学出版社1997年版，第161—162页。

诗"当指英雄时代的"史诗",如荷马史诗,而西方传说中的文化创始者就是荷马之类的诗人和悲剧家们,维柯更以自己所谓"新科学"强化并证明了诗人创造人类制度的观点。维柯在《新科学》中所揭示的"诗性智慧",不管是否是人类文化和社会制度的真正创造者,他对"诗性智慧"特性的论证却揭示出了人类思维中"诗性思维"的重要特征,如原初性、感觉力、想象力、创造性等,的确为诗性思维的本质特征。当然,维柯是从人类文化和文明起源的角度,将诗性智慧赋予原初人类即人类的儿童——原始人,或说正是人类的儿童——原始人,最初产生出来的是一种不同于抽象的,理性的神性智慧的"诗性智慧"。近代科学文明兴起后,代替神性智慧的是科学智慧,与诗性思维相对的科学化思维则是抽象的、理性的、客观的思维形式。我们这里引用维柯的"诗性智慧"说,并不是说闻一多仅仅具备或符合"诗性智慧"的要求,而是以此说明诗性思维所具有的特性。如维柯认为"诗性智慧"为人类儿童即原始人所具备的智慧,其所指称的作为人类儿童的智慧就必然带有自然性、本真性,即我们所谓"赤子之心"。这种本真性的诗性智慧或诗性思维,对于主体来说即指从自我天性出发的、没有受到人类文明压抑的、基本上没有现实功利性的精神,也就是主体的"赤子之心"。我们是以"诗性思维"的特征,参照维柯"诗性智慧"的内涵,以其中所体现的直觉性、想象力、形象化、创造力和"赤子之心"等要素衡量闻一多和他的学术研究,从而感受和发现闻一多学术中的"诗性思维"。闻一多在学术研究中固然有对研究对象的抽象化概括、理性化分析和客观性的呈现,但他自身诗人的精神特征和研究对象决定了闻一多更多体现出的是诗性思维。闻一多生在南方,湿润的气候和葱郁的自然环境涵养出他的灵秀天性,家乡所在地更造化天然,触目所见为远山近水,浩渺的望天湖和翠绿的水稻田构成他的生活氛围,如闻一多在描绘自己家中读书所在——二月庐的新诗中所歌咏的:"面对一幅淡山明水的画屏,在一块棋盘似的稻田边上,蹲着一座看棋的瓦屋——紧紧地被捏在小山底拳心里。"(《红烛·二月庐》)而他的家庭属书香门第,从小就生活在浓郁的文化氛围中,在自家私塾接受启蒙教育后自主选择学习内容,经史之外,多选古典诗歌诵读。这样,自然环境和人文氛围合力造就出闻一多精神中的诗性特征。而天性中的艺术才能又进一步促使他更多向艺术方面发展,诗歌、绘画成为他最喜欢的学习内容。在清华学校读书时,闻一多虽然接受着美国化的科学教育,但他精神中的诗性特征不仅没有弱化,反而更加强了,几乎就生活在诗歌中,如他给闻家驷的家信中说到在学校的生活:"到校后,作诗,抄诗,阅同学所做诗,又同他们讲诗,忙得个不亦乐乎,所以也没有工夫写信给你。"① 而回家后，给同学信中说，创作诗歌《李白之死》、誊写《红烛》诗集、研究古代诗歌，同时，"暇时则课弟、妹、细君（注：细君为闻一多妻子高真），及诸侄以诗；将欲'诗化'吾家庭也"②。以斑窥豹，可见闻一多就生活在诗歌中，不仅诗化自我生活，而且诗化其所在学校和家庭。闻一多出国留学没有选择当时一般留学生所选择之实用专业如自然科学和法政商等社会科学，而是选择了美术专业，这也是取决于他排除了功利性、实用性的诗性精神特征，他始终都是一个适性任情的性情中人，为此而不惜牺牲个人利益。据梁实秋回忆，他赴美进入科罗拉多大学后，闻一多即兴从已经学习了两年的芝加哥大学转学到科罗拉多。而按照科罗拉多大学的规定，要成为正式注册学生，必须补修数学方面的两门课，梁实秋补修了三角和立体几何，但闻一多坚决不修，"他觉得性情不近数学，何必勉强学他，凡事皆以兴之所至为指归。我劝他向学术纪律低头，他执意不肯，故他始终没有获得正式大学毕业的资格"③。在此一年，闻一多因此只得进入艺术系做特别生而不是正式生，即使在艺术系，他反以一半时间选修"丁尼生和伯朗宁""现代英美诗"两门诗歌课。这一方面说明闻一多完全从性情出发、不计个人利害的性格特征，另一方面可见出他的思维特征，他的思维是偏于艺术化的诗性思维。这样的思维成就了闻一多的诗歌和艺术，也深深地影响了他的学术研究，在学术研究中同样带有诗性思维、以诗性思维进行创造性的学术研究。诗性思维首先决定了闻一多走上学术研究道路后，研究对象的选择基本上出于自我的兴趣、爱好，对于自己的研究对象，主要不是从理智的角度认知中国诗歌、中国文学和中国文化的美，而主要从情感性的诗性思维角度感受中国诗歌、中国文学和中国文化的美。针对郭沫若《女神》中充满的西洋语词和意象，闻一多追问道："我们的中国在哪里？我们四千年的华胄在哪里？哪里是我们的大江，黄河，昆仑，泰山，洞庭，西子？又哪里是我们的《三百篇》，《楚辞》，李，杜，苏，陆？"④ 由此，闻一多从情感上感受"绝对地美的，韵雅的"东方文化和中国诗歌，从如饥似渴地学习到专心致志的研究。研究本来是理智的，但能够把自我生命完全投入

---

① 闻一多：《闻一多1922年3月28日致闻家驷信》，载《闻一多全集》第12卷，湖北人民出版社1994年版，第27页。
② 闻一多：《闻一多致1922年6月22日致梁实秋信》，载《闻一多全集》第12卷，湖北人民出版社1994年版，第38页。
③ 梁实秋：《谈闻一多》，载方仁年编：《闻一多在美国》，华东师范大学出版社1985年版，第114页。
④ 闻一多：《女神之地方色彩》，载《闻一多全集》第2卷，湖北人民出版社1994年版，第119页。

中国诗歌、中国文学和中国文化的研究中，需要一种强大的驱动力，而最为强大的原初驱动力就是他对中国诗歌、中国文学、中国文化的深沉真挚的爱。这种文化情感的原动力与外在的理性要求不同，他是发自内心的、"从生命产生出来的"。从生命产生出来的是诗，从生命的诗中产生出他的学术研究。闻一多正是以这种出于自我本真状态和内在情感追求的愿望进入学术研究过程中，以诗性的感觉力和创造力在所有学术研究领域里做出了创造性的发现。自然，从思维的角度，诗性思维不仅体现在对古代诗歌的研究上，而且体现在诗歌之外的研究对象中。在诗歌研究中，以诗性思维看《诗经》，发现《诗经》的情感价值和原始性，以情歌的内容判定消解了传统"经学"观，以民歌的形式论断阐发出民间性，恢复《诗经》中诗歌的本来面目；以诗性思维看《楚辞》，发现《楚辞》中的生命意识和文化价值，在对屈原人格和精神的诗性感受中认定屈原的伟大地位，在对原始巫术文化的还原中通过想象而"悬解"《九歌》所描绘的古歌舞剧；以诗性思维看唐诗，更发现唐诗的美和整个诗唐的美。在非诗歌的研究中，闻一多同样有着诗性思维，以诗的眼光在非诗的典籍中看出诗，发现巫术占辞中通过易象所体现的文学美和观察力，如《焦氏易林》的诗歌美；以诗的眼光看庄子的诗化人生和《庄子》的文体美；以诗性的直觉思维进行考据学研究和汉语言文字研究，客观的考证中包含了他的直觉性；以诗性的形象思维看汉字的形象美，发现汉字起源于图画，所以可以从"视觉印象具体化"（《如何认字》）角度释读汉字。诗性思维在闻一多研究中更为广泛和突出的体现是以诗性的创造力在学术研究中做出了开创性的成就。按照希腊文中诗人就是创造者的本义，诗性思维的最大特征是创造性思维，只有具有创造性思维，才能以诗性的创造力做出创造性成果。并不是说非诗性思维就不会有创造性，但即使科学性思维在创造性过程中也离不开诗性的直觉和想象，这也就是科学和艺术的相通处。所谓创造，包括"发现"和"发明"两个层面，诗歌创作可以归为"发明"的层面，学术研究更体现"发现"的意义。闻一多以诗性思维所包含的创造力在全部学术研究中做出诸多重大的文学发现、思想发现和文化发现，所有的学术发现固然不排除客观的科学研究作用，但在原初的思维基础上是发端于诗性思维，是诗性思维中的感觉力、想象力、创造力推动的结果，而闻一多更以创造性结果为起点进行深入研究，在全部学术研究历程中不断地把自己的学术研究推向新高度、新境界和新的创造中。

诗性思维中的学术创造结果自然而必然呈现出诗意化特征，这是闻一多学术研究鲜明的特征。诗性思维是研究主体在研究过程中的思维方法，诗意化则指研究主体的学术表达手段和研究成果在客观上所呈现的美学风格，还包括研究主体在学术研究中的态度和精神以及所富有的诗意在学术人生中的弥漫。绘画中有如何把"眼中之竹"内化为"胸中之竹",特别是如何把"胸中之竹"变为"手中之竹"的问题,诗歌创作中有如何把客观物象和主观情意相结合而以美的语言和美的意象抒情写意的问题,艺术家们在艺术探索中创造着自我的"手中之竹"和诗歌的意象美,闻一多作为画家和诗人本来就有丰富的艺术表现经验,创造出了自己独特的艺术美世界。当他进入学术研究,在研究中有所创获时,又该如何表达自我的研究成果呢?学术研究为"论",学术论文的写作一般归为科学性的或归纳或演绎的思维表达,形成这样两种论文风格,一是以扎实的史料见长,运用朴学方法,言必有据,在材料的因果归纳中呈现论文主旨;二是以理论为主,采取演绎方法,具有严密的逻辑性,思维缜密,无懈可击。前者见于史学研究中,后者为哲学研究所特有,那么文学研究而为研究,往往袭用史学和哲学论文风格,以"论述"为主,语言风格大都缺乏文学性。其实学术论文可以有第三种,即以文学感悟为基础,通过优美的文学语言表达研究主旨,达到理性和感性的统一,体现出诗意化的语言和文体风格。当然最好的学术文章当是这三方面的结合,"扎实的史料 + 逻辑思维 + 诗意化语言"。闻一多的学术论著在表达风格上分为两类,一类是考据学研究论著,一类是综合性研究论著,前者当然更见他的史料学工夫,在扎实的文献学史料中排比、归纳中得出研究结论,其中有他对史料的选择过程和对史料在逻辑思维中的推导过程;而当闻一多在考据学研究基础上进入对象的综合研究和表达时,他作为诗人的个性品格就充分地展现了出来,是以诗意化的语言论说古代文化,纵笔所至,美不胜收,情感激荡,情趣盎然。我们读闻一多的学术文章,会感觉进入一个洋溢着诗意美、情趣美、语言美的艺术园地,收获的不仅是诗意智慧,更能够得到美的享受。只要读他的《杜甫》《庄子》和《唐诗杂论》中的文章以及研究《诗经》《楚辞》和神话的文章,都能够深切地感受到其中的诗意美、诗情美、语言美。如闻一多论《庄子》文体时所说,"他的思想的本身便是一首绝妙的诗"。"读《庄子》,本分不出那是思想的美,那是文字的美。那思想与文字,外型与本质的极端的调和,那种不可捉摸的浑圆的机体,便是文章家的极致;只那一点,便足注定庄子在文学中的地位。""世界本无所谓真纯的思想,除了托身在文学里,思想别无存在的余地;同时,是一个字,便有他的含义,文字等于是思想的躯壳,然而说来又觉得矛盾,一拿单字连缀成文章,居然有了缺乏思想的文字,或文字表达不出的思想。比方我讲自然现象中有一种无光的火,或无火的光,你肯信吗?在人工的制作里确乎有那种文字与思想不碰头的偏枯的现象,不是词不达意,便是辞浮于理。我们且不讲言情的文,或状物的文。言情状物要做到文辞与意义兼到,固然不容易,纯粹说理的文做到那步尤其难,几乎不可能。或许正因那是近乎不可能的境地,有人便要把说理文根本排出文学的范围外,那真是和狐狸吃不着葡萄,说葡萄酸一样的可笑。要反驳那种谬论,最好拿《庄子》给他读。""读《庄子》的人,定知道那是多层的愉快。你正在惊异那思想的奇警,在那踌躇的当儿,忽然又发觉一件事,你问那精微奥妙的思想何以竟有那样凑巧的曲达圆妙的词句来表现它,你更惊异;在定神一看,有不知道那是思想那是文字了,也许什么也不是,而是经过化合作用的第三种东西,于是你尤其惊异。这应接不暇的惊异,便使你加倍的愉快,乐不可支。这境界,无论如何,在庄子以前,绝对找不到,以后,遇着的机会确实也不多。"笔者在此做了闻一多论《庄子》的文章的文抄公,几乎欲罢不能,为闻一多文章本身"思想的美"和"文字的美"所吸引,抄完一段,还想抄一段,在此过程中确实感觉到一种诗意的美感。我们从中可以欣赏到闻一多学术文章的诗意美风格,而笔者特意抄录以上文字,主要想说明,闻一多所论《庄子》的文章风格特征正可以移用到闻一多的学术文章中,他的文章几乎同样体现了上述特征,同样给我们以"多层的愉快""加倍的愉快",因为闻一多的文章本身、思想本身、文字本身也是"一首绝妙的诗"。正如闻一多所提问的,"纯粹说理的文"能否做到"文辞与意义兼到"而进入"文学的范围",有人以为不可能,闻一多便以《庄子》为证,认为纯粹说理文章可以以文学笔法、诗意语言表达,那么,我们也可以把闻一多的学术文章作为证明,他的学术文章风格也充分地说明了学术论文可以文学化和诗意化,学术文章可以体现诗意美和语言美。关于闻一多学术文章的诗意美文体特征,朱自清生前就敏锐地感受到并明确指出:"他创造自己的诗的语言,并且创造自己的散文的语言。诗大家都知道,不必细说;散文如《唐诗杂论》,可惜只有五篇,那经济的字句,那完密而短小的篇幅,简直是诗。我听他近来的演说,有两三回也是这么精悍,字字句句好像称量而出,却又那么自然流畅。他因此而特别能够体会古代语言的曲折处。当然,以上这些都得靠学力,但是更得靠才气,也就是想象。单就读古书而论,固然得先通文字声韵之学;可是还不够,要没有活泼的想象力,那只能做出点滴的饾饤工作,决不能融会贯通的。"[①] 朱自清强调了闻一多之所以有如此美文,在于他具有艺术才气和活泼的想象力,这也就是诗意化的必要元素。后有论著干脆将闻一多的学术文章称为"学术美文":"闻一多将严谨的学

[①] 朱自清:《中国学术的大损失——悼闻一多先生》,载《闻一多纪念文集》,生活·读书·新知三联书店1980年版,第64页。原载《文艺复兴》1946年第2卷第1期。

术论文当作艺术美文来写","闻一多亦史亦论亦诗的学术美文,充满了史家的睿智和胆识,哲人的深思和敏锐,诗人的激情和细腻,至如表述之优美,描绘之形象,比喻之生动,笔调之诙谐,覃思浅语,隽词妙笔,可谓比比皆是"①。所有这些都说明了闻一多学术文体的诗意化特征,虽是学术论文,但给读者以情趣盎然的诗意美感。

  以上基本限于闻一多的学术表达和诗意化文体所具有的美学风格、美学效果而言,如果换一个角度,从学术文体转换到研究主体的学术态度和学术精神上,我们说闻一多在整体的学术研究中就洋溢着充沛的诗意,因为他本来就是诗人,追求诗意美是他的天性和天职。闻一多在诗歌创作中通过新格律诗的规范要寻求诗歌的秩序美,但混乱的现实与他的艺术理想发生冲突,在矛盾中感叹秩序不在他的能力之内,因此而从诗歌转向学术。而转向学术研究并不意味着闻一多放弃秩序美的理想追求,而是要在古籍整理和研究中感受中国文化的"美"和"韵雅"。本来要更好地感受中国文化的"美"和"韵雅",却更多地发现了中国文化的错讹、混乱和隐藏其中的"蠹虫",他所做的考据学研究工作就是要消除错讹、厘定秩序、杀死"蠹虫",这不仅需要科学的求真精神,尤其需要文化理想主义的美学态度,这从闻一多对上古神话的研究中可以感受到。而闻一多作为"芸香"在"杀蠹"的实践理性和战斗意志中,贯穿了对全部中国文化的诗意烛照。即使在他不无烦琐的考证文字中,我们总能够时时感受到闻一多跳动的诗意精魂,在冰冷的考据学世界里有闻一多压抑着的诗情诗意,而所压抑的诗情诗意恰是闻一多研究学术的原动力。他能够写出那样美丽的学术文章,是因为他在整个学术研究过程中保有了美的诗意,故纸堆并不会也没有闷熄他诗意的灵光,反而是闻一多赋予了故纸堆以诗意化色彩,激活了古籍的生命而使古籍在现代焕发出诗意美。如《诗经》,闻一多在文字训诂和词义诠释中展示了远古先民的诗意化的情感生活,使我们透过他的"小学"研究看到了先民丰富多彩、情趣盎然的生活形态和生命情态。如《楚辞》,闻一多在文字校勘和词义解诂中展示了楚文化神秘的面相和上古神话玄妙的生命意识,尤其对《九歌》古歌舞剧的还原把我们带回了远古载歌载舞、充满诗情画意的诗意化生活氛围里。如唐诗,闻一多更是以与对象相契合的诗性思维展示了诗唐文化的美,以诗意化精神发掘唐代的诗意化人生,达到了研究主体和对象的完美契合。闻一多后期基本上生活在学术世界中,他的人生也基本上是一种文化人生。既然他在学术研究中洋溢着浓郁的诗意,那么他的人生文化同样诗意盎然,

---

① 邓乔彬、赵晓岚:《学者闻一多》,学林出版社2001年版,第250、251页。

所以，在更高的层面上可以说，闻一多的整体文化人生和人生文化就具有诗意化特征，正如他在学术研究上要探索和建立一部"诗的史"或"史的诗"，具体到自我人生，闻一多通过学术研究的诗意化而始终追求和保有着自我文化人生和人生文化的诗意，那就是不断地创造美和捍卫全社会的美好人生，在学术文化研究和现实社会生活中体现诗意化的生命力美。

学术对象选择了古代诗歌和学术研究内容以古代诗歌研究为主，学术研究中的诗性思维和学术文化中的诗意化特征，构成了闻一多"学中有诗"的基本内涵层面，从外在的研究诗歌到内在的诗性思维和诗意色彩，我们可以领略闻一多学术中整体的诗性特征，这是他作为诗人在学术中的典型体现，所以说，闻一多的学术中有诗歌，学术和诗歌存在着天然的本质的联系。

第二章　学术中的史家意识

诗人闻一多在学术研究中体现出诗性思维和诗意化美学风格,"诗中有学"和"学中有诗"的双向互动中,无论是他的"诗",还是他的"学",表现在具体内容上,都同时包含着"史",诗在闻一多的艺术精神世界中可谓"诗史",而他的学术研究本身就呈现为一部中国的文化思想史和学术发展史,在他的学术研究历程和学术研究内容上体现了闻一多的主体历史意识。他不仅从诗的角度观照中国文化,而且从史的视角探索中国文化的生成与演变,在探索过程中,表现出闻一多作为学者的史家意识,诗人型学者而外,闻一多同时是一个历史家型学者。所谓历史家型学者,不仅指研究对象为历史或把研究对象放归到历史中进行认知,而且指研究者所具备的史家意识和以历史的洞察力透视学术研究对象的源流,尤其还指研究者以史家意识揭示学术文化的历史演变规律,从中表现出研究者的历史观。在此,本文拟从闻一多历史意识的生成机制和生成过程把握闻一多的学术研究所具有的深厚历史感和鲜明的史家意识,进而探求闻一多独特的学术历史观。

一、文化人生历程中历史意识的生成

任何人的存在都是在有限的时空中,有限的存在时空构成一个人生存环境和存在机制的现实性,而要超越现实,存在主体在时间上就须具有历史意识,在空间上就要具有文化意识。只有在历史和文化中,一个人才能够超越"此时此地"而获得精神的无限广阔性。从有限的现实存在看,闻一多生活在十九世纪末、二十世纪前半叶,但闻一多以自己的精神追求和学术文化进入到中国文化史中,他所留下的精神遗产也因为包含了中国文化和学术史而具有了精神文化的永恒性。能够进入中国文化史的研究是因为闻一多在自我文化人生历程中生成了超越现实的文化历史意识,这种文化历史意识的生成有一定的生成机制,

实际上是在闻一多的文化人生过程中逐渐生成的。

闻一多在开始自己的人生历程后，随着启蒙教育后对文化的习得也开始了自己的精神文化的发展历程，实际上就进入历史中。历史由过去、现在和未来构成，在向未来人生的精神发展中，闻一多立足于他当时的存在现实而开始认识历史，在学习内容上有意识地选择历史典籍和历史文献，在历史的学习中初步形成自己的历史意识。中国传统教育内容的价值取向，主要通过《三字经》《百家姓》《千家诗》《千字文》等启蒙读物而直接进入四书五经的学习，进行八股文和试帖诗的训练，以达到参加科举考试的理想程度而去参加科举考试。学习目的的极端功利性带来了学习内容的极端单一化和狭隘性，传统"经史子集"四部之中，以"经"为中心内容，其他实际上都少有涉猎。闻一多生于科举制度即将废除时候（闻一多生于1899年，科举制度废除于1905年），学习内容已经可以一反传统而趋于现代化。而他在启蒙教育时，当然受时代影响，所读亦为《三字经》《幼学琼林》《尔雅》和《四书》之类。① 但闻一多即使在启蒙教育时，已经不限于上述学习内容，特别扩展到历史的学习上，他在自传《闻多》中回顾私塾"绵葛轩"的学习生活时说："时多尚幼，好弄，与诸兄竞诵，恒绌。夜归，从父阅《汉书》，数旁引日课中古事之相类者以为比。父大悦，自尔每夜必举书中名人言行以告之。"② 如《汉书》这样的历史书籍并不在私塾教育的正课之内，而闻一多幼小时就在课余阅读《汉书》，这可以说是他在学习过程中最早的历史学启蒙，其意义不仅在于具体历史知识的了解，而且在于从小就通过史书的学习具备了初步的历史意识。事实上，闻一多到清华学校读书后，仍然继续阅读史书，这已然是他的阅读习惯，并由《汉书》而《史记》而《左传》，如他在给闻家驷信中说："父亲手谕问兄《汉书》已阅多少，兄自去腊起，实已改阅《史记》。札记亦随阅随做，并未拘前后，每次字数亦不拘定。近稍温阅《左传》，但札记仍用《史记》材料。"③ 他所说读书札记即《二月庐漫记》，内容以诗文为主，采用史书材料，诗史互证，更多涉及历史人物和事迹的评价，从中已经可以见出闻一多最初的史识。如谈到晋惠帝，《晋书》载惠帝闻蛙鸣，问为官蛙私蛙；见饿者云："何不食肉糜？"但又有记载，兵败后，嵇绍被杀时，惠帝以为"忠臣也，勿杀"！及被杀，血溅惠帝衣服，左

---

① 季镇淮：《闻一多先生年谱》，载《闻一多全集》第12卷，湖北人民出版社1994年版，湖北人民出版社1994年版，第465页。
② 闻一多：《闻多》，载《闻一多全集》第2卷，湖北人民出版社1994年版，第295页。
③ 闻一多：《闻一多1918年5月12日致闻家驷信》，载《闻一多全集》第12卷，湖北人民出版社1994年版，第7页。

右要洗时,他说:"嵇侍中血,勿浣也。"闻一多由此看到两个惠帝,一愚昧,一英明,他以为"一惠帝也,相去数年,何其乍愚乍明如此?史之言或虚或实,必居一于此也"①。尽信书不如无书,尽信史会被不实之史蒙蔽,在史书的阅读中养就史识,信史与疑史间培育自我独立的历史观。当然,闻一多不会仅限于了解中国古代史,他也关注世界史,如在《仪老日记》中提到阅读《史记》的同时还阅读《希腊史》《罗马史》等。特别是,闻一多阅读了严复翻译的《天演论》,阅读时间为1919年2月14日到3月14日间(据《仪老日记》),可见他对《天演论》阅读之细,当然对他历史观的形成具有相当的影响。中国传统社会信守"天不变,道亦不变"的观念,形成了一种凝固静止的历史观,或如鲁迅所说为"循环"或"轮回"的历史,没有发展而仅仅是王朝更替所标识出的社会政治统治集团的变化。严复《天演论》所传播的达尔文进化论彻底改变了中国社会的历史观念,影响了中国近现代社会文化思潮的发展,特别影响了新文化运动和文学革命的开展。鲁迅早期秉持进化论而相信历史是要进步,以文艺进行反封建思想启蒙和革命,推动了中国思想观念的变革和现代中国精神的新生。胡适最初的文学革命观即是建立在进化论基础上,以为"文学者,随时代而变迁者也。一时代有一时代之文学:周秦有周秦之文学,汉魏有汉魏之文学,唐宋元明有唐宋元明之文学。此非吾一人之私言,乃文明进化之公理也"②。闻一多既成长于新文化运动中,又阅读到了《天演论》,必然会有进化论的历史观。闻一多对《天演论》中的进化论没有做出评论,但我们从他对严复译文的欣赏中可以推知其态度,他说《天演论》的译文"辞雅意达,兴味盎然,真迻译之能事也"。"严氏之文,虽难以上追诸子,方之苏氏,不多让矣。"③ 与此同时,闻一多翻译了波兰《千年进化史》。这既是时代的影响,也是闻一多对时代思潮的呼应,在这样的双向互动中,不同于传统的进步历史观念在闻一多的思想中生成而构成了他思想的一部分。

所谓历史,本质上是指自然和人类社会在时间上的发展过程,"史"即是对这发展过程的记录和研究。由此就形成历史的两个层面,一是自然和人类社会客观的发展过程,二是对自然和人类客观发展过程的记录研究。这样就必然产生人类在记录和研究中的主观性,而需要有史德和史识。自然有发展和发展中

---

① 闻一多:《二月庐漫记》,载《闻一多全集》第2卷,湖北人民出版社1994年版,第256页。
② 胡适:《文学改良刍议》,载《胡适文存》第一集,黄山书社1996年版,第5页。
③ 闻一多:《仪老日记》,载《闻一多全集》第12卷,湖北人民出版社1994年版,第422、424页。

的变化，人类社会同样在发展中变化出各种各样的形态，而社会中的个体实际上也在历史发展中，每个人都在客观地经历着人生过程和书写着自己的人生历史和精神变迁史。不同的人生经历产生不同的历史意识，而不同的历史意识同样会影响到一个人的人生历程和精神历程。人生的历史意识即是指随着时间的流逝而随时有意识地变化自我的人生和精神世界，使自我人生和精神呈现出发展的态势。当一个人仅仅具有空间意识而缺乏时间意识时，其人生和精神世界可能一成不变，观念上时间意识的缺失同时也带来了空间意识的凝固，既没有发展也就会固守一地。事实上，传统历史观念中的传统人生大即表现出时间的静止性和空间的凝固性特征，时间意识的静止性特征造成了性格的保守性，空间的凝固性形成了生活世界的封闭性。这样的个体人生构成的整个中国传统社会也就在空间的封闭中不思进取，长期落后于世界的发展中。而闻一多生活在中国社会的封闭性被打破的现代，进化论的历史观念已经成为时代潮流，发展、变革、进步、现代化等时代关键词深入人心，自然也深入闻一多的思想意识中了。史书的阅读使他具备了基本的历史意识，时代思潮的影响更促使他走上了不同于传统的现代人生道路，在时间意识和空间意识两个层面丰富和发展着自己的精神文化世界，使自我人生呈现出一种具有鲜明历史意识的"文化人生历程"。

历史的学习可以使一个人在精神上回到过去，闻一多的史书阅读意味着他超越所生活的"现在"而知道了"过去"的中国社会形态和古代大量的人物事件。回到过去仅仅能够感知历史的深厚度，重要的是在历史基础上的"现在进行时"。闻一多并没有沉湎于古代史中，而是在时代思潮影响下发展着自我的现代文化人生。当闻一多一度浸润于古代诗文和历史典籍中的时候，中国文化正发生着翻天覆地的变革，继政治上的辛亥革命后，新文化运动、文学革命运动、诗体大解放运动、白话文运动风起云涌，有力地冲击着中国社会，也有力地冲击到沉浸于传统文化典籍中的闻一多，使他从对古籍的迷恋转变到了对现代文化思想的追求上。自我文化思想和人生形态随着时代发展而不断变化，这是个体人生的历史性体现。没有变化就没有发展，没有发展就不会成为真正的历史。1916 年时，闻一多"不忘其旧，刻自濯磨"，以"振兴国学"为己任①，在此前后作诗用旧体，作文为文言。直到 1919 年 3 月，对白话文仍然持保留态度，如他作为《清华学报》编辑，在编辑会议上，"某先生提倡用白话文学，诸编辑率附和之，无可如何也。"但几天后态度转变，"《学报》用白话文，颇望成功。

---

① 闻一多：《论振兴国学》，载《清华周刊》，1916 年第 77 期。

余不愿随流俗以来讥毁。"① 当他以深厚的古典学养基础在旧体诗和古文写作上见出相当功力,并获得清华国文课老师高度褒扬时②,闻一多在文学革命影响下发生转变,开始了白话自由诗的创作。到 1921 年,闻一多就以新诗人的姿态"敬告落伍的诗家":"若要真作诗,只有新诗这条道走,赶快醒来,急起直追。"③ 从文化人生历程看,闻一多可以说是一个从古代"诗与史"中走出来的现代诗人。这是他文化人生的一大转折,带着古典诗文和中国历史文化的学养进行现代诗歌创作,以《红烛》而成为初期白话诗的代表诗人,以《死水》而成为现代诗歌史上开一代诗风的大诗人。从古籍的学习转向现代诗歌的创作后,虽然更执着于现在,但在诗歌中不忘历史,诗中有史,诗歌中体现着鲜明的历史意识,蕴涵着深厚的历史感。首先,闻一多的诗歌本就是自我情思历程的抒写,可谓诗人的一部精神发展史,从《真我集》到《红烛》集记录了诗人的青春历程和社会人生的体验过程,《死水》集从《收回》到《忘掉她》抒发了自我情感从各样爱情体验到乡情以至亲情的演变轨迹,从《泪雨》到《夜歌》基本在抒写自我人生体验过程和对人生的哲理思考过程,这本身就构成了闻一多自身的精神发展历程,他是以"诗"的艺术方式书写自己的精神"历史"。其次,闻一多诗歌中对社会现实的反映同样构成了历史,尽管是艺术化了的社会现实,但已体现着诗人强烈主观精神的社会现实记录,留下了时代的历史印记,成为我们通常所说真正的"诗史"。如《死水》中的《荒村》《天安门》《罪过》《飞毛腿》《洗衣歌》等反映社会面貌和残酷人生的诗歌,实在是闻一多所在时代的历史记录,其中的《荒村》形象地反映了旧中国军阀混战给中国广大农村社会造成的毁灭性灾难,是"死水"社会的形象化注解;《天安门》和集外诗《唁词——纪念三月十八日的惨剧》《欺负着了》反映了"三一八"惨案的真相,歌颂了爱国青年"青春的赤血",揭露了反动军阀政府的残暴,抒发了失去儿子的母亲的悲愤,呈现出满是死人的北京城不过是一座"鬼城";还有小摊贩、洋车夫、洗衣匠等悲苦人的生活所构成的社会现实,这些合起来成为闻一多诗笔下的中国城乡全景。再次,闻一多在诗歌中从现实反观中国历史文化,

---

① 闻一多:《仪老日记》,载《闻一多全集》第 12 卷,湖北人民出版社 1994 年版,第 424、425 页。
② 闻一多在清华学校的国文课老师赵瑞侯特别赏识他,曾经说自己教过的学生中最得意的只有四人,即闻一多、罗隆基、浦薛凤、何洁若,并赋诗:"清华甲第首推罗,其次雍雍闻浦何,风雨鸡鸣交谊切,朝阳风岁羽颂声和。"当闻一多以新诗《雪》交为作业后,遭到了赵瑞侯的批评,评语写道:"生本风骚中后起之秀,似不必趋赴潮流。"参见闻黎明、侯菊坤:《闻一多年谱长编》,湖北人民出版社 1994 年版,第 95—96 页。
③ 闻一多:《敬告落伍的诗家》,载《清华周刊》,1921 年第 211 期。

由抒写个性情思拓展到表现爱国情怀，自然融入了深厚的中华民族文化的历史内容和历史意韵。如《忆菊》《一个观念》《祈祷》《醒呀!》《长城下之哀歌》《七子之歌》《我是中国人》等，从中华民族辉煌灿烂的文化历史到近代中国受欺凌的屈辱过程，从作为中国人的骄傲自豪到作为中国人所应该具备的觉醒精神，闻一多在诗歌中结合历史进行了充分的表现，其中不仅有如歌的"五千年历史"，更有可泣的近代史，典型如《七子之歌》，通过对失养于祖国、受虐于异类的七块国土遭遇的反映，几乎写出了一部中国近代史，涉及众多不平等条约带给中国的屈辱。现代诗歌创作中历史内容的含纳，一方面体现了闻一多与中国文化历史割不断的联系，即使生活在现代也不会忘记所了解的历史，即使是在诗歌艺术中也脱不了历史的内容；另一方面，说明了闻一多已经具备了自觉的历史意识，艺术思维中的时间意识在内容上就体现为历史意识，一切都在时间长河中流淌，一切都在变化和发展，历史成为他诗歌的表现对象，而诗歌的表现内容又会成为一种历史。仅仅有"现实"的人生和黏滞于"现在"的精神是肤浅的，而仅仅有"历史"的人生和沉湎于"过去"的精神是沉闷的，只有出入于"过去"和"现在"，游走于"历史"和"现实"的人生才能够既深厚又生动，其精神才能够博大而精深。闻一多就是以这样的态度在自我文化人生的变迁中连接着过去和现在，一生都立足于现实而探索着历史，特别通过学术研究而深入中国历史文化的最深处。

变化着的人生文化意味着闻一多文化人生的丰富和发展，从今到古、自古及今的精神变迁强化了自我的历史意识而使自我文化人生具有了深厚的历史内涵。如果闻一多终其一生限于生存层面的职业生涯或仅仅作为现代诗人，那么闻一多的人生可能更多体现为现实性而缺乏相当的历史内涵，因为无论为了生存的职业还是现代诗歌创作，相当程度上是以"现在"为基点的。但闻一多从对历史的学习到现代诗歌创作，从现代诗歌创作直面现实到诗歌中包含中国"五千年历史"，他都有明确的历史意识，如他后来所说："我始终没有忘记除了我们的今天外，还有那二三千年的昨天，除了我们这角落外还有整个世界。"①闻一多建立与历史的联系和进入历史的方式，一是通过阅读史书而了解和感知历史，二是在诗歌创作中表现历史，三是在学术研究中研究历史。其中最为重要的是第三种，闻一多从现代诗歌创作转变到古代文学和古代文化的学术研究，标志了他在前两种介入历史的方式基础上，在精神上完全进入中国的文化历史

---

① 闻一多：《闻一多1943年11月25日致臧克家信》，载《闻一多全集》第12卷，湖北人民出版社1994年版，第381页。

中。大学教授仅仅是外在的职业身份，更为重要的是他在职业基础上的学术研究对中国文化历史的深入认知和探索。他所说"向外发展的路"和"向内走的路"① 意指的两种人生路向实际上也是现实与历史的区别，"向外发展的路"为介入现实环境，在现实社会发展自我的人生道路，"向内走的路"为进入文化历史，在文化历史的研究中发展自我精神的人生道路。从"外"向"内"转，从诗人到学者的转变，意味着闻一多在一定程度上疏离现实而更贴近了历史，"向内的路"同时标指着"向后的路"，在精神上从现实返回到文化历史中。他首先研究中国现代诗歌，在与古代诗歌的联系中进入中国诗歌史；然后他研究唐诗和诗唐文化，精神回到唐代；进而他研究《乐府》和《易林》，回到汉代；特别重点研究《诗经》《楚辞》《庄子》《周易》等，回到先秦时的春秋战国；他还研究金文，回到西周；他同时研究甲骨文，回到商代；最后他研究上古神话，回到了中华文明和民族文化的源头即"三皇五帝"所代表的氏族、部落社会；全部的学术研究最终集中到中国文学史和中国文化史，在精神上贯通了中国的文化历史。历代学术研究内容与自我精神相对应而体现出学术研究的历史性。这样从现代到古代、从中古到上古的学术研究历程隐含了闻一多精神上"向内发展"的合乎历史逻辑的思想轨迹。应该说，闻一多带着深厚的历史感和明确的历史意识进入中国古代文化的学术研究，而在学术研究中又进一步感受和认知中国文化历史，增强了自我的历史感和历史意识。只要成为学术研究对象，这对象就已经成为历史的一部分，所以，任何学术研究实际上都是一种历史研究。单一的研究对象仅仅表示历史的一斑，如果仅限于研究一种对象而不联系相关的历史背景，其研究不会达到"以一斑窥全豹"的目的。而闻一多的学术研究不仅在具体研究对象上体现出历史性特征，而且因为他的研究对象涉及中国各个时代的各个文化领域，所以具有宏阔的历史性，尤其闻一多以"文学史家"自居，更明确地进行文学史和文化史的研究，给我们提供了一部完整的中国文学史、中国学术史、中国文化史，因此而使得闻一多的文化人生更为厚重、更有力度、更具备文化的永恒性。有限的物理人生因为历史文化的积淀而成为一部文化的历史，在精神上转化为文化人生而具有了相当的永恒性。人生短暂，但历史是永恒的、文化是永恒的、精神是永恒的。

历史属于过去，但联系着现在，更指向未来。我们说闻一多作为历史家型学者，不仅仅指他在学术研究中回到古代文化、研究中国文学史和文化史，学

---

① 闻一多：《闻一多1933年9月29日致饶梦侃信》，载《闻一多全集》第12卷，湖北人民出版社1994年版，第265页。

术中的"回到古代"是以现在为起点的，研究古代的目的是为了现代的社会人生和文化发展，也指向未来社会和文化的建设理想。闻一多转变为学者后，固然一度沉浸于古籍整理中，似乎与现实保持了相当的隔阂和距离。但他并没有忘记现实，因为他深知，除了"二三千年的昨天"，还有"我们的今天"以及今天之后的明天。只有为了"我们的今天"和中国未来发展的古代学术研究，才具有真正完整的历史性。闻一多的学术研究在研究成果的内容上可以分三大部分，第一部分为纯粹的学术研究，特别如古籍整理部分中考据学研究成果，与现实没有很密切的关系；第二部分为思想性的研究成果，对中国古代文化和古代文学进行了深刻阐释，在古代文化的阐释中体现出现代意识；第三部分为受到现实触发，联系现实而做出的古代文化思想研究成果，以古喻今，贯通今古而瞩望于未来中国。相对于古代历史，既有思想和精神的现代性，又有社会和人生的现实性，现代意识和现实因素都影响到闻一多的学术研究，也影响到他历史意识的生成和生成特征。纯学术的研究固然使闻一多相对平静地在学院和书斋中沉醉于历史文化中，在"墙内尺方的和平"里享受"一杯酒，一本诗，静夜里钟摆摇来的一片闲适"（《心跳》），但事实上他的精神不可能总生活在古代，不可能总陶醉在"古书的纸香"里，因为，闻一多毕竟生长于现代，具有了现代意识和现代精神，不会完全被古代文化所吞没，所以他在古代学术研究中贯穿了现代思想，历史意识的生成过程是从现代到古代、连贯了古代和现代。这样，闻一多以其所具备的现代意识使他的学术研究不仅与传统学者鲜明地区别开，而且使他的历史研究自然连接到了现代社会和现代文化，生发出历史性层面上的现代意义。就现实而言，对闻一多学术研究影响巨大的现实因素是抗日战争的爆发。正当闻一多专心致志于学术研究时，抗战爆发。1937年"七七"卢沟桥事变发生后，7月19日，闻一多即离开自己清华园的家，只带了《三代吉金文存》《殷墟书契前编》两本书和一部手稿逃离沦陷了的北平，从此闻一多和当时大部分学者一样颠沛流离，辗转于南京、武汉、浠水、长沙，在长沙临时大学立足仅三月余（1937年10月底—1938年2月中）就撤离。闻一多参加了师生组成的"湘黔滇旅行团"，从长沙步行三千里，最后落脚于昆明西南联合大学，在极端艰苦的物质条件下继续自己的教学和学术研究。平静的学术生涯和混乱的社会现实本就存在尖锐的矛盾，现实的变动直接冲击了闻一多的古代学术研究，打破了他平静的书斋生活。从学术研究的现实影响看，首先，抗战爆发后的流离失所，尤其失去了他在清华园家中的全部藏书，最基本的学术研究条件没有了保障，闻一多的学术研究难以按照计划进行；其次，长时间的到处奔波当然耗用了本应该用于学术研究的时间，从1937年7月至10月，

1938 年 2 月至 4 月，半年多时间居无定所，基本在旅途中；再次，定居昆明后异常艰难的生活使他不得不为生计而操劳，其中挂牌治印实在是他不得已的选择。但抗战现实对闻一多最为重要的影响是在学术思想上面，使他在历史文化的学术研究中增加了现实要素，体现出鲜明的现实性。在学术与现实之间，闻一多既没有选择现实而放弃学术，也没有沉湎于学术而不去关注现实，而是在学术研究中融入现实因素，在现实社会中体现学术思想的影响，通过学术与现实的结合达到二者在自我精神中的平衡，也意味着他在追求学术中的历史和当下现实的贯通。因此，在抗战影响下，为了抗战，闻一多研究神话，着力探求民族文化的源头和民族的本土文化中心，特别发掘民族文化中那原始的、野蛮的生命力，以给抗战中的中国注入强健的力量；他研究民歌，在民歌中发现前方"每个在大地上或天空中粉身碎骨了的男儿"和后方"几万万以'睡到半夜钢刀响'为乐的'庄稼老粗汉'"，他以为我们如今所需要的正是这些"庄稼老粗汉"的"原始"和"野蛮"，因为"我们文明得太久了，如今人家逼得我们没有路走，我们该拿出人性中最后最神圣的一张牌来，让我们那在人性的幽暗角落里蛰伏了数千年的兽性跳出来反噬他一口"①；他从古诗研究中复归现代诗歌研究，高度赞扬田间的诗歌，誉为"时代的鼓手"，以为鼓手所击打出的是"疯狂，野蛮，爆炸着生命的热和力"的节奏，因为"这是一个需要鼓手的时代"②。学术何为？闻一多以这样从抗战现实出发，为了抗战的学术研究做了回答。不仅如此，他的历史视野从过去到现在而最终指向了中国未来，在中国历史考察和中国现实观感基础上，经过漫长的学术研究历程和基于研究中的思想结论，身在抗战时期，闻一多展望了中国文学和中国文化的未来，如在《战后文艺的道路》中，闻一多指出中国文艺和中国文化经过了建安前的奴隶文艺、奴隶文化和建安后的自由人文艺、自由人文化，他展望未来中国当是主人文艺、主人文化，"要做主人，要做无奴隶的主人"，"战后之文艺的道路是要做主人的文艺"③。这展望，既是历史研究的结果，又是出于当时现实政治的结论。

研究历史可以发现历史真相以及历史所体现出来的或正面或反面的价值，联系现实时一方面弘扬宝贵的传统价值，另一方面发现历史劣根性在当代的复

---

① 闻一多：《〈西南采风录〉序》，载《闻一多全集》第 2 卷，湖北人民出版社 1994 年版，第 196、195 页。
② 闻一多：《时代的鼓手——读田间的诗》，载《闻一多全集》第 2 卷，湖北人民出版社 1994 年版，第 201 页。
③ 闻一多：《战后文艺的道路》，载《闻一多全集》第 2 卷，湖北人民出版社 1994 年版，第 240 页。

现。闻一多正是在学术研究中发现了中国历史所出现过的各种文化和思想的劣根性，而他进一步意识到当时社会政治正泛滥着传统劣根性，如传统专制制度和专制思想亡魂不散，抗战胜利前后政治的极端专制和社会的极端腐化激起了闻一多的极端愤怒，从学术研究中的文化批判转向现实的民主斗争。从整个历史流程看，闻一多的文化思想批判和现实政治战斗的目的在于：第一，总结"过去"的文化经验和历史教训；第二，改善"现在"的社会政治环境；第三，建设"未来"的理想社会和理想的中国文化。在自我精神中，历史意识贯穿在闻一多的学术研究、现实斗争和理想展望中，也就是在学术研究、现实斗争和未来理想的构想中，闻一多在自我文化人生历程中生成了他的历史意识。

闻一多历史意识生成于自我文化人生历程中，其中含纳着厚重的历史文化。总体上，闻一多的文化人生经过了这样几个阶段，即：学习中阅读史书而初步具备历史意识——从古代文化中走出而创作现代诗歌——从现代文学创作转向古代学术研究——在古代学术研究中生发出现代意识——在现实影响下并为了现实而研究历史文化——从历史文化批判到现实政治斗争——在历史研究和现实民主斗争的基础上展望未来的理想社会与理想文化。伴随着自我的文化人生历程，作为学者的历史意识逐渐生成并趋于成熟。

二、学术研究历程中历史意识的成熟

闻一多的文化人生内容中的主体部分是由学术文化构成的，是他在漫长的学术研究过程中逐渐累积而成的丰厚的文化人生内容。文化人生历程所生成的历史意识主要体现在他的学术研究历程中，自然，他的学术研究就呈现出鲜明的历史意识。闻一多学术研究的历史意识主要体现在他学术研究的历时性、学术研究中的历史视野和学术研究中的历史观这三个方面。并不是每个学者在学术研究中都有这三方面特征，在研究实践中有的停滞不前而缺乏学术思想的发展性，有的孤立静止地看取研究对象而缺乏历史视野，有的就事论事而缺乏历史感，当然也不会有自己独立的学术历史观。而闻一多在这三个方面都有突出体现，他的学术研究总在发展中，他总是把研究对象置于历史中观照，并以文学史家、文化史家意识而形成自己独立的历史观。首先，闻一多的历史意识体现在他的学术研究历程中，不仅在人生文化历程中生成了自我的历史意识，而且在学术研究历程中强化和实践着自我的历史意识。

综观闻一多全部的学术研究世界，给人的初步印象是研究领域异常广泛、研究内容异常丰富、研究对象总在变换、研究时间更为漫长，表面上的庞杂难免令人眼花缭乱。但我们只要深入进去，按照闻一多学术研究历程和学术思想的逻辑顺序，他的学术世界实际上顺理成章，自然也有章可寻。其中的"理"和"章"就是闻一多在学术研究中形成的学术思想逻辑，合乎学术研究目的的逻辑性历史地展开于他的研究历程中，达到了历史性和逻辑性的统一。研究对象的不断变化正表现出他学术研究的发展性，我们可以从闻一多的学术演变中进一步感知他的历史意识和隐含在历史意识中的学术理路。

闻一多的学术研究道路应该说还是比较曲折的，他并不是如一般学者从人生立业开始就献身于学术研究，并一帆风顺地终生继续学者生涯。闻一多的曲折性主要表现在两种矛盾中，一是艺术创作与学术研究的矛盾。他最初的志业是诗歌和美术，这使他成为著名诗人，在新诗创作中自成一家，开创过现代诗歌的一代诗风；出国留学三年，基本以学习绘画为主，曾经立志成为画家，但半途而废。放弃诗歌创作和学习过三年的美术专业而完全转向学术研究，这对闻一多无论如何都是一种痛苦的人生选择，其中不无可惜之处。这样，闻一多是在艺术创作和学术研究的矛盾中走上学术研究道路的。二是学术研究和社会现实的矛盾。闻一多曾经雄心勃勃，热衷于社会活动，从读书时积极参加五四运动到清华毕业时为声援教师向北洋政府索薪而参加罢课罢考运动，从在美国时加入国家主义派别的大江学会到回国后致力于反帝爱国的政治运动，自然发展到晚年拍案而起参加反对专制政府的民主斗争。但如闻一多自己曾经所说，这样"向外发展的路"因为自己的"不能适应环境"而并没有走通，所以从外向内转，转向古典学术研究。另一方面，当时社会现实的动荡和混乱（如军阀混战、政治革命、抗日战争等），加上家庭生计的艰难，都极大地影响了他的学术研究，同样需要他在矛盾中做出选择。闻一多始而选择了专心致志于学术研究，终而选择了参加社会政治斗争。实际上，闻一多对这两种矛盾中所涉及的艺术创作活动、学术研究活动、社会政治活动这三方面人生领域都有割舍不下的情怀，可以三方面兼顾的全面性人生，郭沫若或许可以做到，而闻一多则很难实现，郭沫若和闻一多一样在这三方面都有追求并都有杰出的业绩。郭沫若可以兼顾这三方面人生业绩，固然他也在不得已时专攻过一方面，如二十世纪三十年代在日本时专心于学术研究，研究中国古代社会和甲骨文，但也进行文学创作、参与文学论争；而多数时候几个方面几乎同时展开于自我人生中，如抗战时期，既参加政治活动，又创作历史剧，还能够继续学术研究，包括新中国成立后，繁忙的国事活动之余，仍然继续诗歌创作，如写出《新华颂》《百花齐放》等大量诗歌，同时继续着学术研究，有《李白与杜甫》和历史学、考古学方面等一系列论著。而闻一多兴趣广泛如郭沫若，但在性格上不同于郭沫若的天才自赏、随机应变，而是名副其实的"东方老憨"，凡事认真，严谨的性格制约了他人生的灵活性，使他崇尚专心致志，一旦选定人生方式和人生目标就不轻易改变和放弃，而一旦改变就意味着彻底放弃原来的内容，专心致志于所选定的目标。所以，任何一种选择对于闻一多来说都意味着牺牲另一种他同样认可和喜欢的人生方式，难以两全的矛盾始终折磨着闻一多。

人生选择的矛盾性注定了闻一多学术道路的曲折性，而学术道路的曲折性造成了他学术研究历程的独特性。其独特性在于，在整体学术研究历程的连贯性特征中，具体表现出学术研究历程的变化性、阶段性和发展性，体现在研究活动本身，闻一多的学术研究从一开始就是断断续续、跌宕起伏的。应该说闻一多比较早地就开始了学术研究活动，但到他完全沉浸于学术研究之前，其间穿插了诗歌创作、美术学习、各种社会政治活动、编辑诗歌刊物、引领诗歌运动、承担大学行政事务等，包括抗战后期参加民盟组织、进行民主斗争，这些都影响了或干脆中断了他的学术研究。为了更清晰地认知闻一多的学术研究世界，并从闻一多的学术研究实践出发，我们可以把闻一多的学术研究历程划分为四个阶段。

第一个阶段，1928年以前的学术研究准备期。从学术研究角度，难以定出学术准备的起点，1928年以前凡有利于日后学术研究的活动，都可以归为学术准备的内容，都为以后的学术研究奠定了基础。应该说，闻一多的学术准备是比较充分的。首先从他求学时期的学习内容看，所学大都为他日后学术研究的对象，即传统经史子集，从四书五经到《史记》《汉书》，从诸子百家到古典诗文集，包括《说文解字》《尔雅》之类"小学"典籍。1916年4月至12月，闻一多在《清华周刊》连载了十四则读书笔记，总名为《二月庐漫记》，从中可见闻一多当时之所学。《二月庐漫记》主要集中在历史和诗歌方面，每一则都有一定的主旨，如开篇即由明代张玄羽著《支离漫语》所记有广南韦氏者，自云为汉淮阴侯韩信之后，当年韩信遇难时，有客携三岁小儿逃奔南越王赵佗，为隐藏而取韩之半，改姓韦。闻一多由此联想到文天祥及其后代遭遇，谓文天祥遇难后，家属逃到湖北蕲水，改文为闻以避难。尽管没有确实的历史记载，但闻一多曾经考证，想证明自己即为文天祥后代。即使没有结果，闻一多曾经宁愿相信此说。由韩信和文天祥，进而联系到明代方孝孺、汉代苏武、宋代朱勔等，主旨在论说历代名臣及其后代的遭遇。接下来的札记多是谈文论诗，涉及大量古代作家和作品，从汉代司马相如、司马迁、贾谊、杨雄到唐宋的宋之问、杜甫、白居易、杜牧、苏轼、欧阳修、范成大、林和靖，一直到清代的徐电发、陈秋舫、曾国藩等，每一则笔记都满布诗人诗作、历史典故、逸事逸闻和史料考证，经史子集，无所不有，信手拈来，如数家珍，琳琅满目，引人入胜。由此可见闻一多涉猎之广泛和学养之深厚。而更重要的是，这些读书札记旁征博引、归类排比、述论结合、见解独到，基本可以归为初步的学术研究实践，至少体现了闻一多在学术研究上的潜质和可发展的广阔前途。写作和发表《二月庐漫记》以后，闻一多更深入更系统地学习中国古典诗文和历史，即使从清华学校到出国留学，基本接受着美国化的教育，他也一直没有放弃中国古籍的研读，如在《仪老日记》中提到，所读诗歌几乎贯穿了整个中国诗歌史；在出国后给家人、朋友的书信中介绍自己的学习情况时，其中多有关于中国古典诗文的研读内容。这样既广泛又深入且系统的古籍研读使闻一多对中国古代文学、古代历史和整个古代文化达到了相当熟悉的程度，为以后的学术研究奠定了较为扎实的基础。学术研究的准备不仅在学养方面，对于闻一多来说，自我人生经验、社会人生体验和对中国文化的感知同样构成了他学术研究准备的一部分。如前所述到的闻一多所参加之社会活动和艺术创作活动以及在多种人生活动领域的艰难选择，看起来无关于学术研究，但实际上影响着学术研究的内涵，都化作学术研究的深层底蕴。闻一多的人生既体现为一种社会人生，又体现为一种文化人生，其人生经验及体验在社会和文化两个方面展开。闻一多的人生历程实际上并不复杂，基本上生活在学院中，但相对简单的人生并不意味着精神体验的单纯，影响他精神文化感受并进而影响他学术研究的至少有这样三方面，一是学生生涯结束后的职业奔波，尤其在1926年到1928年间屡受失业打击，这在他的精神中增加了比较沉重的内容，使他感受到人生的艰难，无形中会体现到日后的学术研究中，使得学术研究带有厚实的特点；二是当时中国社会的动荡和混乱，"五卅""三一八""四一二"等典型的一系列政治事件强烈地刺激了他，使他意识到作为个人在政治变局面前的无奈，于是进入"故纸堆"的研究领域，精神上不无逃避现实政治之意；三是出国留学后，在美国感受到国家落后所受歧视的屈辱，在爱国主义情思中培育起"文化上的爱国主义"思想，通过弘扬历史文化而增强自我的民族自豪感，这成为闻一多研究古典学术的最初的文化思想动机。这三方面都可以是闻一多学术研究的精神基础，与外在的学养积累共同构成他的学术准备内容。事实上，在清华学校读书时，闻一多就针对"美国化"的教育进行了自我精神上的自觉抵抗，典型地体现在《论振兴国学》一文中。这篇发表于1916年5月17日《清华周刊》第77期的文章所表达的思想，和闻一多以后的学术研究相联系，可以说就是他学术文化思想的逻辑起点。"振兴国学"，这是闻一多青少年时代的文化志向，那么以后的学术研究其实一开始就是想实现"振兴国学"的志向。在闻一多最初的文化思想意识中,针对晚近国学"日趋而伪,日趋而微。维新之士,醉心狄鞮,么古学","新学浸盛而古学浸衰;古学浸衰而国势浸危"的现状,竟感"痛孰甚哉",而至于"吾言及吾国古学,吾不禁怒焉而悲"。因为闻一多这个时候对于古学、国学的认识仍然非常传统,基本坚持着赞美的态度:"顾《礼》以节人,《乐》以发和,《书》以道事,《诗》以达意,《易》以道化,《春秋》以道义。江河行地,日月经天,亘万世而不渝,胪万事而一理者,古学之为用,亦既广且大矣。苟披天地之纯,阐古人之真,俾内圣外王之道,昭然若日月之揭,且使天下咸知圣人之学在实行,而戒多言,葆吾国粹,扬吾菁华,则斯文不终丧,而五帝不足六矣。"所以发誓"振兴国学",以为"惟吾辈之责"①。尚是少年的闻一多能够有如此文化雄心,固然可佩;而尚是少年,又正呼吸着"欧风美雨"的闻一多表现出如此古典的思想,确乎令人惊异。这里表现出闻一多的年龄和志向、时代和思想的巨大反差,给人一副老气横秋,不仅保守而且典型的要复古的形象。其中的思想基本上以复古为上,甚至没有达到洋务派的"中体西用"思想阶段,更没有到维新变法阶段的思想高度。这当然不能怪少年闻一多,因为他此前更多接受了传统教育,又从心理上反抗着庚子赔款所办起来的美国化的清华教育,而且,刚刚发生的新文化运动尚未波及于少年闻一多,"不忘其旧"也在情理之中。当然,后来的闻一多思想发生根本变化,紧紧跟随了新文化运动后的现代文化思想步伐,但这最初的"国学"思想和情结实际上已经成为他文化心理结构的重要组成部分,在随后的文化人生和学术研究历程中或隐或现地发挥着作用,谓之"振兴国学"是他学术研究动机的思想逻辑起点,也不为虚妄。正是在这样的文化思想和文化情结中,闻一多即使接受新文化运动影响和留学西方,他仍然"不忘其旧,刻自濯磨"而致力于古籍的研读和研究。如果说,《论振兴国学》是闻一多学术思想的逻辑起点,那么,正式的学术研究实践当为《律诗底研究》,这部作于1922年3月的学术论著虽然为闻一多早期的学术习作,但实际已经具有了成熟的学术形态,既是他学术研究前的准备,也可以说是他全部学术研究历程的起点。当然,写作《律诗底研究》之前和之后,闻一多在思想上已经不限于《论振兴国学》中的过分崇尚古学,而已经在新文化运动影响下具有了鲜明的现代意识;在文化人生选择上,并没有专注于学术研究,而倾力于创作新诗、学习美术、发起诗歌运动、参与社会活动。直到1927年前后,闻一多面临自我人生选择时,学术研究才正式凸显在他眼前,成为他众多人生选择中最重要的

---

① 闻一多:《论振兴国学》,载《闻一多全集》第2卷,湖北人民出版社1994年版,第282—283页。

一种取向。人到中年，闻一多自然在反思自我已有人生道路的基础上要规划和选定今后相对稳定的人生道路。这一点，闻一多有明确的意识，他曾经自嘲："绘画本是我的原配夫人，海外归来，逡巡两载，发妻背世，诗升正室。最近又置了一个妙龄的姬人——篆刻是也。似玉精神，如花面貌，竟能宠擅专房，遂使诗夫人顿兴弃扇之悲。"因而自刻印为"壮不如人"并书："转瞬而立之年，画则一败涂地，诗亦不成家数，静言思之，此生休矣！因做此印以志恨。"① 语虽幽默，其实包含着闻一多的悲哀和对自我人生前途的焦虑。这个时候，绘画已经完全放弃，诗情受到时代的、形式的阻滞而难以为继，篆刻毕竟不是安身立命之本，伴随着职业的选择，任教于大学后，学术研究的需要提上日程，况且学术研究本也是他的兴趣爱好之一并有了充分的准备。所以，1927年前后，闻一多实际已经选定了自我的精神文化道路，开始了学术研究。而开始学术研究后，自然存在研究对象的选择问题，所以，1927年到1929年是他学术研究内容的选择时期。我们看他开始转向学术研究最初的研究成果，实际上处于不断地选择的尝试阶段。1927年7月在《时事新报·学灯》上连载了《诗经的性欲观》，1928年8月在《新月》杂志第1卷第6期刊载了未完成的《杜甫》，1929年11月在《新月》杂志第2卷第9期刊载了《庄子》，1929年游国恩又建议他研究《楚辞》。我们看，虽然《诗经》《庄子》《楚辞》、杜甫都成为他后来的研究对象，那已经是他学术研究和生活稳定之后按部就班的研究过程，而这个时候在研究对象上所表现出来的跳跃性，正表明了闻一多要开始学术研究的选择、尝试和初进入学术研究的慌张。他在寻找，既寻找合适的研究对象，又在寻找自我的人生道路和精神归宿。

第二个阶段为1928年至1937年的学术研究积累期。这个时期正好对应着中国现代文学的第二个十年即无产阶级革命文学运动为主的文学时期，而在现代文学发展波澜壮阔、思潮流派风起云涌、文学和政治关系复杂多变的这十年里，曾经为现代文学中心人物的闻一多基本将自己置于现代文学之外，丰富多彩的现代文学发展与闻一多基本没有了关系，而他也在事实上基本不与闻问而逐渐完全转向学术研究领域。现代文学损失了一个作家、现代诗歌损失了一个伟大诗人，但现代学术史上多了一个杰出的学者。在此，我们不知道该惋惜，还是该庆幸。站在现代文学立场上，我们该惋惜；站到现代学术立场上，我们该庆幸。假若从当时语境看，惋惜的成分大于庆幸，因为毕竟闻一多的诗歌具有独特性，为其他诗人所无法替代，而在学术研究上，他最初所研究的内容，其他

---

① 闻一多：《闻一多1927年8月致饶孟侃信》，载《闻一多全集》第12卷，湖北人民出版社1994年版，第238—239页。

学者同样可以做出来；而如果从后来闻一多的学术发展上看，或许庆幸的成分又大于惋惜了，因为闻一多不断的学术发展道路表明他同样是一个现代独特的学者，其学术研究思想具有了其他学者所无法替代的特征。或许我们可以做一个设想，假若闻一多没有完全转入学术研究，而仍然参与现代文学的发展，以他一贯的文学品格和文化思想，会给当时的现代文学格局特别是现代诗歌的演变带来怎样的内容和精神呢？当然，历史不能假设，也无法回头，更不可能扭转闻一多自己的文化人生道路，但从整体文化的发展视角看，闻一多转向古代学术研究无论如何是一件意味深长的事，关乎现代知识分子的文化思想变迁和现代文化思想的发展演变。从诗歌创作转向学术研究，闻一多自己谓之"向内转"；而从他的研究对象说，实际也是文化思想的"向后转"；同时意味着自我精神从现实向学术的转化。这样，闻一多的学术研究就不可能如现代文学创作那样切实地贴近现代和现实，在现代社会发挥现实的作用了。远离现代文学意味着也远离了现代现实社会而沉浸在"故纸堆"中，于闻一多自然有他心甘情愿的一面，也存在着无可奈何的一面，而这种客观的文化效应，也是无须回避的问题。当然，闻一多的"向内""向后""向学术"的转化，在现代史上并非个例，因为相当一部分现代作家在新文化运动后都转向学术研究，回归到古代文化中，如钱玄同、刘半农、林语堂、周作人等。当然我们不能把闻一多的转向和这些作家相提并论，他也不具有"向后"走的代表性，但客观上他确实离开现代文学而彻底钻进古籍之中，自有令现代文学阵营和新诗坛扼腕之处。为现代文学惋惜也罢，为现代学术庆幸也罢，闻一多在1928年以后还是转向了古典学术研究。闻一多正式转向学术的时间当为1928年7月任教于国立武汉大学后，这一年1月出版了《死水》，8月发表了《杜甫》，标志闻一多告别新诗创作、进入古代诗歌研究。1928年至1937年可以分为两个时期，在武汉大学和青岛大学任教（1928—1932）为一个时期，1932年8月受聘清华大学为一个时期。前一个时期尚处于学术研究的开端，后一个时期随着生活的安定，也完全进入学术研究中。开端期除了学术研究对象选择的困惑外，其实更带有告别过去的痛苦和人生转折过程中的矛盾。这个时期所突出的不是他的学术研究成绩，而凸显出来的是一个在矛盾中挣扎的文化灵魂。从武汉大学到青岛大学，从青岛大学到清华大学，两年一变迁的职业和人生以及其中现实的复杂原因，本就令他倍感狼狈，而从现代诗歌创作到古代学术研究的转变也令他痛苦。既离开新诗坛，但又不甘心，难免回顾，眷恋之心不死，一度又重拾创作。直到1930年在青岛大学时，他仍然继续关注着新诗创作动态，如我们所熟知的闻一多聘请陈梦家为青岛大学教师、破格招收臧克家为文学院学生，其实主要是看重他们的诗歌才能而格外喜欢两位；格外欣赏陈梦家和方玮德的诗歌合集《悔与回》，并做文评介①；对于新出现的诗人如方令孺和新出现的诗集倍感高兴，兴奋地预言现代诗歌："俗语说时运来了，城墙挡不住。今年新年，是该新诗坛过一个丰富的年。……作诗的，一天天的多起来了，是不可否认的事实。"② 特别是他自己抑制不住的诗情终于爆发出来，三年不写诗，而在 1931 年发表了长诗《奇迹》。《奇迹》一诗于闻一多确乎为诗歌创作的一个"奇迹"，但既为"奇迹"，不可能总能够爆发和降临，至此之后，闻一多再没有了诗歌创作的"奇迹"，"故纸堆终竟是把那点灵火闷熄了"③。已经折断的藕所连接之丝，毕竟是极其微细柔弱的，不用多少外力就可以彻底扯断那微弱的连接。之所以留恋，是因为已经离开了对象。古籍研究的吸引力终于战胜了新诗的创作力，闻一多以《奇迹》彻底告别了新诗坛。闻一多在学术开端期不仅在矛盾中游移于新诗和古籍研究中，而且更在痛苦中徘徊于学术与社会活动中。他本已经想投身于学术研究中，但在武汉大学担任了文学院院长，遇到人事纠纷而愤然辞职；到青岛大学，仍然担任文学院院长，遇到了学生运动而再次辞职。闻一多确实不能够适应社会环境，因为他不会通融、不去妥协、刚直不阿、秉公办事，而在中国异常练达的人际氛围和高度险恶的官僚环境中，他之坚持原则、不徇私情的"东方老憨"性格和行为只能使他到处碰壁，碰得头破血流后，闻一多意识到了自己作为天生艺术家和读书人的"弱点"，于是他一次次以消极避让的逃离态度而逐渐远离了学院行政事务，也意味着他切断了与现实社会发生密切联系的通道，完全退回到书斋、退回到古籍中以维持自我精神的平和与心灵的宁静，如同离开新诗创作一样，闻一多后来同时离开了现实。不可否认，闻一多离开现代文学、离开具体的现实社会，完全转入古代学术研究，不无消极避世的意味，毕竟在古籍研究中不需要诗歌创作的情感激荡、更没有现实的烦神闹心。总之，从武汉大学到青岛大学，闻一多在诗歌与现实、诗歌与学术、学术与现实的矛盾中，最后以完全归向学术而解决了自我的精神矛盾，学术研究的开端也是自我精神和文化人生的新的起点。及至 1932 年到清华大学后，既不写诗更不担任任何行政职务而专心致志于学术研究了。1928 年前后，闻一多在选择自己人生

---

① 闻一多：《论〈悔与回〉》，载《闻一多全集》第 2 卷，湖北人民出版社 1994 年版，第 165 页。

② 闻一多：《闻一多 1930 年 12 月 10 日致饶孟侃信》，载《闻一多全集》第 12 卷，湖北人民出版社 1994 年版，第 254 页。

③ 闻一多：《闻一多 1930 年 11 月 7 日致饶孟侃信》，载《闻一多全集》第 12 卷，湖北人民出版社 1994 年版，第 251 页。

道路的同时，选择着自己的学术研究对象，1928年后在武汉大学和青岛大学的四年中，他仍然在继续选择研究对象，同时在选择过程中有了相对稳定的研究领域，最初集中在《诗经》和以杜甫为入口的唐诗研究中。据梁实秋回忆，闻一多在青岛时，以全副精力从事中国文学的研究。首先是杜诗和唐诗，"一多在武汉时即已对杜诗下了一番功夫，到青岛以后便开始扩大研究的计划，他说要理解杜诗需要理解整个的唐诗，要理解唐诗需先了然于唐代诗人的生平，于是他开始草写《唐代诗人列传》，积稿不少，但未完成。他的主旨是想借对于作者群之生活状态去揣摩作品的涵义"。然后是《诗经》研究，"他决心要把《诗经》这一部最古的文学作品彻底整理一下，他从此埋头苦干，真到了废寝忘食的地步，……他的研究的初步的成绩便是后来发表的《匡斋尺牍》。在《诗经》研究上，这是一个划时代的作品，他用现代的科学的方法解释《诗经》。他自己从来没有夸述过他对《诗经》研究的贡献，但是作品俱在，其价值是大家公认的。清儒解诗，王引之的贡献很大，他是得力于他的音韵训诂的知识之渊博，但是一多则更进一步，于音韵训诂之外再运用西洋近代社会科学的方法"①。同和闻一多在青岛大学任教的梁实秋，自然十分了解闻一多此时的研究状况，其述说也基本概括了闻一多学术研究开端期的内容。既已经开始，随后就在学术研究上进一步积累。1932年8月受聘清华大学后，闻一多的学术研究比前表现出鲜明的特征，意味着他在自我人生和学术研究上的发展。首先，生活的稳定和学院环境的优越既保证了他学术研究的物质基础与研究条件，也强化了他献身古典学术研究的决心。如果说此前闻　多尚处于自我人生道路的选择过程中，而且职业的不能稳定尚存选择的各种可能性，那么到清华大学后，随着职业和生活的稳定，闻一多最后选定了自己的人生，将自我生活完全依托于学院教职中，将自我生命完全寄托于古籍的整理和研究中。事实上，清华大学确实给他提供了得以安身立命的保障，从住房到薪酬，从资料到学术环境，都异常优越。特别在20世纪30年代，北平物价不高而作为大学教授的收入却很高，现实为他专注于学术研究提供了切实保障。而这些优越的现实保障同时也屏蔽了闻一多与现代文学和现代社会的联系，在与现代文学和现代社会的隔离中彻底投身于古籍研究，沉迷于"故纸堆"中。其次，随着现实生活的稳定和古籍研究的继续，闻一多在具体研究对象和内容上进行了扩展和深入。这个时候，闻一多的外在社会文化身份已经不再是现代诗人，而是标准的古典文学教授和古代文

---

① 梁实秋：《谈闻一多》，载方仁念编《闻一多在美国》，华东师范大学出版社1985年版，第148页。

化研究领域的学者。所以到清华大学后,毫无疑义地承担了古代文学课程教学,最初讲授的课程有文学专家研究(王维及其同派诗人)、先秦汉魏六朝诗(诗经及楚辞中之《九歌》)以及大一国文。在具体研究内容上,闻一多已经在前《诗经》和唐诗研究的基础,随后扩展到《楚辞》研究,并制定了庞大的学术研究计划,在致饶孟侃信中,闻一多详细开列了自己的研究计划,包括《诗经》《楚辞》和唐诗的八项研究计划。朱湘在《闻一多与〈死水〉》一文(1947 年 7 月《文艺复兴》第 3 卷第 5 号)提到闻一多在唐诗研究上的研究项目达 20 多项。① 这都预示着闻一多学术研究的大发展。再次,学术研究计划所表示的主观愿望与客观的学术人文环境相契合,清华大学中文系的学术人文环境使闻一多在学术精神上感觉如鱼得水,浓郁的学术文化氛围涵养了闻一多的学术精神,激发了他巨大的学术研究热情。当时的清华中文系,学术大家云集,有教授朱自清、俞平伯、陈寅恪、杨树达、刘文典,讲师黄节,专任讲师王力、浦江清、刘盼遂,教员许维遹,助教有安文倬、余冠英。② 闻一多厕身其中,各自固有学术上的竞争,但多学术中时相切磋的融洽。如朱自清日记中就多有和闻一多讨论学术的记载,1932 年 12 月 14 日谈新诗问题,12 月 26 日谈诗的模印理论,1933 年 6 月 15 日谈初唐文学,其中,他和朱自清所谈初唐文学见解,如当时辑录类书之风甚盛,《初学记》有事对、声律仍沿南朝之旧、宫体仍盛、唐太宗提倡文学未必佳等,构成了他后来初唐诗歌研究《类书与诗》《宫体诗的自赎》的基本观点。第四,清华人文学术环境既给他学术动力,但也给他压力。比较之下,闻一多毕竟为后来者,不仅后来清华,而且后来学术领域。这极大地影响了闻一多的学术研究取向和学术思想。尽管闻一多的学术研究起步较早,但此前并没有专注于学术研究,从诗歌艺术活动转向学术研究,比较大部分学人,实际上闻一多属于"半路出家"。而学术研究本有自身的规则和特性,那就是研究的客观性、科学性和研究过程中的冷静性,这与热情的诗人本性自有不合之处;而特定时代又有特定的学术时尚,当时的学术热潮集中在国学研究,学界所热衷的学术研究方法为考据学,考据学的国学研究成为判定一个学者成熟与否的标志,自然也成为学术界接纳一个学者的学术标准。作为现代诗人的闻一多初进入学术界,最初是略显慌乱的无所适从,及至清华后他才知道如前《诗经的性欲观》《杜甫》《庄子》之类研究不合当时"学术时尚"和"学术规

---

① 闻一多:《闻一多 1933 年 9 月 29 日致饶孟侃信》;朱湘:《闻一多与〈死水〉》,1947 年 7 月《文艺复兴》第 3 卷第 5 号。
② 闻黎明、侯菊坤:《闻一多年谱长编》,湖北人民出版社 1994 年版,第 428 页。

范",于是改弦易辙,抛开诗意化的研究风格,转向国学考据学研究。因为担心被学界同仁轻视,加倍用功于考据学研究。包括在教学上亦感受复杂微妙,当时的闻一多在教学上的处境并不如他意,自己每常担心不被学生认可,事实上也确实发生过不愉快,据闻一多昔日学生吴组湘回忆,学生中间就存有闻一多是新月派诗人教不了古代文学的想法,有学生对授课内容提出不同意见,闻一多就曾经发过脾气而一周不来上课。① 他所开设的《楚辞》课,只有孙作云和王文婉两个学生选修,但闻一多仍然开课,孙作云说:"楼大室大而人少,师生相对仅三人。闻先生在这一年是颇有点负气的,所以他在这一年里拼命地预备功课,全心全意地为我们讲解……半年的工夫读完了一篇《天问》。"在孙作云的印象中,"闻先生到清华以后,绝不以诗人的姿态出现的,除去浓眉大眼,披散着一头长发,穿着古铜色的长袍,扎着裤脚,又像一个三家村的秀才以外,再没有一点什么诗人的特征。闻先生的诗储存在他的内心里,融化在他的治学方法里,表现在他的古典文学研究的见解上。他的诗岂是表现在他的外观上!并且闻先生到清华园教书,是在民国二十一年(1932 年)青岛大学风潮之后,他回到他幼时的学园,颇有息影告老之意,因此除教书之外,对于一切的琐事皆不知不问,他只是在一心一意地在读书、教书"。② 他也一心一意地运用考据学方法进行古籍整理,追随当时学术风气,进入考据学的国学研究中。现实生活需要迫使他进入学院中担任教职,时代学术风气迫使他进入考据学研究中,清华文化环境迫使他更加用力于古籍研究以使自己取得现实的立足空间。有耕耘自然会有收获,此间,闻一多发表了一系列的研究论著,1933 年发表有《岑嘉州系年考证》《岑嘉州交游事辑》;1934 年发表有《类书与诗》《匡斋尺牍》《天问释天》;1935 年发表有《读骚杂记》《诗新台"鸿"字说》《高唐神女传说之分析》;1936 年发表有《离骚解诂》《敦煌旧抄》《〈楚辞音〉残卷跋》(附校勘记)、《楚辞斠补》;1937 年发表有《诗经新义》(二南)、《释朱》《释省偫》《释为释豕》。而闻一多的这些学术研究成果当然也改变了他在师生心目中的形象,奠定了他在现代学术格局中的地位。至此,一个生机勃勃、诗情激荡

---

① 吴组湘回忆为闻黎明 1986 年 12 月 31 日的采访记录,见《闻一多年谱长编》第 442 页,其中说:"闻先生的文人气质很浓,他是新诗人,却讲古代文学,所以总觉得同学不满意。那时,清华同学与老师年龄相差不太多,有的已在刊物上发表过文章,因此认为自己不比老师差。在说当时文学史上占统治地位的是古代文学,朱自清讲中国新文学研究,有很多人反对。"这里的差异在闻一多身上和他给学生的印象,实际上就是诗歌与学术、现代诗人和古代研究的学者之间的差异。

② 孙作云:《忆一多师》,载《闻一多纪念文集》,生活·读书·新知三联书店 1980 年版,第 114、115 页。

的中国现代诗人退居幕后，携带着刚刚掌握的一套考据学工具的国学研究家登上了中国现代学术舞台，并长期定格于舞台中心，进行着挖掘"故纸堆"的学术研究工作，这就是闻一多！

　　第三个阶段为1937年到1944年的学术研究收获期。俗语谓"树欲静而风不止"，闻一多本来已经把自我精神安顿到国学研究中，本来结束了以前现实的纷扰而自以为获得了平静的研究环境，正可以在学术研究上大展宏图时，1937年全面抗战爆发了。抗战对闻一多的影响可以说是三方面的，一是对现实生活的影响，不仅失去了一度优越的生活环境，而且在颠沛流离中最低生活保障都是问题；二是对学术研究的影响，虽然闻一多没有因为抗战而放弃学术研究，但研究条件自然十分恶劣，基本上是在动荡中进行学术研究的；三是对他思想的影响，一方面，开始关心战事和时局，另一方面仍然固守在学术研究领地中，直到抗战后期才在现实的刺激下从"故纸堆"中走出来，从学术研究转向现实社会。而几乎在整个抗战时期，闻一多一直没有放弃学术研究，在社会急剧动荡中坚守和坚持学术研究，在极端困难的条件下取得了巨大的学术研究成果，这是闻一多在这个时期学术研究的最大特征。七七事变刚发生，闻一多就迅速离开北平，此后辗转于武汉、浠水、长沙，参加"湘黔滇旅行团"三千里"长征"，最后定居于昆明西南联合大学。与在清华园稳定平静的生活完全不同，这个阶段居无定所、朝不保夕、生活清苦、精神不安。但时局使然，加上自我选择，这样的生活也是必然的。全面抗战爆发对于每个人、特别对于知识分子是一个考验，大家都面临着危机面前的自我生活的选择。就闻一多而言，当时同样面临选择，而且至少有几种选择摆在他面前，一是留在清华园家中，继续常规的学院和书斋生涯。这当然为闻一多所否决，因为有着强烈爱国主义精神的闻一多绝对不会在侵略者的统治下苟且偷生，况且作为著名诗人和学者，想偷生也不可能。倘若留在北平，要么和日本人合作而成为汉奸，否则就不能见容于侵略者而被杀害。典型如周作人，或许他开始时本意也并不是就要做汉奸，但既然他留在沦陷了的北平，日本人必然要利用他做号召，想置身事外都不可能，而他主观思想上的缺乏民族气节、性格中的软弱自私、精神中的糊涂昏乱、生活中的贪图享受等促使他做了可耻的汉奸。闻一多在事变发生后的7月19日就毅然离开北平、离开清华园、离开自己心爱的书房而南下，当然与周作人等汉奸文人不可同日而语。这是闻一多在民族危机中的自我选择，是自然而必然的选择。第二种选择是参加现实的抗战运动，传统所谓"投笔从戎"。典型如陆游诗歌中所表现的情怀和辛弃疾似的在金戈铁马中一展爱国报国胸怀，这同时是中国古代文人的宝贵传统。抗战爆发后，相当一部分中国现代知识分子继承了"投笔从戎"的传统，纷纷参加实际的抗战运动，影响最大者如郭沫若，去国十年，潜心中国古代社会和古文字研究，但全面抗战爆发后，"别妇抛雏""投笔请缨"，回国参加抗战运动。现代作家丘东平更亲自投身抗战前线而血洒疆场。大量知识分子和青年学生或上前线亲自战斗，或在后方从事抗战宣传，或奔赴延安献身革命。而闻一多虽然感受到抗战初期的热血、悲壮和斗志，但他没有做出投笔从戎的选择，而在动荡中仍然沉浸于学术研究中。闻一多曾经有过脱离学院生活参加实际的抗战宣传活动的机会，1938 年 1 月他从长沙回武汉探亲时见到他清华时的同学和好朋友顾毓琇，时任汉口国民政府教育部次长，顾毓琇邀请他到战时教育问题研究委员会工作，但他拒绝了。从闻一多当时给顾毓琇的信中可以见出他的思想："承嘱之事，盛意可感。惟是弟之所知，仅国学中某一部分，兹事体大，万难胜任。切累年所蓄著述之志，恨不得早日实现。近甫得机会，恐稍纵即逝，将使半生勤劳，一无所成，亦可惜也"。"我辈做事，亦不必聚在一处，苟各自努力，认清方向，迈进不已，要当殊途同归也"①。闻一多之不选择去从事实际的抗战宣传活动，一方面在于不想离开学术研究，另一方面在于本性上不愿做官，也自觉不是做官的人，而长期学者生涯的惯性也使他难以割舍已成的生活方式。所以，抗战时期，闻一多做出了"第三种选择"，那就是克服一切现实困难，继续学术研究。这也是当时大部分知识分子的选择，一方面放弃原来优越的现实生活，另一方面继续保持了自己优越的精神生活。尽管闻一多经历了逃难生活，尽管他也参加了从长沙到昆明的徒步迁徙，但现实的变动基本上没有触动闻一多固有的生活习性和生活方式，他仍然生活在古代文化世界中。如他后来说到在南岳时生活："南岳是个偏僻地方，报纸要两三天以后才能看到，世界注意不到我们，我们也就渐渐不大注意世界了，于是在有规则的上课与逛山的日程中，大家的生活又慢慢安定下来。半辈子的生活方式，究竟不容易改掉，暂时的扰动，只能使他在表面上起点变化，机会一来，他还是要恢复常态。"② 这或也可为一个战时"奇迹"，这些学者们在动乱中反能够营造出一片"世外桃源"而潜心学术研究，从当时如冯友兰、钱穆、

---

① 闻一多：《闻一多 1938 年 1 月 26 日致顾毓琇信》，载《闻一多全集》第 12 卷，湖北人民出版社 1994 年版，第 311 页。
② 闻一多：《八年的回忆与感想》，载《闻一多全集》第 2 卷，湖北人民出版社 1994 年版，第 428 页

柳无忌等人的回忆中可以感觉到他们颇有逸雅情致①。他们都谈到闻一多在南岳时的研究情况，这时闻一多开始研究《周易》。到昆明后，虽然生活艰难，但闻一多照样专心于学术研究。我们说，闻一多不可能不意识到当时的现实形势，他也绝不是完全不关心时局变动的学者，那么他又是如何调适自我精神的呢？除了上述闻一多自己所说到的生活积习难改外，在思想上，他还是认为既然没能走向抗战前沿，做好本职工作也是抗战，而且他坚信抗战必胜，胜利后我们更需要文化，那么战时的研究也是为了战后的文化建设的。这从他对学生的谈话中可以反映出来，据学生回忆，闻一多在长沙临时大学第一次课上说："看来这次抗战，不是短期间可以获胜的，救国要有分工，直接参加抗战，固然很需要，学习本领，积蓄力量，为将来的抗战和建国献身也很必要。各人可以根据自己的身体条件和志趣，迅速决定去留。留下来就要安心学习，不安心学习是不好的。"②虽然是在做学生的思想工作，但实质上也是闻一多自己以及当时从长沙临时大学到西南联合大学所有学者和学生的思想认识，闻一多以此为自己的选择建立了思想的根据，也可以说成了精神的庇护，即此可以心安理得地继续自己的学术研究工作，而不必担心受实践家们的指责，自我在学术与现实的关系中也维持了平衡。这也成为抗战时期西南联合大学（以下简称西南联大）的客观现实，师生的选择基本上两极分化，一部分义无反顾地离开校园和书本参加实际的抗战运动，一部分如闻一多等坚定不移地留在校园继续读书人的本分。前者为抗战做出实际的贡献，有的献出了自己的生命，固然可歌可泣，而后者兢兢业业致力于本职工作，当然也无可非议，他们在教育事业和科学研究中成就卓异，创造了战时文化发展的奇迹，西南联大的成就一直为人所津津乐道，其中也有闻一多的一份业绩。在闻一多整体的学术研究历程中，正是在这样动荡中的学术坚守和学术

---

① 冯友兰《三松堂自序》中描绘了在南岳长沙临时大学文学院生活的清幽静雅，教学之余，游览山色，赋诗调侃。他提到，"大家都展开工作。汤用彤写他的中国佛教史，闻一多摆开一案子的书，考订《周易》。学术空气非常浓厚。"（《三松堂全集》第1卷，河南人民出版社2001年版，第87页）钱穆在《八十忆双亲·师友杂忆》中也说道他与闻一多、吴宓、沈有鼎同居一室的生活情态，"室中一长桌，入夜，一多自燃一灯置其座位前。时一多方勤读《诗经》《楚辞》，遇新见解，分撰成篇，一人在灯下默坐撰写"。（《八十忆双亲·师友杂忆》，岳麓书社1986年版，第182页）柳无忌在日记中记下了吟咏19位教授的诗歌（见闻黎明《闻一多年谱长编》第511页）。包括闻一多在家信中，对南岳风光进行了诗意化的描绘："这里风景却好极了。最有趣的是前天下大雨，我们站在阳台上，望着望着一朵云彩在我们对面，越来越近，一会儿从我们身边飘过去，钻进窗子到屋子里去了。"1937年11月8日致闻立鹤等兄妹）

② 陈登亿：《回忆闻一多师在湘黔滇路上》，载《闻一多纪念文集》，生活·读书·新知三联书店1980年版，第275页。

坚持，这个时期闻一多进入了学术收获期，一方面是他前一个时期学术研究积累的结果，另一方面更是他克服战时困难而不懈努力的结果，在他的感觉中，既然留守在学院和学界，唯有加倍努力和取得更大成果，才能无愧于时代，才能弥补缺憾，才能安慰自我。在这个时期，闻一多在继续前已展开的研究领域推进外，又开拓了新的研究领域，最为突出的是对《周易》、神话和文学史的研究，同时再次关注现代诗歌的创作。1939年后，闻一多又开始陆续发表学术研究论著，1939年发表有《璞堂杂记》《歌与诗》，1940年发表有《姜嫄履大人迹考》《璞堂杂说》《释鱻》《乐府诗笺》《怎样读九歌》，1941年发表有《道教的精神》《贾岛》《周易义证类纂》《宫体诗的自赎》，1942年发表有《伏羲考》和出版专著《楚辞校补》，1943年发表有《"七十二"》《端节的历史教育》《端午考》《孟浩然》《四杰》《庄子内篇校释》《诗经通义（召南）》《文学的历史动向》《字与画》，1944年发表有《说舞》《庄子外篇校释——骈母》《九歌校释》等。而当时发表出来的仅仅是他研究成果的一小部分，他实际所做的远超过这些，多是学术研究的大工程，如1939年所作《易林琼枝》，1941年11月开始《管子校勘》，1943年选编《现代诗抄》，还有《诗经》《楚辞》《庄子》等方面研究的大量手稿。1940年11月，闻一多向清华大学校长梅贻琦呈报了自己的研究计划《中国上古文学史研究报告》，在说明"了解文学作品"和"考察时代背景"的研究旨趣后，开列了研究工作计划，分做"专书研究"和"专题研究"，分别列出要目。"专书研究"包括了《尚书》《周易》《庄子》《楚辞》《乐府》《易林》及《上古文选》；专题研究涉及古代教育、商周铜器艺术、史职与史书、史诗的残骸、采诗制度、古代著述体裁、神仙与先秦思想、舞蹈与戏剧、宴饮与诗等多个学科领域。① 其中所列计划，闻一多在随后的学术研究过程中大部分完成了的。1941年暑假后，清华大学成立文科研究所，闻一多负责中国文学部工作，11月拟定了《文科研究所中国文学部研究计划》，主要以整理古籍为主，计划整理子部两种：《韩诗外传》和《管子》；集部两种：《岑参集》和《贾岛集》。其中《管子校勘》即是闻一多与许维遹合作的成果，当时未能完成，后由郭沫若集校而于1952年由科学出版社出版，名为《管子集校》，署名郭沫若、闻一多、许维遹。关于贾岛和岑参，闻一多素有研究，撰著和发表过《岑嘉州系年考证》《岑嘉州交游事辑》和论文《贾岛》。当然，他最大的学术成就还是这个计划以外的如《楚辞校补》，1942年3月由国民图书出版社出版后，1944年5月获得了教育部学术审议会颁发的1943年度学术二等

---

① 闻一多：《闻一多1940年11月11日致梅贻琦信》，载《闻　多全集》第12卷，湖北人民出版社1994年版，第367页。

奖。考虑到当时的现实状况（正在抗战时期、生计艰难、当局政治的腐败等），闻一多能够有如此突出的学术研究成绩，确实是一个"奇迹"。特别是，在那样的时局中，闻一多能够沉潜于古籍整理中，从容地运用考据学方法校释古籍，其实表现出了他的另一方面的从容心态。学术研究指向远古历史，而现实对他的学术研究却没有造成根本性的影响。不可否认，这个阶段的闻一多更多地沉于历史中，而与现实仍然保持着相当的距离。以学术研究为中心，历史和现实在闻一多精神中尚有一定的矛盾。历史意识愈强化，而现实意识会愈冲淡，学术研究延伸到上古神话，本意是要掘发民族文化的源头，但历史文化毕竟无补于现实中的民族危机。在人生道路上，闻一多从外向内走，从现实转向学术文化；在精神上，闻一多更从前向后走，从现代转向古代文化。立足于现在，是向前还是向后？闻一多一直在选择，而这个阶段基本上是选择了研究历史文化，表现出向"后"的精神态势。这不仅是闻一多，实际也是所有学者所面临的精神困境，因为学术研究对象基本上是历史的，而自我又生活在当下。要执着于当下现实，除非冷淡了学术研究本身。而闻一多进入学术收获期则相对远离了现实，而执着于学术研究。但中国社会的持续动荡和中国政治的日益腐败最终把闻一多从历史文化的研究中拉出来，他的精神和思想在时代政治现实和自我对中国历史文化研究结论的双重冲击下由渐变而在1944年后发生了根本性的变化，学术研究相应地进入了一个新阶段。

　　第四个阶段为1944年5月后的学术研究转变期。学术联系着现实和历史，学术指向历史，而现实影响着学术研究。闻一多在1944年5月后人生又一次发生变化，按照朱自清说法是由学者转变为民主斗士。但闻一多并没有放弃学术研究而专门做民主斗士去，参加民主斗争和进行学术研究同时并举。学术和现实、历史文化研究和社会政治动荡的矛盾本来就存在，只是闻一多在先前采取了回避的态度，沉潜于古籍的考据学整理和研究中而不去正视这矛盾。而随着时局的日益恶化，随着闻一多在学术研究中对中国历史的深度认知，随着黑暗腐败现实对自我生活影响的加剧，闻一多思想发生变化，从"故纸堆"中扬起头而看见了现实环境，对照现实环境更能够看清历史真相。当时正值抗战关键时候，国民党正面战场却频频失败，大片国土沦陷，日军长驱直入，虽是大后方的昆明，也频频地遭受着日本战机的轰炸。如当时流行语所说，"前方吃紧，后方紧吃"，而国民党当局极端腐败，在大后方的西南地区，一方面加强专制主义统治，特务横行，随时就会夺去进步人士的生命，人民既没有民主，又不得自由，生命和财产安全都得不到基本保障；另一方面，官僚政客凭借特权贪污腐败成风，达官贵人们莺歌燕舞，置民族危机和人民苦难于不顾而大肆享乐。

政治专制和生活腐化相结合而导致经济恶化,官僚和资本相结合而带来财富的高度垄断、物价飞涨和通货膨胀,使本来就极端困难的生活雪上加霜。这些,闻一多都感同身受,因为闻一多的日常生活就受到了巨大影响。当时的西南联大教职工们生活都陷入困境,工资入不敷出,针对通货膨胀,有人说:"现在什么都值钱,就是钱不值钱。"而因为闻一多一家人口较多,生活尤其困难,甚至常陷入断炊之中。所以闻一多在 1944 年 1 月被迫挂牌治印,① 以微薄的治印润例维持一家生计。闻一多本来有篆刻的业余爱好,曾经将此喻为"妙龄姬人";而篆刻本属于文人雅兴,闻一多却以此养家糊口,可想而知他的无奈。残酷的现实使他再也不能从容地游弋于古籍中,学术研究是要在社会稳定、政治清明、思想环境宽松、个人生活优裕的条件下进行的,而在当时社会混乱、政治腐败、文化专制以及家中儿女嗷嗷待哺的情形下,闻一多的学术研究当然遇到了阻隔。这是促使他思想转变的很实际的原因。如他 1944 年 7 月 7 日在昆明学生举行的时事晚会上说:"刚才主席说,今天是学术性的晚会,难道今天是谈学术的时候吗?研究?难道我不喜欢研究?我若能好好地看几天书,都是莫大的幸福。""可是饭都吃不饱,研究什么?""别人不叫我们闹,我们就是要闹,我们不怕幼稚,国家到了这步田地,我们不管,还有谁管!"② 首先是生存,然后才能够发展;学术研究作为精神文化活动,当然应该建立在物质性生存基础上。有人认为学术研究为"有钱""有闲"人们的"闲情逸兴",自然也有一定的道理。事实上,如闻一多一样的现代学者,抗战前在学院中的优裕生活保证了他们的学

---

① 1944 年 4 月,闻一多挂牌治印时,浦江清特以骈文撰写了启示:"秦玺汉印,雕金刻玉之流长;殷契周铭,古文奇字之源远。自非博雅君子,难率尔以操觚;倘有稽古宏才,偶涉笔以成趣。浠水闻一多先生,文坛先进,经学名家,辨文字于毫芒,几人知己;谈风雅之原始,海内推崇。斫轮老手,积习未忘,占毕余暇,留心佳冻。惟是温麑古泽,徒激赏于知交;何当琬琰名章,共摧扬于并世。黄济叔之长髯飘洒,今见其人;程瑶田之铁笔恬愉,世尊其学。爱缀短言为引,聊定薄润于后。"后列同启者名单,为闻一多西南联大同仁如梅贻琦、冯友兰、朱自清、潘光旦、蒋梦麟、杨振声、罗常培、陈雪屏、熊庆来、姜寅清、唐兰、沈从文等。(见季镇淮编《闻一多先生年谱》和闻黎明编《闻一多年谱长编》。)这一方面表现出西南联大同仁对闻一多生活的关心,以独特的方式帮助他,令人感受到当时的温馨人情;另一方面,可见在穷困中的文化人们仍然不失风雅,众人显然以闻一多治印为风雅之事,骈文广告和名流捧场,足可为闻一多生平中一大佳话。其实,闻一多此举为生活所迫,实出无奈。但治印毕竟也为艺术活动,篆刻艺术本也是闻一多一大爱好,所以闻一多还是出于艺术,兢兢业业地雕刻了大量印章。新版《闻一多全集》第 11 卷收录了他此时的一部分印谱,从中可以欣赏到闻一多的篆刻艺术。

② 见季镇淮编:《闻一多先生年谱》,载《闻一多全集》第 12 卷,湖北人民出版社 1994 年版,第 510 页。

术研究条件,没有了关乎生存的生活之忧,自然可以专心致志于学术研究。而当生活危机危及生存时,学术研究心态就发生变化,再不可能从容悠然地进行学术研究了。吃不饱饭的原因不在自己,而在社会。闻一多所说,其实首先在争取生存权,然后争取学术研究权。闻一多后来在谈到抗战八年的回忆和感想时又说:"政治问题诚然是暂时的事,而学术研究是一个长期的工作。有些人主张不应该为了暂时的工作而荒废了永久的事业,初听这说法很有道理,但是暂时的难关通不过,怎能达到那永久的阶段呢?而且政治上了轨道,局势一安定下来,大家自然会回到学术里来的。"① 在闻一多的感知中,学术研究难以为继的原因是生存,生存危机的原因是政治,政治问题是当局的专制和腐败,所以要和政治的专制腐败进行战斗,争取生存权、民主权和学术研究的保障权。如果说,此前闻一多过分地追求所谓"永久的事业"的学术研究而漠视了政治问题,那么此后闻一多则多投入解决政治问题的社会运动中,虽然继续着学术研究,但学术思想发生了巨大的变化。闻一多从此对现实的巨大关注和他更多投身于实际政治活动,不仅使他的学术研究历程呈现出全新的转折,而且使他的历史意识增加了新的内涵。体现在学术研究历程中的历史意识因此而赋予了现实情怀,在学术研究的深厚历史意识中积淀了鲜明的现实情怀,通过现实情怀将文化历史的研究触角延伸到现代社会。可以说,没有历史感的现实情怀缺乏厚度,没有现实感的历史意识缺乏热度。而闻一多晚年的学术研究则兼具深厚的历史感和鲜明的现实情怀,不仅具有历史文化的厚度,而且具有自我的精神热度。我们这里说闻一多学术研究的转变,只是就他学术思想而言,也就包括他在学术研究的历史意识中增加了现实情怀。而从学术研究历程本身,并没有从学者完全转为民主斗士,因为他的学术研究历程仍然在继续。从当时发表出来的成果看,与前相比较,当然数量有所减少,内容形态上则呈现出新特点,一是由考据学成果转变为"说明时代背景"的综合研究,二是更多表述为文化思想杂文。属于前者的有发表于1945年的《屈原问题——敬质孙次舟先生》,发表于1945年的《人民的诗人——屈原》《说鱼》,1946年脱稿的《〈九歌〉古歌舞剧悬解》;属于后者的有《什么是儒家——中国士大夫研究之一》《龙凤》《关于儒·道·土匪》《妇女解放问题》《战后文艺的道路》《孔子与独裁主义》等。此外所发表的就是现代诗歌评论、政论性杂文、时事演讲类文章。而正是应该体现在政论性杂文和时事演讲类文章中的现实情怀在这个时期体现在学术

---

① 闻一多:《八年的回忆与感想》,载《闻一多全集》第2卷,湖北人民出版社1994年版,第431页。

研究中，在学术研究中增加了现实情怀的比重。因为现实情怀的强化，闻一多在学术研究中的历史意识向上回溯到有益于激发抗战现实精神的上古民族文化，向下指向现代社会，沟通了历史与现代、学术与现实，在现代专制主义政治中看见了历史文化的亡魂，在历史文化研究和古代思想批判中直指现代政治专制制度和专制思想，在学术研究的基础上配合着现实的民主斗争而进行文化思想的批判，将学术文化思想化为自我的现实行动而使学术具有了物质性力量。这是闻一多在最后时期学术研究最大的特征。而晚年的文学史研究和文化史研究，正是闻一多历史意识的进一步强化的结果，经过漫长的学术研究历程，闻一多自今及古在思想和精神上走完了中国文学和中国文化的全部历程，于是自觉地要去沟通历史与现实："我始终没有忘记除了我们的今天外，还有那二三千年的昨天，除了我们这角落外还有整个世界。我的历史课题甚至伸到历史以前，所以我研究了神话，我的文化课题超出了文化圈外，所以我又在研究以原始社会为对象的文化人类学。"① 最后，伴随着闻一多历史意识的成熟，学术研究归宿于"诗的史"或"史的诗"的研究，这也是他思想的归宿，以"诗的史"或"史的诗"而做中国文化的"杀蠹的芸香"。

作为文化史家的闻一多，其历史意识是和他的学术研究历程共生的，在学术研究历程中逐渐强化并生成为成熟的历史意识形态。我们在此把闻一多的学术研究历程分化为学术研究准备期、学术研究积累期、学术研究收获期和学术研究转变期四个阶段，一便于认识，二因为他的学术研究历程本就表现出阶段性。但从整体上，闻一多的学术研究立场又具有连贯性，正如任何历史的发展都是阶段性和连贯性的统一，闻一多的学术研究历程也隐含着他的历史意识特征，那就是，历史是向前发展的，任何事物都是变化的，历史立足于现实和现代联系着过去和未来，研究历史文化的学术要富有现实情怀和现代意识。

---

① 闻一多:《闻一多1943年11月25日致臧可家信》，载《闻一多全集》第12卷，湖北人民出版社1994年版，第381页。

第三章 学术研究中的学术史意识

一、闻一多的学术史意识

闻一多的历史意识生成于自我文化人生，成熟于学术研究历程，当进入具体的学术研究过程时，其历史意识体现或展开于三个方面：一是强化了学术史意识，学术史意识和在学术史意识中的学术研究成为历史意识的具体的表现；二是文学史和文化史的研究，史的研究成为历史意识的主要内容构成；三是在学术史意识中，文学史和文化史视野中的学术研究所体现出来的历史观。这一部分主要看闻一多学术研究中的学术史意识，这是他作为历史家型学者在学术研究中历史意识的重要体现。正因为闻一多有鲜明的学术史意识，所以他在研究过程中能够从古典诗歌的研究自然走向中国文化思想史的研究，经过了从古代诗歌研究到中国文学史研究、从文学研究到文化史研究、从文字学和神话考据学研究发展到探索中华民族文化的源头。

所谓学术研究，本质上也可谓研究的研究，是建立在学术史基础上的。闻一多的学术研究对象基本为古代文学和古代文化，本就已经成为历史，且早已经成为学术研究对象，在漫长的历史发展中形成了各自或总体的学术史。任何一种文学和文化对象的学术研究都不是孤立的，都在学术史中占据了一定地位，成为学术史链条的一个环节。当闻一多进入《诗经》《楚辞》《庄子》《周易》，唐诗，神话等对象的研究时，同时也进入了每一种研究对象的学术史中，在对研究对象学术史的把握中进行自我新的研究，在已有学术成果中做出自己新的创见，并构成学术史演变的一个新的环节。没有对学术史的把握，任何学术研究都是有源无流之水，没有对学术史的了解，任何学术研究成果都会流于肤浅而难现创意。我们说闻一多既有明确的历史意识，更富有史家禀赋，原本在艺术中所具有的时间意识（如诗歌创作中鲜明的时间意识）在学术研究中就转化为学术史意识，学术史意识具体化在研究过程中。这种学术史意识在闻一多学术研究中的具体化，第一体现为学术史的宏观视野，不是孤立地看取研究对象，而是放归整个学术史中把握研究对象的学术地位，包括他对研究对象的选择也是建立在对学术史的充分了解基础上，选择在学术史上最有研究价值和研究意义的对象；第二，在了然古今中外学术史基础上，闻一多对学术史上所呈现的学术研究范型进行选择和吸收，形成了自己的学术研究范式，他的学术研究范式对学术史上的研究范型有因袭、有改造、有转化，也有创造；第三，在具体研究对象上，对学术史的了解使闻一多可以充分地借鉴已有研究成果，在批判中吸收，融入自我研究成果中，有力地增加了他研究中的学术含量，从而造就了他学术研究的博大和厚重；第四，学术史意识及其在学术实践中的充分展开，使得闻一多的学术研究不仅有源有流，而且能够在学术源流中做出自我的创造性成果，从而成为学术史不能够绕过去的一环而成为再研究的起点，因为只有进入学术史才能够知道学术的创新点，也才能够做出具体研究中的创新。这种学术史意识不仅是闻一多历史意识在学术研究中的自然而必然的体现，作为学者的闻一多，从学术研究本有的规则和规律中也深谙其道。闻一多的学术世界之所以博大精深，学术历程之所以漫长曲折，学生成果之所以既多新见又多资料汇编，都与他的学术史意识分不开。

当我们整体上看闻一多的学术世界时，新版《闻一多全集》12卷中，第3至第10卷都是关于古典学术研究，即令人感觉博大又不免给人庞杂的印象。所有文本成果可以分为两大类，一类是闻一多生前发表过的论著，当然是他自己自以为成熟的学术研究成果，这其实在总体上只占据一小部分。一类是闻一多生前没有发表过而作为遗稿收入全集的，包括1948年开明版全集就已经收入了其中的一部分，这一类又包括两部分，一部分是闻一多未完成的论著手稿，一部分则为学术资料汇编。未完稿本在研究过程中，因为闻一多意外身亡而中断；大量的学术资料汇编如《说杜丛钞》《唐风楼捃录》《全唐诗人小传》则原本是他继续深入研究的资料准备，因为本身所具有的学术辑录价值，所以被学界视为闻一多的一方面研究成果而收入全集。我认为，恰恰是这些学术资料汇编鲜明地体现了闻一多的学术史意识，是他确定研究对象后首先进入到学术史的表现，意图在于通过辑录、梳理学术史资料而进行自我的研究。如《说杜丛钞》，闻一多在1928年正式开始有意识地转向学术研究发表的第一篇文章就是《杜甫》，所走的学术路径尚属于综合性的诗学研究，以文学性的诗意化笔法为杜甫立传。但这部传记并没有完成，其中一个原因大约还在于闻一多自觉到尚未充分掌握杜甫的所有资料，所以在以后转入收集和整理杜甫生平史料的工作中，撰写了《少游先生年谱会笺》和《少游先生交游考略》，《说杜丛钞》当为闻一多研究杜甫生平及其诗歌过程中所做的学术史资料辑录和梳理，并非简单的资料汇编，而是在学术史意识中苦心孤诣的整理，贯穿着自我的研究主旨。《说杜丛钞》从历代著名诗话诗论著作中辑录了关于评点杜甫及其诗歌的内容，涉及诗话诗论著作 20 种，计有：顾炎武《日知录》（录 41 条）、王士禛《带经堂诗话》（录 56 条）、程大中《旧事考遗》（录 1 条）、曾廷枚《香墅漫钞》（录 14 条）、钱大昕《十驾斋养新录》（录 13 条）、薛雪《一瓢诗话》（录 12 条）、吴雷发《说诗管蒯》（录 3 条）、吴骞《拜经楼诗话》（录 4 条）、孙志祖《读书脞录》（录 5 条）、梁玉绳《瞥记》（录 5 条）和《庭立纪闻》（录 5 条）、赵翼《瓯北诗话》（录 15 部分）、李调元《唾余新拾续拾补拾》（录 20 条）、洪颐煊《读书丛录》（录 2 条）、宋翔凤《过庭录》（录 2 条）、蒋超伯《通斋诗话》（录 12 条）、陈衍《石遗室诗话》（录 15 条）、朱亦栋《群书札记》（录 46 条）、胡鸣玉《订伪杂录》（录 44 条）、尚秉和《历代社会状况史》（录 3 条）。① 所辑录者基本为对杜诗字词和用典的考证，内容丰富，考证赅博，趣味横生，引人入胜。闻一多在完成杜甫生平的考证论著后，想必要进入杜诗的鉴赏和研究中，所以录得学术史上对杜甫诗歌的评点。这样，闻一多能够基本了解学术史上对杜甫研究的概况和主要观点，丰富了他对杜甫的认识，可以充实他的研究内容，更主要的是可以在此基础上有自己独创的论说。可惜，闻一多后来没有继续杜甫的研究，但为后人的杜甫研究提供了宝贵的学术史资料，而且指明了杜甫研究的资料门径。在此意义上说，《说杜丛钞》自有独立的学术价值。如果说《说杜丛钞》仅是针对杜甫一个诗人的资料辑录，那么《全唐诗人小传》则扩展到全部唐代诗人，包括 199 位唐代诗人的生平史料，于每一位诗人在学术史上凡有记载，见而必录，征引异常宏富。征引宏富的特点特别体现在《唐风楼捃录》中，反映出闻一多从唐诗研究要扩展到诗唐文化研究的趋向。《唐风楼捃录》为闻一多研究诗唐文化的学术史资料准备，包括三部分，第一部分为研究书目，有如现今撰写博士论文所列论题的参考文献，分"丛书汇目"和"分类书目"，前者胪列了 56 种闻一多所见之中国古代丛书，后者分类胪列了研究诗唐文化所要参考之学术史文献资料，包括五经、儒家、道家、佛教、历史（正史、别史和野史）、地理、政治、语言文字、诗词文别集、文学总集、批评论著、小说、音乐书画、游艺杂品（如陆羽《茶经》、李翱《五木经》、张又新

---

① 闻一多：《说杜丛钞》，载《闻一多全集》第 7 卷，湖北人民出版社 1994 年版，第 577—701 页。

《煎茶水记》、张说《钱本草》)、兵法、算术、医药、农艺、阴阳五行杂占堪舆、类书、杂考杂述杂谈、异闻异录异记等类别，最后特列"唐代研究用书目录举要"，从唐五代到宋元明清，从近代到现代，包括国外唐研究论著，所有研究唐代文化的学术史著均胪列其中。闻一多后来并没有能够充分展开诗唐文化研究，但他在此提供出的学术史专目，为后来的唐文化研究者进行了极好的铺垫。第二部分为"唐语"，为闻一多读唐诗随笔，摘录唐诗中语词或存目或解释或考证或对照。第三部分则为"唐风楼捃录"，从唐文献中辑录出各种文学的、风俗的、社会的甚至建筑的典故和史料，如对唐代文人的籍贯考察，列出山东文人和河北文人；从文献中析出唐代文人欲求达而须"温卷"的风气①；唐初党派状况的认知；还有"长安宫殿考""唐之工程学"以及语言、文字、音乐、宗教、迷信、饮食、服装、称谓等涉及文化中各个领域，真正包罗万象。特别有一节谈到清代唐史专家，开列出最著名者十几家的二十种唐史著作，其中包括罗振玉、钱大昕等考据学名家。② 上列《说杜丛钞》《全唐诗人小传》《唐风楼捃录》虽然不是闻一多独立的研究论著，却是他独立的学术史资料积累，是闻一多学术研究中学术史意识的鲜明体现。

学术研究中的学术史视野尤其表现在对前代学术成果的借鉴和超越上，只有充分占有了学术史上的已有学术资料，才能够知道某一学术专题的研究进展和进展过程中的局限和不足，在吸收已经进展了的成果基础上打破其局限，弥补其不足，然后超越学术史上的成果而做出自己的学术创造。如闻一多《楚辞校补》一书，向为《楚辞》研究学界所称道，他的成绩就建立在充分占有"楚辞学"史资料的基础上。闻一多在书前凡例中说明，所采用的古今诸家成说涉及校正文字者有二十八家。这二十八家从洪兴祖、朱熹到游国恩、陆侃如、郭沫若，囊括了《楚辞》研究史上的主要大家。他采用《四部丛刊》中洪兴祖《楚辞补注》为底本进行校补，所引书有古代王逸《楚辞章句》、洪兴祖《楚辞辑校》中所引本，有现代刘师培《楚辞考异》，有同仁许维遹《楚辞考异补》和刘永济《楚辞通笺》，所引《楚辞》零句诸书涉及 65 种之多。这充分表明闻

---

① 所谓"温卷"，如闻一多所引《文献通考》《云麓漫钞》《玉海》《演繁露》等典籍中所记录，唐代文人要行卷，须将文卷投于王公大人门下，一投不中再投，如是者反复，谓之"温卷"。实则后世之所谓"走后门"。《文献通考》感叹道："嗟乎，风俗之弊，至此极矣。此不独为士者可鄙，其时之治乱盖可知矣。"见《闻一多全集》第 7 卷第 757 页。

② 《闻一多全集》第 7 卷，湖北人民出版社 1994 年版，第 758 页。全部《唐风楼捃录》见该卷第 703—790 页。

一多对学术史资料的占有和运用。

学术研究中所谓占有资料，相当程度上就是指占有论题的学术史资料，这是研究的基础，也是研究过程中的重要环节，不仅充实自我研究内容，而且最重要的是从中发现问题、提炼问题，以便在自我研究中创造性地解决问题，这样才能够推进学术的向前发展。

当闻一多进入学术研究领域后，他实际面对着三种学术史，第一种是中国古代学术史，这是他研究对象的学术根源和学术流变范围，不仅构成他的研究内容，而且成为他研究方法的渊源；第二种是西方学术史，这构成闻一多学术研究的参照，也可以是我们研究闻一多学术的参照，虽然闻一多以中国古典学术研究为主，但他在研究中还是引进了西方学术史的思想和方法；第三种是中国近现代学术史，这是闻一多所直接面对的学术语境，他的研究既受近现代学术语境的影响，又以自己的研究构成了现代学术史的一环。

二、闻一多与古代学术文化史的关系（从先秦到宋明）

闻一多在开始学术研究时，首先面对的是中国古代学术史的传统，首先进入的是中国古代学术史。他的历史意识表现出的学术史意识使他在自我的学术研究中必然关注研究对象的发展演变历程。闻一多的关注中国古代学术史，不仅限于研究对象本身的学术研究历程，而且深入整个中国古代学术史，比较全面系统地把握了中国古代的学术演变历程，从中受到涵养和启示，在继承古代学术传统的基础上进行研究，在继承古代学术传统的同时进行自我的学术创新。可以说，闻一多的学术是中国古代学术史的一个发展，从中国古代学术史到闻一多的学术，可以见出古代学术在现代的新变，可以见出现代学术和古代学术的关联。闻一多学术与古代学术的密切关系实际标示了现代学术和传统学术扯不断的联系，这联系体现在学术研究对象上，体现在学术研究思想上，体现在学术研究方法上。闻一多与中国古代学术史的关系即是他学术史意识和学术研究过程中的鲜明特征，也是中国现代学术的标本。

学术之为研究，本就是对社会现象、历史发展、文献典籍、文化思想等客观对象的探究。梁启超在《学与术》中曾经辨析了"学术"本义，他说："学也者，观察事物而发明其真理者也；术也者，取所发明之真理而致诸用者也。""学者术之体，术者学之用。二者如辅车相依而不可离。学而不足以应运于术者，无益之学也；术而不以科学上之真理为基础者，欺世误人之术也。"① 实际上，中国古代文化重"学"轻"术"，"学"以求"道"，"术"在形而下，"术"从本来的"致诸用"而成为"学"之附庸和服务于"学"的技艺性操作方法。《庄子·天下篇》有言"道术将为天下裂"，由此分裂出以"经学"为中心、经史子集为主体、"三教九流"为线索的中国学术。当我们说到学术时，实际包括了四个层面的内容，一是人类精神的探究对象，为探究者主体之外的客体，包括自然界、人类社会和人自身，是人类为了自身的生存认识和改造的对象；二是在对自然、人类社会和人自身的探究过程中，探究主体所做出的精神文化成果，按照现代分科原则，形成了自然科学、社会科学和人文学科，这些学科的基础即为人类文化原创性成果；三即是历代学者对人类精神文化的原创性成果进行研究的"学术"，在对原创性精神文化成果进行研究的过程中进一步创造出新的精神文化成果；四是不同主体、不同学派在不同时代的学术研究累积而成为学术史。在通常意义上，我们所谓学术主要集中在现代术语所表述的人文社科领域，以中国古代学术术语名之，则主要指"经史子集"四大部类衍变出来的"经学""史学""子学""文学"，其中的"经学"和"子学"实际包括了现代所说的哲学、社会学、伦理学、宗教学、法学等学科。应该说，学术研究所面对的不是自然、社会和人类本体，而是对自然、社会和人类本体进行揭示和解释的精神文化结果。那么，学术史所梳理的则是历代研究者的学术研究成果。张立文在六卷本的《中国学术通史》总序中界定"中国学术史"为："中国学术史所面对的不是人对宇宙、社会、人生之道的道的体贴和名字体系或人对宇宙、社会、人生的事件、生活、行为所思所想的解释体系，而是直面已有（已存在）的哲学家、思想家、学问家、科学家、宗教家、文学家、史学家、经学家等的已有的学说和方法系统，并借其文本和成果，通过考镜源流、分源别派，历史地呈现其学术延续的学脉和趋势。这便是中国学术史。"② 这虽然可能不完全是中国学术史的准确定义，但基本概括了中国学术史的基本内涵和外延。其实学术史应该是两个层面的，一是学术自身客观的发展和演变，二是学术史家对学术发展和演变的描述。闻一多在进入学术研究领域后，同时就进入了中国古代学术史，意味着他进入了两种中国学术史，既进入客观的古代学术发展和演变中，又进入对古代学术发展和演变进行描述的学术史典籍中。

---

① 梁启超：《学与术》，载《清代学术概论》，中国人民大学出版社2004年版，第271页。
② 张立文：《中国学术通史·总序》，载《中国学术通史》第1卷，人民出版社2004年版，第7页。

中国古代学术博大精深，中国古代学术史源远流长，在学术自身的发展演变中呈现出异常复杂的学术形态和多元化学术格局。闻一多所进入的就是复杂多元的中国学术史，他在其中择取与自己研究对象关系密切者融入自我学术世界。从中国学术史在各时代学术主潮演变的角度看，中国学术史有自己的演变规律，每个时代都有每个时代的学术主潮。吕思勉在《先秦学术概论》中把中国学术史分为七个时期："先秦之世，诸子百家之学，一也。两汉之儒学，二也。魏晋以后之玄学，三也。南北朝隋唐之佛学，四也。宋明之理学，五也。清代之汉学，六也。现今所谓新学，七也。七者之中，两汉、魏、晋，不过承袭古人；佛学受诸印度；理学家虽辟佛，实于佛学入之甚深；清代汉学，考证之法甚精，而无主义无所创辟；最近新说，则又受诸欧美学者也。历代学术，纯为我所自创者，实止先秦之学耳。"① 吕思勉即是取每一大段历史所流行之学术潮流而做出学术史分期。这也成为学界纵观中国学术史的共识。

  其实先秦诸子百家之学主要在春秋战国时期，而此前的殷商时期当为中国学术的发端期，因为在殷商时期出现了文字，开始有了文献典籍，从甲骨文到金文的文字演变既是中国文化的发展过程，也是学术的逐渐萌芽时期。既有文字，先民就开始记录商周社会和文化，商周时期的天文历法、社会习俗、占卜祭祀、田猎战事、生产活动、政治事件、人际往还、服饰器用、家庭宗族、封邑迁都等各方面事务，都在安阳殷墟所出土的甲骨文和传世之钟鼎上面有刻录。随后出现了巫祝史官，社会上少数掌握文字的人就专门从事占卜祭祀、专门掌管礼乐庆典，发展出以祭祀方技为基础的巫史文化和以诗书礼乐为基础的礼乐文化，从而形成融政治、宗教、礼仪、风俗、道德、观念、艺术等为一体的两大知识系统和学术谱系。从殷商时期的巫史文化为主到西周的礼乐文化为主，成为中国学术开端期的知识基础。春秋战国时期，中国文化在殷商和西周文化基础上进入思想创造、文化繁荣时期，诸子蜂起，百家争鸣，开创了中国学术的新局面，奠定了整个中国文化的基础。中国文化的核心原典如后世所谓"四书五经"中的经学原典和诸子学原典，都创造于百家争鸣时期。而这些原典中的思想，不仅影响着中国的历史发展，而且成为后世主要的学术研究对象，在学术研究中一方面丰富着中国文化，另一方面传承着中国文化。春秋战国是中国历史上社会剧烈动荡而文化异常繁荣的时期，在诸侯争霸的连年混战中，士阶层崛起，原来的"官学"演变为"私学"，"学"不仅在官府，而且在私门，大师辈出而学派林立。孔、墨、老、庄、韩、孟、荀等都建构了自己的系统学

---

① 吕思勉：《先秦学术概论》，中国大百科全书出版社1985年版，第3页。

说，在此基础上形成儒家、墨家、道家、法家、名家、阴阳家、兵家、纵横家、杂家等思想学派。从学术研究的角度，当时就有庄、荀、韩等对各家各派思想从学术上进行了分类和归纳，如《庄子·天下篇》分举出六派，《荀子·非十二子》划分为六派十二子，《韩非子·显学》把儒分为八，墨离为三。这可以说是对春秋战国时期思想文化最早的学术整理和研究。我们看，闻一多进行学术研究，进入中国学术史，首先就进入到先秦学术文化中，这也是任何一个研究中国古代文化的学者必须经过的学术门径和学术积累。闻一多与先秦学术的关系可以从这样几个方面看。第一，他主要的学术研究对象大部分集中在先秦时期，如神话研究、甲骨金文研究、《诗经》研究、《楚辞》研究、《庄子》研究、《周易》研究、上古文学史和文化史研究。这是闻一多全面了解了中国文化思想史和学术史后做出的选择，他也深知诸子百家争鸣时期所出现文化思想和学术的奠基性意义，所以在学术研究中倾力以此建立他自己的学术基础。他所研究的这几种典籍都是中国文学和文化的原典，都对中国文学和文化的发展有深远的影响。《诗经》不仅是中国诗歌的开创之作，而且是儒家经典之一，连同《楚辞》，诗骚并列，构成中国文学最重要的传统，他的《诗经》《楚辞》研究正可以探索到中国诗歌和中国文学的源流。闻一多从对庄子的赞美到对《庄子》文本的校读，从对《庄子》的训释到对以庄子思想为代表的道家思想的批判，这样的研究过程也反映了闻一多自身的思想演变历程，也意味着他的思想发展和中国学术史有着密切的关系。闻一多从全面抗战爆发后研究《周易》这部儒家的又一重要经典，从中看见了《周易》所反映之社会状况，就不仅具有学术史视野，而且带了社会历史的眼光看取这部原本为卜筮的经典。第二，闻一多不仅从纯粹学术的角度研究先秦经典，而且从文化思想的角度研究先秦所奠定的中国根本思想，集中在对儒家思想、道家思想和墨家思想的研究上，这三家思想不仅在先秦时影响最大，而且对整个中国历史都发生了决定性的作用。虽然墨家在后世未能与儒墨道并列为显学，但在民间的影响仍然非常巨大。那么，这三家的思想本质是什么？对中国社会和文化有怎样的影响？是好影响，还是坏影响？这成为闻一多经过长期学术研究后思考的问题，并在晚年思想性杂文如《关于儒·道·土匪》中进行了揭露。他的批判性思想是建立在学术史的把握和自己实际的研究基础上的。第三，历史意识的探本溯源方法表现在学术史中，使闻一多不仅重点关注中国学术奠基期的学术文化，而且要进一步追溯到中国文化的起源和中国学术的开端时期，即对上古神话和商周文化的研究意识。闻一多通过学术史上的典籍文献还原了中国的神话系统，通过对甲骨文和金文的考释还原了春秋战国之前卜筮巫史文化的形态。而无论是神话研究，还是上古语言文字研究,都是借助学术史资料,在中国学术史发展中通过学术史料重返中国文化和学术的源头。所以,先秦学术对闻一多的影响既有学术层面的,也有思想层面的;既包括诸子百家争鸣时期的学术文化,也包括春秋战国之前的从原始神话到商周时期甲骨文和金文所反映的学术文化。

从神话到巫术、从占卜到历史、从诗歌到思想争鸣,开端于殷商文化、奠基于春秋战国时期的中国学术文化随着中国历史的发展而演变,在战国后期秦统一全国后,秦汉时期学术为之一变,这变化不是又创造出新的文化,而是在原创文化中通过政治的力量进行了选择和集中,在先秦文化中选择有利于自我统治的文化思想,将思想集中于特定的范围内。这自然也极大地影响了这个时期的学术研究。秦始皇的"焚书坑儒"和汉武帝的"罢黜百家,独尊儒术"对文化所施行的政治专制手段,从根本上决定了中国文化的走向和中国学术的形态。表面看起来这是围绕儒家而实施的前后矛盾的文化政策,实质上都反映出政治统治者的专制性,都是要统一思想,只不过手段和内容不同。如顾颉刚在《秦汉的方士和儒生》中所说:"秦始皇的统一思想是不要人民读书,他的手段是刑罚的裁制;汉武帝的统一思想是要人民只读一种书,他的手段是利禄的诱引。"① 秦皇焚书坑儒后独尊法家,以严刑峻法治国,二世而亡。又经过多年战乱,所以到汉初休养生息,文帝景帝都尊黄老之学,但从高祖已经尝到了儒家礼制带给皇帝皇家的威仪"甜头",从叔孙通遵照儒家礼制制定朝仪到武帝时董仲舒上《天人三策》在理论上奠定儒家地位,终于"独尊儒术"。董仲舒在《天人三策》最后论说:"《春秋》大一统者,天地之常经,古今之通谊也。今师异道,人异论,百家殊方,指意不同,是以上亡以持一统;法制数变,下不知所守。臣愚以为诸不在六艺之科孔子之术者,皆绝其道,勿使并进。邪辟之说灭息,然后统纪可一而法度可明,民知所从矣。"② 汉朝为什么会"独尊儒术",曹聚仁在《中国学术思想史随笔》中引现代学者张荫麟的分析,在儒、墨、道、法几家先秦显学的比较中说明了"独尊儒术"的原因:"儒家之登上正统宝座,也是事有必至的。要巩固大帝国的统治权,非统一思想不可,董仲舒在对策中说得非常透彻。但拿什么作统一的标准呢?先秦的显学,不外儒、墨、道、法。墨道太质朴了,太刻苦了,和以养尊处优为天赋权利的统治阶级根本不协调。法家原是秦代自孝公以来国策的基础,秦始皇更把他的方术推行得很彻底。正唯如此,秦朝的昙花寿命,和秦民的刻骨怨苦,使法家从那以后,永

---

① 顾颉刚:《秦汉的方士和儒生》,上海古籍出版社1998年版,第43页。
② 董仲舒:《天人三策》,《春秋繁露·天人三策》,岳麓书社1997年版,第322—323页。

远背着恶名。贾谊在《过秦论》中,以繁刑严诛,吏治刻深,为秦皇的一大罪状。这充分地代表了汉初的舆论。墨、法既然没有被抬举起来的可能,剩下来的只有儒、道了。道家虽曾煊赫一时,但那只是大骚乱后的反动,他在大众(尤其是从下层社会起来的统治阶级)的意识中是没有基础的,儒家则有之。大部分传统信仰,象尊天敬鬼的宗教,和孝弟忠节的道德,虽经春秋的变局,并没有根本动摇过,仍为大众的内心所寄托。道家对于这些信仰,非要推翻掉,便是存心轻视。儒家却对之非积极拥护,便消极包容。和大众的意识想冰炭的思想系统,是断难久据要津的。况且道家放任无为的政策,对于大帝国组织的巩固,是无益而有损的。这种政策,经过汉文帝一朝的实验,流弊已不可掩。无论如何,在外族窥边,豪强乱法,而国力既老,百废待举的局面下,清静无为的教训自然失却了号召力。代道家而兴的,非儒家而又谁属呢?"① 从秦始皇的极端排儒到汉武帝的极端尊儒,都对中国文化和中国学术发生了根本性的影响。"焚书坑儒"的影响不完全在于"坑"了多少个"儒"(这当然给士阶层以重大打击,更为后代政治统治者扼杀读书人思想开了极其恶劣的先例。但随着秦王朝的灭亡,儒生们在心理上也得到安慰和平衡,加以汉以后"独尊儒术",儒生们更扬眉吐气了),而更深远的影响在于对儒家和其他各家经典的毁灭,"焚书"几乎摧毁了先秦所积累的文化典籍,为后代认识先秦文化和研究先秦文化造成了极其巨大的困难。秦始皇所烧掉的儒家经典恰恰是汉武帝要弘扬的,所以,汉代"独尊儒术"后经典重建成为最重要的基础工作,也是当时儒生们的主要任务。于是,儒生们依靠回忆记录下被秦始皇烧掉的经典,而先秦经典录以籀文谓之古文,汉时用流行之隶书记录谓之今文。回忆不免有误,今文与古文亦有差异,所以当后来在孔子旧宅发现古文经后,两相对照,文本内容出入甚大,今文经指斥古文经为伪造,古文经指责今文经为误记,开始了中国学术史上莫衷一是的今古文之争,几乎贯穿了整个中国学术史,一直延续到近现代学术。撇开今古文经在政治和思想上的分歧,但就文本正误而言,事实上限定了后世学术研究的范围,只要进行古代学术研究,必然涉及文本及其版本,所以大部分学者甫一入学术研究之门,首先就陷入了文本考据学研究。当然,古籍文本的错讹还有后世流传过程中的种种原因,包括水火兵虫的毁坏、政治统治者的恶意篡改、别有用心者的刻意伪造、刻印翻印过程中的"鲁鱼"之误等,但开初则与秦皇焚书和今古文之争分不开。而"独尊儒术"后历代统治者

---

① 曹聚仁:《中国学术思想史随笔》,生活·读书·新知三联书店1986年版,第92—93页。

都又奉儒家经典为国家统治依据，儒家意识形态地位的确立同时影响到中国学术文化的走向，事实上也确立了学术研究的主体对象，那就是以经学为主，成为中国古代学术最发达的学术部类，学术研究成就也最高的部类。总之，秦始皇的"焚书坑儒"决定了后世学术研究的形态和研究层面，即主要以校正文本和训释词义为主，版本学、校勘学、辑佚学、目录学、训诂学等尤其发达。汉武帝的"独尊儒术"决定了后世学术研究的思想和研究内容，即主要以儒家经典的研究为主，相对而言，经学研究尤其发达。这两个方面都对闻一多的学术研究产生了影响。我们说，闻一多进入中国古代学术史，与先秦学术相比较，秦汉学术没有如先秦典籍那样成为他主要的研究对象，但学术研究的走向无疑直接或间接地受到秦汉文化、秦汉学术的影响，而且绝不下于先秦文化和先秦学术。第一，闻一多在学术层面上多致力于文献古籍的考据学研究，固然是直接承袭了乾嘉学派的考据学，但从根本上还是源于汉代学术，因为乾嘉学派本就是"汉学"传统的继续和高潮。"汉学"本指汉代以小学注经的朴学方法，东汉郑玄集大成而成为经典注疏大家。闻一多近承乾嘉学派，远接汉代学术，其考据学的学术路径在一定程度上未出传统学术畛域。从闻一多的学术实践看，他尤其重视许慎《说文解字》和郑玄对经典的注解。而他之所以用力于古籍校勘，与秦汉时形成的典籍流传特征分不开，可以说，古籍流传本身的特征既形成中国几千年学术史的研究形态，也决定了闻一多的学术研究路径。第二，"独尊儒术"的结果使儒家成为封建社会的思想正统，经学成为古代文化的学术正宗，虽然辛亥革命后儒家正统地位被推翻，废除了读经，新文化运动更猛烈地批判了儒家思想，但思想的批判并没有代替学术研究的再认识，传统学术惯性仍在，闻一多等一代学人事实上仍然潜在地受到儒家正统思想和经学正宗学术的影响，所以，闻一多走上学术道路，一方面从个人喜好出发选择古代诗歌为研究对象，但另一方面儒家经学长期的显学地位必然使他和其他现代学者从学术思想上首先关注到的是儒家经典范围的学术对象，因为他从小最早和最多接受的就是儒家经典，这无形中决定了以后的学术选择。所以，闻一多的学术研究对象大部分是儒家经典，笔者认为，从根本上与秦汉文化和学术的深远影响有关。从思想上，闻一多实际上也经历了从对儒家的欣赏到彻底批判儒家的发展过程。第三，当然闻一多在具体研究对象上关注到秦汉文化内容，典型如他选择研究了汉乐府而作有《乐府诗笺》。特别值得注意的是，闻一多发现了汉武帝到元帝时梁人焦延寿的《易林》，对之进行深入研究，揭示出《易林》的"盖事虽《易》，其辞则《诗》也"的特征，在这部卜筮之书中掘发出文辞的美而作《易林琼枝》以彰显其文学史地位。第四，闻一多与秦汉学术的关系尤其体现在对形成于秦汉时期的文献史料的运用上。如果说先秦文化主要为经典原创，那么到秦汉时期则真正开始了对原典的探索和对先秦文化典籍的学术总结，出现了一批宝贵的学术文献。如总结先秦学术的《吕氏春秋》和《淮南子》，前者虽然产生于秦始皇统一全国之前，但典型地体现了秦文化特征，既可见先秦经典及诸子百家概况，又可以见出秦王朝的政治和文化政策；后者有类于《吕氏春秋》，同样为杂家之说，亦是综合先秦诸子中所涉及问题，全书21篇，各篇集中论说一个问题。经学文献有东汉郑玄的解经文献和主要倾向于今文经学的《白虎通义》。特别有从刘歆《七略》到《汉书·艺文志》的典籍汇总，如《七略》对当时典籍进行分类著录，《辑略》外分出《六艺略》《诸子略》《诗赋略》《兵书略》《术数略》《方技略》，而其书虽然亡佚，但其大概内容可见于《汉书·艺文志》。① 而汉代学术更伟大的是出现了《史记》《汉书》，中国最重要的前四史在汉代就占了两部，其中保存的学术史料之丰富，自是不言而喻。闻一多在经过启蒙教育后曾经长期研读《史记》和《汉书》。到他进行古典学术研究时，所取文献资料相当一部分即来自秦汉特别是汉代的这些文献典籍中。当然不独闻一多，凡研究古典文化的学者，都得益于这些文献典籍。凡此四方面即可见闻一多学术研究和秦汉学术的密切关系。

　　汉代定于一尊的儒家思想和居于正宗的经学地位，在魏晋南北朝时期被打破，经学虽然仍延续，但文化和学术主潮由汉代经学一变而为玄学，谈玄论道、贵无虚有、反儒脱俗、适性任情成为时尚，任自然、越名教、求逍遥、得放达成为主要的人生态度，人的解放和文的自觉共生，社会动乱和文化繁荣相对，使得魏晋南北朝成为继先秦百家争鸣后中国文化和学术的第二次发展高潮。文化的演变和学术的发展都是以前代思潮为基础的，在对前代思潮的正向继承和逆向反动中发生新变。玄学思潮一方面继承了汉末道家思想的复兴、《易》学思想的发展和汉末清议风气，另一方面反拨了汉代儒教思想和经学研究的烦琐学风。所谓玄学，从学术角度，实际上是老庄之学、《易》学、佛学和一部分儒学的综合，从何晏、王弼为代表的清谈玄理到嵇康、阮籍为代表的反对名教，发展到向秀、郭象为代表的提倡"独化"（"造物者无主，而物各自造"）、统一自

---

① 据统计，《七略》共收书六大类38种，596家，13269卷。有认为《七略》"是佛教未传入之前中国学术典籍的大汇集，奠定了中国人基本的知识体系，是儒家经学的扩展和完善，在当时影响很大。"其主要的学术成就在于典籍的校正、典籍的分类、为各典籍撰写了内容提要。《七略》已经亡佚，但班固《汉书·艺文志》即是在《七略》基础上撰写，因而保存了其中的内容。参见张立文主编、周桂钿和李祥俊著：《中国学术通史·秦汉卷》，人民出版社2004年版，第198—199页。

然和名教，乃至后来的玄理中引入佛教，在理论上综合而成以"玄"为妙、以"无"为本、以"自然"反"名教"、以"逍遥"为理想、以"养生"为目标的宇宙论和人生论。鲁迅在《魏晋风度及文章与药及酒之关系》中，形象地描述了魏晋文人的人生态度和思想行为，分析了魏晋风度产生的根源和演变轨迹。现代学者汤用彤、刘大杰都有研究魏晋玄学的专著。我们看闻一多的学术世界，魏晋玄学的研究几乎没有体现。从思想上，魏晋时期反对名教、追求个性解放的思想没有成为闻一多主要的思想渊源，未如鲁迅那样主要接受魏晋文章的影响，而他的思想其实本质上是归于儒家系统，自我比较注重伦理道德规范，所以自然与魏晋玄学的放达有相当的距离。在学术研究上，闻一多也没有把魏晋玄学纳入自己的研究范围，尽管他研究玄学家们所崇尚的《庄子》和《周易》，但他主要也不是从玄学路径进入《庄子》和《周易》，而基本还是在传统道家和儒学范围进行研究，而没有进入魏晋玄学那样的玄理阐释中。但这并不意味着闻一多与魏晋南北朝时期的学术没有关系，他虽然与玄学有一定距离，但与本时期的其他文化思潮和学术研究仍然建立了密切的关系。魏晋南北朝时期的文化和学术并不是仅仅有玄学一端，而是形成了以玄学为主潮的多元化文化和学术格局。正因为东汉末期社会政治动荡，所以反倒造成了自由的文化思想空间，多元文化得以兴盛，学术可以趋于繁荣。董卓之乱后，豪强割据，军阀混战，三分天下，统一于魏，由魏入晋，又长期南北分裂。这样，政治一统而对文化思想和学术研究的控制大为松懈，个性可以在动荡空间中充分伸展，所谓"魏晋风度"中"人的解放"和"文的自觉"以及整体的自然主义思潮，文学上的"建安七子""正始之音""竹林七贤"、玄言诗、田园诗、山水诗等，与产生此类文学的整个玄学思潮，都是由时代玉成的。这样的特征与前比类似于春秋战国时代、向后可比"五四"新文化运动时期，是一个个性解放、思想自由的时代。而个性解放和思想自由体现在学术文化上，学术同样进入了开放时代。在这个时期，玄学之外，标示文化思想开放的学术文化成就的还有三大领域，而闻一多与这些学术领域却有密切关系。一是儒家经学研究的继续。经学研究虽然与汉代相比趋于式微，但并没有也不可能成为绝学，经学注家仍然众多，包括玄学家，不讲训诂，以玄理解经，何晏有《论语集解》，王弼有《周易注》，援道入儒，综合儒家和道家之学。还如晋初有杜预撰《春秋左氏经传集解》、东晋郭璞注《尔雅》等。《晋书》《北史》《梁书》等史书均有《儒林传》，南北朝时期在学术上形成"南学"和"北学"，主要指经解而言，各具风格，如《北史·儒林传序》云："大抵南北所为章句，好尚互有不同。江左，《周易》则王辅嗣，《尚书》则孔安国，《左传》则杜元凯。河洛，《左传》则服子慎,《尚书》《周易》则郑康成。《诗》则并主于毛公,《礼》则同遵于郑氏。南人简约,得其英华;北学深芜,穷其枝叶。考其终始,要其会归,其立身成名,殊方同致矣。"① 我们说闻一多学术研究中之于《诗经》《周易》等儒家经典同样以经学解经方式展开研究,包括对《楚辞》的研究亦采用了解经方式。而从对儒家经典的研究中,他自然要参照学术史上各家经注,当然也就包括了魏晋南北朝时期的经学研究,从他论著中所注引之学术史资料即可以见出。而且我们也可以从"南学"和"北学"的学术风格看闻一多的研究特征,他对古代文学和文化的研究,虽然"得其英华",但并不如"南学"的"简约",更近于"北学"的"深芜",在古代典籍研究中真正做到了"穷其枝叶",如对《诗经》《楚辞》等的研究就力求"穷其枝叶",而实际的学术效果却多流于烦琐,更接近汉儒解经,缺乏玄学家们不讲训诂的简约清通。这也可证闻一多疏于玄学而偏重于经学的学术理路。二是道教的研究。魏晋南北朝时期在玄学之外的第二大文化和学术领域是道教的发展和兴盛,特别是神仙理论和成仙方技的发达,并上升到雅文化地位和学术研究领域。道教是中国土生土长的宗教,有研究者概括道教为:"道教是什么?所谓道教,是中国母系氏族社会自发的原始宗教在演变过程中,综合进流传下来的巫术禁忌、鬼神祭祀、民间信仰、神话传说、各类方技术数,以道家黄老之学为旗帜和理论支柱,杂取儒家、墨家、阴阳家、养生家等诸家学说中的自我修养思想、宗教信仰成分和伦理观念,在度世救人、长生成仙进而追求体道合真的总目标下神学化、方术化为多层次的宗教体系。他是在汉代特定社会历史条件下,汲取佛教的宗教形式,逐步发展而成的具有中国传统的民众文化特色的宗教。"② 道教形成于东汉,在魏晋南北朝时期得到发展,重要的标志是在理论上系统化并从民间上升到学术领域,成为和玄学、经学、佛学并立的文化思潮。葛洪的《抱朴子内篇》奠定了神仙理论的系统,寇谦之对北朝道教进行改革,南朝陆修静整理了道经,论证了斋法,到陶弘景建立了修道养生说。③ 道教和神仙理论既为中国文化重要组成部分和中国学术不可分割的研究领域,自然进入了闻一多的研究视野,虽然道教起源

---

① 《北史》卷八十一,中华书局标点本。
② 牟钟鉴、胡孚琛、王葆玹:《道教通论:兼论道家学说》,齐鲁书社1991年版,第50页。
③ 参见张立文主编、向世陵著:《中国学术通史·魏晋南北朝卷》,人民出版社2004年版,第288—338页。该书认为,道教在魏晋南北朝时期走向学术的规范化,这个时期"是道教思想体系的规范和成型时期,是道教学术发展的第一个高潮。道教在这一时期摆脱了粗俗迷信的纠缠,理性的手段受到了普遍的尊重并得以广泛运用,从而使道教与儒家和佛教并立为三,构成为中国学术不可或缺的重要组成部分"。(第288页)

较早，形成于东汉，但在学术上给予闻一多影响并作为自己研究对象，主要是受魏晋南北朝时期道教的学术化影响的。在此领域中，闻一多经过考证和研究，撰著了《神仙考》和《道教的精神》，论证了道教的起源和发展，特别分析了神仙思想的发展、神仙理论和方技。这两部论著已经成为道教学术史的组成部分，为道教研究者所征引，如牟钟鉴、胡孚琛、王葆玹著《道教通论——兼论道家学说》（齐鲁书社1991年版）即引证了闻一多所提出的道教起源于古道教的观点。三是佛教学术的盛行。佛教在汉时就传入中土，《隋书·经籍志》收录了汉以后传入和翻译的佛教经文典籍。佛教进入政治统治阶层和纳入学术研究领域，主要是在魏晋南北朝时期，据《魏书》记载，魏太宗时，鸠摩罗什于长安草堂寺集义学八百人重译经本，有大经论十余部，注《维摩经》，又著数论，"魏有天下，至于禅让，佛经流通，凡有四百一十五部，合一千九百一十九卷"。"略而计之，僧尼大众二百万矣，其寺三万有余。"[①] 东晋后，南方笃信佛教者更盛，梁武帝萧衍弃道归佛、舍身建寺，影响甚大，以身试佛之帝王比比皆是。北魏太武帝虽然试图毁佛，但到孝文帝迁都洛阳前后，佛教更兴。从北到南，开凿石窟，树立佛像，翻译佛经，开坛讲经，成一代风尚。佛教的学术化如注疏佛经、撰写法论、整理典籍、为高僧立传（最著名者如梁朝慧皎的《高僧传》，列举从东汉明帝永平元年到梁武帝天鉴十八年近500年间高僧257人，附录239人），这些学术性活动构成了这个时期学术的重要组成部分。当然，闻一多对本时期佛教学术关注不多，但这时的佛学理论为隋唐佛学奠定了扎实基础，当闻一多进入唐诗研究和唐文化研究时，必然要涉猎佛学。由此，魏晋南北朝时期文化和学术主要由玄学、儒学、道教、佛教构成，玄学实则儒道佛的糅合，至此，儒道佛并立，为隋唐文化、学术的繁荣和高潮奠定了基础。

闻一多的学术研究领域最主要集中在先秦文化和唐文化，秦汉和魏晋南北朝的学术文化基本上构成了闻一多学术研究的背景和学术资料来源，而先秦文化和隋唐文化则是闻一多直接面对的学术领地。当他进入自己所选定的研究对象后，实际也就进入了对象所依托的学术史背景中。中国古代学术史发展到隋唐时期，承接魏晋南北朝的学术格局，依托政治上国家的统一优势，以开创性气魄和开放性的胸怀，把中国文化和学术推向了高峰，在儒学和经学研究、佛教传播和佛学研究、道学阐释和道教发展上都取得了前所未有的成就。特别在诗歌创作上，唐诗成为中国古代诗歌创作的最高峰。所有这些，特别是唐诗的美，深深地吸引了闻一多，他的学术视野首先投向唐诗，在唐诗研究基础上研

[①] 魏收：《魏书》卷一百一十四，中华书局出版社1997年版。

究诗唐文化，自然地进入了隋唐学术世界。有论著概括隋唐学术发展大势为："儒学于衰败之后显露出复兴气象；具有中国特色的佛学流派形成，佛学中国化基本完成；道教借鉴儒佛学说，完善理论体系。儒、释、道并行不悖，圆融综会之势日趋彰显。"① 其学术格局为三足鼎立而互相融合，奠定了中国古代文化儒道佛互补的思想基础。佛教继魏晋南北朝后在隋唐的发展达到高潮，学术史上每概括隋唐学术主潮为佛学，不仅佛教传播广泛，政治统治者大力提倡，广大民众趋之若鹜，具有广泛的社会性，而且佛学研究成绩卓著，从佛经翻译到理论阐释，从流派创立到佛教的本土化，既前所未有，又影响深远。其突出者表现在，一是统一了南北佛学，使南北佛教学术趋于融合，融合了南朝佛学的重义理阐释和北朝佛学的重禅定修持；二是求法取经，大量翻译佛经并形成了系统的佛经翻译理论，特别著名者为唐太宗时玄奘往西天取经并致力于佛经翻译和阐释，隋朝译经59部262卷，唐朝译经372部2159卷；三是创立佛学宗派，当时显著的佛学宗派一般认为有九个，为三论宗、成实宗、净土宗、律宗、法相宗、密宗、天台宗、华严宗、禅宗；四是佛教中国化过程中创立完全本土化的佛教教派，形成佛教中国特色，典型如禅宗，为中国所独创，由此也确立了佛学的国际中心地位，吸引了周边国家来唐朝学习佛法。② 唐王朝不仅积极提倡佛教，而且因为天下归李姓，认老子为李姓祖宗，所以李唐王室同时喜好道家学说，大力提倡道教，这样，唐代道家学说和道教也非常盛行。一些著名道士如司马承祯、叶法善、张果等都受到皇帝宠信。诗人中最著名者如李白就信奉道教。但宗教毕竟是出世的，从政治统治者而言，可以作为个人精神和思想的偏好，但不能够作为治理国家的要术和意识形态。所以，如唐太宗一方面提倡佛教，大力支持玄奘的取经活动，还亲自迎接取经归来的玄奘，但另一方面，更从实际的政治统治和国家治理出发，倡导入世的儒家思想而使魏晋南北朝之后儒家思想和经学复兴。魏晋南北朝时因为国家分裂、天下混乱而儒家思想从国家意识形态中退隐，玄学成为主潮，佛教和道教地位提升，所以儒学地位衰落、经学研究沉寂。而隋统一天下后，开始重视儒家思想，经学研究随之引起学者重视。如《隋书·儒林传序》中说："自晋室分崩，中原丧乱，五胡交争，经籍道尽。魏氏发迹代阴，经营河朔，得之马上，兹道未弘。""是知俗易

---

① 冯天瑜、邓建华、彭池：《中国学术流变》，华东师范大学出版社2003年版，第347页。
② 参见张国刚：《佛学与隋唐社会》，河北人民出版社2002年版，第19—21页；雷绍锋：《中国学术流变史》，湖北人民出版社2000年版，第110—116页；汤用彤：《隋唐佛教史稿》，中华书局1982年版；张怀承：《中国学术通史·隋唐卷》，人民出版社2004年版中有关章节。

风移，必由上之所好，非夫圣明御世，亦无以振斯颓宿矣。"所谓"上之所好"所指即隋文帝杨坚下诏提倡儒学，《隋书·高祖纪》录隋文帝诏书曰："丧乱以来，缅将十载，君无君德，臣失臣道，父有不慈，子有不孝，兄弟之情或薄，夫妇之义或违，长幼失序，尊卑错乱。"所以，他要提倡儒学，以为"儒学之道，训教生人，识父子君臣之义，知尊卑长幼之序，升之于朝，任之以职，故能赞理时务，弘益风范。朕抚临天下，思弘德教，延及学徒，崇建庠序，开进士之路，伫贤隽之人。"由此，隋朝开办学校，进行儒学教育，特别"开进士之路"，开创了科举考试制度以选拔人才，确立了继世袭制、举孝廉制、九品中正制等之后的选拔人才制度，为唐代所继承并进一步完善而延续到清末。科举考试和儒学相辅相成，考试内容为儒家经典，自然吸引天下士子致力于研读儒家经书，可以说，科举考试真正促进了儒学的复兴，儒家理论进入社会政治功利性层面，儒家从此沾染上了浓厚的名利色彩。唐太宗以"武"取得天下，要靠"文"来治理天下，这"文"不是佛教，也不会是道家和道教，而是儒家思想。据《旧唐书·儒学序》，唐太宗即位前就在秦王府开文学馆，广引文学之士，以杜如晦等十八人为学士；即位后，于正殿之左置弘文学馆，"精选天下文儒之士虞世南、褚亮、姚思廉等，各以本官兼署学士，令更日宿直。听朝之暇，引入内殿，讲论经义，商略政事，或至夜分乃罢"。不仅如此，太宗还大力开办国学校，大征天下儒士为学官，广招天下生员就读国学校，学生能通一经者即给以官职，于是，"是时四方儒士，多抱负典籍，云会京师。……鼓箧而升讲筵者，八千余人，济济洋洋焉，儒学之盛，古昔未之有也"。更重要的举措是，"太宗又以经籍去圣久远，文字多讹谬，诏前中枢侍郎颜师古考定《五经》，颁与天下，命学者习焉。又以儒学多门，章句繁杂，诏国子祭酒孔颖达与诸儒撰定《五经》义疏，凡一百七十卷，名曰《五经正义》，令天下传习。"① 天下士子传习颜师古《五经定本》和孔颖达等《五经正义》的目的是参加科举考试，因为唐代科举考试内容和标准答案即以此为本。至此，儒学完全复兴，继汉代"独尊儒术"后又一次上升到国家政治意识形态的地位，不同于汉代的是唐朝更有开放气魄，"尊儒"的同时还"尊佛""尊道"。随着儒学政治地位的确定，其学术地位自然上升，经学研究随之大兴。除了颜师古《五经定本》和孔颖达等《五经正义》对文字校正和词义疏正的国家项目成果外，突出的还有陆德明《经典释文》对《周易》《古文尚书》《毛诗》"三礼""春秋三传"《孝经》《论语》《老子》《庄子》《尔雅》等十四部经典的音义辨析，与孔颖达等《五经正

---

① 以上引文均见中华书局标点本《隋书·儒林传序》《隋书·高祖纪》《旧唐书·儒学序》。

义》对汉经的疏解堪为经学研究的双璧,标志了唐代以汉学方法研究经学的高峰。在思想上,隋时王通致力于张扬儒学,唐时韩愈确定"尧、舜、禹、汤、文、武、周公、孔、孟"的儒学"道统",包括李翱的儒学复性论,到柳宗元、刘禹锡对儒学的推进,儒学中"性""情""理""道"的层面也大为彰显。儒家在国家意识形态地位的确立、在经学研究上的成就、在儒学理论上的阐释都标志了儒学和经学研究在隋唐时期的复兴,与佛学、道学共同构成隋唐文化和学术的格局,三元并存而互补,影响着社会和文化的各个方面并更深远地影响了中国其后的历史。这样,闻一多进入古代文学和文化研究,特别是进入唐诗和唐文化研究领域,必然同时进入儒、道、佛并存的文化和学术格局中。闻一多与隋唐学术的关系主要可以体现在这样几个方面。第一,闻一多在先秦典籍研究特别是经学典籍研究中借鉴了唐代经学研究的成果,孔颖达等《五经正义》和陆德明《经典释文》是他以训诂学方法考释《诗经》词义的重要参考,所作《诗经通义》多引证这两部典籍中的释义。这是闻一多采用"汉学"方法研究古籍在远承汉儒、近取乾嘉学派过程中所借鉴的又一种方法论渊源和古籍研究层面的启发。因为孔颖达《五经正义》中的词义疏正和陆德明《经典释文》中的音义辨析在经学学术史上占有重要地位,所以成为闻一多进行《诗经》《周易》《庄子》等古籍研究时必然要参考的典籍,即此可以看出闻一多与唐代学术在事实上的直接联系和密切关系。第二,闻一多研究唐诗过程中特别注意到唐代学术给予诗歌的影响,在诗歌研究中自然关注到唐代的学术,指出了唐初诗歌学术化的倾向。在《类书与诗》中,闻一多重点分析了初唐时期类书编撰和诗歌创作的关系,因为唐太宗集合天下学士后,重要的一项工作就是编撰类书,他是以这种方法来提倡文学的,于是文学就被学术同化了。闻一多列举了当时文学被学术同化的三方面情形:一方面是章句的研究,以李善为代表;另一方面是类书的编纂,以虞世南为代表;第三方面是文学本身的堆砌性,以唐太宗为代表。闻一多以"《文选注》《北堂书钞》《艺文类聚》《初学记》、初唐某家的诗集"的排列说明章句家、类书家和创作家态度的相同处,在于章句家"释事而忘意"、类书家"采事而忘意"、创作家"用事而忘意"。当时出现的是唐太宗所鼓励的"类书家的诗"或"类书式的诗",其实就是学术化了的诗。闻一多在此批评初唐诗歌的以学术代替诗意的创作倾向,恰好可以看见闻一多自己研究中的唐代学术背景。没有对初唐学术的把握,闻一多不会做出"类书与诗"的关系的揭示。第三,闻一多不仅对初唐编撰类书之学术风气有所把握,而且对整个唐代的文化思潮和学术构成都有整体的把握,并将之视为学术研究的背景和具体研究时的角度。如前所说,唐代文化和学术的构成为儒、道、佛三足鼎立而互补，这必然反映到诗人的思想和精神结构中，因而形成了唐代诗人多种类型的人格精神结构，闻一多即从这三元互补的人格精神结构入手而分析唐代诗人的人格类型，如对陈子昂的人格分析，以为陈子昂具有复杂的人格，是由纵横家、道教、儒家和佛家构成的人格结构形态。闻一多以唐文化和学术的历史现实进行分析，还揭示出如杜甫的儒家型人格、孟浩然的道家型人格、贾岛的佛家型人格，这几种人格都具有代表性，而同时都表现出各种思想倾向的矛盾，唐诗人中更多名儒实道、名道实儒、身在江湖而心在魏阙或大隐隐于朝者，出世与入世、江湖与魏阙的矛盾都因为儒、道、佛的并行于世而表现出精神的分裂和痛苦。这一点，闻一多在唐诗人的研究中，既有文化和学术史的背景，所以深知其精神人格奥妙，所以在研究中作了精要的分析和精到的揭示。

第四，闻一多在唐代诗人和诗歌研究基础上，扩展到整体的唐诗研究，由诗歌研究扩展到唐代文学研究，由文学研究扩展到整个唐代文化的研究。这就意味着闻一多要进入到唐代整体的文化和学术世界中，在对唐代学术的把握中进而研究他所说的诗唐文化。为此，闻一多在《唐风楼捃录》中进行了充分的资料准备，而其中所收集的学术资料和参考文献，囊括了唐代学术的各个方面，几乎可以说收罗殆尽。既有唐代文献资料，又有历代研究唐代文化和学术的史料。可以说，《唐风楼捃录》就是一部唐代学术资料的汇编，是唐代学术史的"艺文志"，举凡唐代学术中儒家、道家、佛家、五经、诸子、史学、地理、语言文字、艺术、方技、政治法律等悉数列入，洋洋大观。可惜闻一多没有展开研究而早逝，但留下的这部唐代学术史"艺文志"为后学研究唐代文化提供了极大的便利，而更说明了闻一多学术研究与唐代学术的联系。第五，对于闻一多而言，笔者认为唐代学术的影响不仅仅在他的学术研究上，同时也深入他的思想和精神中。如果说他选择研究先秦典籍更多带有学术的考虑，那么他研究唐诗则主要出于他作为诗人的性情所至，而在唐诗研究中对唐代文化思想和学术构成的深入，则主要是从思想和精神角度进行的选择。儒学、道学、佛学三者及其三者的关系在唐诗人精神结构中的化合，必然引起闻一多自我精神的共鸣，因为他自己不可否认地一直在人生选择的进退中矛盾着，"向外发展"和"向内走"的矛盾实际上与唐诗人们犹疑于儒家入世和佛道的出世相类似。时代相隔一千多年，但作为文人学者的人生境遇和精神感受仍然相同。闻一多在一千多年前的唐代诗人中看见了自己，在一千多年前的唐代文化和学术中发现了自己。闻一多在以唐代文化和学术构成来研究唐诗人的精神特征时，自我感受亦融入其中，是"六经注我"，还是"我注六经"，实在难以分辨清楚。学者之于研究对象的态度，可以是纯粹客观、冷静、理智的态度进行研究，也可以是带有强烈主观色彩的、在研究对象中发现自我和在研究对象中寄托自我精神。如闻一多这样原本就是诗人的学者，尽管有意识地在研究中收束了自我的主观情思，在考据学研究中可以做到客观理智，但当他进入唐代这样多元的文化格局中、进入唐代儒道佛共生出的唐代诗人的精神世界中的时候，闻一多就不可能那么理智了，《唐诗杂论》中各篇精美的以诗化笔法撰著的论文，对于唐代诗人的分析多有欣赏的成分，真是一唱三叹，委婉动人，即是将自我精神寄托其中，又在其中发现了自我的精神感受。事实上，在人文社科领域的学术研究中，一个学者不可能完全做到纯粹客观地看待自己的研究对象，不可能与研究对象保持绝对的精神距离，一方面，研究者总要或隐或显地受到研究对象的影响，另一方面，研究者也总是有意或无意地将自己的主观精神注入研究对象中。我们从闻一多对唐代诗人的研究中，结合唐代文化思想和学术构成，结合唐诗人复杂的人格精神结构，结合闻一多自我的人生选择矛盾和精神矛盾，我们可以从闻一多身上看见一个杜甫、看见一个孟浩然、看见一个陈子昂、看见一个孟郊、看见一个贾岛，甚至看见一个李白，他把自我精神辐射到这些诗人的世界中，而这些诗人的精神又说明着闻一多自我的精神特征，实在说，闻一多的人格精神是杜甫、孟浩然、陈子昂、孟郊、贾岛、李白等诗人人格精神的现代综合，闻一多的思想结构也是儒道佛思想在他整个学术研究历程中冲突和融合的结果。

中国学术史的发展如同一个人的人生历程，不会永远高歌猛进，总在高潮和繁荣中，更如同整个历史的发展总有曲折和回环一样，学术同样是在曲折和回环中发展的。当一个时代的学术发展到高度繁荣的时候，必然会出现衰落和反动。唐代从政治到文化乃至学术，在中国古代社会都堪为高峰。但随着唐王朝政治上因为安史之乱而一蹶不振，晚唐的文化和学术也随之走向衰微。经过唐代政治统一后近三百年（唐高祖公元618年立国至907年朱温迫使唐哀帝李柷禅位，唐代历289年）的发展后，中国历史进入五代十国时期的又一次大动荡和大混乱时期。但五代十国时期并没有如春秋战国时期和魏晋南北朝时期在政治分裂中开出文化和学术的灿烂之花，直到宋王朝建立后，中国的文化和学术才又一次复兴。比较而言，唐代重武轻文，而宋代立国后确立文官制度，重文轻武，加之通过科举制度选拔人才的进一步完善，大大促进了文化的发展和繁荣，使中国文化和学术由唐代的雄浑博大而转向精微内向的发展。一般学术史在划分上把宋元明列为中国学术的一大发展时期，宋王朝重文轻武的结果虽然有利于文化与学术的发展和繁荣，但同时带来了国力的软弱而屡遭边患，继辽、金犯边而偏安一隅后，终为蒙古所灭。蒙古人入主中原建立元王朝后，以其游牧文明习惯治理先进的中原农业文明社会，不仅没有随着时代的向前推进而推动中国社会的进步，反而造成了中国社会文明在一定程度的倒退，士子的社会地位因为元王朝政治上的轻视而一落千丈，自然影响到学术的发展，除了承续宋代学术外创获不多。直到统一的明王朝建立，封建专制主义制度在明王朝高度成熟，科举制度进一步完善，一方面政治专制主义加强了对士子的控制，另一方面，集权制下以国家的力量发展学术（如《永乐大典》的编辑），在特定范围里可以带来文化的发展和学术的繁荣。明代主要继承宋代"理学"而发展出"心学"，学术史上统称之为"宋明理学"，为宋元到明代的学术主潮。宋明理学为中国学术在演变过程中由驳杂、雄浑而步入了极其精微的阶段，以其不黏滞于烦琐考据学的高度抽象的经学理论而代表了中国学术发展的又一座高峰，是为儒学发展的新阶段，学术史上名为新儒学而成为新的国家意识形态，支配中国社会政治和文化思想长达四五百年。理学肇始于宋初，凡一个新王朝初立，开国之后，随着政治的安定和社会经济的恢复，文化事业也会有较大发展，学术研究也会呈现出繁荣局面。如北宋时期，配合着政治的变革，围绕着儒学与政治的关系，形成了不同的学派，进行了学术上的种种争辩。学术的繁荣标志之一即为学派的形成，从北宋到南宋，出现了多个著名学派，为理学的成型提供了文化和学术的背景机制，明代同样学派林立。如宋代有王安石从政治变法而创造的"新学"，司马光以史为鉴而创"涑学"，理学祖师周敦颐开创"濂溪学派"，与周敦颐同时的邵雍开创的"象数学"，张载和张戬兄弟开创"关学"，程颢和程颐兄弟开创的"洛学"，苏轼和苏辙兄弟开创的"蜀学"，南宋时有与理学相对的以叶适为代表的永嘉学派和以陈亮为代表的永康学派，胡安国开创的"湖湘学派"，陆九渊开创的"象山心学"，理学集大成者朱熹开创的"闽学"，等等，全祖望即以学派为经编撰《宋元学案》，全面展示了宋元时期的学术格局，其中列举"学案"达89个之多。① 承续《宋元学案》，黄宗羲编纂有《明儒学案》，将明代儒学分其宗旨，别其源流，操其大要，著录成"学案"，囊括了明代19个学派的208位学者，可见明代学术大观；明代所继承的主要为程朱理学，宋濂、方孝孺后，著名学派有从曹端到薛瑄的"浙东学派"，吴与弼的"崇仁学派"，陈献章的"白沙学派"，特别是王守仁在程朱理学和陆九渊心学基础上提出"致良知"和"知行合一"说而创造"王学"，王门后学分化为"浙中学派""江右学派""南中学派""楚中学派""北方学派""粤闽学派""泰州学派"等七个学派，与王阳明同时有湛若水开创的"甘泉学派"，晚明有顾宪成和高攀龙为代表的"东林学派"和刘宗周为代表的"蕺山学派"。

---

① 全祖望：《宋元学案序录》，中华书局1986年版。

理学思想虽然单一，但学派却林立。挣脱了从汉代到唐代对儒学进行训诂考证的纯学术研究，宋代后的儒学从两个方向发展，一是强调儒学的入世传统和经世致用功能，将儒家思想和政治变革相结合，突出其"修身齐家治国平天下"的作用，如范仲淹之以天下为己任、先天下之忧而忧的思想；王安石在变法中创造"新学"，将经学义理和政治改革结合起来；至明代东林党人创办东林书院，学术论辩与政治清议并举，关心国事天下事，以至卷入朝廷党争而遭到残酷镇压。二是重点阐发儒学中义理，或援佛入儒，或援道入儒，摒弃烦琐考证而从哲理高度发掘儒道中的"理""气""心""性"，以见儒学中"心性心理之精"，即生成为"程朱理学"和"陆王心学"。儒家经学从"训诂之学"转变为"义理之学"，经学研究方法论从"汉学"转变为"宋学"。特别是，儒家典籍在宋代进一步经典化，从《礼记》中抽出《大学》和《中庸》两篇，与《论语》和《孟子》合编为《四书》，成为理学家的诠释文本，"作为构筑其新的路论思维体系的依傍文本，不仅表明其超越了隋唐时以佛性或性情为核心的学术思潮，以及以印度佛经为诠释文本情境，而且超越了先秦以来的百家之学、两汉经学和魏晋玄学的理论思维形态及其所依傍的诠释文本，而成为一崭新的学术思潮、理论思维形态，这便是宋明理学之所以为新的学术思潮之根据所在"①。此后，《四书五经》合编，成为科举考试的教本和考试范围，朱熹的《四书集注》成为科举考试的标准答案。宋代理学集大成者朱熹不仅在理学思想上承先启后，影响了南宋以后一直到清代的政治和文化思想，而且在经籍的学术研究上也影响深远，在现代学术史上都能听见其回声。在此我们主要论说闻一多与中国学术史之关系，笔者认为给闻一多影响最大者是朱熹的学术。闻一多学术研究的取向和学术方法基本为"汉学"路径，学术思想在总体上归依于新文化运动中反封建的思想，所以对于衍生出封建礼教思想的宋明理学从根本上就是排斥的，而在学术上受乾嘉学派遗风和时代学术语境影响，同时也排斥了经学研究中理学范畴阐释义理的空疏之学，对"宋学"中浓郁的道学气味亦取批判态度。但闻一多在基本排斥宋明理学思潮中的道学、礼教思想和"义理之学"中流于空疏的学术后，他仍然从中吸收与自己研究对象相关的学术成果，当然他最关注的就是朱熹的学术。因为闻一多主要的研究对象有《诗经》《楚辞》，而朱熹为诗经学和楚辞学研究史上重要的一环或说代表了一大发展阶段，所著《诗集传》和《楚辞集注》自然是闻一多研究《诗经》和《楚辞》的重要学术资料。特别如《诗集传》，朱熹在反对《毛诗序》、郑玄《毛诗传笺》和孔

---

① 张立文、祁润兴：《中国学术通史·宋元明卷》，人民出版社2004年版，第209页。

颖达《毛诗正义》基础上对《诗经》文本进行了全新解读，开创了以"宋学"解诗的范式。朱熹《诗集传》对闻一多《诗经》研究的影响主要体现在两个方面，一是朱熹的《诗经》解诗学原则，注重诗歌性情和诗歌艺术，从诗歌自身本质解读《诗经》，如朱熹在《诗集传序》中谈到四个问题，即"诗何为而作也？""然则其所以教者何也？""然则国风、雅、颂之体，其不同若是，何也？""然则其学之也当奈何？"从朱熹的回答中，可以见出他以《诗经》之诗为"诗"的原则，他认为，诗是人感于物而动的产物，人之有欲，因而有思，有欲有思则有言，"既有言矣，则言之所不能尽，而发于咨嗟咏叹之余者，必有自然之音响节奏而不能已焉。此《诗》之所以作也"。所以，"《诗》者，人心之感物而形于言之馀也。"如《国风》，朱熹认为，"凡《诗》之所谓风者，多出于里巷歌谣之作，所谓男女相与咏歌，各言其情者也"。自然，朱熹谈到学《诗》的目的和《诗》的功能时，就带了理学家的道学观点，"本之二南以求其端，参之列国以尽其变，正之于雅以大其规，和之于颂以要其止，此学诗之大旨也。于是乎章句以纲之，训诂以纪之，讽咏以昌之，涵濡以体之，察之情性隐微之间，审之言行枢机之始；则修身及家，平均天下之道，其亦不待他求而得之于此矣"①。闻一多之于朱熹《诗集传》中所表现的"诗经观"，批判和摈弃其道学气味，而吸收了"以诗解诗"的原则，闻一多"现代诗经观"中比较鲜明的观点，如"《诗经》首先是诗歌"，"《诗经》中的诗多为情歌"，"《诗经》中诗多为民歌"，就带有朱熹《诗经》观的影子。只是如对《诗经》中情歌的部分，朱熹从道学观念出发斥为淫诗而给以抨击，闻一多则持欣赏态度，发掘出《诗经》中的性欲观，大胆断言《诗经》中抒情诗为原始的赤裸裸的情歌（《诗经的性欲观》）。二是朱熹《诗集传》中对《诗经》的集注成为闻一多"诗经通义"过程中的主要学术资料，或作为训释的依据，或采作解读的参考，或用作辨证的对象，在他的《诗经通义》中随处可见对朱熹《诗集传》的引证。这方面同时也见于《楚辞》研究中，特别是《楚辞校补》对朱熹《楚辞集注》的参考。朱熹的学术涉及儒学和经学研究的多部经典和众多领域，除了《诗集传》和《楚辞集注》外，朱熹还有包括《诗集传》在内，后来合编在一起作为封建王朝科举考试依据和士子们长期攻读以应考的《四书集注》，闻一多在启蒙教育后就研读过并用之于后来研究的学术资料，他如《周易本义》《启蒙》以及所编著之《小学书》《通鉴纲目》《近思录》等，都成为闻一多学术研究所参考的学术史资料。一个学者之于学术史的关系，一般而言，学术史愈往

---

① 朱熹：《诗集传序》，载《诗集传·楚辞章句》，岳麓书社1994年版，第2—3页。

后发展，研究者与其关系愈密切，因为随着学术史的发展，学术研究成果愈益丰厚，而对前代的学术性总结也愈益增多，可供参考和借鉴的学术资料自然愈益丰富。闻一多之学术研究自然多得益于学术史上特别是宋元明时期学术史资料的汇编成果。宋元明时期虽然以理学为文化和学术主潮，但主潮之外仍然有其他学术思潮，如佛教和道教继续发展着，学术史资料的编撰进入高潮，新的学术门类也在兴起。文化和学术史资料的汇编当然得益于唐代发明的雕版印刷术，使中国文化典籍的保存由过去的手写转变为刻印。唐代就有编撰类书的学术风气，如闻一多在《类书与诗》中提到并开列了十五种当时的类书，但基本都亡佚。而到宋代及以后，一方面，文化和学术的积累已经到相当程度，需要整理汇编，另一方面，雕版印刷为汇编文化和学术资料的保存及流布提供了物质保障。所以，宋代（包括辽金）后掀起了类书编撰的高潮。如汇编佛教典籍而印行的汉文《大藏经》和汇编道教典籍的《道藏》。宋代类书的编修和史书编撰在中国文化和学术史上成就巨大，宋太宗太平兴国年间，翰林学士李昉、扈蒙等奉宋太宗诏命先后编撰了《太平御览》《太平广记》《文苑英华》三部大型类书，宋真宗时王钦若、杨亿等奉诏编修了集历代君臣事迹的大型类书《册府元龟》，总谓之"宋初四大类书"。到明代永乐皇帝，则更是编成了中国历史上空前浩大、内容异常广博的一部类书《永乐大典》，可惜没有付梓刊印而遭到毁坏、盗窃，存世无多。与闻一多关系密切者主要是宋代四大类书，成为他学术研究所必备之资料。宋代学术资料使他受益的还有司马光的《资治通鉴》、郑樵的《通志》、马端临的《文献通考》。《资治通鉴》是中国古代第一部编年体通史，《通志》为继《史记》后又一部纪传体通史，《文献通考》为继唐代杜佑《通典》之后又一部典制体通史，这三部史书如同上述四大类书一样，都成为闻一多研究中国古代文化的学术史资料来源。如果从学术门类角度看，就传统学术划分，古代学术部类的划分与目录学密切相关，从汉代刘歆《七略》到《汉书·艺文志》以"七略"为遗规而实标"六略"，从魏晋时以甲、乙、丙、丁四部总括群书到《隋书·经籍志》直接标以经、史、子、集四部之名，就把中国文化和学术分为经学、子学、史学和文学四大部类，为历代所沿用，如清《四库全书》即以此分类。以传统学术分类看闻一多的学术研究范围，基本上囊括了这四大部类，在经学、子学、史学、文学研究上都有突出成就。虽然他没有在史学上有专门的研究成果，但实际上一直没有离开史学，其史家意识表现在具体研究中，一方面建立与学术史的关系，另一方面在如《资治通鉴》这样的史书中获取自己所需要的资料和感知中国的历史。当然，四大部类为总体的学科划分，每个部类里面都包含着具体的学术门类，这些学术门类也随着文化的发展和学术的进步而不断丰富，在每个时代都会出现新的学术研究门类，即现代意义上的新的学科和新的学科专业领域。其中，宋代所兴起的一种学术门类对闻一多的学术有着直接或间接的影响，即金石之学。闻一多在探索中国文化源头和文明起源的历史意识支配下，1937年后研究领域扩大到各个学科门类，研究内容伸展到中国上古文化，从春秋战国而上溯到西周、殷商、原始部落社会，表现在具体研究对象上，他从神话看中华原始部落文化，从甲骨文看殷商文化，从金文看西周文化。其中甲骨文出土已在十九世纪末，而为人所识更在二十世纪后，大量出土在二十世纪三十年代，甲骨文研究成为"甲骨学"是在刘鹗、罗振玉、王国维等汇编和考释之后形成的，最古老的文字终在学术上归属于现代了。而与甲骨文相比较，"金文"成"学"则远在宋代，与石刻文研究共称"金石学"，金石学在宋代正式成为了专门学问。王国维在《宋代之金石学》一文中说："近世金石之学复兴，然于著录考订皆本宋人成法，而于宋人多方面之兴味反有所不逮，故虽谓金石学为有宋一代之学，无不可也。""至形制之学，实为宋人所擅扬。凡传世古礼器之名，皆宋人之所定也，曰钟、曰鼎、曰鬲……"① 欧阳修最早将所见铜器石刻文字编为《集古录》10卷，后赵金城撰成《金石录》30卷，还有薛尚功的《历代钟鼎彝器款识法帖》和王俅的《啸堂集古录》，特别出现了青铜器研究的吕大临《考古图》和宋徽宗时金石文字辑录的集大成作的王黼《宣和博古图》30卷，后两书深为王国维所称道。王国维把宋代金文学论著别分为三类，"与叔考古之图、宣和博古之录，既写其形，复摹其款，此一类也；《啸堂集录》、薛氏《法帖》，但以著文为主，不以图谱为名，此二类也；欧赵金石之目，才甫古器之评，长睿东观之论，彦远广川之跋，虽无关图谱，而颇存名目，此三类也"。其中特别说到后两书："窃谓《考古》《博古》二图，摹写形制，考订名物，用力颇巨，所得亦多。乃至出土之地，藏器之家，苟有所知，无不毕记，后世著录家当奉为准则。"② 金石学到清代学术中复兴，考据学家们纷纷投向金石文字著录、考释中，到现代学术史仍然余音不绝，闻一多亦位列其中，致力于金文著录和考释中。闻一多留存下来的金文研究稿除两篇钟鼎文字考释外，有《三代吉金文存目录》《三代吉金文存目录辩证》《三代吉金文钞》《三代吉金文释》《金文杂释》等。当然，闻一多之研究

---

① 王国维：《宋代之金石学》，载《王国维论学集》，中国社会科学出版社1997年版，第206、204页。

② 王国维：《〈宋代金文著录表〉序》，载《观堂集林》，河北教育出版社2003年版，第146页。

金文，一方面出于研究上古文化的需要，是从文化研究而及于古文字研究，通过古文字研究而进一步探索古代文化的真相和本质，另一方面，他的金文研究主要受清代考据学派以降至近代金石学研究影响，与宋代学术中的金石学没有直接关系，但从更深远的背景看，金石学毕竟为宋代学术所开创，闻一多的金石学当然间接地与宋代金石学有所关联，是他与宋代学术的又一具体的联系。一个人与某一个时代的文化和学术的关系非常复杂，其联系既是多重的，又存在着多种联系方式，更有内容上的自觉或不自觉、有意识或无意识的取舍。直接的联系固然可以清晰地见出时代学术的影响，即使间接联系也不能排除其影响。直接影响可以从具体学术研究中表现出来，而间接影响作为一种学术背景，反可能更为本质。我们从闻一多和宋元明时期学术的关系中可以看到他与该时代学术联系的复杂性。

三、闻一多与清代学术

如果说从先秦到明代学术史之于闻一多的关系因为时代的遥远更主要体现为一种间接的影响关系和学术文化对他的濡染，那么，中国学术史发展到清代，随着与闻一多所在学术时代的贴近和学术自身的自然传承性，闻一多与清代学术的联系就更为密切，受清代学术的影响就更为鲜明。从学术传统继承角度，闻一多之于传统旧学主要承袭了清代乾嘉学派的学术理路，基本属于"汉学"谱系，并以"汉学"为中心形成了与清代学术的密切联系和多种对应关系。

清朝建立了中国最后一个封建王朝，对于清王朝统治者而言，吸收了汉族儒家思想，继续延续着几千年的封建专制制度和封建礼教思想。总体上，清立国后的文化和学术发展可以分作两大方面。一是国家层面的文化和学术工程，特别在康熙至乾隆时代，随着政治的稳定和经济的发展，清王朝有意识地进行了文化建设工程，由朝廷出面规划、组织和实施了一系列大型的文化项目和学术工程建设。如康熙年间编撰了《明史》《康熙字典》《佩文韵府》《古今图书集成》等丛书、类书、工具书，乾隆年间编修了《续通志》《续通典》《续文献通考》《皇朝文献通考》《皇朝通典》《大清会典》等史书会典。特别是乾隆年间《四库全书》的修纂，成为继明《永乐大典》后又一项浩大的官修典籍汇编，其《四库全书总目提要》成为古代学术研究必要的目录学工具书。但《四库全书》的消极意义和它的积极作用一样巨大，固然汇集和保存了中国古代的主要典籍，但同时也以极其恶劣的手段毁灭着中国的典籍和文化，成为清干朝控制和统一文化思想的绝不亚于文字狱的手段，鲁迅就曾经深刻地揭露过《四库全书》的本质。二是民间学术的发展和繁荣，从明代学术的总结如黄宗羲《明儒学案》到新时期学术主潮的形成如"汉学"的复兴和发展，从学术的"经世致用"到脱离现实的考据学研究，从古籍的整理考订到西学东渐后新学的兴起，清代学术研究在近三百年间获得了空前的发展，特别在朴学或说考据学方面空前绝后，成就卓著，达到了中国学术史的高潮。近代后学人纷纷总结清代近三百年学术成就，如王国维、章太炎、刘师培、梁启超等，梁启超的《清代学术概论》和《中国近三百年学术史》、钱穆《中国近三百年学术史》全面展示了这个时期的学术成就，对以乾嘉学派为代表的朴学进行了系统总结。清代学术主潮即为乾嘉学派为代表的考据学研究，之所以兴起除政治原因而外，同时更是中国学术史自身演变的结果。清代学术所面对的学术遗产从正统儒学研究角度按照时代顺序主要有先秦典籍、两汉经学、魏晋玄学、隋唐儒学、宋明理学，所直接面对的理学思潮在明末已经走向衰微，而初起的经世致用之学所反对的即是空谈性理的理学和心学，到乾嘉时期在方法论上反对"宋学"的空疏道学，返回到汉唐时期经学研究的名物训诂的朴学方法。也就是说，清代学术在思想上反对"理学"，方法上反对"宋学"，以复古的学术姿态复归汉唐经学研究的"汉学"方法，既是对前代学术的反抗，又是对更前代学术的继承，是"汉学"和"宋学"正反两方面作用的结果。梁启超在《清代学术概论》中说："'清代思潮'果何物耶？简单言之，则对于宋明理学之一大反动，而以'复古'为其职志者也。其动机及其内容，皆与欧洲之'文艺复兴'绝相类。"[①]即揭示出清代学术反动"理学"，复兴"汉学"的趋势。梁启超在《中国近三百年学术史》中开宗明义地揭示出时代的学术主潮，"这个时代的学术主潮是：厌倦主观的冥想而倾向于客观的观察"。[②] 梁启超在《清代学术概论》中把这种学术主潮下的学术演变分为启蒙期、全盛期、蜕分期、衰落期，启蒙期代表为顾炎武、胡渭、阎若璩；全盛期分吴派和皖派，代表人物为惠栋、戴震、段玉裁、王念孙、王引之，是乾嘉学派的正统派；蜕分期代表人物为康有为、梁启超，承继刘逢禄、龚自珍之今文学；衰落期代表人物为俞樾、孙诒让、章太炎、胡适。王国维则把清代学术分为三个时期，曾经这样概括清代学术变迁和清代学术格局，"我朝三百年间，学术三变：国初一变也，乾嘉一变也，道咸以降一变也。顺康之世，天造草昧，学者多胜国遗老，离丧乱之后，志在经世，故多为致用之学。求之经史，得其本原，一扫明代苟且破碎之习，而实学以兴。雍

---

① 梁启超：《清代学术概论》，东方出版社1996年版，第4页。
② 梁启超：《中国近三百年学术史》，东方出版社1996年版，第1页。

乾以后,纪纲既张,天下大定,士大夫得肆意稽古,不复视为经世之具,而经史小学专门之业兴焉。道咸以降,涂辙稍变,言经者及今文,考史者兼辽、金、元,治地理者逮四裔,务为前人所不为,虽承乾嘉专门之学,然亦逆睹事变,有国初遗老经世之志。故国初之学大,乾嘉之学精,道咸以降之学新。窃于其间得开创者三人焉:曰昆山顾先生,曰休宁戴先生,曰嘉定钱先生"。① 王国维最推崇者为顾炎武、戴震、钱大昕。而刘师培则从古文经学立场把清代汉学分为四期四派,分别为顺、康之间的怀疑派,由思而学;康、雍之间的征实派,好学继以深思;乾、嘉之间的丛坠派,学而不思;嘉、道之际的虚诬派,虚诬派指庄刘今文学派,为思而不学。他以为"四派虽殊,然穷其得失,大抵前二派属于进,后二派则流于退。"② 章太炎在论说清代学术系统时,特标举学力方面的小学、经学、史学、算学、地理学方面成就,分清代学术为汉学与非汉学,论及顾炎武、阎若璩之后以惠栋为代表的苏州学派、以戴震为代表的徽州学派、以汪中为代表的扬州学派、以庄存与为开端的常州学派、以万氏兄弟(万斯同、万斯大)为代表的四明学派,汉学之外尚有体现宋学的江西学风和尊崇理学的桐城派方苞。③ 梁启超、王国维、刘师培、章太炎等从不同角度对清代学术流变和学术格局作了梳理和概括,因为他们亦为清代学术,特别是为乾嘉学派发展的个中人,所以其梳理和概括都较全面而精当。

要而言之,中国学术发展到清代,朴学的兴起既有政治原因,也有学术自身原因,政治和学术的双重影响成就了清代朴学的巨大成就,决定了清代学术的演变规程。

在政治方面,整个清朝,不同时代的政治变革都影响到学术的流向和学者的学术思想价值取向,这表现在不同时代的三个方面,进而形成不同政治背景下的三种学术类型。一是明末清初政治上的改朝换代给予学者们的影响,尤其在精神上不能容忍异族统治,采取了遗世独立的人格态度,在学术上一反宋明理学的空疏而在经史中求实义,追求经世致用,如江藩在《国朝汉学师承记》中谓黄宗羲有言:"尝谓明人讲学,袭《语录》之糟粕,不以《六经》为根柢,束书不读,但从事于游谈。学者必先穷经,经术所以经世,乃不为腐儒。"又论

---

① 王国维:《沈乙庵先生七十寿序》,载《观堂集林》,河北教育出版社2003年版,第574页。
② 刘师培:《近代汉学变迁论》,载章太炎、刘师培:《中国近三百年学术史论》,上海古籍出版社2006年版,第165—167页。
③ 章太炎:《清代学术之系统》,载章太炎、刘师培:《中国近三百年学术史论》,上海古籍出版社2006年版,第29—37页。

顾炎武道:"炎武留心经世之术,游历所至,以二马二驴载书自随。……其所著《天下郡国利病书》聚天下图经、历朝史籍以及小说、笔记、明十三朝《实录》、公移、邸报之类有关于朝政民生者,酌古通今,旁推互证,不为空谈,期于致用。《肇域志》则专论山川要阨,边防战守之事,盖炎武周流西北垂三十年,边塞亭障皆经目击,故能言之了了也。晚年,笃志《六经》,精研深究。……有求文者,告之曰:'文不关于经术政事者,不足为也。'"①《清儒学案》在叙"船山学案"时谓王夫之:"船山生当鼎革,隐居求志四十余年,是以成书最富。平生为学,神契横渠,羽翼朱子,力辟陆、王。于《易》根底最深。反说经,必征诸实,宁凿毋陋,囊括百家,立言胥关于人心世道。在清初诸大儒中,与亭林、梨洲号为鼎足,至晚季始得同祀庙庑,昭定论焉。"② 明末清初鼎足而立的黄宗羲、顾炎武、王夫之在学术思想上共同体现出经世致用特征,如顾炎武的《日知录》、黄宗羲的《明夷待访录》都堪为经世实录。但在清军入关后加强专制统治之下,并没有起到实际的济世作用,无补于现实社会,因为政治变革不以他们意志为转移,其"经世致用"思想只是在学术层面发生了影响,扭转了从程朱理学到陆王心学的空疏学风,在学术中注入了实学内容。二是清王朝政治大定后实行极端专制的文化政策。这种极端专制的文化政策从两个方面展开,一个方面是大兴文字狱,在所谓"康雍乾盛世"时,文字狱达到高潮。如康熙年间轰动天下的"庄廷鑨明史稿案""戴名世《南山集》案",雍正年间有"汪景琪案""查嗣庭案""吕留良文选案",乾隆年间有"沈德潜案"(《咏黑牡丹》中"夺朱非红色,异种也称王")、"王锡侯案"(《字贯》一书以《康熙字典》为一家言,并对帝名没有避讳)、"徐述夔案"(《一柱楼诗集》中有"明朝期振翮,一举去清都""大明天子重相见,且把壶儿搁半边")、"殷宝山案"(《记梦》一文中有"若姓氏,物之红者")、"祝廷诤案"(《续三字经》中有"发披左,衣冠更,难华夏,遍地僧")等一系列文字狱。漆永祥在《乾嘉考据学研究》一书中选择了顺康雍乾四朝一百起文字狱案例进行了统计学意义上的分析,进而论述了文字狱及其禁书政策对清代学术的影响和作用。③ 士子们稍不留神就祸从文出,动辄获咎而送命,尤其是一人得罪,往往株连至亲朋好友老师弟子,被虐杀者成百上千。如此文化恐怖主义政治下,国

---

① 江藩:《黄宗羲传》《顾炎武传》,载《国朝汉学师承记》,中华书局1983年版。
② 徐世昌:《清儒学案》中《船山学案·叙》,转自冯天瑜、邓建华、彭池编:《中国学术流变》下册,华东师范大学出版社2003年版,第626页。
③ 陈其泰、李廷勇:《中国学术通史·清代卷》,人民出版社2004年版,第45—47页。漆永祥:《乾嘉考据学研究》,中国社会科学出版社1998年版,第72—81页。

人都噤若寒蝉,尤其是读书人,如履薄冰,不仅不敢议论朝政,而且读书作文都小心翼翼,深恐犯得天条。第二个方面是销毁违碍书籍文稿,凡有违清王朝的文字,作文者自然下狱虐杀,而有关文稿书籍则一律销毁,亦取抽毁或篡改手段。典型如《四库全书》的编修,以好听的名义征集天下图书文稿,然后进行严密审查,合乎清统治的收入,不合者销毁或抽毁或篡改,所以《四库全书》的编修同时也是文化毁灭的工程。这两个方面是为乾嘉时期考据学繁盛的政治原因,如龚自珍所咏"避席畏闻文字狱"。所以,清初的经世致用学风一变而为古籍考据,取消了学中的思想,只留下了纯粹技术性的学术操作和冷冰冰的考据学成果,学而不思,有学无思。当学者不能自由地思想和不能自由地表达思想时,而作为学者还要继续进行学术研究,他们会研究什么、会怎样研究呢?只能研究那些远离现实、远离政治、远离社会的古籍,在研究中没有自我、没有冲动、没有关怀,作文做到完全的客观、冷静、理智,这样自然安全得多。如梁启超所说:"凡当主权者喜欢干涉人民思想的时代,学者的聪明才力,只有全部用去注释古典。欧洲罗马教皇权力最盛时,就是这种现象。我国雍、乾间也是一个例证。记得某家笔记说:'内廷唱戏,无论何种剧本都会触犯忌讳,只得专搬演些'封神''西游'之类,和现在社会情状丝毫无关,不至闹乱子。'雍、乾学者专务注释古典,也许是被这种环境所构成。"① 第三种政治对学术的影响是王国维所谓"道咸以降",清王朝由盛而衰,民生凋敝,西方列强大举入侵,政治危机、社会危机、民族危机随着鸦片战争的爆发而总爆发出来。在此危机下,如果学者们仍然钻在故纸堆里进行远离现实的训诂考证,那就说明他们太没有心肝和良知了。新一代学者崛起必有别于旧时代学者,一时代有一时代之学术,是因为一时代有一时代之政治,一时代之政治现实必产生一时代之学者,一时代之学者以其切合时代的学术承担振兴国家的责任。王国维有言:"国家与学术为存亡,天而未厌中国也,必不亡其学术;天不欲亡中国之学术,则于学术所寄之人必因而笃之。世变愈亟,则所以笃之者愈至。"② 那么,此后中国"学术所寄之人"则为魏源、龚自珍、康有为、梁启超等以学术变革中国、以学术求中国富强的"笃之者",他们虽然承继考据学,但已经与之大异其趣。面对清政治的腐败恶劣和现实的腐坏恶浊,乾嘉时期考据学派在后期已经开始转变,学术领域有所扩展,由原先的尽力避开史学研究而专治经学和子学考据

---

① 梁启超:《中国近三百年学术史》,东方出版社1996年版,第26页。
② 王国维:《沈乙庵先生七十寿序》,载《观堂集林》,河北教育出版社2003年版,第575页。

学增加了史学评论的理论内容,如钱大昕、王鸣盛、赵翼的史学研究,特别是赵翼的《廿二史札记》以经世为旨趣,探索历史的治乱兴衰,表现了作者的史识,意味着考据学的转变。不仅学术领域由经学扩展到史学,而且经学本身的观念也在发生新变,如乾嘉时期另一个重要的学派即以黄宗羲、万斯同开创的浙东学派中代表人物章学诚(实斋)著《文史通义》,探索历史演变规律和史学要律,提倡实学并有力地针砭考据学的弊端,特别提出"六经皆史"说,把经典的"经"读如历史,其实也动摇了"六经"的正统地位。既然"六经借史",当然可以从史学角度研究经学。而鸦片战争后,政治和文化的封闭被打破,西学开始冲击古老的中国文化,睁开眼睛看西方已经是大势所趋。这样,在新的政治形势和文化发展要求下,新一代学者一求以学术经世而变革政治,二求引进西学以使国家富强,所以认考据学为无用之学,而倾向西学,转治今文经学。开启新学风的是魏源和龚自珍,"夫晚清学术界之风气,倡经世以谋富强,讲掌故以明国是,崇今文以谈变法,究舆地以筹边防"。"谓晚清学术,实启于龚、魏。"① 从魏源《海国图志》到严复译《天演论》,从龚自珍今文学研究到康有为"托古改制",旧学新变和新学勃兴并举而成近代变化了的学术思潮。我们看,清代近三百年历史,政治三变,变出三种学术类型,清初的经世之学、乾嘉时期的考据学和晚清的为救国而复归经世学。政治和学术始终密切地扭结在一起,政治或以其剧烈的变动或以其强大的权力深刻地影响着学术的发展,而学术固然可以反作用于政治,但现实的影响并不显著,倒可以发生深远的历史影响。在这种政治与学术的关系中,我们可以感知到不同政治时代学者们的思想和精神,或以学术直面现实,或以学术逃避政治,或以学术振兴国家。

我们说闻一多与清代学术存在比其他时代学术更为密切的关系,不仅仅指他承继了乾嘉学派的研究理路和研究方法,同时可以看到他的学术研究历程与清代学术发展历程的对应性和在这种对应性里所有的与清代学者同样的精神境遇,即学术与政治的纠葛给予他的影响和在此影响下的学术研究取向,有着与清代学者学术特征的相近性。一方面,闻一多既然进入乾嘉考据学影响之下的学术研究,必然了解清代学术发展的演变规律和特征,并接受其影响;另一方面,他的精神发展历程和精神发展表现在学术研究上的特征在客观上呈现出清代学术演变的特征。所以,我们可以通过清代学术政治变革和学术演变的规律

---

① 齐思和:《魏源思想研究》,载冯天瑜、邓建华、彭池编:《中国学术流变》下册,华东师范大学出版社2003年版,第641页。

观照闻一多的学术选择和学术发展，从中可以看见他与清代不同时代学者相似的精神特征，或说清代政治影响下的学术演变在闻一多的学术研究中有具体而微的表现。闻一多之于学术研究实际上有三种类型的转变：一是从诗歌创作转向学术研究；二是从诗学和文化学的研究转向考据学研究；三是从考据学研究转向具有鲜明时代特色的综合性研究。几次转向呈"之"形的曲折轨迹，正如同清代学术的演变轨迹。当他作为诗人时，同时进行着学术性活动，如在美国留学时期一方面在诗歌中表现中国文化的学术性内容，另一方面醉心于对中国古典诗歌的研读，这两个方面一直延续到回国以后的诗歌创作和学术活动中。这个时候闻一多的学术心态应该说具有鲜明的现实情怀和文化理想色彩，他是在两种对比中感受着文化和学术，一是在美国时中国文化和西方文化的对比，二是回国后文化理想和现实社会的对比。在前一种对比里，闻一多在极度思家念国的情感里，把自我对祖国的思念寄托到中国古代文化和学术中，同时因为国家落后而在美国饱尝种族歧视的屈辱，是将自我情怀寄托于自以为"美的""韵雅的"中国文化中，以抵抗西方的文化霸权，寻求自我文化心理的平衡；在后一种对比里，闻一多失望于国家的既不独立又不统一，失望于社会的黑暗腐败如"一沟绝望的死水"，在愤激中在诗歌和学术性文章中高扬深厚久远的民族文化，以文化理想为标准批判现实政治，表现出相当的现实战斗情怀。这两种对比中产生的学术化的诗歌和包含现实情怀的学术活动，表现出闻一多作为诗人型学者的一面，饱含激情，带着火气，指斥现实，学以致用。这就带有清初顾炎武、黄宗羲等学术的经世特征。事实上，闻一多留学美国时的文化心理感受和明末遗民型学者的文化心理感受确有同气相求之处，顾炎武、黄宗羲等是在失掉了故国后带着对新朝的反抗意识而在学术中力倡实学以拯救世道人心，而闻一多是在远离了祖国后带着对西方文化的反抗意识而提倡"文化上的爱国主义"以唤醒同胞拯救国家，时代不同，内容各异，但他们的文化心理感受在本质上是相同的。闻一多的这种顾炎武和黄宗羲式的学术情怀并没有维持多久，几年后随着学院教职的稳定和学术研究的职业化，闻一多进入到古籍考据学研究领域并深陷其中而长期不可自拔。他之所以从本来应该以诗人情怀进行的学术研究转到纯粹技术性的学术操作，主要取决于三方面因素，一是当时学院学术语境的影响，学院派最看重的是考据学研究，因为唯有懂得考据学才算有真学问，因此唯有懂得考据学才能够在学院立足；二是乾嘉学派遗风所及，不仅闻一多受到影响，而且当时学界均受到乾嘉学派的朴学研究的影响或推崇此研究，所以反对"宋学"而"汉学"大兴；三是时代政治和社会现实的影响，军阀混战中国民党和共产党从合作北伐到分道扬镳，帝国主义在中国耀武扬威，国难当头而各政治党派纷争不断，闻一多均亲历了这一系列政治事变，从"五卅"到"三一八"惨案，从北伐到"四一二"政变，进入二十世纪三十年代，一方面是国民党政府不下于清王朝康雍乾时代的极端政治专制和文化上的恐怖政策（同样的查禁图书、封闭书店、虐杀作家等），另一方面是战争的持续不断，正义的和非正义的战争同时在发生和进行着，造成了民生困苦和社会的极度混乱，与此同时，日本帝国主义虎视眈眈，不断入侵中国，所以闻一多曾经感叹道："秩序不在我的能力之内！"那么，一直在寻求社会秩序和文化理想的闻一多，他有能力厘定的秩序在哪里呢？不在政治，不在社会，不在现实人生，而在几千年前的古籍里！于是，闻一多一头扎进古籍中，在古籍的考据学整理中厘定过去了的文化秩序。清代考据学兴起与政治相关，是清王朝极端专制的政治统治和残酷的文化政策迫使学者们远离现实问题而进入古籍考据中，闻一多以及与他类似的现代学者在进行考据学研究时有着和清代中期学者相同的社会政治境遇和精神感受，同样是在政治专制和混乱现实中逃避到古籍中以维持自我的文化心理平衡。正如乾嘉时期及其后的考据学研究虽然无补于现实，但获得了文化和学术上的巨大成就，而闻一多的学术研究与现实同样没有多大关系，虽然没有发挥出作为诗人的情感激发作用，但也以他不懈的努力获得了相当的学术成就。考据学成就了一个现代学者，但考据学也消磨了一个现代诗人的诗情诗意。当闻一多把自己全部的生命投入古代典籍的整理，在古籍文字的校勘、词义的训诂、史料的考订等一系列考据学研究过程中，他实际忘记了自己诗人的精神层面，也漠然于外在的社会现实层面，沉潜于故纸堆中心灵得以宁静平和，不无自得其乐的感受。这成为他安身立命之所，正如几百年甚至几千年中国古代学者们的生活方式，全部的生命都消耗在浩如烟海的古籍中。自秦始皇"焚书坑儒"建立大一统的封建专制制度和汉武帝"罢黜百家、独尊儒术"后，政治的集权和文化的专制生成了中国文化中的学术生态传统，儒家思想的道统成为唯一合法的意识形态，经学研究成为唯一正统的学术范围，经典注疏成为唯一正式的学术研究模式。没有思想的自由，所以不能自由地思想；没有独立的学术，所以缺乏独立的创造。随着封建专制制度的逐渐成熟，文化发展和学术研究愈益受到政治制度的控制，所以，学术研究几千年来基本在经典注疏中打转而没有思想的进步和缺乏学术的创新。到清王朝，这种学术倾向推进到极致。乾嘉学派在学术上固然成就卓越，但在文化思想上了无创见，因为政治不允许他们有文化思想的创见，所以仍然如传统学术史一样只能在经典考据中有所作为。而流风所及，到中国现代学术史上，如闻一多一样的大量学者继续沉浸于古籍考据中，是中国文化学术生态传统的回光返照。或许，如果闻一多没有把更多精力消耗于考据学上，在文化思想上会有更突出的贡献，亦未可知。同理，如果清代近三百年的学者特别乾嘉时期学术研究能够在古籍考据基础上扩展和提升到文化思想的创造上，王国维、梁启超、章太炎、刘师培和钱穆等的学术史当是另外一种写法，特别是，中国文化和学术当为另外一种形态。而客观的学术史事实是，乾嘉考据学已经成为中国学术史的一大内容环节，尤其继续笼罩了中国现代学术的基本形态。闻一多的学术研究与乾嘉考据学形态相承接，堪为从乾嘉考据学到中国现代学术的典型。清代学术在乾嘉考据学后随着时局的变化发生着变异，闻一多的学术研究历程也呈现出变化的趋势。乾嘉考据学在道光以后难以为继，特别在鸦片战争后，完全的经典考据和资本主义的西方文化一接触即可感知其落后浅陋，中国从鸦片战争后的一系列失败并不完全失败在物质文化层面，其实也失败在完全脱离现实的乾嘉考据学的学术文化。一个没有思想的民族是不可能屹立于世界强国之林的，一种脱离实际社会人生的学术是不可能与世界对话并推动社会进步的。从龚自珍、魏源到康有为、梁启超开始并推动了中国学术的变革，学术要经世，文化要发展，政治要变革，历经半个世纪，终于推进到新文化运动。如果从闻一多学术历程和清代学术相对应的角度看，闻一多后期的学术转变有类于道咸后乾嘉学派的转变，他亦从考据学藩篱中走出，走向学术的现实情怀和学术现实情怀下的思想批判和社会斗争，致力于社会的变革和政治新生运动。这从他二十世纪四十年代的屈原研究、思想杂文和参加民主斗争中可以鲜明地看出这种转变的趋势和特征。正如鸦片战争是为中国历史的转折，为学术理路的转变，现代史上抗日战争的爆发成为中国历史又一次转折，而于闻一多来说，全面抗战的爆发和当局的政治专制及腐败成为他学术转变的现实动因。尽管抗战初期闻一多一如既往在古籍考据中游弋，但在研究内容上已经开始和抗战的现实相对接，通过神话学的研究探寻民族文化的源头和中华民族文化中所蕴藏的原始生命力，以此激发全民抗战的文化自信和抗战热力。其实，在经过古代文化的充分研究和抗战爆发后对中国社会现实的充分接触（特别如从长沙到昆明的三千里"长征"），在学术和现实的双重作用下，闻一多已经充分地认识到：故纸堆不能挽救民族危亡！古籍考据学研究既击退不了日本帝国主义的侵略，又不能阻止政治当局的专制和腐败，相反，中国的故纸堆既可能消磨掉现实的斗志和战斗力，更为虎作伥、为政治统治者提供着专制的理论基础。所以，闻一多起而战斗，既和自己学术研究的对象进行思想的斗争，又和中国传统文化发展出来的专制制度进行现实的战斗。思想批判体现了闻一多作为中国传统文化"杀蠹的芸香"的思想家特征，现实斗争体现为政治民主斗士的追求。中国学术史特别是清代学术史给予闻一多的历史启示在他生命的最后阶段发挥出实际的效应。这是闻一多作为一名中国现代学者，有类于龚自珍、魏源之后中国近代学者的精神，但本质上体现了一个中国现代知识分子的精神特征，当然超越了乾嘉以后学者的思想取向。

政治影响学术，清王朝由盛而衰的政治演变历程影响了清代近三百年的学术发展，从清初明亡后一代学者的"经世致用"学术到清王朝鼎盛时专制高压产物的乾嘉考据学，一直到晚清国势衰败后立足于富国强兵的实用学术、以今文经学进行政治变革和引进西学的学术，都在相当程度上为政治影响的结果。与此相应，闻一多之于清代学术的关系，亦在政治与学术关系层面上见出他与清代学术演变的对应联系。而从学术自身看，闻一多基本上还是在乾嘉考据学的影响下展开自己的学术研究，而乾嘉考据学的兴盛不仅仅因为政治影响造成，更是学术自身演变的结果，那么，闻一多归依于考据学的研究同样是乾嘉学术本身的影响和他学术研究历程自身演变的结果。

中国文化和学术演变从先秦元典文化创造开始，学术研究同时也就开始了，从先秦后经过两汉经学、魏晋玄学、隋唐佛学、宋明理学发展到清代汉学，虽然每个时代有每个时代的学术主潮，但在学术内容上自有其主线索和学术方法论的发展轨迹和演变规律。从文化和学术主线索看，中国几千年一直延续着封建专制制度，与专制制度相配合的文化思想理论是儒家思想，尽管各时代有别样的文化和学术并在如唐代形成过典型的多元化文化和学术格局，但从汉代以后一直贯穿着儒家思想和对儒家思想进行注疏阐释的儒学理论和经学研究。两汉经学奠定经学研究基础，魏晋玄学也并没有离开经学，隋唐时期虽然被视为佛学时代，但恰恰是在隋唐时确立了科举考试的经学内容，而且唐代更把经学研究推向新阶段，宋明理学重在阐发经学中义理而开创了经学研究的"宋学"方法论，到清代以乾嘉学派为代表的朴学研究更把经学研究推向考据学的高峰。在整个中国古代学术史上，虽然在佛学、道学（包括道家思想和道教）研究上可以和儒家经学研究鼎足而立，但并不可能取代儒家思想和经学研究的正统地位，而且佛学和道学往往多包含了儒学的内容。在具体学术文化部类里，经学研究始终高居于子学、史学、文学研究之上，而且子学研究中最为突出的是儒家诸子学，史学研究基本在儒家正统思想支配下的正史范围里，文学研究为中国传统中的"集部"，同样是体现"诗言志"和"文以载道"的儒家正统思想的诗文研究最为突出。儒家思想范畴的经学研究既高居于中国古代学术史各门学术之上，更稳居中国古代学术史中心地位，历代学者治学就基本选择经学典籍进行整理、注疏、阐释，学术史上学派的形成、学术理念的分歧、学术方法论的演变，基本上都是围绕着经学研究而形成、而产生分歧、而进行演变。总体看，两汉奠定经学研究基础后，在从两汉到清的漫长历程中，基本上有两个层面的学术分歧和学术演变，一个层面是经学"古文经学"和"今文经学"的分歧，一个层面是"汉学"和"宋学"的分歧，前者涉及研究对象和儒学价值取向，后者属于学术理念和研究方法论。清代学术以"汉学"为主，在"汉学"研究中"古文经学"和"今文经学"基本并存，呈现为从乾嘉时期以"古文经学"为主到道咸后兴起"今文经学"的学术演变态势，为两汉经学从西汉今文经学到东汉古文经学兴起在清一代的循环复现。而乾嘉学派的"汉学"思潮作为复古运动所复兴的是两汉到隋唐的经学疏解传统，而所反对的是宋明理学思潮中经学义理阐释的"宋学"传统。学术演变有自身内在的规律，当一种倾向发展到极端时，必然会有相反的倾向予以矫正，所谓"物之极必反"的事物运动规律也体现在学术史演变上面。学术研究在学术理路和学术方法论上基本有两种范型，一种为以具体归纳方法进行史料考订和汇集的学术范型，一种为以抽象演绎方法追求形而上理论的学术范型。前者讲求实事求是，有一份证据说一份话，资料充分，考订精当，但也可能失之烦琐；后者大而化之，阐发对象中所包含的义理和思想，不仅限于具体材料，但又可能失之空泛。前者即"汉学"，后者为"宋学"。"汉学"起于两汉经学研究中的名物训诂、典章考证方法，为唐代经学所继承；而"宋学"立于宋代程氏兄弟和朱熹，所成程朱理学以及明代陆王心学，一反汉唐时学者在经学研究中的训诂考据，而重在阐发儒家经典中所蕴含的"理""气""心""性"之道。"汉学"和"宋学"各有侧重，又各有利弊，即如刘师培所言，"是则古人析理必比较分析，辨章明晰，使有绳墨之可循，未尝舍事而言理，亦未尝舍理而言物也。故推十合一谓之士，不易之术谓之儒。汉儒继兴，恪守家法，解释群经，然治学之方，必求之事类以解其纷，立为条例以标其臬，或钩玄提要以立其纲，或远绍旁搜以觇其信，故同条共贯，切墨中绳，犹得周末子书遗意。及宋儒说经，侈言义理，求之高远精微之地，又缘词生训，鲜正名辨物之功，故创一说或先后互歧，立一言以游移无主。由是言之，上古之时学，必有律，汉人循律而治经，宋人舍律而论学，此则汉、宋学得失之大纲也"。① 从两汉经学注疏到唐代经学疏证，同为"汉学"方法，其间经过了魏晋玄学；从唐代经学研究的"汉学"到乾嘉考据学，其间经过了宋明理学。也就是说，从总体的中国学术演变看，"汉学"与

---

① 刘师培：《汉宋学术异同论》，载章太炎、刘师培：《中国近二百年学术史论》，上海古籍出版社2006年版，第174页。

"宋学"交替出现（魏晋玄学在学术方法论上近似"宋学"），那么到明末清初，学界直接面对的是宋明理学传统和学术方法论上的"宋学"研究范型。一方面，清代学术特别是乾嘉学派复兴"汉学"本就是学术演变的自我调节，是建立在反动"宋学"空疏学风基础上而要回归到实事求是的学风上来，所以，乾嘉考据学的兴盛不仅仅是时代政治影响的结果，更是学术自身演变的结果；另一方面，清代学术对中国学术史学术范型的继承既逆向复兴汉唐经学的朴学研究方法而标举"汉学"，又顺向承接宋明时期所形成的"宋学"学术传统，形成了清一代学术中"汉学"和"宋学"并存的格局，而不仅仅为"汉学"一端；同时"汉学"与"宋学"在清代亦呈现为复杂的关系，有以"汉学"反"宋学"者，也有以"宋学"反"汉学"者，亦有调和"汉学"和"宋学"者，如江藩作《国朝汉学师承记》梳理和大力弘扬乾嘉朴学成就，又作《国朝宋学渊源记》论述"宋学"源流和成就，而方东树则作《汉学商兑》标举"宋学"大旗，在"宋学"立场反对"汉学"，陈澧作《东塾读书记》欲调和"汉学"和"宋学"。刘师培在《汉宋学术异同论》中在分析各自长短时指出："近世以来，治汉学者皆斥宋儒为空疏（江正堂曰：濂洛关闽之学不究礼乐之原，独标性命之旨。焦理堂曰：宋儒言心言理如风如影。钱竹汀曰：训诂之外别有义理，非吾儒之学也。然近世汉学诸儒解经多有条例，如戴东原之类是也，咸合于汉人之学派），而争宋学者复推崇宋儒，以为接正传于孔、孟，即有调停汉、宋者，亦不过牵合汉、宋，比附补苴，以证郑、朱学派之同（如陈兰甫、黄式三之流是也。崇郑学而并崇朱学，唯不能察其异同之所在，惟取其语句之相同者为定，未必尽然也。若阮芸台《儒林外传》则分汉、宋为两派）。夫汉儒经说虽有师承，然胶于言词，立说或流于执一。宋儒著书虽多臆说，然恒体验于身心，或出入老释之书（如张、朱、二程皆从佛学入门），故心得之说亦间高出于汉儒（宋儒多有思想，穿凿之失，武断之弊，虽数见不鲜，然心得之说亦属甚多），是在学者之深思自得耳。"① 刘师培治学基本属于"汉学"系统，但他所论"汉学"和"宋学"之长短颇客观公允。据各家学术史研究所论，清一代学术经过了清初期不分门户的"汉学""宋学"兼采之学，乾嘉时期从"宋学"到"汉学"而专治"汉学"，道咸以降"汉学"中从古文经学到今文经学（庄存与、

---

① 刘师培：《汉宋学术异同论》，载章太炎、刘师培：《中国近三百年学术史论》，上海古籍出版社2006年版，第175页。

刘逢禄、龚自珍、廖平、康有为）的发展演变过程。① 这样，乾嘉学派之发生是"宋学"和"汉学"从两个相反方向发生作用的结果，有着学术自身演变的规律。而从古文经学到今文经学的发展又是时局变动影响的结果，是要在今文经学中寻求变革现实的文化学术资源。当然，学术史上为人所称道，在学术研究上成就最高，对后世包括对闻一多影响最大的是乾嘉时期的考据学研究，也就是"汉学"研究特别是"汉学"中的古文经学研究，又称之为"朴学"研究。乾嘉学派影响最大的是以惠栋为首的吴派，以戴震为首的皖派和以王念孙、王引之、汪中、焦循、阮元为主的扬州学派，此外还有浙东学派和常州学派。这些学派和各派学者不仅在经学（包括经学研究中的文章学、训诂学、音韵学等"小学"）方面，而且在史学、子学、文学、典章制度学、哲学、地理学、方志学、天文学、历算学等多个领域都取得了成就，涉及考据学范畴的版本学、目录学、校勘学、辑佚学、辨伪学、注疏学等领域。他们往往遵循"汉学"治经方法，从经书音韵训诂入手，先精通经义，再考证名物，然后论析典章制度，在此基础上旁及经学以外学术门类。所以以音韵训诂治经和对经书进行校释，是乾嘉学派的基本功夫、基础学问和治学门径。如吴派大师惠栋说："汉人通经有家法，故有五经师训诂之学……五经出于屋壁，多古字古言，非经师不能辨。经之义出乎训，识字审音，乃知其义。是故古训不可改也，经师不可废也。"②皖派大师戴震说："求其一经，启而读之，茫茫然无学。寻思之久，计之于心曰：经之至者，道也；所以明道者，词也；所以成词者，字也；由字以通其词，由词以通其道，……凡经之难明，右若干事，儒者不宜忽置不讲。仆欲究其本，始为之，又十年，渐于经有所会通，然后知圣人之道，如悬绳树执，毫厘不可有差。"③ 扬州学派的阮元亦说："窃谓士人读书当从经学始，经学当从注疏始。空疏之士，高明之徒读注疏不及终卷而思卧者，是不能潜心研索，终身不知有圣贤诸儒经传之学矣。"④ 这种作为治学门径和治学根本的"汉学"学术思想，正是中国文化中儒家思想为正统和中国学术史上经学研究为本位的反映，所谓"汉学"和"宋学"之分，"古文经学"和"今文经学"之别，只是学术理念、

---

① 皮锡瑞《经学历史》、梁启超《清代学术概论》和《中国近三百年学术史》、周予同《经今古文学》等论清代学术演变都大体以为经过了从宋学到汉学、从古文经学到今文经学的发展演变过程。
② 惠栋：《九经古义》，戴震：《与是仲明论学书》，转引自陈其泰、李廷勇：《中国学术通史·清代卷》，人民出版社2004年版，第193、196页。
③ 惠栋：《九经古义》，戴震：《与是仲明论学书》，转引自陈其泰、李廷勇：《中国学术通史·清代卷》，人民出版社2004年版，第193、196页。
④ 转引自漆永祥：《乾嘉考据学研究》，中国社会科学出版社1998年版，第100页。

学术方法、学术功能、文本依据等方面的分别，而从根本上都共同遵循儒家思想规范和维护经学本体地位。

经学本体地位的动摇是在辛亥革命后，被彻底摧毁是在新文化运动中。但无论辛亥革命还是新文化运动，所否定的是作为意识形态的儒家思想和礼教化了的儒家伦理道德，对于从汉儒到乾嘉学派在学术上的经学成果，特别是经学研究所生发的一整套经典注疏学和经典考据学方法，现代学术界并不否定，而是在继承中推崇备至，在具体研究中步其后尘，继续着"整理国故"的工作。闻一多正是在这样的学术氛围中进入学术研究，无论研究对象的选择，还是研究方法论，都受到经学研究和特别是乾嘉学派典籍考据学的影响。如果说在政治和学术关系层面上，闻一多和清代学术在政治变化中的学术演变主要体现为学术精神上的对应性，那么在具体学术研究上，闻一多与清代学术的关系就体现得更为直接和鲜明了。

闻一多在1928年后开始学术研究时，最初的学术路径可以归为"宋学"范畴，尚未进入考据学研究而重点在于阐发古籍经典的"义理"。无论是作家论如《杜甫》，还是作品论如《诗经的性欲观》，包括综论庄子及其文本的《庄子》一文，闻一多虽然也遵循"论从史出"的原则，通过具体的文本材料得出结论，但他的主观意图并不在史料本身，而且也不对史料进行考据学的研究，文本资料的引用主要用来证明自己观点，阐发对象所蕴涵思想。即使属于经学典籍的《诗经》，闻一多研究其中所表现的"性欲观"，把《诗经》中表现性欲的方式分为五种（名言性交、隐喻性交、暗示性交、联想性交、象征性交）进行申说①，与传统经学研究比较，确实"离经畔道"，闻一多自己都说："'离经畔道'到了这步田地，恐怕要算至矣，尽矣，蔑有加矣！"这大概为传统道学家和经学家无论如何都不能接受，在学术上属于典型的"宋学"方法中的"臆说"。但不久，闻一多的学术路径就发生了转变，转向了研究对象的史料考订中，如从杜甫文学传记的撰写转到对杜甫生平史料的考据中。这也意味着闻一多的学术研究方法论从阐发"义理"转向"朴学"，而愈往后，闻一多与乾嘉考据学愈靠近，二十世纪三十年代后特别是在1932年任教清华大学后，基本上以"朴学"方法治学而成为现代学术史上的典型考据家型学者。

闻一多从诗歌创作转向学术研究，在学术研究中是从诗歌进入学术，以《诗经》和唐诗为自己的学术研究对象。从诗歌到学术，在学术中应该研究古代

---

① 闻一多：《诗经的性欲观》，载《闻一多全集》第3卷，湖北人民出版社1994年版，第169页。

诗歌之为诗的美、价值、意义等，但闻一多以"朴学"方法研究古代诗歌。典型的是在《诗经》研究上，闻一多事实上是以"经学"而进入诗学，以"汉学"的朴学、考据学方法从传统"经学"的角度研究《诗经》，可以见出乾嘉学派对他的鲜明影响。所谓"经学"的角度和"汉学""朴学"的方法，就是如上引惠栋、戴震、阮元之说，以汉儒的音韵、训诂、注疏之学先通经义，在此基础上再明经道。闻一多之研究《诗经》当然不是为了"明道"，而是为了感受诗情、探索诗意。他当然首先是把《诗经》看作"诗"而不是看作"经"，但在研究中却确立了要"明诗"则先"通经"的原则。闻一多曾经提到，《诗经》有经学的、历史的和文学的三种读法，① 这是指旧的读法。闻一多后来读《诗经》有多种读法，但他没有排除"经学"的读法，通过经学的读法以历史的态度回到"诗经"时代，还以本来的面目。季镇淮就指出："就《诗经》说，他首先不是读诗，而是读'经'。""闻先生读《诗经》，仍是从读'经'开始，以读懂他为目的。"② 要读懂，就得从经义训释开始。于是，闻一多就先从"经学"角度"通义"，进行词类分析和词义训诂，《诗经通义》（甲乙）和《诗经词类》即是他从经学角度和以汉学方法研究《诗经》的成果。他原本就计划编《毛诗词典》，"将《诗经》拆散，编成一部字典，注明每字的古音古义古形体，说明其字的来由，在某句中作何解，及其 parts of speech（古形体便是甲骨文，钟鼎文，小篆等形体）"③。这种方法正是惠栋所说"经之义出乎训，识字审音，乃知其义"的汉学方法，这成为闻一多研究《诗经》的基本方法。推而广之，在其他对象研究上如《楚辞》研究仍然不失"经学通义"方法。这种方法既为

---

① 闻一多：《风诗类钞》（甲）序例提纲，载《闻一多全集》第4卷，湖北人民出版社1994年版，第456页。

② 季镇淮：《闻一多先生与中国传统文学研究》，载《闻一多研究四十年》，清华大学出版社1988年版，第144页。季镇淮在该文中引用了闻一多发表于1935年9月5日天津《益世报》上的《卷耳》一文（此文为《闻一多全集》所未收），闻一多在《卷耳》文中即说明自己读《诗经》时在"诗"与"经"之间的矛盾："我个人读《诗经》的动机也未尝不是要在那里边多懂点诗。我读诗的经验也告诉过我，这条路还够我走的。但是无奈在这件事上我的意志不大坚定。我一壁想多多（原文如此，当为'多读'）《诗经》中的诗，使它名实相符；一壁有常常担心把《诗经》解得太像我们的诗了。一个人会不会有时让自己过度的热心，将《诗经》以外，《诗经》以后的诗给我们私运进《诗经》里去了，连自己还不知道呢？我的信心之动摇，惶怵之发生，是从读《卷耳》开始的。这就是说，读《诗经》要有历史的态度，还以本来的面目。"可见闻一多是由"经"入"诗"，以"经学"方法来解"诗"。又，季镇淮文中谓王念孙、王引之为"皖派"，准确说他们属于扬州学派。

③ 闻 多：《闻一多1933年9月29日致饶孟侃》，载《闻一多全集》第12卷，湖北人民出版社1994年版，第265页。

汉学传统，更是乾嘉学派经籍解诂的特色。闻一多的学术研究中，相当大的比重是在古籍文字的校正、词义的诠释、史料的考订和辑佚辨伪方面，从他的研究更近于惠栋和戴震的研究路径看，他是受到了乾嘉学派鼎盛时期吴派和皖派的影响，惠栋的长于考证和重视辨伪，戴震的重文字、音韵、训诂，都为闻一多古籍研究的着重点。惠、戴而外，值得特别提说的是扬州学派对闻一多的影响。虽然扬州学派与吴派之"专"、皖派之"精"的特点比较，更重人事，但尤其走向了"通"①，其重人事对闻一多影响并不显著，但其学术上的圆通广大对于闻一多的研究作用不小，影响主要体现在学术研究过程中工具性资料的运用。首先是阮元所编纂的《经籍籑诂》和校勘的《十三经注疏》，嘉惠到闻一多，使他不仅用为研究过程中的必要工具书，而且从中领略到朴学的基本方法论，无形中影响到他的研究取向。其次，闻一多最推崇的高邮王念孙、王引之父子即为扬州学派中坚，父子二人所作《广雅疏证》《经义述闻》和《经传释词》勘为经籍训诂的经典作，是闻一多学术研究过程中的案头必备之书。季镇淮作为闻一多弟子就明确说过："他崇拜皖派高邮二王（念孙、引之）；以他们的著作为经典，置之案头，随时考查阅读。"② 如果说惠栋、戴震等主要影响到闻一多的学术理念、学术方法和学术路径，使他基本转向朴学研究，那么阮元、王氏父子则主要影响到他具体的研究内容，以阮、王的经籍资料为自己的基本参考而展开经义考释。当然闻一多的研究不完全局限于经学典籍，他重点研究过的经学典籍也就是《诗经》和《周易》，但他在其他古籍研究领域实际仍然运用经学角度的词义训释方法，季镇淮就进一步指出，闻一多读其他古籍也都

---

① 曹聚仁在《中国学术史随笔》中提到新中国研究国学如钱穆一样博通的学者，举出冯友兰、冯沅君、陆侃如、顾颉刚诸人后，特别推崇张舜徽，回忆起张舜徽参加主讲过的"中国近三百年学术史"，即谈到乾嘉学派各派的特征，说："余尝考论清代学术，因为吴学最专，皖学最精，扬州之学最通。无吴皖之专精，则清学不能盛，无扬州之通学，则清学不能大。然吴学专宗汉学遗说，摒弃其他不足数，其失也固。皖学实事求是，视夫固泥者有间矣；而但致详于名物度数，不及称举大义，其失也褊。扬州诸儒，承二派以起，始由专精汇为通学，中正无弊，最为近之。夫专学之易，为通学则难。"（曹聚仁：《中国学术史随笔》，生活·读书·新知三联书店1986年版，第287页。）而陈其泰、李廷勇在《中国学术通史·清代卷》中亦说："吴派以复汉人训诂为宗旨而形成了专门汉学，其长在于专；皖派则倡以训诂以明义理，其长在精；扬州则倡面向人事，其长在通。其中，扬州学派富于创新，学术思想亦特别活跃，且多不存门户之见，被认为具有'圆通广大'的气象。"这是袭用了张舜徽观点而论说的。（陈其泰、李廷勇：《中国学术通史·清代卷》，人民出版社2004年版，第203页。）

② 季镇淮：《闻一多先生与中国传统文学研究》，载《闻一多研究四十年》，清华大学出版社1988年版，第145页。

用朴学方法,"《乐府诗笺》也证明了首先仍是读经的方法读汉乐府诗"。

学术路径一旦形成,就限定了他的学术道路;特定的学术方法一旦掌握,自然可以运用到所有研究领域。闻一多在乾嘉学派和当时学术语境影响下,长期把自己的研究限定在古籍考据学研究范围,遵循"汉学"家法,以朴学方法整理和诠释古籍。这是一套具有可操作性的、有迹可循的、程序完整的古籍整理方法体系,如梁启超在《清代学术概论》中所总结的正统乾嘉学派的特色:"一、凡立一义,必凭证据。无证据而以臆度者,在所必摈。二、选择证据,以古为尚。……三、孤证不为定说。……四、隐匿证据或曲解证据,皆认为不德。五、最喜罗列事项之同类者,为比较的研究,而求得其公则。六、凡采用旧说,必明引之,剿说认为大不德。七、所见不合,则相辨诘,虽弟子驳难本师,亦所不避,受之者从不以为忤。八、辨诘以本问题为范围,词旨务笃实敦厚。……九、喜专治一业,为'窄而深'的研究。十、文体贵朴实简洁,最忌'言有枝叶'。"① 如果我们把闻一多的学术和梁启超所归纳之乾嘉学派学术特色相对照,可以发现,闻一多的学术基本上符合梁启超所说,也就是说,他的研究基本符合乾嘉学派的正统研究路径要求。我们看闻一多面对一种古籍时,进入研究后的操作程序基本上是:辨别真伪——辑录佚文——考订版本——校正文字——诠释词义——阐发章句——作家生平考据——作品背景说明。中国传统中的辨伪学、辑佚学、版本学、目录学、校勘学、文字学、训诂学、音韵学、考证学、文体学、历史学、诗学等学科部类在这个程序中基本囊括,尤其朴学的门类均有涉及。在此操作过程和研究程序中,闻一多的工夫主要花费在考证上面,遵依朴学中实事求是原则,杜绝臆说,罗列论据,以最充分的证据说明主旨,可以说闻一多是深得乾嘉学派的学术"三昧"。为此,他的学术生命的大部分也就耗在了古籍的考据学研究中,限定了他在学术层面上的更大更深更广阔的发展,至少他没有如愿完全进入"说明背景"的研究中。这是乾嘉学术路径对他学术研究的限定。既然长期限定在考据学范围中,闻一多以考据学方法就可以做到对古籍更深入细致的考证和诠释,更重要的是,闻一多以经学角度的这种"汉学"方法,扩展到非经学典籍的考据学研究中,这是闻一多对乾嘉学派的突破。作为乾嘉学派正统的吴派、皖派及扬州学派,在研究领域方面,基本上局限于正统经学研究中,包括整个乾嘉学派,成就最大者即在经学典籍的整理,后期有所扩展时,亦在传统"子学""史学"领域,即使如天文学、地理学、方志学、金石学等非经学典籍的考据,也是围绕着儒家思想和经学研

---

① 梁启超:《清代学术概论》,东方出版社1996年版,第44页。

究开展的。惠栋的"古训不可改也,经师不可废也"原则,戴震的"以经明道、以经义知圣人之道"的目的,阮元的"读书当从经学始,经学当从注疏始"的门径,都规定了或指示了治学的领域和范围,所以整个乾嘉学派的学术业绩大即在经学经典,先秦典籍和正统史学的整理、注疏和考订范围里,一是对《周易》、《尚书》、《诗经》、"三礼"、《春秋》三传、《论语》、《孟子》等属于"十三经"或"四书五经"的经学典籍的整理和校释;二是对前此所撰"二十二史"的考证;三是对《方言》《尔雅》《广雅》《广韵》《说文解字》等字典辞书为中心的音韵学、训诂学等的"小学"研究;四是对先秦诸子典籍如《墨子》《庄子》《韩非子》《荀子》等的辨伪和辑佚。闻一多在考据学研究中最初也进入其中经典中,特别如对《诗经》的研究。但,一方面,我们说闻一多在经学典籍的研究上很难超越乾嘉学派的学术成就,另一方面,闻一多毕竟是现代学者,思想早已解放,视野更为开阔,不会一直在经学思想范畴中,不会总是亦步亦趋,对于乾嘉学派的学术原则和限定不可能完全循规蹈矩。所以,闻一多对乾嘉学派的接受基本上在方法论层面上,学得其考据学方法后,在学术视野和研究领域上大大地突破了乾嘉学派而以考据学开创出自我的学术天地。这一片"旧瓶装新酒"的学术新天地表现在他比乾嘉学派扩展了的学术研究领域:一是唐诗的考据学整理。闻一多对全唐诗的辨伪和辑佚、对全唐诗人生平的汇集、对诗人生平史料的考订、对诗唐文化史料的汇编以及《唐诗大系》,都是以考据学方法而做出的朴学成果。二是《楚辞》的"校补"和"解诂"。闻一多对《楚辞》的研究可以说就是按照经学的"汉学"研究方法展开的,所做最多的是"校正文字"和"诠释词义"如《楚辞校补》一书,已经进入纯熟的校勘学和训诂学运用阶段。三是汉乐府的笺注。如季镇淮指出的,闻一多仍然用经学研究方法来研究汉乐府,《乐府诗笺》完全是"汉学"注疏学的研究。四是上古神话的考证。闻一多从《诗经》和《楚辞》中发掘出神话资料,运用考证方法证明上古神话的体系和说明中国文化的起源,如《朝云考》《伏羲考》《神仙考》即是以古籍中大量证据说明神话传说的本相和本质,从中可见闻一多的考证工夫。五是文化史现象的考据。闻一多后来的研究扩展到整个中国文化史,仍然没有忘记考证方法,以大量史料证据证成一种文化史现象,做出文化史上的思想发现,所发现之思想总有充分的证据支撑。凡此五方面为乾嘉学派基本未涉及,而闻一多学得乾嘉学派方法,将研究对象扩展到这五方面,即此说明了闻一多对乾嘉学术研究领域的突破,意味着闻一多虽然接受乾嘉学派影响,但他事实上超越了乾嘉学派,是对乾嘉学派的发展。

乾嘉学派自身在发展,闻一多在学术上所受乾嘉学派的影响也在变化。惠栋、戴震、阮元及王氏父子等所代表的是梁启超所说乾嘉学派的正统派，基本属于"汉学"中经学古文学研究，闻一多一度进行的考据学研究也基本上属于经古文学范畴。晚清以降，经古文学一变而为经今文学，发端于庄存与、确立于刘逢禄的常州学派兴起，主治今文经，反对古文经，以《春秋公羊传》为学统，复兴"公羊学"而以"公羊学"察古今之变；到龚自珍和魏源的今文经学，将今文经学变而为经世致用之学，以"公羊学"议论时政、改革时弊；经过王闿运、廖平的今文经注，到康有为的《新学伪经考》《孔子改制考》将今文经学的"公羊学"推向变革时政的政治改良工具。闻一多与晚清今文经学的联系主要体现在三个方面。一是在学术上，闻一多与今文经学家廖平有过学术对话。二十世纪四十年代闻一多在研究《楚辞》中曾经重点评说了廖平关于《楚辞》的观点。廖平在《楚辞新解》提出：历史上并无屈原其人；《楚辞》为《诗经》旁支，所以《楚辞》和《诗经》一样为"天学"；屈原文章为秦博士所作。闻一多在《廖季平论离骚》中进行分析和驳斥，指出廖平的出发点是"经学"，先认定《诗经》为"天学"，借《楚辞》以证明；既然《楚辞》为"天学"，于是就否定了屈原的存在；而他之所谓《离骚》等为秦博士所作，闻一多以为最不足辨。闻一多是"屈原肯定论"者，自然也批驳了廖平否定屈原存在的观点。但值得注意的是，闻一多对廖平所说《楚辞》为"天学"的观点并没有完全否定，以为廖平所论反较接近《楚辞》本旨。廖平论"天人之学"，把中国经典分为"人学"和"天学"，在《四变记》中认为《大学》为"人学"，《中庸》为"天学"，"人学"为六合以内，"天学"为六合以外，属于"天学"的有《灵枢》《素问》《楚辞》《山海经》《列子》《庄子》《尸子》《穆天子传》，辞赋如司马相如《大人赋》、释典等七类。《五变记》中分出"人学"三经为《礼经》《春秋》《书经》和"天学"三经为《乐》《诗》《易》。① 廖平所论，一般认为比较荒唐而不予重视，闻一多在驳斥其荒唐点的同时，还肯定其价值所在。可惜，无论廖平还是闻一多，都没有对《楚辞》"天学"观做出深入论述。闻一多对廖平《楚辞》观点的论述，可以看作为闻一多与晚清今文经学的一次直接的学术联系。第二个方面的联系还是与廖平有关，即廖平学术思想中的"善变"特征和整个今文经学派由学术上突破古文经说的墨守成规而随着时局时政变化的总体特征影响了闻一多的思想和精神。在无论人生还是学术，无论思想还是现实行动，闻一多在后期都表现出相当的变化和发展。廖

---

① 参见廖平：《六变记》，载李燿先主编：《廖平选集》（上），巴蜀书社1998年版，第545—625页。

平一生学术有"六变",由"平分今古"变为"尊今抑古",三变为分六经为"小统"和"大统",四变为"天人之学",五变为"人天小大之说",把"今古"改"小大"、对应"人天",六变为以黄帝内经中《素问》《灵枢》解《诗》《易》。① 乾嘉学派以古文经学为主的正统派讲究恪守家法、循规蹈矩、专心致志、实事求是,如梁启超所说,喜专治一业,求"窄而深",所以多有学者专治一经,甚至代代相传,如惠栋曾经自述"余家四世传经,咸通古义",四代研读九经;更如刘师培,祖孙三代都治《春秋左传》。正统派治学方向轻易不作改变,而且以此为学术和人格操守的标志。但到今文学派则大异其趣,典型如廖平,一生学术经历"六变"且津津乐道,这大约为正统派所不能容忍或甚至以为不耻。廖平仅仅是学术上的善变,而晚清今文学派更主要把学术和时局时政相结合,那么现实的变动必然引起学术思想和自我精神的变化。我们说闻一多学术思想之变和后期从一心为学的学者变为现实的民主斗士,其中原因当然很多而且很复杂,但如廖平及今文学派所体现出来的"变"的特征,对闻一多是有着学术自身的一些影响的。据吴晗回忆,闻一多加入民主同盟后,与罗隆基有过一次对话,"大概是一九四四年冬天吧,在朋友家谈天,罗隆基笑着指一多先生说:'一多是善变的,变得快,也变得猛,现在是第三变了,将来第四变不知道会变成什么样子?'一多先生也大笑说:'变定了,我已经上了路,摸索了几十年才成形,再也不会变了'"②! 廖平学术"六变",闻一多人生"三变","变"是共同的,这其实也意味着闻一多如今文经学派一样不再故步自封,而是走出来,变动自我生活情态。不仅人生变化,闻一多在学术上也体现出一种变化特征,从研究对象的不断调整和表现出来的跳跃性(从《诗经》和唐诗研究到《楚辞》研究,从先秦诸子研究到古文字研究,从神话研究到文学史研究)到学术理念和学术思想的变迁(如从考据学研究到文化思想研究、从前期的歌颂古代文化到后期的猛烈批判古代文化),比廖平的"六变"有过之而无不及。当然,廖平之善变不能和闻一多同日而语,闻一多的"变"具有相当的现代性意义和价值。这就要看到晚清今文经学派所形成的时代思潮对闻一多的第三方面影响,新的时代学术思潮即是属于今文经学派的从龚自珍、魏源开创的经世致用学术思潮到康有为、梁启超等以学术议论朝政以及改良政治的思想,这对

---

① 参见廖平:《六变记》,载李耀先主编《廖平选集》(上),巴蜀书社1998年版,第545—625页。
② 吴晗、史靖:《闻一多的道路·序》,生活书店1947年版,参见闻黎明、侯菊坤:《闻一多年谱长编》,湖北人民出版社1994年版,第761页。

闻一多应该说有一定的影响。当然，这种影响不仅表现在闻一多晚期的人生和学术发生变化时，应该说，他早就具备这种直面现实社会的思想，但后来长期钻进故纸堆的整理中。而到后期如清代学术从古文经学的考据学研究转向今文"公羊学"一样，闻一多也从完全的考据学研究转变到关心时政，不仅以学术议政、以学术参与思想斗争，而且身体力行，参与到实际的政治斗争中。尽管从学术上闻一多对龚自珍、康有为的以经术通政事，以今文经变革朝政的论说接受无多，但在思想和行动上，闻一多实际体现了学术之于时政的密切关系。闻一多所在抗战胜利前后的时局和晚清的时代变局总体上无多差异，同样在极端危机中。现实政治危机引发学术的变化和引起学者人生形态的变动，自有时代的必然性。古籍的校勘、训释和所有考据学的研究在激烈的时代变局中其实是没有用处的，为学术而学术的追求并没有现实语境的保障，学者所需要的现实生存基础和基本的思想自由在当时经济危机和政治专制中被抽空，为学术而学术的基础不存在，考据学的研究还有什么意义呢？这一点，闻一多感同身受，思想自然会发生变化，变化了的思想支配他寻求软弱的学术之外的物质力量，或可以显示自我存在的学术之外的价值和意义。

政治和学术的关系始终是学者所面临的二难选择，有放弃学术而选择政治者，有远离政治而专心于学术者，更多的是游移于政治和学术之间。就学术研究目的而论，有为政治而学术者，有为学术而学术者，也有既不为政治也不为学术而以学术为玩物者。整个清代学术就呈现出以政治为视角的学术分野，顺次发展为清初的经世致用学、清中叶的考据学、晚清的"公羊学"。闻一多与清代学术关系固然主要受乾嘉考据学影响，但同样呈现为在政治视角的学术演变历程，从诗歌创作时的反映现实到长期致力于古籍考据学，发展到晚年的直面现实政治，与清代学术演变有着对应的关系。从学术自身的演变看，清代学术经过了从"宋学"到"汉学"、从古文经学到今文经学的演变历程，闻一多同样对应地有一个自身学术选择中的发展历程，从前期"宋学"式研究转向"汉学"考据学研究，从主要为"古文经学"范畴的朴学研究转向关心时局的"今文经学式"的学术追求。从中可见闻一多与清代学术联系的广泛性和密切性，当然其中既有需要实证的确切联系，也有缺乏实证的对应关系，但无论如何，我们可以感知到作为现代学者的闻一多与学术史的继承和发展的关系。

第四章 "国学"意识的历史生成

一、从"汉学"到"中学"

闻一多的学术研究对象基本上为中国古代文化典籍,他的学术世界是在接受了古代文化和学术的影响后,从古代文化和学术中生发出来的,尤其因为采用乾嘉学派的朴学方法而具有的"汉学"特征,使他的学术与传统"汉学"有着更为密切的联系。但闻一多的学术并不完全属于传统"汉学"范畴,本质上是归属于中国现代学术的,无论具有多浓郁的传统考据学色彩,都不能够掩盖他学术的现代性本质。闻一多的学术是中国学术从近代发生新变后进入现代文化格局后产生出来的现代学术,而他的这种现代学术范型与其他现代学者的学术一起构成了中国现代文化中的现代学术。

中国文化和学术发展到鸦片战争后,乾嘉学派内部从古文经学变异到今文经学,同时伴随着相对于中国文化和学术的是西方文化和学术的引进,"西学"东渐于中国而使中国传统学术中增加了"新学"类型,于是形成了"中学"与"西学""旧学"与"新学"在矛盾中对立、对立中激辩、激辩中相融的学术文化格局。正是在这样的文化和学术格局中,随着近代中国在殖民地化过程中民族意识和国家观念的觉醒,学术被提升到民族和国家高度而在20世纪初期提出了"国学"概念。闻一多最初的学术意识即志在"振兴国学",他的"文化上的爱国主义"思想和体现他文化思想的全部学术研究所构成的整个学术世界,可以说就是从"旧学"到"新学",融合了"西学"和"中学"的国学研究,而闻一多的国学研究以其所具有的现代化特性实际上转化为中国现代文化中的新国学,他的新国学是由他对国学的研究和研究的结果而构成和体现的。

中国现代学术不再是中国古代学术的单纯延续,也不会是西方学术的简单移植。中国现代学术是经过近代学术史从"旧学"吸收"西学"而化合成的

"新学"，这种保有"旧学"内容、沾染"西学"色彩的"新学"经过新文化运动在思想文化上的全面洗礼而发生转型，成为完全不同于传统学术的现代学术范型。现代学术是中国学术史的发展，虽然经过新文化运动的洗礼和刷新，但与中国学术史当然还有着扯不断的联系，不仅是近代学术的发展，而且是对近代以前中国古代学术的继承。从学术史的演变和承继角度来看，现代学术面对三种历史学术的类型。第一种历史学术类型是时间距离最近的、直接继承的近代学术，其中多名学者本属于近代学术史而跨越到现代学术史，如梁启超、罗振玉、王国维、章太炎，正是这批跨越近代学术史和现代学术史的学者，连接起了近代学术和现代学术，使得中国学术具有了传承性。第二种历史学术类型是清代学术特别是乾嘉学派，因为距离现代学术史的时间尚近，而且近代学术本就继续着清代的学术传统，通过跨越近代和现代的学者自然传承了清代学术特别是乾嘉学派的学术传统，其"汉学"范畴的朴学方法在现代学者如胡适、闻一多的学术研究中有主要的体现。第三种历史学术类型是从先秦到宋明的古代学术，因为距离现代学术的时间较远，更多的是作为现代学术的研究对象和深远的学术背景而发挥作用，与前两种历史学术类型相比较，在具体的学术理念和学术方法论上对现代学术的影响要微弱一些。现代学术与中国学术史上的三种学术类型关系也适用于闻一多与中国学术史的关系，他的学术研究同样是随着学术史的发展而顺次渐近地接受着以往学术的影响，也就是说，依照常规和闻一多实际的学术研究情形，闻一多的学术属于中国现代文化范畴和现代学术语境，直接延续着近代学术的"国学"理念，继承了清代学术特别是乾嘉学派的朴学方法论，回溯到宋明及宋明以前的学术而以唐代文化和唐代以前的中国文化为自己主要的研究对象。从国学理念中的研究角度，近代"国学"概念在提出的最初本义上，与乾嘉学派以音韵训诂和考证研究古代经典的"汉学"密切相关，而"汉学"联系着儒家思想范畴的"经学"，乾嘉学派对经学的"汉学"研究相对于经学的"宋学"研究而与宋明联系着，承接了从汉代到唐代的朴学研究而上溯到唐朝和两汉经学研究，经学研究对象的儒家经典原创于春秋战国诸子百家争鸣的先秦时期，这样，因为经学的发源期在先秦，"国学"最终必然要回溯到先秦文化经典。"国学"在最初指代着中国学术史中以儒家经学研究为正统的"汉学"研究，以"汉学"研究为中心，兼及"宋学"，包括章太炎所说中国古代的经学、哲学和文学。[①] 而其中一脉相传的是儒家经学的"汉学"疏解和"宋学"阐释，从先秦儒家经典到两汉经学注疏，从隋唐五经

---

① 章太炎：《国学概论》，上海古籍出版社1997年版。

正义到宋明理学的义理阐释,从乾嘉学派的朴学研究到经学今古文学的论争和交替演变,构成了"国学"的中心思想。闻一多的学术世界在学术研究理念、学术研究对象、学术研究方法、学术研究成绩等层面都可以归为国学研究,他的学术在对古代经籍考据过程中,吸收包含西学内涵的近现代新学,扩展到经学研究以外的中国文化和学术领域,在近代以降的国学观念中进行研究,继承近代国学观念并进一步发展近代国学研究而将国学研究推向现代化,由此体现为现代国学或说一种新国学。

闻一多的国学研究远接中国从先秦到明清时期的学术文化,近承从乾嘉学派的"汉学"和"朴学"到近代以降的"新学"和"国学",生成了保留旧国学传统的现代新国学。前面已经论述了闻一多与中国古代学术史的联系,古代学术史发展到近代发生了新变,闻一多所直接接受的主要是在近代变化了的中国学术史的影响。如果说,近代以前的中国学术对于闻一多的影响主要决定了他的研究对象和研究方法,那么近代学术对他的影响则主要在学术理念和学术的价值取向上。中国近代的时局变动所产生的文化思想和学术理念不仅生成了近代的中国学术,而且直接影响了如以闻一多为典型的现代学者的思想和学术理念。从近代学术到现代学术的发展过程中,"国学"及其相关概念中的中国文化和学术的前途命运成为文化思想和学术研究中的核心命题,既贯穿了鸦片战争以后的中国文化和学术史,又成为几代学人殚精竭虑想要解决的问题。闻一多和现代其他学者一样致力于其中,做出了自己的学术探索和文化回答。

"国学"产生于近代文化和学术语境中,是在西学东渐、新学勃兴的文化背景和更重要的国家民族危亡关头而兴起的,既顺承着近代文化思想变革和学术演变,又针对着"西学"和"新学",伴随了国家富强和民族复兴的理想而兴起的一种文化学术思潮,绵延不绝而至于今。"国学"在近现代的兴起有其深远的文化背景和现实原因。中国封建社会和封建文化经过几千年在封闭中的发展,到清朝实际上已经趋于衰落,随着西方资本主义工业文明的发生和发展,中国曾经先进过的农业文明大大落后于西方世界,而与农业文明相伴随的、本来根深蒂固的封建专制制度和封建文化思想在西方资本主义文化的冲击下开始发生动摇。当然,西方文化进入封闭的古代中国为时较早,元帝国横跨欧亚两洲,东西方交流已经开始变得既容易又频繁,最典型的体现是意大利人马可波罗在元朝任官达17年之久,并撰写了《马可波罗游记》全面介绍中国。元帝国灭亡后,中西交通断绝,中西文化交流也中断。一直到十五世纪明中叶,西方早期殖民国家开始向海外扩张,西班牙、葡萄牙相继组织环球航海旅行,在哥伦布发现"新大陆"的同时,西方国家其实也同时发现了中国所在的这片亚洲大陆。

继西班牙而勃兴的葡萄牙于嘉靖四十二年（1563年）强行租借了澳门，开西方国家侵略中国、建立殖民地的先河。早期西方国家进入中国主要通过两种方式，一是经济上的通商，二是文化上的传教。来到中国的西方人，除商人外，多是传教士，传教士们或公开或秘密地深入民间为中国人灌输不同于儒道佛思想的基督教以及和基督教相结合的近代科学文化思想。典型的是明万历年间意大利的传教士利玛窦，1582年抵达澳门，开始在中国传教、工作和生活，足迹几乎遍及全国，1610年死于北京。利玛窦在中国的传教事业未必成功，但他在中西文化交流、特别在向中国介绍西方科学文化的业绩方面，既有开创之功又影响深远，影响最大者即是他和徐光启合译《几何原本》，介绍欧几里得几何学，还有宣讲其带来的《万国舆图》，使中国获知世界有五大洲。有评论说："作为中西思想文化方面接触的第一个媒介者，他在多方面奠立了并促进了中西文化的交流，他的历史影响也是深远的，可以说一直影响及于近代。例如，欧氏《几何原本》于十九世纪六十年代由李善兰补译完成，就可以说直接上承徐光启、利玛窦的未竟事业的；……有清一代的学者大师如梅文鼎、王锡阐以至戴震、江永、焦循、阮元，几乎没有一个不是深受西法天算的影响的。……利玛窦作为介绍西法的创始人是功不可没的。"① 虽然清朝初期的康熙皇帝热衷于西学，聘用西人宣讲西洋文化，重用西人修订历法，测绘国土而编成《皇舆全览图》，但从利玛窦死后明万历皇帝下令禁止传教到清朝施行禁海、闭关、锁国政策，基本上长期与世界文化相隔绝。在地理上，中国东南濒海临洋、西南有喜马拉雅山、西北是漫漫荒漠、东北则有人工的万里长城，形成了独立而封闭的大陆农业文明，长期自以为世界中心，满足于天朝大国之名，不去闻问世界发展大势。中国社会在封闭中自行运转，中国文化在封闭中自高自大，中国人在封闭中自以为是。封闭导致无知和保守，无知产生自大，保守制约发展和进步。而已经落后于世界的现实，长期来并没有被意识到。直到十九世纪上半叶，西方资本主义工业文明高度发展，需要海外市场和原料产地维持其继续繁荣，以英国为代表的西方资本主义国家开始大力开拓海外殖民地。这个时候就不单纯靠传教士的文化渗透和文化扩张了，而资本主义国家以其特有的唯利是图本性要达到急功近利的目的，用能够获致暴利的鸦片走私和"船坚炮利"强行打开了清帝国封闭的大门。一败涂地的清政府从鸦片战争后签订了一系列不平等条约，

---

① 何兆武、何高济：《利玛窦中国札记》，中华书局1983年版，第15—16页。《利玛窦中国札记》为利玛窦在中国传教和生活经历的记录，对明代中西交通史、耶稣会入华传教史研究都具有宝贵的史料价值。

积贫积弱的中国实际面临了亡国灭种的危机。从此，富国强兵、振兴民族成为几代人奋斗的理想，而要富国强兵、振兴民族，必须向先进的西方文化学习。所以，中国近代史在文化上是一部在屈辱中向西方文化学习的历史。当意识到自我文化的落后而需要向西方学习时，文化的自高自大一变为自轻自贱，但自以为是的心理仍然不可更改，滋生起来的是鲁迅深刻揭示出来的民族文化心理即阿Q式的精神胜利法。但在国家危亡、民族危机的时局中，文化和学术的变革势所必至，唯我独尊的文化意识已经成为社会变革和历史发展的阻碍，烦琐空疏的考据学更是学术发展的死胡同。社会政治的变动引起了文化思想的变化，文化思想的变化引发了学术研究的转向，学术研究的转向影响到现代学术的发展，从近代学术的转向到现代学术的演变决定了闻一多学术世界的取向。

　　首先是社会政治变动对文化思想发展的影响。按照马克思主义经济基础决定上层建筑的理论，中国几千年以农为本，在世界上较早进入了农业文明社会但又长期停留在农业文明阶段，长期以来自给自足的小农经济形成了"一盘散沙式"式的社会，构成了专制主义政治制度的社会经济基础，封建王朝统治下的封建社会能够延续几千年决定于中国的经济特征和社会状况，在小农经济和专制制度基础上产生了以儒家思想为核心的意识形态，儒家思想中基于宗法制家族制度基础上的等级观念，"修身齐家治国平天下"的家国一体观念，体现社会伦理的"忠孝节义"观念等既反映了小农经济和专制制度的要求，又恰好可以成为封建王朝统治国家和控制社会的理论基础，这样，小农经济、专制制度、儒家思想三位一体，构成了中国稳定的社会结构。虽然历史上经历了无数次社会动乱，但只是改朝换代的"循环和轮回"，是封建社会结构的自身调节而已，治乱兴衰的结果是一次次强化了封建社会在小农经济、专制制度和儒家思想的社会配合功能三者所构成的社会结构的稳定性。只要三方面中没有哪一个方面发生根本性的变化，社会就不会发生根本性的变动。中国稳定的封建社会结构的动摇发生在近代鸦片战争以后，在与西方资本主义工业文明的较量中封建社会结构的整体平衡才被打破。当时朝野中有识之士的反思经过了一个漫长的过程，首先意识到的是物质文化层面的落后而希望富国强兵，然后逐渐触及社会政治制度的变革，而尚未及意识形态和国人文化思想观念的改变。从鸦片战争失败到辛亥革命，在半个多世纪的历史进程中，中国社会在保守中发生着缓慢的变化，从洋务运动引进西方先进的科学技术而兴办最初的民族工业到学习西方资产阶级的民主共和制度而推翻封建专制制度，单一的小农经济结构被打破，几千年牢固的封建王朝被推翻，社会经济基础的变化引发了社会政治的巨大变动。正是经济和社会政治的变动引起了文化思想的变化，而文化思想的变化与学习西方文化的历程密切相关。经过晚清以前的西学东渐历程，到晚清时由原来的被动接受西方文化转变为主动地学习西方文化。首先是认识和了解西方文化，在认识和了解的基础上学习和吸收西方文化。历史上所称道的第一个睁开眼睛看世界的林则徐，是了解西方和学习西方文化的开风气者，在广泛收集西方国家资料的基础上编成了《四洲志》，这成为魏源《海国图志》的蓝本。魏源的《海国图志》是第一部系统地叙述世界史地的著作，而最为重要的是魏源在《海国图志》中最早提出了"师夷长技以制夷"的文化思想："是书何以作？曰：为以夷攻夷而作，为以夷款夷而作，为师夷长技以制夷而作。""夷之长技者有三，一战舰，二火器，三养兵练兵之法。"① 此即西方之"船坚炮利"，当时鸦片战争失败后国人的直接反应就是认为失败的原因在于我们没有"船坚炮利"，如果我们能够有与西方一样的先进武器装备，就不会失败，魏源这里所提出的是当时最普遍的文化策略。这种文化思想和文化策略，成为洋务运动开办洋务、"练兵制器"的文化思想基础。当然，从魏源的"以夷制夷"思想到洋务派的实际操作，不完全限于实业发展，同时关注到时政和思想的变革，如魏源提出："明臣有言：'欲平海上之倭患，先平人心之积患。'人心之积患如之何？非水，非火，非刃，非金，非沿海之奸民，非吹烟贩烟之莠民……去伪，去饰，去畏难，去养痈，去营窟，则人心之寐患祛，其一。以实事程实功，以实功程实事，艾三年而蓄之，网临渊而结之，勿冯河，勿画饼，则人才之虚患祛，其二。寐患去而天日昌，虚患去而风雷行。"② 如此，则"风气日开，智慧日出，放见东海之民犹西海之民"。而洋务运动在"练兵制器"的同时，在文化教育方面大力引进"西学"，如同治元年（1862年）在北京设立同文馆，同治二年在上海设立方言馆，同治六年在江南机器制造局设立翻译馆；开办新式学堂，学习西方文化，如在光绪元年（1875年）在各省设立洋学局，光绪六年在天津设立水师学堂，光绪十一年（1885年）又在天津设立武备学堂，开设格致、化学、电学、测算、制图、机器、炮法、兵法等课程；同时派遣留学生，往西方学习科技和法政方面知识，如同治十一（1873年）年就挑选了第一批留学生，从第一个幼童留学生容闳和到后来以庚子赔款的退款派遣留学生，在中国近现代史上掀起了一轮又一轮的留学高潮，如鲁迅即是在洋务派留学政策下赴日留学的。但这些举措并没有从根本上改变中国文化，也正因为面临着文化思想观念的变革趋势，所以继魏源"师夷长技以制夷"的文化思想策略后，在

---

① 魏源：《海国图志》序，载《魏源诗文选注》，湖南人民出版社1979年版，第133页。
② 魏源：《海国图志》序，载《魏源诗文选注》，湖南人民出版社1979年版，第134页。

洋务运动中产生了影响深远的"中体西用"思想，共同成为洋务运动的理论基础。"中体西用"思想一般认为是洋务派首领之一的张之洞在《劝学篇》里系统阐释的一套洋务运动的文化思想体系，其实在张之洞之前，即近代历史开端，与西方文化大规模接触时，以传统"体、用"范畴认知"中学"与"西学"关系的思考已经开始①。张之洞在吸收以往思想和总结洋务运动实践基础上对"中体西用"思想进行了系统的论述。他的《劝学篇》分"内篇"和"外篇"，"内篇务本，以正人心，外篇务通，以开风气"。所以他主张先以"中学"固其根柢，然后以"西学"应对时变和救亡图存，新旧兼学，中西会通："四书、五经、中国史事、政书、地图为旧学，西政、西艺、西史为新学。旧学为体，新学为用，不使偏废。""今日学者必先通经以明我中国先圣先师立教之旨，考史以识我中国历代之治乱、九州之风土，涉猎子集以通我中国之学术文章，然后择西学之可以补吾阙者用之，西政之可以起吾疾者取之"。"中学为内学，西学为外学，中学治身心，西学应世事，不必尽索之于经文，必无悖于经义。"张之洞《劝学篇》本义是指导后学的学习内容、学习程序、学习方法的，但其中系统的"中体西用"思想却起到了应对西方思想的文化策略功能。总体上看，"中体西用"思想中的"中学"实际上是指封建制度和儒家思想，而"西学"则多指来自西方的科学技术和技艺等物质文化层面的内容，其核心的思想是继续保持和维护封建专制制度和儒家伦理道德思想，在此基础上可以引进西方的物质文化而达到富国强兵的目的。这虽然比"以夷制夷"思想有所发展和进步，但其中的历史局限性也非常明显。随后的历史证明，仅仅有物质文化层面的变革而不改变专制政治制度和旧的思想观念，仍然不能够挽救中国于危亡。作为洋务运动产物的北洋水师在甲午海战中的全军覆没和《马关条约》的签订，宣布

---

① 参见胡维革：《中国近代社会思潮研究》，东北师范大学出版社1994年版，第92—95页。在论述"中体西用"思想时，该著梳理了"中体西用"思潮的历史渊源，指出最早阐发"中体西用"思想的是冯桂芬，他在《校邠庐抗议》（1861年）中说："以中国之伦常名教为原本，辅以诸国富强之术。"李鸿章针对留学生的教育说："考查中学西学，分别教导。将来出洋后，肄习西学，兼讲中学，课以考经、小学、五经及国朝例律等书，随之高下，循序渐进。"还有郭嵩焘、薛福成、王韬、郑观应、邵作舟等都提出过这种主张，特别在近代新学教育方针中，更明确提出"中西体用"之说，如上海中西书院掌教沈毓桂以《西学必以中学为体说》提出："假西学为中学之助，即以中学穷西学之源"，"西学自当以总学为本而提纲挈领"。孙家鼐在《遵议开办京师大学堂折》中更明确说："今中国创立京师大学堂，自应以中学为主，西学为辅；中学为体，西学为用；中学未有备者，以西学补之；中学有失传者，以西学还之；以中学包罗西学，不能以西学凌驾中学。"由此，作者认为，"'中体西用'是一代人的思想，是一股社会思潮"。

了洋务运动的失败,同时也宣布了"中体西用"思想的破产。甲午战争后,国人意识到,即使已经"师夷长技"但并不能够"制夷",因为"体用"并不能完全分开,具体说,"中学之体"和"西学之用"本就存在矛盾,"中学之体"实际上对"西学之用"构成了制约,制约着"西学之用"的发展,即封建专制制度和以儒家思想为主的意识形态从根本上制约着富国强兵的步伐,也就是说,按照马克思主义的理论,经济基础和上层建筑没有统一起来,在经济上要引进西方式的资本主义工业经济,通过开办洋务发展民族工业,而上层建筑仍然维持封建专制主义,所以,洋务运动的失败是必然的,"中体西用"文化策略的破产也是必然的。要使中国走上富强道路,所要变革的恰恰是"中学之体",即封建专制制度和封建文化思想。这样,社会政治的变革和文化思想的改造就成为必然趋势,继洋务运动和"中体西用"思想之后,紧接着发生了戊戌变法和辛亥革命,从单纯的学习西方物质文化转向学习西方的制度文化,引进西方的民主共和制度以保障富国强兵理想的实现。戊戌变法在政治上谋求改良主义的君主立宪制,仅仅百日就失败。辛亥革命则完全推翻封建王朝,谋求建立资产阶级民主共和制度。随之而起的是文化思想上的改良主义和民主主义思潮,应该说比此前的"以夷制夷"和"中体西用"思潮有了相当的进步,因为他们触及的就是"中学之体",触及的就是封建顽固派以为永远不变的"道"。政治上的改良主义在戊戌变法之前已经产生,多有先进者著书立说宣扬改良主义,如王韬的《弢园文录外编》、容闳的《西学东渐记》、何启和胡礼垣的《新政真诠》、汤震的《危言》、陈虬的《治平通议》、宋衡的《卑议》、宋育仁的《时务论》、陈炽的《庸书》、康有为的《上清帝第一书》和《新学伪经考》、郭嵩焘的《养知书屋遗集》、薛福成的《筹洋刍议》、马建忠的《适可斋记言》、郑观应的《盛世危言》等。这些论著已经开始批判洋务思想,提出实行君主立宪制,到1898年戊戌变法时付诸实践。康有为、梁启超等痛感国家和民族危亡在即,痛感清王朝的腐败和昏庸,在了然天下大势的基础上,提出变法主张,以"变"来使中国富强、以"变"来回应中国与世界的关系。"变法"的根本在"变",针对传统的"天不变,道亦不变"信条,"变"不仅体现"改良",而且具有"革命"性意义。如梁启超在《变法通议》中痛彻地陈说道:"变者,天下之公理也。""变亦变,不变亦变。变而变者,变之权操诸己,可以保国,可以保种,可以保教。不变而变者,变之权让诸人,束缚之,驰骤之。呜呼!则非吾之所敢言矣!"重要的是"变"的观念能够深入国人心中,起到思想启蒙的作用。至于"变什么"和"怎么变"属于实际的政治操作层面,而实际的政治操作在戊戌变法运动中事实上是失败的,主要因为"变"的内容和"变"的方式误入歧途，君主立宪的政治诉求和现实行动因为触动了封建王朝的统治秩序和根本利益，所以不能够见容于延续几千年的帝制天威，自上而下的改良成为一厢情愿的政治神话；而维新派又依靠了一个软弱无能、朝不保夕的光绪皇帝，利用了一个反复无常、阴险狡诈的袁世凯；维新派的代表作为从传统文化中濡染出来的读书人，保皇思想和明君意识制约了他们进一步的行动意志或者干脆就抑制了他们行动意志的生成，因而仅仅限于传统的上书谏君方式，将改革愿望寄托于外在的力量和试图依靠外在力量，而缺乏独立的行动，因而暴露出读书人的软弱性。所有这些，必然导致变法的失败。但现实的失败没有淹没思想的影响，戊戌变法的积极意义主要体现在文化思想上的启蒙以及这种启蒙的社会影响上。也正是在戊戌变法时期，改良主义思潮和思想启蒙发展到新阶段，对"中体西用"思潮形成了一定的冲击。最具有鲜明历史作用的一是梁启超的《新民丛报》和他的笔锋常带感情的"新民体"文章，在宣传维新变法主张和进行思想启蒙中发挥了极其巨大的作用，影响所及至于现代文化史，催生了现代文化中的先行者，包括鲁迅、闻一多在内的中国现代知识分子都受到过梁启超文章和思想的影响；二是在维新变法时期西方文化的大力引进，进入超越洋务派重视技术的新阶段，着力介绍西方的精神文化，最突出的是严复和林纾的翻译，林译小说风行一时，令文学界大开眼界，而严复的翻译更在文化思想的启蒙方面作用巨大，从1894年到1914年，严复先后翻译了赫胥黎的《天演论》、密克的《支那教案论》、斯宾塞的《群学肄言》、穆勒的《群己权界论》和《名学》、甄克思的《社会通诠》、孟德斯鸠的《法意》、耶芳斯的《名学浅说》、卫斯琴的《中国教育议》等，尤其《天演论》中的人类进化观念，为维新变法之"变"的观念提供了有力的理论根据，更有力地冲击了中国传统"天不变、道亦不变"的历史观，推动了鲁迅、闻一多等现代知识分子的思想发展和整个现代文化思想革命的发生。这股文化启蒙思潮和西方文化思想的翻译浪潮进一步刺激着社会政治的变革，随着戊戌变法的失败，改良主义思想也成为明日黄花，继之而起的是革命。各种宣传革命思想的报纸和期刊在二十世纪初期风起云涌，邹容的《革命军》、陈天华的《猛回头》和《警世钟》、章太炎的《驳康有为论革命书》和《訄书》、刘师培的《攘书》、章士钊的《黄帝魂》、杨守仁的《新湖南》等广泛流传。章太炎的《驳康有为论革命书》标志着社会政治变革的转型，代自上而下进行政治改良而起的是彻底推翻清王朝的革命思想和革命实践。如梁启超满怀激情地疾呼"变"法一样，邹容在《革命军》中更加满怀激情地赞美革命："革命者，天演之公例也。革命者，世界之公理也。革命者，争存争亡过渡时代之要义也。革命者，顺乎天而应乎人者也。革命者，去腐败而存良善者也。革命者,由野蛮而进文明者也。革命者,除奴隶而为主人者也。""嗟乎嗟乎!革命革命!得之则生,不得则死。毋退步,毋中立,毋徘徊,此其时也!此其时也!""今试问吾侪何为革命?必有障碍吾国民天赋权利之恶魔焉,吾侪得而扫除之,以复我天赋之权利。"当时的"革命"既为推翻封建专制制度的民主政治革命,也为推翻满族统治的民族主义革命,革命之目的在于实现孙中山之三民主义。孙中山的三民主义把中国资产阶级的革命纲领系统化,成为辛亥革命和辛亥革命后的指导理论。代替改良运动的是革命运动,代替改良主义思想的是民主主义思想,近代中国探索中国富强的道路在二十世纪初期的辛亥革命中到达高潮。至此,从鸦片战争开始的中国社会政治的变革,经过洋务运动、戊戌变法、辛亥革命,在曲折中蹒跚发展着,在社会政治变革影响下,文化思想随之发展和演变着,从"以夷制夷"到"中体西用",从改良主义到民主革命思想,四种主要影响中国社会和文化发展的思潮构成了中国近代回应西方文化挑战和使中国走向富强的文化思想策略。而这四种文化思想都或远或近,或间接或直接地影响了闻一多的思想和他的学术研究。而最主要的影响还是来自受这四种文化思潮影响的中国近代学术的演变类型。

在社会政治变革影响下的文化思潮给予学术研究以更为直接的影响。如果说社会政治的变革引起文化思想的变化,不同的社会政治运动必产生与之相应的文化思潮,那么,文化思潮的发展就直接影响着每个时代的学术研究内容和学术的价值取向,而且,近代处于变迁中的文化思想本身亦成为学术研究的组成部分。无论是"以夷制夷"和"中体西用"思想,还是改良主义和民主革命思想,对于闻一多学术研究的影响更多体现为间接性,而在这几种文化思想影响下的近代学术则对他具有了更为直接的影响。近代学术上承乾嘉学派的"汉学"研究,随着时局的变化和新的文化思想的产生,在鸦片战争前后"朴学"方法论范围里的"经学"研究开始发生转化。首先,在研究对象上,由古文经学转向今文经学,排斥烦琐空疏的名物训诂和考据学研究,致力于阐发今文经学的《春秋公羊传》中的微言大义,由庄存与、刘逢禄、魏源、龚自珍等开端,发展到康有为、梁启超等的托古改制。其次,在学术研究价值取向上,今文经学主张学术要"经世致用",将今文经学研究运用到时政改革,从魏源、龚自珍的学术经世意识到康有为、梁启超的学术与政治改良运动相结合,今文经学在近代与政治变革建立了密切的联系。康有为的《新学伪经考》《孔子改制考》《大同书》等论著高扬"托古改制"大旗,为维新变法奠定了学术文化的理论基础。最后,在学术思想上,随着中国社会和文化的封闭性被打破,西方文化以其鲜明的异质性进入中国文化结构中,或被动接受,或主动吸收,传统文化已经不可能保持原有的纯粹性和单一性。从"师夷长技"开始，西方文化思想和学术理念随同科学技术的学习而深入中国文化内部，原有的"内圣"与"外王"矛盾被"中学"与"西学"的矛盾代替，"内圣外王"之学转变为"中体西用"之论。在这几种变化中，学术的今古文之争实质上是学术要否参与现实变革的分歧，学术的中西学之争实质上是文化是否走向现代化的分歧。学术的经世致用已经在维新变法和辛亥革命中成为现实，"西学"的流行更是大势所趋、不可逆转，而传统"旧学"何以应对"新学"和"西学"呢？传统的"经学"研究仍在继续，针对"西学"，在近代"中体西用"思想中特别提出了"中学"的概念。"中学"既是一个文化思想概念，也是一个学术概念，用来指称以儒家经典为中心的中国传统文化思想和传统学术，成为晚清的中心学术话语。就学术指称而言，中国传统学术此前并没有一个统一的概念来包容全部学术研究，在学术部类中有经学、史学、子学、集学之分，在学术方法论中分汉学和宋学，所有这些划分中都以"经学"为中心。可以说，鸦片战争后的"中学"概念相对于"西学"而言，是在"西学"兴起后作为和"西学"对应或回应"西学"挑战的一个文化和学术的总体概念，包括了经学、史学、子学、集学，是汉学和宋学、古文经学和今文经学的融合和在融合中的总结。"中学"的具体范围如张之洞在《劝学篇》中所指出的所谓"旧学"内容："四书、五经、中国史事、政书、地图"。"中体西用"理论具体到学术上是指学者求学、治学的先后顺序，《劝学篇》中的"内篇"即有《循序》章专论"中学"和"西学"的先后，明确提出在学习"西政、西艺、西史"之前，要"必先通经以明我中国先圣先师立教之旨，考史以识我中国历代之治乱、九州之风土，涉猎子集以通我中国之学术文章"。如针对学子的学习内容，15岁前诵读经史诗文，15岁后"求之统经史诸子理学政治地理小学各门"，然后再习西文西艺西史西政。据此，近代所说"中学"基本上就是指与西学相区别的以经学为中心的传统文化和学术，所以"中学"也称为"旧学"，对应地"西学"往往指称"新学"。联系中国近代所面临的政治、经济、军事、文化困境，"中学"概念即是在中西文化、新旧文化的碰撞、冲突、矛盾中产生的，是在学习西方文化过程中从文化自卑心理生发出来的一种文化自尊感的产物，是主观上用以抵御西方文化和学术的精神武器。"中学"概念所体现出来的文化和学术思维意味着打破了传统一元化的思维模式，进入与"西学"对立的二元思维中，是二元对立化思维的结果。任何二元对立的思维过程和思维结果都不可能继续保持对象的纯粹性，在对立中实际上已经在互相影响着。认同对立的对象会接受其影响，而反对对立的对象同样在反对过程中会受到对象的影响，前者为顺向的接受，后者可谓逆向的影响。如果把"中学"视为主体,"西学"看作客体,那么"中学"在对抗"西学"的过程中,自然会接受"西学"的影响,在客观的文化和学术研究中,"中学"不可能保持其纯粹性,已经融入了"西学"的思维方式和思想内容,从魏源、龚自珍到康有为、梁启超,他们的学术研究固然属于"经学"范畴、属于"中学"内容,但他们的研究与乾嘉学派的"汉学"研究及"宋学"研究已经有所不同,与乾嘉学派以上的传统学术更有了鲜明的区别,就在于他们的学术思维和学术思想接受了"西学"的影响,包括张之洞、曾国藩、李鸿章等官僚型的文化保守派,在文化思想和学术文章中都可以见出"西学"内容。这样,"中学"是在"西学"影响下而产生的文化概念学术话语,在学术内容上包括经学、史学、子学、文学,在学术取向上兼容古文经学和今文经学,在学术方法上继承汉学和宋学传统,在学术理念上以此保护自我文化和学术即做到"中学为体"。

二、"国学"话语的兴起

在近代社会政治变革和文化思想变化的作用下,中国学术从乾嘉时期的"汉学"朴学研究发展到近代的今文经学研究,进一步发展到相对于"西学"而兴起"中学"的学术话语。正是在"中学"的学术话语和"中学"的学术思想基础上,进入二十世纪产生了"国学"概念和"国学"所指称的学术话语,"国学"是继"中学"而起的从近代学术到现代学术转型的标志性学术概念和学术话语,其中所体现的学术思想影响了现代学术范型,自然也影响了闻一多的学术研究,而更深远地影响到当下的文化思想和学术研究。

"国学"话语兴起于二十世纪初,如果说"中学"学术话语的兴起主要相对于"西学",是诉求在"西学"话语进入中国后保持自我学术的本体地位,那么,"国学"学术话语的兴起则更带有民族意识和国家意识的意味。鸦片战争以后,中国日益沦为西方列强国家的殖民地,国家的独立和民族的自主受到前所未有的遏制,一次次的战争失败、割地赔款使得中国不断地丧失国家主权,有识之士敏锐地感觉到了亡国灭种的危机。在国家和民族危亡的危机意识和忧患意识支配下,救亡图存一直是时代的主题。救亡图存的时代使命反映到文化和学术领域,在文化人的思想中自然产生出"文化救国""学术救国"的意识,因为他们所拥有的就是文化和学术。挽救国家从挽救国家的学术开始,振兴民族从振兴民族的文化开始。国家的兴亡和学术的兴衰、民族的兴亡和文化的兴衰密切地联系起来,文化和学术提升到国家的高度来认知,研究中国的固有文化和固有学术就成为"国学"。所以,"国学"话语的兴起其实与中国的现实处境、世界地位、前途命运密切相关,不仅仅是文化自身、学术自身演变而出的简单概念,有着时人痛彻而深刻的国家意识和民族意识。

二十世纪初的学界多有学者将"国学"与国家危亡、民族危机相提并论。如1907年《国粹学报》在《拟设国粹学堂启》中说:"是则学亡之国,其国必亡,欲谋保国,必先保学。昔西欧肇迹,兆于古学复兴之年,日本振兴,基于国粹保存之论,前辙非遥,彰彰可睹,且非为强国为然也。"1905年《国粹学报》发表许守微《论国粹无阻于欧化》中说:"是故国有学则虽亡而复兴,国无学则一亡而永亡。何者,盖国有学则国亡而不亡,学不亡则国犹可再造;国无学则国亡而学亡,学亡则国之亡遂终古矣。此吾国所以屡亡于外族而数次光复,印度、埃及一亡于英而永以不振者,一则仅亡其国,一则并其学而亡之也。"① 学存则国存,学兴则国兴,国家赖学术而存在和兴旺,那么"学"即为"一国之学",通学即知爱国,爱国就会爱学,这在《国粹学报》主编邓实的文章中有明确的表述:"国学者何?一国所有之学也。有地而生其上,因以成国焉。有其国者有其学。学也者,学其一国之学以为国用,而自治其一国者也。""国学者,与有国而俱来,因乎地理,根之民性,而不可须臾离也。君子生是国,则通是学,知爱其国,无不知爱其学也。"② 邓实在《国学今论》中论述"汉学"和"宋学"各自的特点后提出"汉学""宋学"皆可以救国:"汉学、宋学,皆有其真,得其真而用之,皆可救今日之中国。夫汉学解释利欲,则发明公理,掇拾遗经,则保存国学。公理明则压制之祸免,而民权日伸;国学存则爱国之心有以附属,而神州或可再造。宋学严彝夏、内外之防,则有民族之思想,大死节复仇之义,则有尚武之风。民族主义立,尚武之风行,则中国或可不亡。虽亡而民心未死,终有复兴之日。是则汉学、宋学之真也。"③ 即如章太炎,辛亥革命前在日本主编《民报》时举办了国学讲习会、国学振兴社,在《民报》发表的《国学讲习会序》中申说"国学"要旨:"夫国学者,国家所以成立之源泉也。吾闻处竞争之世,徒恃国学固不足以立国矣。而吾未闻国学不兴而国能自立者也。吾闻有国亡而国学不亡者矣,而吾未闻国学先亡而国仍立者也。故今日国学之无人兴起,即将影响于国家之存灭,是不亦视前世为尤岌

---

① 转引自桑兵:《晚清民国的国学研究》,上海古籍出版社2001年版,第3页。
② 邓实:《国学讲习记》,载《国粹学报》1907年第19期。
③ 邓实:《国学今论》,载《中国近三百年学术史论》,上海古籍出版社2006年版,第340页。

岌乎?""夫一国之所以存立者,必其国有独优之治法,施之于其国为最宜,有独立之文辞,为其国秀美之士所爱赏。立国之要素既如此,故凡有志于其一国者,不可不通其治法,不习其文辞。苟不尔,则不能立于最高等之位置。而有以转移其国化,此定理也。"① 由此可见,"国学"是近代以降在国家面临危亡,在国家意识支配下,与国家兴亡相结合而提倡的,虽然过分夸大了"学"之于"国"的作用,但"国学"概念隐含了当时学人"学术救国"的思想,特别是能够超越文化和学术自身而从国家高度看取古典学术,对于学术自身的发展有积极意义。从"中学"到"国学"的转换,不仅仅是学术话语的转换,而且包含了学术经世救国理念,意味着中国文化和学术研究从传统有君无国、有圣人无人民的儒家经学研究转向从国家复兴、民族振兴的高度研究中国文化。当然其中不无复古主义和国粹主义倾向,但撇开复古主义、国粹主义因素,当时的"国学"理念与传统"经学""汉学""宋学"以及近代"中学"的学术话语相比较,既有其对中国传统文化和学术的高度概括性而使得具有了更为全面的学术话语,又使文化和学术具有了现实的甚至政治的功能,在中国学术话语中,"国学"自有学术的发展意义和相当的进步性。上所引基本为清末"国粹派"观点,"国学"的提倡自不限于"国粹派",此外还有维新派如梁启超和清政府的清流派同样在提倡"国学"。② 据曹聚仁《中国学术思想史随笔》,"国学"这个语词来自日本,他说,"'国学'乃是外来语,并非国产。日本原有'支那学''汉学'这样的名词,因此,十九世纪后期,留学日本归来的学人,译之为'国学',也就是'中国学术'之意。"他同时说,日本翻译章太炎的《国学概论》就译为《支那学概论》,章太炎亦称"国学"为"国故学",著有《国故论衡》一书,与《国学概论》一样是谈"中国学术"。③ 有学者考证后认为,最早使用"国学"一词是在 1900 年至 1902 年,1900 年王均卿、沈知方、刘师培、宋学琴等人在上海创立国学扶轮社;1902 年吴汝纶在日本考察教育时,有日本学者劝他"勿废经史百家之学,欧西诸学堂必以国学为中坚";1902 年梁启超

---

① 章太炎:《国学讲习会序》,载《民报》1908 年 9 月 5 日第 7 号。汤志钧:《〈国学概论〉导读》,上海古籍出版社 1997 年版,第 7 页。
② 罗检秋的《嘉庆以来汉学传统的衍变与传承》中将近代意义上的国学分为"国粹派的国学"和"官方的国学","官方的国学"主要从教育角度如所兴办学校的课程设置方面体现其"国学"意识,特别如张之洞的教育主张和教育政策。参见罗检秋:《嘉庆以来汉字传统的衍变与传承》,中国人民大学出版社 2006 年版,第 424—434 页。
③ 曹聚仁:《中国学术思想史随笔》,生活·读书·新知三联书店 1986 年版,第 3 页。

在日本和黄遵宪商议创办《国学报》，黄遵宪则主张先作《国学史》；① 1902 年梁启超作《论中国学术思想变迁之大势》，结尾时提到"国学"概念："吾更欲有一言：进顷悲观者流，见新学小生之吐弃国学，惧国学之从此而消灭。吾不此之惧也。但使外学之输入者果昌，则其间接之影响，必使吾国学别添活气，吾敢断言也。但今日欲使外学之真精神，普及于祖国，则当转输之任者，必邃于国学，然后能收其效。以严氏与其他留学欧、美之学僅相比较，其明效大验矣。此吾所以汲汲欲以国学为我青年劝也。"② 可见，"国学"主要产生于二十世纪初，提倡"国学"的主体为以梁启超为代表的维新派、以邓实为代表的国粹派和以章太炎为代表的汉学派。如果说乾嘉时期以"汉学"为学术中心话语，十九世纪中叶后以"中学"为学术中心话语，那么，二十世纪初则以"国学"为中心话语了，影响所及而至于新文化运动以后的现代学术，从 1922 年北京大学文科研究所的国学门到 1925 年清华学校的国学研究院，从胡适的"整理国故"到顾颉刚的"古史辨派"的疑古思潮，以至全国各地的国学类研究团体和报纸杂志，都名为"国学"。据统计，从 1905 年起至二十世纪三四十年代，以"国学"命名的学术研究团体和报刊影响较大者有近 20 家（种）。③ 就研究主体而言，不遗余力地明确以"国学"研究为宗旨的是章太炎，他之于国学具有广泛的社会影响，体现在三方面，一是创办国学讲习会，1906 年在日本东京创办"国学讲习会"，1934 年在苏州创办了"章氏国学讲习会"。二是与"国学讲习会"相结合，章太炎身体力行主讲"国学"，前后四次大规模地在社会上讲授国学，第一次是 1906 年至 1909 年在日本东京的"国学讲习会"上讲授诸子学和段注《说文解字》，鲁迅、许寿裳、钱玄同、沈兼士、朱希祖、马幼渔、周作人等聆听过这次国学演讲；第二次是 1913 年至 1916 年在北京被袁世凯软禁时开讲国学，傅斯年、顾颉刚等曾经聆听；第三次是 1922 年 4 月至 6 月在上海讲授国学，此讲开场，章太炎就说："我在东京曾讲演过一次国学，在北京也讲演过一次，今天是第三次了"；第四次是晚年的 1933 年至 1936 年在苏州以"章氏国学

---

① 参见桑兵：《晚清民国的国学研究》，上海古籍出版社 2001 年版，第 2 页；罗检秋：《嘉庆以来汉学传统的衍变与传承》，中国人民大学出版社 2006 年版，第 413 页。
② 梁启超：《论中国学术思想变迁之大势》，上海世纪出版集团 2006 年版，第 110 页。
③ 罗检秋：《嘉庆以来汉学传统的衍变与传承》，中国人民大学出版社 2006 年版，第 435 页。该书以表格形式列出了"清末民初主要民间国学团体"，共列出 19 个，分别说明了名称、地点、时间、创办人、所出版刊物。如果加上没有列出的清华学校国学研究院，就有 20 家国学研究团体和机构。

讲习会"名义主讲国学。① 三是发表和出版了几次"国学"演讲内容，如第一次以《论语言文字之学》《论文学》《论诸子学》为题发表在《国学讲习会略说》中在日本印行，第二次演讲由吴承仕记录整理为《汉微言》，第三次演讲由曹聚仁记录整理为《国学概论》和张冥飞整理的《章太炎先生国学讲演集》。正是通过国学讲习会的讲演和讲演稿的发表，章太炎的"国学"研究一方面得以表述而产生较大的社会反响并影响了现代学术中的"国学"研究，另一方面从中可以见出章太炎的"国学"观。章太炎在日本时的讲题为"一，中国语言文字制作之原；一、典章制度所以设施之旨趣；一、古来人物事迹之可为法式者"②。这里章太炎是以"语言文字、典章制度、人物事迹"为"国学"范围。到第三次国学讲演时，章太炎所认为的国学范围有所扩大，他将国学分作两部分，一是"国学概论"，认为国学研究分两部：甲、国学本体，包括"一、经史非神话，二、经典诸子非宗教，三、历史非小说传奇"；乙、治国学的方法，包括"一、辨书籍的真伪，二、通小学，三、明地理，四、知古今人情的变迁，五、辨文学运用"。二是"国学的派别"，分"经学的派别"（今文经学、古文经学；汉学、宋学）、"哲学的派别"（宋以来之哲学、古代的九流、印度的佛法、欧西的哲学，章氏国学所讲主要为前三种，其实主要为古代儒道佛三家）、"文学的派别"（无韵之文的派别、有韵之诗的派别）。③ 即此可以看出章太炎的"国学"范围特征，一是以乾嘉学派正统派的朴学方法为本，强调辨伪校勘、音韵训诂等朴学方法，基本囊括了古代经史子集各部类；二不再限于音韵训诂、考经证史、典章制度、人物事迹方面的研究，而扩展到文学研究，尽管章太炎认为"文学"是指："有文字著于竹帛叫做'文'，论彼的法式叫做'文学'"④，其"文学"的范围要广泛得多，但他在"国学"中所论基本还是集中在古典散文和诗歌方面，这就突破了"汉学"研究范围，将文学纳入传统"汉学"研究中，使中国古代文学成为"国学"的主要组成部分；三是章太炎借鉴了现代人文学科的分科原则，以现代学科分类划分国学范围，除保留传统"经学"类别外，哲学和文学派别就带有现代学科视野，如他还提到，《易》是古代社会学，《论语》半是伦理道德学。"国学"初兴时与"国粹学"有所混同，章

---

① 参见《章太炎年谱》，载刘梦溪：《论国学》，上海人民出版社2008年版，第20—23页。刘著谓章太炎四次国学演讲为"章氏四讲"。
② 章太炎：《国学讲习会序》，载《民报》1908年9月5日第7号。汤志钧：《〈国学概论〉导读》，上海古籍出版社1997年版，第9页。
③ 章太炎：《国学概论》，上海古籍出版社1997年版。
④ 章太炎：《国学概论》，上海古籍出版社1997年版，第49页。

太炎则取"国学"而不用"国粹学";"国学"在后来则又有名为"国故学",章太炎后来亦有论著名《国故论衡》。如曹聚仁在《中国学术史随笔》中开篇比较认同章太炎"国故"之名,因为无论"国学"还是"国故学",都是"中国学术"的别名,主要是谈"中国学术"的。而倒是钱穆所作《国学概论》和《国故论衡》与章太炎同名异曲,比章太炎之"国学"有所不同,是真正主要范围在"中国学术"之"论衡"中。钱穆的《国学概论》撰作于1926年至1928年,在"弁言"中谈及"国学"概念,他说:"学术本无国界。'国学'一名,前既无承,将来亦恐不立。特为一时代之名词。其范围所及,何者应列国学,何者则否,实难判别。本书特应学校教科讲义之需,不得以顾采梁氏《清代学术概论》大意,分期叙述。于每一时代学术思想主要潮流所在,略加阐发。其用意在使学者得识二千年来本国学术思想界流转变迁之大势,以培养其适应启新的机运之能力。时贤或主以经、史、子、集编论国学,如章氏《国学概论》讲演之例。亦难赅备,并与本书旨趣不合。窃所不取。"①钱穆所主"国学"既取梁启超《清代学术概论》之意,即主"国学"为中国学术史之旨,在性质上类同于他二十世纪三十年代在北京大学所讲,1937年出版的《中国近三百年学术史》,只是《国学概论》不限于清代三百年学术史,而前伸至先秦而从"孔子与六经"讲起,后延到"最近期之学术思想"而讲到新文化运动及新文化运动后的学术思想发展,如当时的中西文化论战、人文主义思潮、科学与人生观论战、孙中山的三民主义思想和戴季陶的三民主义解说。钱穆的"国学"范围较之章太炎的"国学"有所扩展,既不限于传统经史子集范围而扩展到整个中国学术史,也不限于纯粹学术研究而扩展到各个时代的文化思潮考察中,这意味着钱穆将现代文化思想和现代学术也纳入"国学"领域。值得注意的是,钱穆"国学"论继承了"国学"话语初兴时将学术与国家复兴、民族振兴联系起来的理念,继续强调学术对于国家、民族的作用,在他看来,辛亥革命后到1928年,"要而言之,则此十七年之学术思想,有可以一言以尽者曰:出于'救国保种'是已。故救国保种者,十七年学术思想之出发点,亦即十七年学术思想之归宿处也。""学术不熄,则民族不亡"②。当然,钱穆《国学概论》结于三民主义的论述,其"国学"中的学术与民族国家共存亡的关系理念主要是从民族主义角度做出的,多少有别于"国粹派"的"国学"理念。但学术救国的思想则从世纪初提倡"国学"开始一以贯之,不仅止于钱穆所论述到的1928

---

① 钱穆:《国学概论》"弁言",商务印书馆1997年版,第1页。
② 钱穆:《国学概论》"弁言",商务印书馆1997年版,第364—365页。

年。而新文化运动以后的学术研究也不完全如钱穆所说仅仅是"救国保种",固然要保留"国学"的民族性,但更追求世界性,在保留民族性特色的基础上、走向世界的过程中,中国现代学术尤其追求现代化,无论是胡适的整理国故,还是清华国学研究院的国学研究,都在传统国学研究中赋予了现代化性质,把"国学"研究推进到新阶段,提升到新境界,标志了国学研究在保持民族性基础上的现代化追求。

"国学"概念作为一种学术话语的出现及其"国学"理念中的学术实践标志了中国二十世纪学术研究的新范型,应该说构成了中国现代学术格局的主体层面。处身于中国现代学术格局中的闻一多和他的学术世界,从他的学术研究态度到他的学术研究对象,从他的学术研究方法到他的学术研究价值,都可以归为国学研究范畴,他的国学研究和研究的成果共同构成了中国现代国学的组成部分。我们说"国学"研究成为中国现代学术构成的主体层面,主要不是从前述"国粹派"及章太炎、钱穆"国学"论做出,而是在"国学"话语更广泛的含义上认知现代学术与"国学"的关系。"国学"是什么?王富仁先生在《"新国学"论纲》中说:"'国学',顾名思义,是一个国家、一个民族的文化和学术。在这个国家、这个民族的内部,'国学'还具有一种潜在的情感色彩和价值评价,有着'它是我们自己的文化和学术','是与我们自己国家、自己民族的生存和发展息息相关的'等微妙的含义。"①《"新国学"论纲》在这样的"国学"概念基础上提出"新国学"概念,认为"'新国学'就不是规定性的,而是构成性的"。其中有两个重要的构成性因素,即民族语言和民族国家。那么,以此来衡量"国学"的范畴,同样具有构成性的特征,与"新国学"为在民族语言和民族国家双向度的横向构成的学术整体不同,"过去的'国学'是一种纵向的构成方式"②。这种"国学"的纵向构成体现为三种类型的历史背景,第一种类型是历史文化背景,从先秦文化到清代文化的发展演变构成了"国学"研究的内容,而在近代以后出现了西方文化影响下的现代文化,现代文化中的相当一部分即是对旧文化的研究而转化为新文化,从而构成"国学"的研究成果;第二种类型是历史学术背景,一是从先秦到清代学术的演变构成了"国学"的源和流,二是近代从"汉学"到"中学"的发展构成了"国学"的话语基

---

① 王富仁:《"新国学"论纲》,载《新国学研究》第 1 辑,人民文学出版社 2005 年版,第 120 页。
② 王富仁:《"新国学"论纲》,载《新国学研究》第 1 辑,人民文学出版社 2005 年版,第 127、133 页。

础，其中"汉学"和"宋学"，"汉学"中的"古文经学"和"今文经学""中学"和"西学""中学"中的"旧学"和"新学"等几对矛盾都反映到"国学"研究中，构成了"国学"研究的矛盾性和复杂性；第三种类型是历史的民族国家意识背景，一是从封建君主意识到近代民族国家意识的觉醒，从封建王朝到现代民族国家的建构，构成了"国学"的现实基础而凸显出"国学"中"国"的内涵，二是随着近代西方列强的入侵而国家面临危亡，谋求国家独立、民族振兴成为时代主题，现实的政治救亡表现在学术中就转化为学术经世和学术救国，民族国家的政治救亡意识构成了"国学"话语中的"学"为"国之学"的内含。这三种纵向的历史背景实际就规定了"国学"中"国"与"学"关系的本质，也体现出作为"国"之"学"的"国学"研究特征。"学"本来应该是理性的、科学的、客观的、冷静的，但"学"与"国"一旦结合，作为"国学"之"学"就具有了情感性特征，国家主义、民族主义思想会转化为一种对固有文化和学术的情感取向，以民族文化情感表示自我的爱国情感，所以，"国学"研究往往具有主观情感色彩，"复古派""国粹派""保守派"等同样自号为"国学"派别，其文化价值取向不是理性地分析传统的好坏，而是非理性地歌颂传统，一定程度上也在于"国学"自身不可避免的情感性特征。在此意义上，闻一多进入国学研究，同样没能避免其中的矛盾和矛盾中的文化情感取向。在"国"与"学"的结合过程中，"学"依附于"国"而把"学"提升到"国"的高度去意识，"国"依靠"学"而使学人把对"国"的情感寄托于"学"。闻一多本就有深厚而强烈的爱国主义情感和思想，爱国主义具体体现为早期的国家主义思想、民族主义意识和"文化上的爱国主义"，他是带着这样的思想和情感进入对传统文学和文化的研究，国家意识和民族意识提升出的"文化上的爱国主义"具体到学术研究中，就是一种鲜明的"国学"意识的研究。上述"国学"构成过程中三种类型的历史背景同样体现在闻一多的国学研究中，首先从历史文化角度，闻一多出于爱国主义思想和情感，一度认为中国文化是"绝对地美的，是韵雅的"文化，"文化上的爱国主义"思想决定了闻一多的学术研究视野不会投向西方文化，而是投向中国文学和文化，以中国文学和文化为自己的研究对象，主要研究从先秦到唐代的文学和文化，这构成闻一多国学研究的主体内容；而且，因为闻一多具备了西方文化和现代文化的思想背景，所以他的"国学"研究具有新文化的特征，他的国学研究成果也具有了现代国学品格而构成现代国学的主要组成部分。其次，从历史学术角度，闻一多的国学研究是中国古代学术的发展和继续，是在中国古代学术的影响下进入自我研究的过程，从先秦到近代的学术构成他国学研究的学术源流；在他的国学研究过程中，同样一直面临着"汉学"和"宋学""古文经学"和"今文经学""中学"和"西学""旧学"和"新学"的冲突，这使得闻一多的国学研究具有比其他现代学者更为复杂、更为矛盾的特征，其中有最现代化的学术理念，也有最传统的学术方法，有激进的文化思想，也有保守的文化情感，有无征不信的考据学研究，也有"英雄欺人"式的即兴论说，有"为学术而学术"的研究，也有"为现实而学术"的研究，各种矛盾并存于闻一多的学术世界，成为他国学研究的鲜明特征。再次，从民族国家角度，闻一多的"国学"研究中的国家意识和民族意识更为强烈，主要在于闻一多本就是激情澎湃的爱国主义诗人，诗情诗意转换到学术研究中，从留学美国时的备感种族歧视和民族衰弱到回国后目睹国家内不统一、外不独立的现实状况，国家主义思想支配下的政治救亡活动也转换到学术研究中，这就使得闻一多的学术研究与国家、民族的结合更为紧密，随着全面抗战的爆发，进一步强化了他的"学"为"国之学"，以"学"来探索民族文化源头并进而振兴民族文化的意识；更进一步，从"国学"研究而转向实际的现实政治救亡活动中，使得"国学"具有了实践理性和更现实的意义。

一个学者的学术研究思想、学术研究对象、学术研究方法、学术研究价值取向在受到历史文化和学术的影响基础上，最终是由时代文化思潮和现实学术语境所决定而生成和发展的。闻一多处身于二十世纪前半叶，正是在由近代文化和学术演变而成的现代文化思潮和现代学术语境中建立自我的学术世界的。从"汉学"到"中学"到"国学"，可以标志中国学术在十九世纪开始的学术演变历程，这也反映到闻一多的学术研究历程中。在这个学术演变历程中，近代从"汉学"到"中学"的发展和转型为现代"国学"语境，这决定了闻一多的学术走向。"汉学""中学""国学"这三种学术范型在近现代基本呈现为前后相序、前后承接的演变，具体到闻一多与这三种学术范型的关系，实际上并不是按照学术史的演变顺序来接受其影响和展开自己的学术研究，而是表现出三种学术范型在他学术世界的交错性和交错中的复杂性特征。闻一多之于"汉学""中学"和"国学"的接受主要体现为逆向性特征。中国近现代学术史基本按照"汉学——中学——国学"的次序发展，清末民初的学术中心话语和学术范型从"汉学"占统治地位发展到"西学"兴起后的"中学"，到20世纪初从"中学"话语演变到"国学"，当然前后有叠加的成分和学术上一脉相承的内容，但三者历时性的演变轨迹还是比较清晰的。而闻一多对这三种学术话语和学术范型的接受并不是依照本来的演变顺序，而是从他所在的学术语境首先接受最近的学术话语和范型开始，然后随着自我文化思想的变迁和学术研究的展开上溯到与当下距离相对遥远的学术话语和范型。具体说，闻一多首先接受的是"国学"理念，然后注重"中学"思想，最后在研究中借鉴"汉学"方法，其大致顺序是："国学——中学——汉学"，与近现代学术史的演变恰好相反，所以具有逆向性特征。

三、闻一多的国学意识历程

纵观闻一多的文化思想和学术研究历程，可以分出三个阶段，第一个阶段是他在清华学校求学时期（1913—1922），这正是辛亥革命后到五四新文化运动后，少年闻一多既带着政治革命的影响，又沐浴于文化思想革命中，同时在精神上经历了从旧文化向新文化转变的历程，而这个历程与他所在清华学校的教育背景密切相关，美国化的清华教育使他从旧到新的转变更主要体现为从中国文化向西方文化的转变。随着年龄的增长、心智的成熟，闻一多在思想和精神上开始审视自我的文化取向。在整个自我文化的审视过程中，有三种因素影响了闻一多在文化和学术上的选择。一是清华学校的性质。当他在少年时经过激烈竞争考取清华时，或还在懵懂中感受到一种少年得志的欢喜，但几年后开始意识到自己所就读的学校原来是近代中国软弱无能、丧权辱国的产物，作为用《辛丑条约》中赔款的退款办起来的留美预备学校，打上了民族国家屈辱的深刻印记，这烙印也日益深刻在闻一多等爱国学生的心灵里。由此而激起发奋学习的热情，同时关注国家的前途和民族民运，以民族国家的意识思考中国文化的境遇和前途。二是清华学校教育的状况。清华学校的教育目的非常明确而功利，那就是培养留学生，所以实行美国化的教育，课程设置和教学重点集中在"西学"方面，即使有中文课程也不受重视，仅仅点缀而已。而学生方面也因为中文课程无关于留学前途而不予重视，课堂秩序混乱不堪。闻一多为此愤激地作文《中文课堂底秩序一斑》给以抨击。学校的性质已经使闻一多感觉到无比屈辱，教学状况令闻一多不满而忧虑。正是在这样的心态下，闻一多所见独不与人同，反愈加关注中文课程，而从自我文化处境中生发出"国学"意识。三是当时学术界的"国学"热潮。新文化运动前的学术界就已经以"国学"为主要学术话语，新文化运动以后如北京大学的"国故学"研究如火如荼地开展起来，与思想革命同时在社会上引起巨大影响。时在清华读书的闻一多本来就爱好传统诗文典籍，自然对学界动态有所关注，这样就使闻一多初具学术意识时首先接受的就是"国学"思潮和"国学"话语影响。思想上受新文化运动影响，诗歌创作上受文学革命和"诗体大解放"影响，学术上则主要受"国学""国故学"潮流的影响,这是闻一多在清华读书阶段自我文化审视过程中的文化选择取向。闻一多在"国学"思潮影响下的文化和学术志向就是:振兴国学!写于1916年的《论振兴国学》可以说是闻一多的个人"国学"宣言,也可以说是他以后国学研究的思想起点。这篇尚用文言撰写的"国学"宣言,从内容上可以明显地看出时人"国学"观对他的影响,如开篇所立论及正反论据:"国于天地,必有与立,文字是也。文字者,文明之所寄,而国粹之所凭也。希腊之兴以文,及文之衰也,而国亦随之。罗马之强在奥开斯吞时代,及文气敝,礼沦乐驰,而铁骑遂得肆其蹂躏焉!吾国汉唐之际,文章彪炳,而郅治跻于咸五登三之盛。晋宋以还,文风不振,国势披靡。洎乎晚近,日趋而伪,亦日趋而微。维新之士,醉心狄鞮,么乎古学。"① 这和前所引《国粹学报》上面文章论调如出一辙,甚至连文字都颇类似,而且闻一多重点强调一国文字之重要性,也正是章太炎的国学观。闻一多以古希腊罗马和中国历史的发展为例,从正反两面说明"文字""文章"之兴衰和国势之兴亡的关系,以证明国学的重要性。此时毕竟还在新文化运动初发生时,其影响尚未及于闻一多,所以闻一多表现出比较浓郁的"国粹派"情绪也不奇怪。显然,闻一多是将作为"国学"的"古学"和"西学"相对立,文化情感在"古学"而非"西学",谓之"狄鞮"之学,自然包含了轻视。尽管闻一多接受了西方化教育,有了中西比较的意识并在比较中意识到中国的因循守旧、自高自大、政治落后、工艺鄙陋,但他更欣赏的是中国古代的文化,"《礼》以节人,《乐》以发和,《书》以道事,《诗》以达意,《易》以道化,《春秋》以道义。江河行地,日月经天,亘万世而不渝,胪万世而一理者,古学之为用,亦既广且大矣。苟披天地之纯,阐古人之真,俾内圣外王之道,昭然若日月之揭,且使天下咸知圣人之学在实行,而戒多言,葆吾国粹,扬吾菁华,则斯文不终丧,而五帝不足六矣"②。当然,这里所表现的思想未必是闻一多的研究结果,多为老生常谈,更有"国粹派"气味,但却为当时闻一多的文化信念,对"六经"的赞美不遗余力,表明闻一多此时的"国学"是主要以"六经"为核心。而"国学"的依托和基础是文字,所以闻一多尤其强调文字的作用,以为即使是"新学",也当"以吾国文字"发明,并且相信"吾国文字""将渡太平洋而西行矣。"这毕竟是虚幻的设想,而现实状况却是:"新学浸盛而古学浸衰;古学浸衰而国势浸危。"年轻的闻一多雄心勃勃以"振兴国学"为己任,因为在他看来,"胜朝遗逸"已经无能为力,"惟

---

① 闻一多:《论振兴国学》,载《清华周刊》,1916年第77期。
② 闻一多:《论振兴国学》,载《清华周刊》,1916年第77期。

新学是务者"于古学"目不识丁",所以,振兴国学,舍我其谁,"惟吾清华以预备游美之校,似不遑注重国学者,乃能不忘其旧,刻自磨濯。姑晨鸡始唱,踞皋高吟,其惟吾辈之责乎"①!闻一多将振兴国学的重任寄予留美预备学校的清华,自然既不现实更不可能,不无天真之处,但其中主要还是表现了他自己的志向,由对"国学"衰微的"恕焉而悲"情绪发展出鲜明的"国学"意识。其中尽管还没有具体内容的展开,但闻一多在此前中国古典经史子集等典籍的学习过程中,已经初步具备了中国古典文化的素养,也就具备了接受当时"国学"思想的基础。一种时代思潮的影响对象总是那些已经具有了该思潮因素的主体,因为他们已经具有了特定思潮的思想因素,所以会对特定的思潮做出回应,并在回应中进一步融入该思潮和进一步接受影响。与闻一多同时代的青年包括清华学校的学生未必关心"国学",所以对"国学"思潮不会都敏感,而闻一多虽然在清华美国化教育的氛围中,但因为已经具有的"古学""旧学"素养使他"不忘其旧",潜在的"国学"意识使他能够敏锐地感知到当时的国学思潮并做出回应。虽然他未必能够对当时国学思潮做出贡献,但自我意识到的"国学"命运和当时"国学"思潮对他"国学"意识的强化,使他树立"振兴国学"的志向,这极大地影响了他今后的文化思想和文化人生道路。我们说,闻一多后来转向国学研究,其动因还在于他早期的"振兴国学"志向。当然,闻一多这个阶段的"国学"还仅仅在意识中,并没有进入实际的国学研究过程中,"国学"意识主要体现在随后的诗歌创作中,在现代新诗创作中融入古典诗歌意象和中国文化意韵,体现为"诗中有学",笔者以为他的"诗中之学"即为国学,是他国学意识和国学素养在诗歌中的体现。而正是这种"国学"意识成为闻一多今后学术研究的思想基础。自然,诗歌中的国学素养表现也延续到了他出国留学后所创作的诗歌中。

而"国学"意识则在出国留学后主要体现为"中学"理念,这是闻一多接受近现代文化和学术影响的第二个阶段,即在美留学时期到正式转向学术研究之前(1922年7月—1928年)。出国留学对于闻一多不仅仅是人生的转折,而且是他思想的转折,人生和思想的转折共同影响到他的"国学"意识和日后的学术研究。而回国前后的社会政治活动使作为学术层面的国学落实到现实中,正是现实的刺激促使他进入国学研究中。这个阶段闻一多尚未进入正式的国学研究,主要学习美术、创作诗歌、发起诗歌运动和参与一些社会政治活动,但

---

① 闻一多:《论振兴国学》,载《闻一多全集》,湖北人民出版社1994年版,第282、283页。

为日后的国学研究进行了文化思想和学术思想的充分准备,所以我认为可以纳入闻一多的学术历程进行考察,这考察可以分两个时期,一是在美国留学时的中西文化矛盾感受,二是回国以后国学内容和现实社会的矛盾感受。首先是在美国留学时中西文化的对立使闻一多初步形成的国学意识以与西方文化对立的"中学"理念和"文化上的爱国主义"表现出来。闻一多在清华读书时形成的国学意识经过新文化运动的思想洗礼,逐渐退去了复古主义、保守主义的"国粹"气味,而从"旧学"意识转向"新学"思维,在"国学"意识中融进了文化思想革命的内容。而他的"国学"意识更主要表现在对中国古典诗歌的爱好和研读中,在出国留学之前撰写了《律诗底研究》。但当他出国后完全置身于美国社会环境和文化氛围中的时候,凸显出来的是中西文化的鲜明对立。如果说闻一多在清华读书时虽然清华施行美国化的教育,但因为身在本土,感受中的文化根本还是民族文化,但当他出国后,本土民族文化的根本受到西方社会生活和西方文化的冲击,文化的民族性区别和国别界限陡然而生,中西文化的对立以对立的诗歌意象呈现在闻一多的精神世界中,在他的感受中,要去的美国社会是:"啊!那是苍鹰的领土——那鸷悍的霸王啊!他的锐利的指爪,已撕破了自然的面目,建立起财力的窝巢。那里只有铜筋铁骨的机械,喝醉了弱者的鲜血,吐出些罪恶的黑烟,涂污我太空,闭熄了日月,教你飞来不知方向,息去又没地藏身啊!"(《孤雁》);而想象中的远离的祖国:如菊花一样美丽、灿烂和庄严,有着"高超的历史"和"逸雅的风俗",是自然美、艺术更美、文化尤其美的"如花的祖国"(《忆菊》)。对立的诗歌意象呈现出对立的民族国家和民族国家的文化,表现了闻一多的文化情感取向,其文化情感取向决定了他的文化意识,其文化意识里包含了切身的民族和国家层面的感受,那就是因为民族的衰弱和国家的落后而遭遇到的种族歧视。闻一多在美国时耳闻目睹、感同身受的种族歧视遭遇①激起他强烈的情感反应,在本来就思念家乡和祖国的情感中增加了厌恨美国的情绪,"在家时从不知思家之真滋味,出国始觉得也,而在美国为尤甚,因美国政府虽与我亲善,彼之人民忤我特甚(彼称黄、黑、红种人为杂色人,蛮夷也,狗彘也)。呜呼,我堂堂华胄,有五千年之政教、礼俗、文学、美术,除不娴制造机械以为杀人掠财之用,我有何者多后于彼哉,

---

① 闻一多在美国时亲身经历过几次种族歧视事件,如他自己本来因为绘画成绩优异可以保送到巴黎修习,但因为是中国人而享受不到此待遇;同学到理发馆理发而因为是黄种人遭到拒绝,虽然赢得官司,但仍然不准许到理发馆;学校举行领取毕业证书仪式,美国学生竟不愿意和中国学生结伴而到主席台,等等,这些都给闻一多以极大刺激。

而竟为彼所藐视、蹂躏,是可忍孰不可忍"!①"一个有思想之中国青年留居美国之滋味,非笔墨所能形容。俟后年年底我归家度岁时当与家人围炉絮谈,痛哭流涕,以泄余之激愤。我乃有国之民,我有五千年之历史与文化,我有何不若彼美人者?将谓吾国人不能制杀人之枪炮遂不若彼之光明磊落乎?总之,彼之贱视吾国人者一言难尽。我归国后,吾宁提倡中日之亲善以抗彼美人,不当言中美亲善以御日也。"② 这时闻一多对美国文化的认知集中在物质层面,看到的主要是工业文明带给人类的灾难,"杀人之枪炮"的制造、环境的污染、对人性的戕害等,所谓的先进也仅限于此,而中国呢,虽然在物质文明方面落后于西方,但精神文明中具有"五千年之历史与文化"。闻一多在此自然陷入近代以后中国认知中西文化优劣的思维和心理中,以自己文化之长比对美国文化之短,对中国文化进行大力揄扬,以为"东方底文化是绝对地美的,是韵雅的。东方的文化而且又是人类所有的最彻底的文化"。③ 身在美国而心向中国,学习着西方文化却热爱着中国文化,爱国情怀表现在诗歌中的同时也体现为"文化上的爱国主义":"我爱中国固因他是我的祖国,而尤因他是有他那种可敬爱的文化的国家"。④ 正是在这样的精神感受的思想意识中,闻一多虽然身在美国修习西方文化,但"国学"意识却更为强化,在中西文化的激烈冲突中反激发起他的"中学"本位意识,课余大量时间反主要研读中国古典诗文,要进行古代诗歌的学术研究。这种西方文化刺激下的"中学"本位意识一方面是已经形成的"国学"意识的延续和具体表现,另一方面也有近代"中体西用"思想的影响,而又与"中体西用"思想有所区别。"中体西用"强调作为"以夷制夷"文化策略的发展,不排斥学习西方文化的"船坚炮利"而且主要以"船坚炮利"为其"用",而闻一多则对"船坚炮利"给以坚决的批判,在批判基础上保有"中学"本位。当然闻一多并不是完全否定学习西方文化,而否定的是西方物质文明中反人类、反人性的部分,是出于爱国情怀而在精神上回归"中学",赞美中国文化。实际上,无论是"中学"还是"国学"都是在与不同于中国文化和学术的他种文化和学术、他国文化和学术的对比中才更有意义,因为只有这样的

---

① 闻一多:《闻一多1922年8月致父母信》,载《闻一多全集》第12卷,湖北人民出版社1994年版,第50页。

② 闻一多:《闻一多1923年1月14日致父母信》,载《闻一多全集》第12卷,湖北人民出版社1994年版,第138页。

③ 闻一多:《〈女神〉之地方色彩》,载《闻一多全集》第2卷,湖北人民出版社1994年版,第123页。

④ 闻一多:《〈女神〉之地方色彩》,载《闻一多全集》第2卷,湖北人民出版社1994年版,第121页。

对比才能够赋予"中学""国学"以独特性，而"中学"和"国学"意识下的学术研究本就在于通过研究以捍卫其文化地位和保持其独特性。一直身在中国地域范围和文化学术语境中对"中学""国学"是一种感受，而离开中国则会是另一种感受。出国留学，远离中国和中国的文化氛围，长期置身于域外社会和文化中，本来的空间距离加上时间距离的逐渐增加，对于留学生们往往会产生两种极端的结果，一种是逐渐忘却祖国和祖国的文化，而完全融入异域社会生活和文化语境中；一种是非但不会忘记祖国和祖国文化，而是始终在与异域社会和文化的疏离中愈益强化了对祖国和祖国文化的思念情。如同热恋中人，离别后随着空间和时间距离的加长，要么情感逐渐淡化，要么情感更加强烈。闻一多在美国三年，一方面，他更深刻地体认了"中学""国学"的意义，另一方面，加剧了他对祖国和祖国文化的情感，而这种情感又主要通过对"中学"的保持和对"国学"的深刻认知体现出来。"国学"意识下的"中学"本位理念，第一表现在不忘研习中国古典诗文，在"西学"氛围中保持住"中学"根柢；第二表现在诗歌创作中的"中学"内容，并以诗歌赞美祖国文化；第三表现在美国提倡国学，他在1925年在纽约参与留学生提倡和演出"国剧"的活动；第四表现在以"文化上的爱国主义"思想参加国家主义团体"大江会"的活动，从国家主义角度认知中国文化和学术。这种认知延续到回国以后，带着留学三年思念祖国的情感和"文化上的爱国主义"，闻一多回国后在提倡诗歌运动的同时，继续致力于"国剧"运动和国家主义派别的政治活动。理想中如花一样美丽的祖国形象在现实中国面前彻底粉碎，"五卅"运动、"二一八"惨案、"四一二"政变等政治事件标志了中国的现状，既不统一又不独立，既受帝国主义欺凌又受军阀混战摧残，黑暗腐败，民不聊生，闻一多痛苦地"发现"："这不是我的中华！不对，不对！"，而是"一沟绝望的死水"！这"一沟绝望的死水"和满是"噩梦""恐怖""噩梦挂着悬崖"的现实社会，竟然就是他几年魂牵梦绕的祖国啊！他失望，他痛苦，他焦灼，既而"祈祷"，祈祷之余"呐喊"，写出一系列惊心动魄的爱国诗如《一个观念》《发现》《祈祷》《一句话》《七子之歌》《醒呀！》《我是中国人》《长城下之哀歌》等，以闻一多的"诗中有学"特征，这些诗歌在激情的诗意化抒发中包含着深厚的"国学"素养。在美国时的中西文化对立和冲突退隐幕后，进入他意识前台的是"国学"和现实的对立冲突，以诗歌中所表现的民族主义思想和国家主义意识看取中国文化和中国现实的关系，爱国主义更转向"文化上的爱国主义"，极力讴歌"五千年的文化"，而"五千年文化"就是"国学"的基本内容。现实的失望促使闻一多从现实转向文化和学术，1928年以后带着前此生成和发展的"国学"意识，开始了自我的学术研究,也就是开始了"国学"的研究。

至此,前两个阶段都可以看作闻一多国学研究的积累期和思想准备期,1928年闻一多正式开始学术生涯,进入文化学术发展的第三个阶段(1928—1946年),即闻一多实际的国学研究历程。当闻一多正式进行学术研究时,早年形成的"国学"意识和"振兴国学"的志向可以付诸实践,而留学时在美国所感受到的中西文化冲突和"文化上的爱国主义"思想也落到了实处,不再是空洞的赞美五千年历史和五千年的文化,而是从学术的角度具体认识民族文化的真实面目,切实地研究国学的本质特征。怎么认识和研究中国文学和文化呢?闻一多进入国学研究后,首先需要进入学术史和当时的学术语境。当时的学术语境基本上仍然延续着世纪初的"国学"话语和新文化运动后的"国故学"话语,从特定的时代学术语境入手进行国学研究,必然涉及国学范围和国学方法论。闻一多最初选择的研究对象是《诗经》和唐诗,然后增加了《楚辞》研究。按照章太炎的国学观,这当然都属于国学研究的范围,《诗经》自不必说,作为经学的主要经典本来就是国学的本体内容,而唐诗和《楚辞》自属于文学的范围。从国学范围看,闻一多的国学研究基本符合章太炎的国学界定而并没有限于经学研究。无论属于经学的《诗经》还是不属于经学的唐诗和《楚辞》,在真正进入研究过程中,都涉及版本真伪、文字正误、词义诠释正确与否的问题。这样,一方面为研究对象的需要,另一方面为传统学术和时代学术语境的影响,闻一多的国学研究走上了"汉学"研究路径,以"汉学"方法辨正国学经典,首先要做的为文字校勘和词义诠释。这样,"国学"在闻一多的具体研究过程中体现为"中学"的内容和"汉学"的方法。而经过十几年的以"汉学"方法研究"中学"内容的研究历程,闻一多的"国学"思想最终发生新变,不仅发现了"中学"内容的"病症",而且发现了"汉学"方法的"积弊",一反十几年陶醉于"故纸堆"的考据学研究世界,起而批判自己的研究对象,自命为"杀蠹的芸香"而"查杀"国学典籍中的"蠹虫",以锋利的思想批判中国传统文化而在"国学"研究中独树一帜。正如闻一多自己所说:"经过十余年故纸堆中的生活,我有了把握,看清了我们这民族,这文化的病症,我敢于开方了。""你想不到我比任何人都恨那故纸堆,正因恨它,更不能不弄个明白。你诬枉了我,当我是一个蠹鱼,不晓得我是杀蠹的芸香。虽然二者都藏在书里,他们作用并不一样。"① 在1944年西南联合大学召开的五四历史座谈会上,闻

---

① 闻一多:《闻一多1943年11月25日致臧克家信》,载《闻一多全集》第12卷,湖北人民出版社1994年版,第380页。

一多明确进一步申说道:"愈读中国书愈觉得他是要不得的,我的读中国书是要戳穿他的疮疤,揭穿他的黑暗,而不是去捧他。""当时(指五四时期)要打倒孔家店,现在更要打倒,不过当时大家讲不出理由来,今天你们可以来请教我,我念过几十年的《经》书,愈念愈知道孔子的要不得,因为那是封建社会底下的,封建社会是病态的社会,儒家就是用来维持封建社会的假秩序的。他们要把整个社会弄得死板不动,所以封建社会的东西全是要不得的。我相信,凭我的读书经验和心得,他是实在要不得的。中文系的任务就是要知道他的要不得,才不至于开倒车。"① 建立在国学典籍考据学研究基础上,针对当时的复古主义思潮,联系五四新文化运动反封建思想革命的任务,从自己的读书经验和文化感受出发,闻一多在二十世纪四十年代做出了新的文化"宣言",为自己赋予了新的文化使命,即:继承五四新文化运动的思想革命传统,负起"杀蠹的芸香"重任,以"文学史家"和文化思想革命家的身份,反思国学内涵,批判中国传统文化思想! 至此,闻一多跳出了"中学"内容的藩篱,解除了"汉学"方法的束缚,从现实中国文化出发,着眼于外来中国文化的建构,把"国学"研究提升到现代化的时代高度和扩展到世界化的广阔境域进行了整体思考:"我始终没有忘记除了我们的今天外,还有那二三千年的昨天,除了我们这角落外还有整个世界。我的历史课题甚至伸到历史以前,所以我研究了神话,我的义化课题超出了文化圈外,所以我又在研究以原始社会为对象的文化人类学。"② 此时闻一多研究课题的"伸到历史以前"和"以原始社会为对象"意味着他对以"经学"为核心的传统"国学"内涵的突破,而"文化人类学"的视角更意味着他对"汉学"方法论的超越,"超出文化圈外"的同时也意味着闻一多从"内"向"外"走而进入社会现实,意在廓清几千年封建文化思想的迷障,将原始社会和神话时代与现实社会直接对接,在现实中国注入未受封建文化濡染的原始生命力,在古今文化的贯通中将中国文化融入"世界文化"中。在他看来,"文学的历史动向"指示出"人类历史发展的必然路线"——"对近世我们影响最大最深的四个古老民族——中国,印度,以色列,希腊"的文化在分途发展后,随着文化势力的扩张,"最后,四个文化慢慢地都起着变化,互相吸收,融合,以至总有那么一天,四个的个别性渐渐消失,于是文化只有一个世

---

① 闻一多:《五四历史座谈》,载《闻一多全集》第2卷,湖北人民出版社1994年版,第367—368页。
② 闻一多:《闻一多1943年11月25日致臧克家信》,载《闻一多全集》第12卷,湖北人民出版社1994年版,第381页。

界的文化"。① 那么,到"只有一个世界的文化"时,"国学"还存在吗?如果存在,将何以自处?这是闻一多对"国学"的突破,还是对"国学"的超越?闻一多的这种"世界文化"思想实际上触及"国学"的前途,在文化日益全球化的今天,闻一多的预言如同当年马克思、歌德的"世界文学"预言一样,也正在成为现实,同时"国学"的存废也成了一个真正的"问题"。在此,我们可以看到,闻一多在二十世纪四十年代实际上从三个方面解构了"国学"。第一个方面是作为"杀蠹的芸香"建立在国学研究基础上的思想批判,在一系列的文化杂文中猛烈地批判了中国传统的文化思想如儒家、道家、墨家和当时的复古主义思潮,如《复古的空气》《家族主义和民族主义》《关于儒·道·土匪》《什么是儒家》《孔子与独裁主义》等文章,可以说是闻一多国学研究的思想结论。第二个方面是作为"文学史家"在"文学的历史动向"考察中对未来文化的预言,实际的文化发展将可能出现以"世界的文化"吞并个性"国学"的结果,也标示出在闻一多自我的文化思想中,"世界的文化"观念将代替一贯的"国学"理念。第三个方面是作为民主斗士在现实的政治斗争中重新反省自我的国学研究,学术的力量在专制政治面前事实上是极其软弱的,现实腐败和生存困境与国学典籍的考据学研究格格不入,"故纸堆"所压抑的诗人激情注定要如火山一样爆发出来,而闻一多参加民主斗争,拍案而起,发表《最后一次的讲演》即如火山爆发,"炸开那禁锢我的地壳,放射出光和热来",这"禁锢"他的"地壳"其中就包括了他长期献身的国学和国学研究,随着他的牺牲,伴随他的国学世界也遭到了毁灭。凡此种种,共同说明着闻一多国学研究历程和国学理念的新变,这种新变表现出来的却是从多方面对国学的消解。联系他在1916年所作《论振兴国学》,国学研究的这样结果与当年的国学思想真正大异其趣,少年时的"振兴国学"志向付诸国学研究实践几十年,经过近三十年中国社会的变化、中国文化的演变和闻一多自己的人生及精神的发展,整体的文化精神、学术思想和国学意识却发生了根本性的变化,种瓜而未能得瓜,少年时就播下了"国学"的种子,长期耕耘和收获到的是"反国学"的"果实",这大约是闻一多始料未及的。但事与愿违的国学研究正说明了闻一多国学观念和对国学态度的现代追求,正是在国学现代化的意义上,闻一多以最后的国学思想结论超越了传统国学观念和中国学术史上的国学研究,具体而言,他超越了古代儒家的"经学"正统观念,超越了乾嘉学派的"汉学"传统方法,超越

---

① 闻一多:《文学的历史动向》,载《闻一多全集》第 10 卷,湖北人民出版社 1994 年版,第 16 页。

了近代以降的"中学"本位意识，超越了世纪初期的基于国粹主义的"国学"思想，在超越中具有了自我独特的"国学"理念和文化价值取向，因此闻一多的国学研究既没有重蹈复古主义的覆辙，也没有如相当一部分学者那样而走向文化保守主义，最终坚持了"五四"新文化运动所开创的反封建思想革命道路，把国学置于现实中国的需要和新文化运动的标尺下进行审判，在文化批判中确立符合现代社会要求的中国文化观。

综观闻一多整体的学术世界，他的研究作为"国学"研究，在研究对象上是中国的文化和学术，在研究方法上运用考据学，其"国学"是由"中学"内容和"汉学"方法构成的。这样，闻一多之于中国近现代学术演变历程是逆向地从最初的"国学"意识到"中学"本位而最后承继"汉学"方法，学术历程的终点是他成为中国文化的"杀蠹的芸香"，这构成了闻一多"国学"研究的整体世界。这个整体的国学世界是由与近代学术演变相逆的"国学""中学"和"汉学"累积而成，是"国学"意识、"中学"本位和"汉学"方法的结合，在历时性的演变中，闻一多以"杀蠹的芸香"为特征的文化批判和对"国学"的最终超越使得他的国学研究具有了现代性，是区别于近代学术的中国现代学术和现代国学。

第五章 现代学术语境中"国学"的共生结构

闻一多虽然真正从事国学研究是在二十世纪三十年代以后，但学术思想和国学观念的孕育是早已经开始并呈现出演变的过程。从文化和学术语境的影响上说，我认为对闻一多国学研究形成根本影响的是一种中心文化思想和两个国学系统，一种中心文化思想是新文化运动的"历史法则"，两个国学系统分别为：一是以北京大学为中心在新文化运动中形成的国学思潮，二是与闻一多一生关系最为密切的清华国学研究传统（从清华学校到清华大学）。上列闻一多国学谱系中，他的研究思想基点是新文化运动，从胡适的"整理国故"到顾颉刚的"古史辨派"乃至傅斯年主持的中央研究院历史语言文化研究所，是北京大学国学思潮的系统；从清华学校的国学研究院到李济总领的安阳考古发掘乃至西南联合大学时的研究而形成的"清华学派"，则构成了清华的国学传统。闻一多受新文化运动和北京大学国学思潮影响，经过自己的国学研究，归向了清华学派的国学系统并成为清华学派国学研究的主要构成人员。

一、新文化运动的"历史法则"

闻一多的学术研究既受中国古代学术史影响，是中国古代学术史的一个发展，又在中国现代学术语境中生成，是中国现代学术的主要组成部分。作为中国现代学术的构造，从中国学术演变角度，闻一多全部的学术世界可以概括为：闻一多的学术是以"中学"为体，以"汉学"为用的"国学"研究，"文化上的爱国主义"是他"国学"研究的出发点，"杀蠹的芸香"为他"国学"研究的思想归宿点。所谓"中学"为体，是指闻一多的学术研究对象以中国文学和中国文化为本，区别于以西方文学、西方文化为研究对象的学术；"汉学"为用，是指闻一多主要运用了"汉学"研究方法，借鉴乾嘉学派考据学方法来研究"中学";"中学"的内容和"汉学"的方法构成闻一多的"国学"研究世界,在"国学"中体现出现代文化烛照下的思想价值取向,即体现出民族国家意识的"文化上的爱国主义"思想构成他"国学"研究的思想基础,经过深入研究后得出思想结论,在思想上对"国学"施行批判,体现出一个学者的现代思想家品格。本质上,闻一多的"国学"研究已经不同于传统的"汉学"研究、不同于近代的"中学"研究、不同于现代其他的国学流派研究而具有自己的独特性,其学术思想历程中从"国学"到"中学"再到以"汉学"研究"中学"的历程,并不完全体现为时间上的阶段性,而是从不同的学术精神层面在现代学术语境中共生而成的"国学"结构。

闻一多的"国学"研究能成为一种结构,是自我学术研究历程和中国学术史影响相结合、共生而累积成为他的"国学"世界的。并不是所有中国古代文化的研究都可以成为国学研究,只有从民族国家角度意识到的学术,只有具备一定民族国家意识的文化和学术,才可以是真正意义上的"国学"研究。这就是为什么"国学"作为中国学术话语产生于二十世纪初,而此前的中国文化和学术并不名为"国学"的原因。本质上,"国学"是一个现代学术概念,是在中国现代社会文化语境中产生的学术话语。而闻一多的学术研究是为"国学"研究,自然意味着他的研究归属于现代文化范畴、在现代文化和学术语境中、与现代国学研究共生而成的。闻一多的国学研究与传统"中学""汉学"本质的不同根源于新文化运动后的现代文化思想,与同时代其他国学派别研究的区别亦是围绕着新文化运动后的现代文化思想取向,而他的国学研究既植根于中国古代文化和学术,又主要成型于中国现代文化和学术语境中。如同新文化运动中文学革命开创的新文学促成了闻一多达成现代诗人的成就一样,闻一多作为中国现代学者的国学研究成就同样是由新文化运动后的现代文化和学术所成就的。仅仅有对中国传统文化和学术的吸收和研究,不会有闻一多的国学研究,因为他的国学研究主要是在现代文化和学术语境中,受现代文化和学术影响而展开的。古代文化和学术成为闻一多国学研究的对象和基本内容,近代文化和学术影响了闻一多国学研究的理念和具体研究层面,那么,现代文化和学术就构成了闻一多整体的现代国学世界,体现出闻一多国学研究的现代性和主体性思想品格。

中国现代文化和学术语境是在新文化运动前开始形成,主要在新文化运动影响下,由新文化运动所开创而发展出来的文化和学术语境。新文化运动不仅是中国社会和中国文化的根本转型,而且是中国学术的转折,中国学术从新文化运动开始从古代学术转型为现代学术。对于闻一多而言,无论在文化思想方面还是文学创作方面，无论在他整体的精神特征方面还是在学术研究方面，他都是新文化运动的产儿，是沐浴着新文化运动的思想阳光和文化雨露成长的。而新文化运动实际包容了中国文化和西方文化而在使西方文化中国化的过程中推动了中国文化的现代化。新文化运动之前的闻一多已经有深厚的中国文化素养和西方文化因素，经过新文化运动的洗礼而得以重组和融合自己吸收的中西文化知识、形成自我的文化思想结构，表现在后来的学术研究上，这种现代文化思想结构转化为他的"国学"结构。这样，闻一多的"国学"结构在"中学"和"汉学"层面的研究结构中包含了由中国文化、西方文化、新文化运动后的现代文化构成的思想结构，具体到学术上，闻一多的国学研究顺承了古代学术、近代学术、现代学术的传统，自今及古逆向地接受了中国文化和学术的影响，在其国学研究中含纳了"中学"和"西学""旧学"和"新学"的学术内涵和学术方法论。虽然闻一多以现代视角和传统学术方法而主要研究"中学"，但"西学"的影子或隐或现地活动在他的国学世界中，成为他"国学"的潜在思想，并构成他的国学研究背景。"中学"是闻一多固有的，"新学"是闻一多在"旧学"基础之外接受的新文化运动的影响，而"西学"对于闻一多主要以三种途径吸收，一是受近代以"新学"形式所包含的"西学"影响，二是在清华学校所接受的西方化教育，三是新文化运动中西方文化的宣传影响，四是出国留学直接受之于西方文化。个人的文化接受背景和时代的文化语境相结合，闻一多在"取今复古"的学术研究中建立自我的国学世界，既出之于现代文化和学术语境，又融入现代文化和学术格局中而"别立新宗"。

　　闻一多的国学研究属于新文化运动后现代学术文化范畴，而现代学术特别是现代学术格局中的国学研究影响了闻一多国学研究的展开和国学世界的建构。新文化运动在中国文化思想史和现代社会中的伟大意义已经为我们所深刻认知且在学界已多有论述，而新文化运动对于中国学术史的意义和影响相对可能更为复杂，或许并没有为学界所充分意识到和进行充分地分析。当然，这也不是本文主要任务，也不是本文所能够完全承担的。在此，以现代国学研究和闻一多的国学研究为例从学术角度可以见出新文化运动之于中国学术的复杂性。在文化思想层面，新文化运动的目标是："反对旧思想，提倡新思想；反对旧道德，提倡新道德；反对旧文学，提倡新文学。"简言之，就是"反对旧文化，提倡新文化"，以此进行反封建的思想启蒙和思想革命。新文化运动的最终目标是在打倒旧文化的基础上提倡和建立新文化，但分歧也就此产生：所谓打倒旧文化，是要打倒全部旧文化还是部分旧文化，如果是打倒部分旧文化，又指哪些旧文化；所要提倡和建立的新文化又当是什么样的文化。这在新文化运动时期就有分歧并进行过激烈的争论,如当时发生的"问题与主义"之争、"东西文化"论战、"科学与人生观"论战等。而在后来对新文化运动意义的评价上更见分歧,否定新文化运动的文化保守派如新儒家往往指责新文化运动彻底反传统,造成了中国文化传统的断裂。在学术研究中,问题更为突出,困境在于:新文化运动所要反对的旧文化(无论全部还是部分)恰恰是中国学术研究的对象,更是"国学"的组成部分;特别对于新文化运动激烈批判的旧文化部分如封建伦理道德思想体系,在学术上是否要研究,在怎样的立场上研究、如何研究。这必然成为新文化运动后学术研究所要面临并必须解决的问题。因为旧文化并没有也不会随着新文化运动而消失,如王富仁先生所指出的:"在我们通常的理解中,五四白话文革新的成功就意味着中国古代文言文的灭亡;五四新文化运动的胜利就意味着中国古代文化的灭亡。实际上,这种理论上的判断是违背我们最起码的文化常识的。人类历史上的任何变革都不是从根本上消灭了此前的历史,而是赋予了此前的历史以一个相对完整的形态和一个相对确定的意义。"以此为原则看新文化运动,他认为,"我们这样表述五四新文化运动所引起的中国文化的变动似乎更能贴近历史的事实:五四新文化运动的发生标志着'新文化'的产生,但却并不意味着'旧文化'的灭亡。实际上,整个中国现当代文化都是由我们所谓的'旧文化'与我们所谓的'新文化'在交叉、交织、纠缠、相互转化、相互过渡而又对峙、对立、对抗中构成的一个充满张力关系的文化格局。只有'旧文化',固然没有我们的现当代文化;只有'新文化',也没有我们的现当代文化。中国现当代文化是较之中国古代文化更加丰富和复杂的文化,它不但包括像鲁迅、胡适这样一些现代中国人所创造的'新文化'成果,同时也包括像孔子、老子这样一些古代人所创造的'旧文化'成果。所有这一切,都在我们现当代的社会上存在着,流行着,我们现当代的中国人是在感受、理解、接受所有这些文化成果的过程中形成自己的文化心理结构和知识结构,并在这样一个文化心理和知识结构的基础上进行着自己的文化创造的。"① 以这样的原则评估新文化运动中新旧文化的关系,就能够明了历史文化语境中旧文化在新文化格局中的位置。既然旧文化不会在新文化的提倡和建设中消失,作为新文化格局的组成部分,事实上也不可能保持在旧时代的原生态而存在,而是经过新文化的洗礼后在现代社会发生作用。其中最为重要的是现代学者的研究,旧文化存在的主要形态就是成为现代学术的研究对象。实际上,

---

① 王富仁:《"新国学"论纲》,载《新国学研究》第 1 辑,人民文学出版社 2005 年版,第 56、57 页。

旧文化在新文化运动后的存在形态可以分作两个层面，一是文化思想层面，因为旧文化在实质上与新时代相背离，所以要进行革命而成为文化思想革命的对象；二是学术研究层面，既然要对旧文化进行革命就必须对其做出科学的分析和认知。由此，所谓国学同样呈现为两个层面，一是价值理性层面，在文化思想角度体现出现代人的国学价值立场，二是工具理性层面，在学术研究角度客观地认知国学的真实面目而无关于价值评判。在此意义上，闻一多的国学研究之于新文化运动的关系是：他是在新文化运动影响下从新文化视角感知旧文化，建立在文化思想革命基础上将旧文化作为自己的学术研究对象，其国学研究承继了新文化运动前后的国学研究传统，在呈现国学真实、完整形态的研究中更多地体现为一种纯粹学术的客观理性态度，在确定国学正面或反面意义的研究中更多地表现出一种文化价值评判态度，以此化解了新文化运动后新旧文化的对立。前者的研究对国学无所谓肯定和否定，后者的研究在闻一多的精神中则有一个曲折的文化情感和复杂的国学思想发展的历程，其中既有闻一多对于国学的复古倾向，也有闻一多对于国学的保守态度，更有闻一多对于国学的批判意识，而在他全部的国学研究历程中，闻一多基本上走过了从复古倾向到保守态度、最后进行文化思想批判的过程。闻一多的这个过程和过程中的国学态度及价值取向与现代文化和学术，特别是现代国学研究的语境有密切的关联，闻一多主观的文化选择和他所在的客观文化学术语境共同形成了他的国学取向。

闻一多的国学取向无论是文化思想方面的主观态度还是纯粹学术的客观研究，都是建立在新文化运动和新文化运动后的国学研究语境上，是在新文化运动和新文化运动后国学研究语境的影响下展开他的国学研究的。中国古代学术在内容和研究方法上都是极为单一的，基本上只限于固有文化的研究，而从近代后这种单一性逐渐被打破，有学者开始兼治"西学"但没有放弃本来的"中学"研究。直到新文化运动以后，因为新文化运动的影响，中国学术才发生根本分化，而且学术的分化及其界限相当明晰。这种学术分化可以从不同领域和视角观照，从现代学科划分方面，分化出自然科学、社会科学和人文学科三大部类，每一部类包含不同的具体学科。按照学科分类原则，中国传统文化和学术基本上属于人文学科，有少量的社会科学内容，而自然科学微乎其微，所以说中国传统学术相对比较单一。学科分化姑且不论，本书所关注的是新文化运动后另外一种角度的分化，与现代学者所研究的内容取向和学术思想不同，笔者认为，在原来单一的学术中逐渐分化出三大类型学术：一是主要以中国文化为研究对象的学术类型，二是主要以西方文化为研究对象的学术类型，三是主要以现实社会结构为研究对象的学术类型。第一种即为"国学"研究;第二种为"西学"研究;第三种为各种社会科学,但其中影响最大并逐渐占据统治地位的是马克思主义理论。这三种类型构成了中国现代学术(主要在人文社会科学方面)的基本格局。其中,马克思主义理论的研究虽然在近代有所萌芽,但主要兴盛于新文化运动中,由李大钊、陈独秀提倡,不仅成为中国共产党政治革命的指导思想,而且影响到各个学科并在后来成为整个学术研究的主宰思想。西学研究秉承近代思潮,在现代主要集中在对西方文化典籍的翻译和介绍方面,西方文化思想理论和西方文学的译介成为现代文化建设和学术发展的主要成就,其译介和研究中心与近代相比较发生了显著的变化,由近代主要集中在自然科学和社会科学方面转向主要以人文思想为主,而对于西方思想理论在学术上的运用在现代学术史总体上尚未占据中心地位。应该说,从正统学术研究领域来说,在中国现代学术格局中占据中心地位的仍然是对中国文化的研究,其中最为突出的是"国学"研究,在新文化运动后又名之"国故学"。在上述三种学术类型中,闻一多的学术世界当然主要在"国学"领域,以中国固有的学术方法研究中国固有的文化为主。西方文化和学术在闻一多的学术研究中并非完全没有,因为他的精神同样是在西方文化中浸泡出来的,在学术上尤其精于西方诗歌和诗歌理论的研究,在清华读书时就撰写过以西方诗歌为考察对象的《诗歌节奏的研究》,1927年至1928年在南京第四中山大学教授英美诗歌,1928年撰有研究西方诗歌流派"先拉飞派"诗画结合特征的学术论文《先拉飞主义》。同时翻译了郝士曼、拜伦、白朗宁夫人、哈代等西方诗人的诗歌。在转向国学研究后,在研究中运用过西方理论如弗洛伊德精神分析学和一些文化人类学理论。而马克思主义理论在他的学术中体现得最为微弱,他在二十世纪四十年代曾经阅读过列宁的《国家与革命》,借鉴过郭沫若的史学研究成果,而此前在学术研究方面涉及无多。所以,闻一多的学术研究主要在国学领域,这是他学术个性的选择,也是时代学术的影响结果。

  闻一多正式走上古典学术研究道路主要在1928年以后,学术的选择是在既定的文化和学术语境中进行的,而在他正式开始学术研究时,现代学术格局已经形成并基本定型。闻一多不是学术的开创性人物,他也失去了开创一种新学术范型的机会,尽管我们从他创造新格律诗,"开一代诗风"可知,闻一多具备开创和领导一种新潮流的能力,但在学术上他已不逢时,而且毕竟不是在现代学术开始时进入学术界,最初闻一多之所长也并不在学术研究方面,所以甫一进入学界,就只能亦步亦趋地在既定的学术格局中展开自己的研究世界。当时的学术主潮是受新文化运动影响而展开的国学研究,在学院的教学和研究中占主导地位的也是国学，所以任教于大学的闻一多顺应学院派的学术潮流，从诗歌转向学术后毅然进入国学研究领域。这样，闻一多选择国学并非偶然，是由多种因素决定的。在主观方面，一是闻一多的知识结构中最为主要的层面是中国古典文化知识特别是古代诗文和古代历史，深厚的古代文化学养为他的国学研究奠定了必要的知识准备和学术积累基础，长期的古典学养积淀使他深谙中国传统文化的精髓；二是闻一多在文化情感上更多地归依于中国古典文学和传统文化，尽管他同样具备深厚的西方文化学养，但两相比较，在文化情感上更喜欢中国文学和中国文化，原本就陶醉于古典诗歌的美和中国文化的韵雅中，以此为学术研究对象，自是他文化情感的归依；三是闻一多在思想认知上，国家主义思想和民族主义意识落实到文化和学术上提升出"文化上的爱国主义"思想，国学研究正可以具体地体现他的"文化上的爱国主义"思想，将古代文化和学术提升到民族国家的高度加以认知，正好顺应了近代以降的学术主潮，"学"不单纯为"学"，而是与异域国家文化相对抗的"国学"；四是闻一多在人生选择上，他没有继续业已成功的现代新诗创作或进行新文学的活动，他没有从事留学时的美术专业工作，他也没有在大学里教授和研究外国诗歌，这三方面都应该为他所熟悉并擅长的，但闻一多选择了国学为自己安身立命之所，在最初他对国学虽熟悉但与前三方面比较未必是最擅长的，虽然不完全擅长但却是他最喜欢的，而根本在于前三方面可能的人生道路都走不通，最终选择了国学的教学和研究道路。主观的文化学术选择必要有客观条件的保证，而客观上，新文化运动后定型化了的文化和学术语境为闻一多的国学研究提供了可以施展自我能力的学术平台和文化空间，最为重要的是时代的国学思潮、国学流派、国学研究语境和国学研究方法等在客观上促成了闻一多的国学选择和国学研究贡献。

现代学术史上的国学研究成为学术主潮不完全自新文化运动后开始，清末民初在维新变法和辛亥革命的政治革命潮流和国家危亡、民族危机的强烈意识中，"国学"作为中国文化和学术的体认已经开始成为一种时代的学术话语。新文化运动前在学术研究上影响最大并特别影响了其后国学研究的有三派学术，一是"康、梁之学"，二是"俞、章之学"，三是"罗、王之学"。这三种学术都对闻一多后来的国学研究有或多或少，或大或小的影响。"国学"提倡最力者为康有为影响之下的梁启超和乾嘉学派正统承继者俞樾影响下的章太炎。梁启超为维新变法的领袖，章太炎是辛亥革命的先驱，这就使"国学"一开始就具有鲜明的民族国家意识；而梁启超为清末今文经学传人，章太炎是乾嘉学派正统派古文经学的"殿军"①，这决定了"国学"在学术操作上的"汉学"传统。梁启超联系着康有为，章太炎联系着俞樾，康、梁之学和俞、章之学从不同的路径在学术上承先启后，为二十世纪初的国学注入考据学的方法论要素和学理规范。罗振玉、王国维从清末遗老角度怀恋"国朝"，从"国朝"角度认知学术，给国学以另一种意味。罗、王对国学影响最大的是对新史料的发现、考订和释读，为国学研究的深入做出了巨大的贡献。王国维在《最近二三十年中中国发现之新学问》中把二十世纪初谓之"新发现的时代"，所发现的新史料有：（一）殷墟甲骨文；（二）敦煌塞上及西域各地出土简牍；（三）敦煌佛洞六朝及唐人写本；（四）清内阁大库之书籍和档案；（五）中国境内之古外族遗文。从罗振玉到王国维对这几种新出文字和史料进行了大量卓有成效的考释，如罗振玉所辑录、刊印、考释的《殷墟书契前编》（1911年）、《殷墟书契菁华》（1914年）、《铁云藏龟之余》（1915年）、《殷墟书契后编》（1916年）、《殷墟书契续编》（1933年）、《殷商贞卜文字考》（1910年）、《殷墟书契考释》（1914年、1927年增订）及《流沙坠简》，王国维在《观堂集林》中对甲骨文、铜器铭识、敦煌文书等的考释，都代表了二十世纪初国学的最高成就。梁启超首倡"国学"，章太炎大力宣讲"国学"，罗振玉和王国维以新出史料开创"国学"新领域，都深刻地影响了二十世纪的国学研究。闻一多进入国学研究之前实际已经了解并接受了他们的影响，进入国学研究后更从学术上建立了与他们所开创学术的联系。闻一多在少年时就喜欢读梁启超的文章，清华读书时亲耳聆听过梁启超的演讲，如1920年12月10日闻一多参与发起的艺术社团"美斯司"召开成立大会，邀请梁启超、陈师曾、吴新吾、江少鹣、刘雅农与会，在会上梁启超发表了《中国古代真善美之理论》的演讲。② 当时清华学校还设立固定的"伦理演讲"，举办系列讲座，因为一度停办，闻一多还写过《恢复伦理演讲》的文章进行呼吁。这个讲坛在1920年曾经请梁启超演讲，讲题即是《国学小史》。当时梁启超正致力于清代学术史的研究，撰著《清代学术概论》和《中国近三百年学术史》，此前就撰有《论中国学术思想变迁之大势》。现在尚

---

① 梁启超曾经自谓："对于'今文学派'为猛烈的宣传运动者，则新会梁启超也。"而谓章太炎为："在此清学蜕分与衰落期中，有一人焉能为正统派大张其军者，曰余杭章炳麟。"（梁启超：《清代学术概论》，东方出版社1996年版，第75、86页。）周予同认为："康有为是清今文学的最后大师，以后就没有大师了，作为经学，至此完结。""章太炎是皖派的大师，但掺和了浙东学派，融经史于一身；……章太炎之死标志着古文经学的结束。"而认为"梁启超在经学史上没有地位，而是一个史学家。"（《中国经学史讲义》，上海文艺出版社1999年版，第88、89页。）

② 闻黎明：《闻一多年谱长编》，湖北人民出版社1994年版，第116页。

没有确切资料证明闻一多读过梁启超的学术史论著，但我们可以推知，闻一多进入国学研究领域，对梁启超的学术史论著应该是有所了解的。至少可以确切地说闻一多早年聆听梁启超的国学史演讲，当对他的学术有一定的影响。而闻一多的国学研究在后来主要走的是乾嘉学派考据学路径，二十世纪初期最是继承乾嘉汉学研究的是章太炎，虽然闻一多在学派上更归依于常州学派的王氏父子，但在具体研究中所运用的词义训释方法更接近章太炎传统。而且，闻一多在研究领域所体现的国学观亦与章太炎的国学观相近，如强调文字之于国家和国学的作用、在国学中突破经学桎梏而扩展到文学领域特别扩展到唐诗，从中都可以看出章太炎对闻一多国学研究的影响。如果说梁启超和章太炎对闻一多国学研究多在思想和方法上并且尚不直接和明朗，那么罗振玉和王国维则直接而鲜明地影响到闻一多的国学，主要体现在研究领域的拓展上，罗、王开拓了整个国学的新领域，闻一多则在他们启发下开拓出自己国学研究的新领域，那就是在《诗经》、《楚辞》、唐诗等研究范围之外，后来进入罗、王所开创的甲骨文、金文、敦煌文书的考订考释研究领域。卢沟桥事变发生后，闻一多从北平城仓皇南下时，随身物品只带一点重要稿件和两部书，这两部书就是《殷墟书契前编》和《三代吉金文存》。前者为罗振玉继刘鹗《铁云藏龟》后对甲骨文进行辑录的专书，于1911年印行；后者为罗振玉集40年工夫收集到的金文拓本的汇编，1937年编定，甫一印行，闻一多就购得并视为最珍贵文献而在战乱中随身携带。对照闻一多和罗振玉、王国维的甲骨文、金文考释论著，可以明显地发现他们在研究路径和方法上的一致性，可见罗、王对闻一多文字学研究的直接影响。可以说，闻一多的甲骨文、金文研究完全是沿着罗、王所开创路径而展开的，所留下的完成的和未完成的甲骨学、金石学论著基本不出罗王之学范围，如《卜辞研究》和计划而未完成的《契文疏证》、金文研究的《三代吉金文存目录》《三代吉金文存目录辨证》《三代吉金文钞》《三代吉金文释》等，都在罗振玉所编甲骨文和金文基础上进行的，而如对甲骨文、金文的考释也多受王国维同类研究的启发和影响。如果说金石学在学术史上开端尚早，从宋代就开始为学，清代金石学更蔚为大观，闻一多或可借鉴前代成果，那么甲骨学则完全是二十世纪罗王所创。当然，甲骨学在现代学术中基本发展为显学，出现了郭沫若、董作宾、陈梦家、胡厚宣、于省吾等甲骨学专家，其中闻一多也当属于其中。另外，李济等领导的安阳殷墟考古发掘一直在进行，闻一多亦给予关注，曾计划前往实地考察。如前所说，在学术上闻一多并没有如诗歌创作那样开创出新潮流，他是国学研究的后来者，基本上是沿二十世纪已经定下的学术格局而展开自己的国学领域，梁启超、章太炎、罗振玉和王国维等作为现代国学研究的奠基者，也堪为闻一多国学的引路人。

如果没有新文化运动的发生，二十世纪初的国学就会仍然拘囿于"旧学"范畴，国学不过是各人各派政治倾向的间接反映，基本上都偏于文化和学术的复古或保守倾向。如在政治上，康有为纯粹成为保皇党，梁启超虽然与时俱进，但不会从改良主义进展到革命境域；章太炎以学保国，肇始民国，但革命后流于复古倾向；罗、王纯为前清遗老，怀恋旧朝。政治倾向当然不能等同于学术创造，但他们的国学思想虽然有了"新学"因素，但却都表现出故步自封、依恋旧学的或复古或保守的文化倾向。梁启超从政治转向学术，不复当年"笔锋常带感情"，风靡一时，影响一代人的思想性文章，思想退场，学术突显，在学术史的梳理上功不可没，但失去了开一代学风的领袖气魄；章太炎在革命后，如鲁迅所说，"自藏其锋铓"，"退居于宁静的学者，同自己所手造的和别人所帮造的墙，和时代隔绝了"①，甚至学术上亦与时代隔绝，坚决不承认甲骨文字，成为一大憾事。罗振玉、王国维本就是保皇派，学术上可以开创新领域，做出新创获，但不可能开创学术新思潮和总领学术新潮流。总体上，他们最为突出的是在传统考据学的国学研究层面影响着后学，也仅限于学术层面的影响，而在文化思想层面基本上没有给国学注入新鲜血液。而新文化运动则不仅给国学以新鲜血液，更使国学发生了脱胎换骨的变化。闻一多在精神上是新文化运动的产儿，而所在的主要是新文化运动开创的文化和学术语境，所以他的国学研究也主要在新文化运动后现代国学格局的影响下并参与到现代国学的研究中。

新文化运动主要是一场文化思想革命运动，而在学术上，应该说也是一场中国的学术革命运动。文化革命的对象构成现代学术，特别为国学研究的基本内容，无论研究主体还是国学对象本身，与新文化运动以前相比都发生了根本变化，都置于新文化、新思想的价值标准框架中进行考量，研究主体已经具有了新的精神，研究对象随着研究主体视角的变化而发生了变化，崇高的不再崇高如经学，卑贱的不再卑贱如小说戏曲，一向以为真实的变得可疑起来如道统，被排斥的文化上升到显学地位如墨学，一切价值都要重新估定！如尼采一样的"重估一切价值"的呼声成为时代的最强音。表面看起来，新文化运动反对和破坏旧文化，旧文化应该退出历史而建立全新的文化，但实际上新文化的建设不可能在一无所有的空白上建起。固有的文化仍然为新文化的凭依，重要的是怎么看取旧文化。这就成为现代学术的任务，在现代学术研究中对旧文化做出分

---

① 鲁迅：《关于太炎先生的二三事》，载《且介亭杂文末编》，人民文学出版社1995年版，第80页。

析、厘定和选择。而中国现代学术在新文化运动后得以建立，国学研究随之纳入中国现代学术范式中。陈平原以章太炎和胡适为中心论述过"中国现代学术之建立"，以为从章太炎到胡适标志了中国学术的现代转型。① 而现代学术主要是在新文化运动后以胡适为代表的现代学者所建立的，其中最重要的是国学研究，即以新思想看取旧文化。胡适在倡导文学革命后很快转向学术研究，正如他的文学革命主张仅限于文字的、工具的、形式的革命，在学术上也多注重研究工具和研究方法，以此开创出一套结合考据学和西方实验主义的现代学术范式，胡适成为公认的中国现代学术范式的开创者和奠基者。所谓中国现代学术范式就是在新文化运动文化思想革命后形成的不同于传统学术的研究范式，如陈平原所列举出的要素："走出经学时代、颠覆儒学中心、标举启蒙主义、提倡科学方法、学术分途发展、中西融会贯通等"，是融会了"西潮""古学"和"新知"的现代学术。② 现代学术固然大力研究西方文化，但实际上，作为中国学术，其落实点最终仍然是中国古代文化的研究，用"新思潮"来研究中国古代文化，在对古代文化的研究中提倡和体现"新思潮"。思想可以激进，但学术需要冷静；新文化运动在文化思想层面以批判和破坏旧文化为目标，但落实到学术上是要客观地清理旧文化的优劣。反对的对象要成为学术研究的内容，其中的矛盾反映了一代文化人们的复杂文化心态，实在是中国文化从旧到新转型过程中必然产生的两难境遇。如胡适，本留学美国，学得一套西方思想，而学术研究内容却基本在中国文化，倡导文学革命的同时，撰写了《白话文学史》和《中国哲学史大纲》，随后就提倡"整理国故"，几乎一生都致力于"国故"的整理和研究。以胡适为代表的现代学人，包括闻一多在内，以留学西方的文化教育背景而致力于中国文化和学术的研究。其中成为现代学术主潮，在中国现代学术史上一以贯之的是国学研究，而新文化运动以后的国学观既与之前的国学有联系而又有别于二十世纪初的国学观念，其中都包含了胡适的"国故学"观念："研究问题，输入学理，整理国故，再造文明。"③ 以"整理国故"为主的国学研究成为现代学院派学术的主要取向，闻一多的国学研究就归属其中，同样是受到新文化运动后胡适"整理国故"的直接或间接的影响。现代国学研究从流派形成、思想倾向和地域分布等方面都呈现为多元化局面，闻一多的国

---

① 参见陈平原：《中国现代学术之建立——以章太炎、胡适之为中心》，北京大学出版社1998年版。
② 陈平原：《中国现代学术之建立——以章太炎、胡适之为中心》，北京大学出版社1998年版，第9页。
③ 胡适：《新思潮的意义》，载《胡适文存》第一集，黄山书社1996年版，第527页。

学研究并不是和所有分布于不同地域、具有不同文化思想倾向的国学派别相关,如果从学术谱系上看,影响闻一多国学研究和闻一多国学研究的归属可以勾勒出一种国学谱系,即:新文化运动的文化思想革命——以胡适为代表的"整理国故"派——以顾颉刚为代表的"古史辨派"——清华学校"国学研究院"——以傅斯年、李济为代表的史料和考古派——以释古为主的"清华学派"——闻一多的国学研究。

新文化运动作为中国文化和学术的转折,在文化思想上影响了整个中国文化和中国学术的走向,自然也影响到闻一多的文化思想和精神发展。新文化运动以前,闻一多的文化和学术追求基本上在旧文化和旧国学范畴中,从他1916年所撰写的《论振兴国学》可以看出他思想中的复古倾向和"国粹"气味,但经过新文化运动以后,闻一多的文化思想就发生了根本变化。一方面,闻一多作为清华学生积极地参加了五四运动,如当清华尚未得知5月4日的游行运动时,5月5日闻一多在食堂门口张贴了岳飞的《满江红》,对五四运动做出反应,随后身体力行参加了学生运动,负责起草和管理清华学生会的文件,特别被选为清华学生代表赴上海参加了全国学生总会的代表大会,在会上聆听过孙中山的演讲,这样,闻一多感同身受,通过实际的政治运动感知到了新文化运动的思想新变。另一方面,闻一多受新文化运动、文学革命运动、"诗体大解放"运动影响,一改做文用文言、写诗为旧体诗习惯而使用白话文、创作自由诗,实际地参与到新文学革命中,以现代新诗创作表现自我在新时代的个性精神,所表现的个性精神即是新文化运动的思想所赋予的。这两个方面表明闻一多本就是新文化运动和五四运动的"个中人",所以深谙新文化运动的思想革命本质和"历史法则"。闻一多后来回顾了自己在五四时期的作为,特别说道:"五四时代我受到的思想影响是爱国的,民主的,觉得我们中国人如何团结起来救国。五四以后不久,我出洋,还是关心国事,提倡 Nationalism(国家主义)……"[①]闻一多始终相信并坚定地认为五四新文化运动的"历史法则"是反帝反封建,他分析道,新文化运动爆发前,中国有三种力量形成了"一种三角斗争","包括(一)各个字号的帝国主义,(二)以袁世凯为中心的封建残余势力,以及(三)代表人民力量的市民层民主革命的两股潜伏势力:(甲)国民党政治集团,(乙)北京大学文化集团。那时三个力量中,帝国主义势焰最大,封建势力仅次于帝国主义,政治上代表人民愿望的国民党,几乎是在苟延残喘的状态中

---

① 闻一多:《五四历史座谈》,载《闻一多全集》第2卷,湖北人民出版社1994年版,第267页。

保持着一线生机,至于作为后来文化革命据点的北京大学,在政治意义上,更是无足轻重"。① 但到新文化运动时期,这三种力量发生了变化,帝国主义忙于第一次世界大战,袁世凯倒行逆施,因为复辟帝制而遭到护国运动打击,紧接着就发生了"向封建势力突击的文化大进军",即五四新文化运动。在闻一多看来,新文化运动是以"帝国主义突然退出,封建势力马上抬头,跟着人民的力量就将它一把抓住,经过一番苦斗,终于将他打倒"为"历史法则"而发生的。② 当然,闻一多的这个分析是在 1945 年做出,不免有"事后诸葛亮"之嫌,他所说封建势力嚣张是对的,但说帝国主义退出并不确切,因为帝国主义尽管忙于第一次世界大战,但并没有也不会甘心退出中国,五四运动就是针对帝国主义肆无忌惮地瓜分中国而发生的,所以,新文化运动的"反帝"和"反封建"是并重而行的。反映到文化上,具体到学院内,作为新文化运动中心的北京大学主要以"反封建"为主,那么作为半殖民地产物的清华学校更面临"反帝"的任务,这也成为北京大学和清华学校国学兴起的背景,也是闻一多投身国学研究的深远文化背景。北京大学的"反封建"取向和清华大学的"反帝"意识与各自的传统和处境分不开,如冯友兰所说:"北大和清华的成长,是中国社会脱离半封建半殖民地的地位的过程在教育界的反映。这两个学校,是中国现代比较有影响的学校。它们有一个共同的目的,那就是为中华民族的解放而斗争,但其历史任务又有不同。北大的历史任务,主要是打破封建主义的锁链。清华的任务,是推翻帝国主义的压迫。北大继承历代的太学,这是北大的光荣,也是他的包袱。蔡元培的'三不主义',不仅表示自己的清高,也是反对封建主义的腐朽。这个斗争,归结为五四运动时期的'打倒孔家店'。清华因为用了美国退还的庚子赔款,长期受帝国主义的控制,废除了董事会,才获得独立自主的权利。这两个学校的不同历史任务,各有其历史根源。但它们都完成了题目的任务。"③ 当然,这只能是两个学校相对而言各有偏重,并不意味着北大只"反封建"不"反帝",清华只"反帝"不"反封建"。而正是在新文化运动"反帝反封建"的总目标下,这两所学校具体地承担起了新文化运动的任务,在学院内进行思想革命和学术革命,均卓有成效。如北京大学,蔡元培掌

---

① 闻一多:《五四运动的历史法则》,载《闻一多全集》第 2 卷,湖北人民出版社 1994 年版,第 403 页。

② 闻一多:《五四运动的历史法则》,载《闻一多全集》第 2 卷,湖北人民出版社 1994 年版,第 404 页。

③ 冯友兰:《三松堂自序》,载《三松堂全集》第 1 卷,河南人民出版社 2001 年版,第 291—292 页。

校后，取"思想自由""兼容并包"原则施行改革，将一所等同于古代"太学"（这未必如冯友兰所说是它的"光荣"），改革为一所真正现代意义上的大学，开辟为新文化运动的空间，聘请了陈独秀、胡适、鲁迅、周作人等新派人物为教授而极一时之盛，在并不排斥旧派人物如刘师培、黄季刚、陈汉章、辜鸿铭等的前提下进行语言革命、文学革命和思想革命，"打倒孔家店"，提倡"民主"和"科学"，为新文化运动和现代文化做出了巨大的贡献。而清华学校则走过了一条从留美预备学校到国立清华大学的发展道路，也是一条如冯友兰所说追求独立自主的斗争道路，作为庚子赔款创办的学校，只培养预备留学生，建制上归属外交部而不属于教育部，所以清华师生包括闻一多都倍感屈辱，由此而开始了摆脱美国控制的斗争，一要争取脱离外交部而归属教育部，二要创办大学部而不必到国外留学，深信我们自己也可以办大学。闻一多在美国时就参与过声援母校独立的活动。经过斗争，取得胜利，1928年正式独立为国立清华大学。而两所学校的历史渊源、现实处境、文化背景和追求目标都直接影响了学术研究的开展，特别影响了各自的国学研究取向，也或直接或间接地影响了闻一多的文化思想和日后的国学研究取向。闻一多从受北京大学为中心的新文化运动的反对封建主义的影响，到所在清华学校具体感受帝国主义统治和出国留学后的种族歧视的屈辱而升腾起反帝爱国思想，都反映到后来的国学意识中。所以我们说闻一多国学意识的中心思想就是新文化运动"反帝反封建"的历史法则，他在这样的思想基点上创作诗歌，也在这样的思想基点上进入国学研究。

国学研究既指向封建文化思想，又指向帝国主义文化，以国学研究分析出封建文化的要素，以国学研究对抗西方文化对中国文化的吞噬，国学研究实际上发挥着双重的文化功能。也正是从新文化运动所出发的这双重功能，形成了国学不可免的矛盾性，甚至可以说是现代文化"天生"的矛盾性。出于反封建的目的，在国学中更多地发掘出封建性因素，于是恨它、批判它；出于反帝的目的，又要在国学中发掘出证明民族文化伟大的部分，于是爱它、赞美它。这在闻一多的国学感受和国学意识中表现得尤其鲜明，因为他正处于以新文化运动为基点的两种国学系统中，既受北京大学国学系统的影响，又从清华学校到出国留学而深感帝国主义压迫的屈辱，相对地又归属于清华国学系统。正是两个学校的不同而形成了两种国学系统的区别，闻一多也就在两种国学倾向中矛盾、在矛盾中选择、在选择中经过研究而建立自己的国学世界。

二、北京大学的"整理国故"与"疑古"思潮

那么,北京大学和清华大学的国学系统具体在哪些层面影响到闻一多的国学研究呢?

国学在新文化运动时期又称为国故学,胡适在谈到"整理国故"当扩大研究的范围时说:"'国学'在我们的心眼里,只是'国故学'的缩写。中国的一切过去的文化历史,都是我们的'国故';研究这一切过去的历史文化的学问,就是'国故学'。省称为'国学'。'国故'这个名词,最为妥当;因为他是一个中立的名词,不含褒贬的意义。'国故'包含'国粹';但他又包含'国渣'。我们若不了解'国渣',如何懂得'国粹'?所以我们现在要扩充国学的领域,包括上下三四千年的过去文化,打破一切的门户成见;那历史的眼光来整统一切,认清了'国故学'的使命是整理中国一切文化历史,便可以把一切狭陋的门户之见都扫空了。"① 当时的北京大学内部存在着两种国故学,一是与新文化运动相对抗的国故学,一是新文化运动内部滋生的国故学。与新文化运动相对抗的国故学刊物即1919年在北京大学创办的《国故》月刊,以"昌明中国固有之学术为宗旨",刘师培和黄侃担任《国故》月刊总编辑,包括了陈汉章、马叙伦、唐宝忠、吴梅、黄节、林损、陈钟凡等。《国故》月刊于1919年3月出版了第1期,主要刊发的文章有如刘师培的《毛诗词例举要》《礼经旧说考略》、马叙伦的《说文解字六书疏证》《列子伪书考》、吴承仕的《王书杂论》、俞士镇的《夏小正词例举要》、陈钟凡的《诸子通议》、薛祥绥的《七略疏证》、张煊的《墨子经说新解》等。值得注意的是,第一,他们在学术上注重音韵训诂和考据学研究,继承"汉学"传统,以"汉学"方法研究中国固有文化和学术;第二,在思想上延续了辛亥革命前后"国粹"派的国学,与《国粹学报》一脉相承,偏于保守,带有复古倾向,所以反对新文化运动、文学革命运动和白话文运动,与同在北京大学的《新青年》团体和白话文主张相对立,如流传甚广的黄侃有言"八部书外皆狗屁"并不遗余力地攻击提倡白话文的胡适,甚至进行人身攻击;第三,在学术和思想传承方面,《国故》月刊社成员要么为章太炎私淑弟子,要么属于章太炎学派,基本上为章门传人,而与同是章门弟子的提倡新文化的鲁迅、钱玄同、周作人等属于不同文化阵营,可谓相映成趣的

---

① 胡适:《〈国学季刊〉发刊宣言》,载《胡适文存》第二集,黄山书社1996年版,第5—6页。

文化现象，其间的差异有深长的文化意味。同为章门弟子，文化道路分出新旧，同为国故学，文化取向更可以有新旧之别，而新与旧在学术自身往往有相通之处。《国故》月刊社的国故学派难以为继，而新文化运动内部却发展起了国故学。1919年正在新文化运动高潮和五四运动期间，胡适就连续发表文章，提倡"整理国故"。首先大力介绍实验主义，在1919年春季的演讲中，他系统地介绍了实验主义的起源、发展和思想体系，后来撰写为长文《实验主义》，指出实验主义的两个基本观念即"科学实验室的态度"和"历史的态度"，论述了实验主义的发起人皮耳士的观念和实验主义代表詹姆士的心理学，而重点介绍和论述的是他的老师杜威的思想，特别论述了杜威论思想的五步骤：（一）疑难的境地；（二）指定疑难之点究竟在什么地方；（三）假定种种解决疑难的方法；（四）把每种假定所涵的结果，一一想出来，看哪一个假定能够解决这个困难；（五）证实这种解决使人信用，或证明这种解决的谬误，使人不信用。① 这正是胡适所倡导国学研究中"大胆的假设，小心的求证"的思想方法论来源。1919年7月，胡适在"问题与主义"之争中写了《问题与主义》一文，提倡"多研究些问题，少谈些'主义'"，在"四论问题与主义"中，提出"输入学理"及"输入学理的方法"②。这里的"多研究些问题"最初是指中国社会政治的种种具体问题，转换到学术上，就指以实验主义的方法研究国学中的具体问题。这个时候，胡适已经正式将"国故学"纳入自己的学术思想和学术规划中了，1919年8月16日答复毛子水信中明确为"论国故学"，提出"我们应该尽力知道'国故家'用科学的研究方法去做国故的研究"，并认为："清朝的'汉学家'所以能有国故学的大发明，正因为他们用的方法无形之中都暗合科学的方法。"③ 这意味着胡适在学术理念和学术方法论上从实验主义到考据学的转换，在"汉学"考据学中注入实验主义的科学方法，将"汉学"考据学和实验主义的科学方法结合起来而"整理国故"。当然，"汉学"考据学是否暗合科学方法，尚存争议，但胡适此说为他从实验主义到国故考据学的转换、从新文化提倡向"整理国故"转换提供了学理根据和过渡桥梁。毕竟，作为新文化运动阵营中主将的胡适转向整理国故，其间的裂缝需要理论上的有效弥合方能够"服众"，于是，一方面，在《新思潮的意义》（1919年11月1日）中，系统地阐

---

① 胡适：《实验主义》，载《胡适文存》第一集，黄山书社1996年版，第235页。
② 胡适：《问题与主义》，载《胡适文存》第一集，黄山书社1996年版，第273页。
③ 胡适：《论国故学——答毛子水》，载《胡适文存》第一集，黄山书社1996年版，第321页。

释了"整理国故"的手段在于"研究问题"和"输入学理","新思潮"的唯一目的是"再造文明",文章开头胡适就新思潮的意义而完整地表述为:"研究问题,输入学理,整理国故,再造文明",特别指出"新思潮的运动对于中国旧有的学术思想"所持的态度是"评判的态度",以此评判态度对旧有的学术思想具体采取三种态度:第一,反对盲从;第二,反对调和;第三,主张整理国故,以"重新估定一切价值"①;另一方面,胡适在《清代学者的治学方法》(1921年11月3日)中系统归纳出清代"朴学"的科学精神和方法论根本观念,总结出"朴学"的治学方法为"(1)大胆的假设,(2)小心的求证",并作为自己"整理国故"的方法指南,高度评价了清代"朴学"的学术成就。② 这样,既有"新"的支撑,"旧"的研究也就在新文化运动背景下"师出有名",可以大张旗鼓地进行国故的整理了。1923年1月,创办《国学季刊》,胡适的"整理国故"主张真正进入实践操作中并从个人的理论主张发展到社会性学术潮流。胡适在为《国学季刊》所撰写的《发刊宣言》中,首先表彰的就是近三百年中国学术史在古籍整理方面的成就,预示了《国学季刊》的学术取向,同样着重于运用考据学方法整理国学典籍。针对过去三百年国学研究的缺点,提出《国学季刊》的三个学术发展方向:"第一,用历史的眼光来扩大国学研究的范围。第二,用系统的整理来部勒国学研究的资料。第三,用比较的研究来帮助国学的材料的整理与解释。"③ 单看《国学季刊》创刊号上的文章,如马衡《石鼓为秦刻石考》、陈垣《火祆教入中国考》、朱希祖《萧梁旧史考》、顾颉刚《郑樵著述考》、王国维《五代监本考》、沈兼士《国语问题之历史的研究》等,均为考据学文章,如果和黄侃、刘师培主编的《国故》月刊上的文章相对照,从内容到方法几乎没有区别,都是考据学的"国故"学研究。新文化运动内部的国故学显然和旧国粹派的国故学有所传承和联系,但更有新的发展,如胡适在《〈国学季刊〉发刊宣言》中所提倡的扩大了国学范围,对国学进行了系统整理和比较研究(主要指中西文化的比较),如"扩大国学研究的范围",突破了旧学的以经学研究为主的藩篱,扩展到文学方面,不仅包括正统文学,而且包括非正统文学如草野文学、民间歌谣、小说戏曲;进一步扩展到历史方面,"国故学包括一切过去的文化历史","过去种种,上至思想学术之大,下至一个字、一只

---

① 胡适:《新思潮的意义》,载《胡适文存》第一集,黄山书社1996年版,第527页。
② 胡适:《清代学者的治学方法》,载《胡适文存》第一集,黄山书社1996年版,第280页。
③ 胡适:《〈国学季刊〉发刊宣言》,载《胡适文存》第二集,黄山书社1996年版,第13页。

山歌之细,都是历史,都属于国学研究的范围"。由此而可以构成国学研究的整个系统即中国文化史,胡适列举出十种国学范围的文化史研究,有民族史、语言文字史、经济史、政治史、国际交通史、思想学术史、宗教史、文艺史、风俗史、制度史等。国学研究的横向扩展可以到国学与西方文化和学术的比较研究中,胡适所谓"博采参考比较的材料"主要指与西方文化的比较。这样,胡适的"国故学"和黄侃等人的国故学还是有所区别,在于扩展了研究的范围(从经学到文学,从俗文学到整个文化史,从中国文化到西方文化视野),增加了"新思潮"的内容和"新思潮"指导下的现代评判态度。过去多从政治角度评价胡适的"整理国故",以为背离了新文化运动,将一代青年引入"故纸堆"而脱离社会政治现实。尤其在轰轰烈烈的五四运动中,以胡适的地位、影响,客观上确实造成了当时青年学生的迷惘和彷徨。但从学术文化的角度,"整理国故"又在"取今复古"中起到了"重估一切价值",把中国古代文化推向现代化的作用,在这个过程中,难免有"复古"倾向,而新文化运动在胡适看来,本来就类似于西方的"文艺复兴"。就整理国故本身,胡适自己身体力行,致力于国故整理,而且以他的国学研究影响了一代学人,成为现代学术的开创者。胡适及其"整理国故"学术范式的影响有直接的,直接影响了他的学生,从而造就了一批现代杰出的学者如傅斯年、顾颉刚、毛子水、罗家伦、罗尔纲、张中行、邓广铭、周汝昌等;其影响也有间接的,以现代学术的开山宗师造就的学术语境弥漫到整个学术界,只要进入现代学术研究界,只要从事国学研究,就会置身于胡适所营造出的学术氛围里而自然接受其影响。闻一多就读清华,并非胡适学生,但他关注国学研究,无形中会受到影响;从美国回来后一度参与新月社活动,1928年与胡适等共同发起创办新月书店;胡适亦曾邀请闻一多参加他担任秘书长的中华教育文化基金会下设之编译委员会委员,闻一多与胡适一度直接交往。非学术的交往会导向学术的沟通,当闻一多进入国学研究领域,与胡适自然多了一层遇合。当我们把闻一多的国学世界和北京大学的国故学思潮相对照时,就会发现在具体研究中一脉相承的地方。从黄侃等人的国故学到胡适的"整理国故",闻一多的国学研究中都有所体现。一脉相承的是考据学方法,而闻一多最初对国学的文化情感不下于黄侃、刘师培等"国故派"的强烈,但在具体研究上更接近于胡适"整理国故"的理论主张,即体现为结合"汉学"考据学和科学方法的国学研究范式。闻一多的国学古籍整理对文本的考证和词义的训释,一方面传承着乾嘉学派的方法,另一方面几乎就是在实践胡适的"整理国故"主张。闻一多的研究范围自然已经不限于旧国故学规定的领域,如胡适所说大为扩展,不仅把非经的典籍纳入研究领域,而且就闻一多所涉及的领域，几乎包括了胡适所列举的文化史研究构成的国学系统的各个方面。胡适所谓"大胆的假设，小心的求证"原则在闻一多的国学研究中更多体现，直到现在，学界仍有质疑闻一多研究观点者，其原因也在于闻一多在研究中有"大胆的假设"的地方，但闻一多同时也在"小心的求证"，以"汉学"方法进行大量考证，以最充分的史料证明自己的观点。但这并不意味着闻一多与胡适或北京大学国学思潮的完全趋同，闻一多的国学研究自有自己的个性，开创出了自己国学研究的新天地和新境界，和胡适的"整理国故"还是有所区别。胡适终其一生都在考据学方法中，直到到晚年仍然致力于或得意于对如《水经注》的考证中，正如倡导文学革命，以为文学革命仅仅是语言的革命、形式的革命、工具的革命，在学术研究上，胡适一贯强调研究方法，倡导"为学术而学术"。闻一多固然在国学研究中以考据学为主，固然一度沉湎于考据学，但到二十世纪四十年代后，他最终在国学古籍整理的基础上增加了文化思想的反思，在反思中对照现实，加大了文化批判的力度，将国学研究转化为实践理性和现实战斗意志。这样，闻一多不仅超越了北京大学旧国故学派的"信古"式研究，而且超越了北京大学新国故学派的唯方法论式研究。学术研究重要的不是方法，重要的还是在于研究内容；在国学研究中，研究的目的不是为国学高唱赞美诗，而是在客观认知基础上进行合乎现代社会目的的批判；不能一味地"信古"，而是在"疑古"基础上进行科学地解释，在"释古"基础上做出现代视角的批判。

  国学研究必然涉及研究主体对国学的态度和研究结果最终的思想价值取向。在现代学术史上，基本上出现了三种国学态度和思想价值取向，即信古派、疑古派、释古派，这已经为学界所公认。北京大学的国学系统既有如《国故》月刊社的"信古"的国学研究，又出现了一种影响深远的"疑古"思潮，即以顾颉刚为代表的，包括钱玄同和胡适在内的"古史辨"派，众所周知，钱玄同因为坚定的"疑古"态度一度易名为"疑古玄同"。"古史辨派"的"疑古"思潮是新文化运动和"整理国故"运动的产物。① 新文化运动的文化思想革命本身

---

① 麻天祥在《中国近代学术史》中论述到"古史辨"派兴起的学术时代背景时，认为有三方面背景，一是二十世纪二十年代前后各种新史料的发现、整理，为古史研究打开新局面准备了物质条件；二是新文化运动和新学术思潮的兴起，为古史研究的革新营造了学术环境；三是近代西方实证方法的输入，为古史研究实现新的突破提供了先进方法。（麻天祥：《中国近代学术史》，武汉大学出版社 2007 年版，第 213—216 页。本书主要从新文化运动的文化思想层面和"整理国故"运动的学术方法层面看"古史辨派"的"疑古"思想，因为这两个方面才是最直接的影响。）

就是建立在现代怀疑主义前提中,没有对亘古不变的封建文化思想和封建伦理道德的怀疑,不可能对封建文化思想和封建伦理道德施行彻底地批判,鲁迅《狂人日记》借狂人之口发出"从来如此,便对么?"的质疑,质疑的就是"天不变,道亦不变"的传统,成为新文化运动的思想基调。文化思想上的怀疑主义体现到古史研究中,就是对"自从盘古开天地,三皇五帝至于今"的历史传说和"尧、舜、禹、汤、文、武、孔、孟、荀"的封建道统的怀疑。加上胡适"整理国故"运动中"拿证据来"的学术实证主义的影响,顾颉刚在研究古史过程中以"疑古"思想为基础而提出了"层累地造成中国古史"的假说,获得钱玄同和胡适的大力支持。"层累说"的主要观点为:第一,"时代愈后,传说的古史期愈长",如"周代人心目中最古的人是禹,到孔子时有尧舜,到战国时有黄帝、神农,到秦有三皇,到汉以后有盘古等";第二,"时代愈后,传说中的中心人物愈放愈大",如"舜在孔子时只是一个'无为而治'的圣君,到《尧典》就成了一个'家齐而后治国'的圣人,到孟子时就成了一个孝子的模范了";第三,"我们在这上,即不能知道某一件事的真确的状况,但可以知道某一件事在传说中的最早的状况",如"我们即不能知道东周时的东周史,也至少能知道战国时的东周史;我们即不能知道夏商时的夏商史,也至少知道东周时的夏商史"①。1923年5月,顾颉刚的《与钱玄同先生论古史书》和钱玄同的《答顾颉刚先生书》在胡适主办的《读书杂志》第9期发表,"层累地造成中国古史"说正式公之于众,引发了关于古史的大讨论。顾颉刚把讨论内容收集编为《古史辨》出版,形成史学领域中的"古史辨派"。胡适在《古史讨论的读后感》中高度评价了顾颉刚的"层累说"和关于古史的讨论,他说:"这一件事可算是中国学术界的一件极可喜的事,他在中国学术史上的重要一定不亚于丁在君先生们发起的科学与人生观的讨论在中国思想史上的重要。""顾先生的'层累地造成的历史'的见解真是今日史学界的一大贡献,我们应该虚心地仔细研究他,虚心地实验他,不应该叫我们的成见阻碍这个重要观念的承受。"② 顾颉刚即是在胡适实证主义考据学影响下研究中国古史,如胡适所总结的,顾颉刚是用历史演变的眼光追索古代传说的演变,是用严格的考据学方法评判史料,由此而得出自己的结论。当然,最为重要的不是结论本身,因为"古史辨派"

---

① 顾颉刚:《与钱玄同先生论古史书》,载《顾颉刚全集》第1册,中华书局2010年版,第181页。
② 胡适:《古史讨论的读后感》,载《胡适文存》第二集,黄山书社1996年版,第70、71页。

所怀疑和否定的古史在随后的历史研究中在修正,从王国维的以甲骨文证商史、以金文证周史①说到二十世纪九十年代的"夏商周断代工程"对上古史的证实,② 实际在相当程度上推翻了"古史辨派"的怀疑论观点,即使在当时就没有定论,如鲁迅在历史小说《理水》中还熔古铸今,讽刺了顾颉刚的否定大禹的存在,以为大禹是一条虫子的观点,可以见出其观点并未被时人认可。而最重要的是"疑古"观念和"古史辨"过程中的历史的和考据学的方法论运用,这是切合时代文化潮流的,在国学研究的"信古"传统中别开生面,另起一段,奠定了"疑古"派的基础。所以,"古史辨派"所代表的"疑古"思潮的影响也不在具体怀疑对象上面,而在于怀疑本身。但这怀疑需要史料的支撑,胡适"整理国故"中的实证主义考据学正可以作为其方法论武器。但结论的不可靠和考据学方法本身又构成一对矛盾,这成为"古史辨派"不可解决的学术困境。但无论是胡适的"整理国故"还是顾颉刚的"疑古"史学,都重视史料的收集、考订,以史料作为立论的根据。这也强化了学界的史料意识和催生出史料发掘事业。北京大学毕业的傅斯年于1928年主持成立了中央研究院历史语言研究所,领导了史前文化遗址的考古发掘,大量历史史料得到整理和考辨,特别是李济、董作宾为负责人的考古组,运用现代考古学科学方法继续发掘安阳殷墟,推进了现代考古学、文化人类学、甲骨学的建立。这是与"疑古"史学完全不同的学术路线,史学研究从典籍史料向地下实物史料发展,是为国学研究的新型史料派。傅斯年历史语言研究所的史料派可以说也是秉承了北京大学整理国故和疑古派的传统,构成北京大学的国学系统的一环。前已经说明闻一多的国学研究受到胡适"整理国故"的影响,那么,"古史辨派"的"疑古"思

---

① 王国维以甲骨文、金文研究商周历史,通过古文字的考释考证上古史,开创了史学研究的新领域,这研究不是"疑古",而是"证史"。王国维在清华国学研究院即讲授《古史新证》,对"古史辨派"有所批评。参见李学勤:《重写学术史》,河北教育出版社2002年版,第216页。
② "夏商周断代工程",为1996年启动的"九五"期间国家级重点科研项目,工程首席科学家李学勤说:"夏商周断代工程的性质是以自然科学和人文社会科学相结合,以多学科交叉的方式研究中国古代,主要是夏商周三个时期的年代学问题。简而言之,就是要对中国的古代文明里面的夏商周这三个朝代给一个时间上的尺度。夏商周这三个朝代,是中国古代文明繁荣昌盛的时期,也是中国古代制度、文化等方面形成和奠基的时期,非常重要。对于这个时期给一个时间上的尺度,是一个年代学的研究,也就是研究究竟夏商周是从什么时候开始,到什么时候结束。"(李学勤:《重写学术史》,河北教育出版社2002年版,第80页。)"夏商周断代工程"在相当程度上针对了"古史辨派"的"疑古"思潮,以年代学的成果将上古史的时间明晰化,最后的结论也大大地将中国的确切纪年向前推进了。联系整个20世纪的史学研究,意味着"走出疑古时代"。

潮也对闻一多有所影响。不可否认，闻一多一度有过"信古"态度，如新文化运动前撰写《论振兴国学》所表现的思想，出国留学时期对中国历史文化和文化历史的赞美。但当他正式进入国学研究后，研究的依据和落实点是中国古代典籍，之所以走上以考据学为主的校正国学典籍文字和诠释典籍词义的学术路向，就因为他怀疑国学典籍文本的正确性和历代注疏的准确性，实际上也是建立在"疑古"思想基础上的。"疑古"可以在不同领域、不同层面上表现出来，重要的是具备怀疑古代的意识，只有在怀疑的意识下，才会深入古代典籍而认识历史和文化的真相，"还历史以本来面目"。对于闻一多来说，"疑古"的第一个层面是对承载国学的典籍进行怀疑，在怀疑基础上考订和厘清古籍；"疑古"的第二个层面是在考据学的典籍真相认知基础上，怀疑国学典籍中所蕴含的文化思想，进而开始批判古代特别是儒家的思想意识；"疑古"的第三个层面是对中国文学史、文化史的研究，闻一多国学研究自然走向"诗的史"或"史的诗"的建构，要探索民族文化的历史源头和本土文化的中心，所以他研究神话和上古文化史，而这恰恰是"疑古"史学所怀疑和否定的对象。闻一多的中国文学史和文化史研究所表现出来的历史观，可以看出"古史辨派"疑古史学的痕迹。这实际涉及中国历史和中国文学史及文化史的起点问题，闻一多早期诗歌中一直在歌颂和赞美中国的历史文化，虽然是在诗歌中表现出来，虽然诗笔下的历史长度在不同的诗歌中有变化，但都体现了他对于中国历史起点和长度的认知，如《忆菊》中谓菊花为"四千年华胄的名花"，《一个观念》中的"五千多年的记忆"，《长城下之哀歌》中的"五千年文化的纪念碑"，《我是中国人》中"我便是五千年底历史""我是过去五千年底历史"，且在《祈祷》中歌颂"神农皇帝"和"尧舜"，而三皇五帝、尧舜禹正是"疑古"史学怀疑和否定的对象。闻一多的"诗的史"中表现了他出于歌颂祖国文化历史的"史观"，虽然不是学术的观念，但也可见出他对中国历史长度的认识和信念。而当他进入上古史和中国文学、文化史的研究时，自然不能以诗化的模糊数字衡量历史了。综观闻一多的历史研究，他把上古历史分为两大阶段，一是属于神话、传说和史诗阶段，基本上留存于后世典籍记载中，既然归为神话、传说、史诗所表现的阶段，当然就难以认定为信史；二是有可靠文献记载和实物证明的信史，他后来研究甲骨文、金文，事实上亦是走上王国维开创的"以古字证夏商史"的路径，可以见出闻一多国学研究中的史料意识和史料范围的扩展，这样，他也就从"疑古"的影响中转向重视傅斯年、李济等历史语言文化研究所的考古发掘，从历史研究而转向文化人类学和考古学领域。值得注意的是闻一多在编制

《上古文学年表》和《四千年文学大势鸟瞰》时的起点,《上古文学年表》从春秋时期开始,起点在公元前 551 年,即周灵王二十一年、鲁襄公二十二年,他以为也是孔子诞生之年;而《四千年文学大势鸟瞰》从探寻"本土文化中心的抟成"出发,以为这有一千年左右,起点为夏商时期,约公元前 2050 年,闻一多以为这是"荒古故事的残骸"和"史诗"所表现的背景时期,当然包括商的卜辞和周的铭文,同时闻一多也上溯到史前文化时期即公元前三千年前后的仰韶文化(新石器时代)。① 这当然需要考古学资料的证明,闻一多在此不无"大胆的假设"成分,自言为"它的形成的推测"。这实际涉及古史研究问题,可以看出来,闻一多在文学史和文化史研究中应该说走出了"疑古"畛域而将中国文化史延伸到有文字记载的"史前时期"。事实上,当时学界针对"疑古"思潮已经往"信史"方面发展,如王国维的"古史新证"即是对"疑古"史学的反拨,而考古学的成就愈益证实上古史的真实面相,二十世纪三十年代时李济提出"重建古史"的口号,"是以考古学为主来重建中国的上古史",古史重建"正好是疑古思潮的结果"②。这也意味着从史学到国学都在"走出疑古时代",闻一多自然也不会仅限于"疑古",而处身于清华大学,更多接受"清华学派"中的国学研究影响并使其研究成清华国学系统的组成部分,他的国学取向主要的不是"信古"、不是"疑古",而是属于"清华学派"的"释古"范畴。

三、"美国化"清华的国学研究院

闻一多受当时北京大学从《国故》月刊派到胡适"整理国故"派国学系统的影响,而最终归属于从清华国学研究院到形成"清华学派"的清华国学系统,从所受影响角度,闻一多更多的还是接受了清华国学系统的影响,他的国学研究从总体上也更接近清华国学系统的特征。我们说,从古代学术发展过来,经过新文化运动的转型,现代国学研究在北京形成的两大国学系统即北京大学为中心的国学和以清华为中心的国学有相同处,但更有鲜明的区别。前已说过,北京大学以"反封建"为主,清华以"反帝"为主。这样,清华园内的国学研

---

① 闻一多:《四千年文学大势鸟瞰》,载《闻一多全集》第 10 卷,湖北人民出版社 1994 年版,第 22 页。
② 李学勤:《疑古思潮与重构古史》,载《重写学术史》,河北教育出版社 2002 年版,第 217 页。

究取向主要不是针对封建主义学术而如北京大学那样以批判、怀疑和否定为导向，而主要针对的是帝国主义强权入侵、帝国主义通过军事和经济入侵而实行的强制性文化渗透。每个学校都会有自己的建校基础，包括物质上的资金来源、制度上的教学体制、文化上的既定精神，在此基础上形成自己的培养目标、校园氛围、文化传统、学人独特的文化心理和文化性格。作为中国近代失败见证的清华学校，既以庚子赔款建校，又是培养留美预备学生，尽管借此可以学习西方先进的文化以改变中国的落后面貌，但师生们的文化心理实际隐含着一种屈辱感的。从办学者角度，美国人以主人自居，仿佛是给予中国学生恩赐似的，极力在学校营造出西方化的氛围，如闻一多所说是为"美国化的清华"；而于中国师生角度，则感受多多，一方面，仰人鼻息、俯首领受美国化的教育，另一方面又不甘心任其同化，自卑和自尊交织，屈辱和倔强同生，反映到文化上，情感上厌恶美国文化而理性上不得不受美国化教育（这里说"不得不"也不完全为被迫，包含了学习者的主动性），情感上仍然爱自己的文化但理性上又不得不抛开古典文化的学习而投身于西方文化的学习中。这在闻一多的精神上体现得特别鲜明，他在清华求学达十年之久，又以清华毕业资格留学美国，走过了一个清华学生完整而典型的文化教育旅程。因此，闻一多深谙清华校园氛围和学生文化心理，在清华学校毕业前夕特意撰写了《美国化的清华》一文，这既是闻一多对清华的观感，也表现出闻一多自己的文化心理，特别在其中透露出了日后清华国学兴起的文化动因。闻一多并不完全否定清华的"美国化"，文章开头点明了学校的性质和他的基本态度："用美国退回赔款办的预备留美底学校，他的目的当然是吸收一点美国文化。所以清华若真做到美国化底程度，是一桩大幸事。"但他在这篇给清华的"临别赠言"里（文章写于1922年5月闻一多离开清华前夕），仿佛棒喝似的："清华太美国化了！"由此闻一多表达了与前认可"美国化"不同的另一面态度："清华不应该美国化，因为所谓美国文化者实不值得我们去领受！美国文化到底是什么？据我个人观察清华所代表的一点美国化所得来的结果是：笼统地讲，物质主义；零碎地数，经济，实验，平庸，肤浅，虚荣，浮躁，奢华——物质的昌盛，个人的发达……"闻一多的观察是否准确、概括是否得当并不重要，重要的是其中所反映的闻一多的文化情感、价值取向和矛盾心理，是要接受美国文化，但又否定美国文化的价值，希望清华美国化，而又反对过分美国化。闻一多经过十年的美国化的清华教育，又即将赴美学习，但本质上的中国文化精神并没有改变，在文化情感上基本上归依于中国文化。年仅14岁时就进入清华学习的闻一多，从年龄上说其精神应该更容易且能够更快速地融于美国文化氛围中，但他始终保持着"东方老憨"的中国文化精神和文化情感,这既是中国文化的强大功能的体现,也其实证明了美国化教育的一部分失败。文化理性能够控制,而文化情感则永远不会服从理性的调遣,在文化选择上,闻一多更多在感情用事而做不到冷静和理智。在美国时的爱国主义诗歌所表达的文化情感在尚未出国时已经预先抒发出来,针对太"美国化了"的清华,闻一多情不自禁地说:"美国化呀!够了!够了!物质文明!我怕你了,厌你了,请你离开我吧!东方文明啊!支那底国魂啊!'阖归乎来!'让我还是做我东方的'老憨'吧!理想的生活啊!"① 闻一多毕竟不是纯粹的"东方老憨"了,尽管他情不自禁地抒发对东方文化的赞美和对西方物质主义文化的厌恶,但实际上他已经具有了"西化"的成分。有意味的是他在以这样一连串的感叹句式后,引进了两句英文诗:"Oh! Raise up, return to us again, And give us manners, virtue, freedom, power." 文本形式的中西合璧正象征了闻一多文化结构的中西融合,其实也标志了整个清华当时的精神特征。文本形式固然可以象征其精神,但文章内核主要表达出情感上的疏离美国文化和归依中国文化。联系闻一多六年前的《论振兴国学》,可以见出他的文化选择主要在国学。他一度沉浸于新诗创作,出国浸染于西方文化,直到正式转向学术研究,重回清华,长期任教于清华大学(1932 年 8 月—1946 年 7 月),在清华的国学传统和国学氛围中,得以真正践履他少年时的"振兴国学"理想。

闻一多在清华求学时的文化心理典型地体现了当年清华人共同的文化感受,这正构成了清华国学兴起的文化心理基础。以一所留美预备学校而后来形成浓郁的国学氛围,成为国学研究中心,表面看起来是有一种不协调或似乎不可思议,但恰恰就在严重"美国化"的教学氛围中生成了国学研究中别具一格的"清华学派"。从学校体制方面,清华学校不甘心于带有严重殖民地色彩的定位,"反帝"意识具体落实到反抗美国化的办学模式,争取独立是清华几代人的追求。独立于美国、独立于外交部的管辖,归属于教育部,最终的目标是要转制为国立大学。这种反对帝国主义和追求独立的意识落实到文化上,就是要在美国化教学氛围中为中国文化开辟应有的空间。学校体制的独立和文化空间的开辟相结合,为国立大学奋斗的初步成果表现在文化上"国学研究院"的创办。1925 年,作为创办国立大学的一个步骤,更作为在清华开辟国学研究空间的举措,清华学校成立了国学研究院,以吴宓为负责人(后为梅贻琦),聘请王国

---

① 闻一多:《美国化的清华》,载《闻一多全集》第 2 卷,湖北人民出版社 1994 年版,第 339—341 页。

维、梁启超、陈寅恪、赵元任为导师,并聘李济为讲师,招收和培养国学研究人才。国学研究院在不到三年时间,招收四届,共 74 名学生毕业,培养了一批国学研究人才,后来以学名世者如刘盼遂、吴其昌、徐中舒、姚名达、谢国桢、罗根泽、王力、姜亮夫、刘节、高亨、蒋天枢、史念海、卫聚贤等。① 当然,学生们的研究成就表现于以后,但学术思想、学术路径、学术研究内容取向基本在国学研究院奠定基础,从各人日后的学术研究中可以见出。国学研究院导师极一时之盛,均为当时国学领域大师级学者。我们可以从学术研究和文化思想两个层面略观国学研究院导师的国学取向。在学术上,各导师都学有专长,尤其在国学领域成就卓著,王国维的经学小学、甲骨学、金石学、宋元戏曲学、元史学、西北地理学以及所开设之"古史新证"课程,梁启超的古书辨伪研究、墨学研究、"历史研究法"、学术史研究,陈寅恪当时给学生开设课程有"年历学""古代碑志与外族有关者之研究""蒙古、满文书籍及碑志与历史有关系者之研究",赵元任的语言学及语音学、方言学、语言实验学,李济的考古学,这些既是各个导师的研究领域,又都作为国学研究院课程开设而传授于学生,可以感觉到在国学领域的博大而又精深的显著特征。在总体上,几个学者在国学研究院时期的治学理路既承继中国传统学术路向又基本延续了他们一贯的治学风格,形成了清华国学系统的国学研究特征。第一,在内容上,偏重史学。梁启超 1925 年就曾经强调清华学校在三种学问上要独立自任,一是自然科学,二是工学,三是史学与考古学。尽管王国维、梁启超在经学研究上已经成就卓著,但在国学研究院期间,他们更注重史学研究。王国维在夏商周三代史研究上,开创了以甲骨文、金文考证古史的先河,在此开设"古史新证"课程,同时研究元史和从历史角度研究西北地理;梁启超不仅重点研究中国近三百年学术史,而且作为"新史学"派的开创者,尤其注重历史研究方法,在国学研究院时重点讲授"历史研究法"课程;陈寅恪关注少数民族历史,尤其精于隋唐史,后来撰有隋唐史研究论著《隋唐制度渊源略论稿》和《唐代政治史述论稿》,而且将诗歌和历史相结合,以诗证史撰有《元白诗笺证稿》。他们在史学领域都有独创性,王国维的"以字证史"、梁启超的"新史学"、陈寅恪的"以诗证史",为现代史学研究奠定了方法论基础。而且,当时"古史辨派"的"疑古"史学

---

① 清华国学研究院招收四届学生共 74 人,实际完成学业者 68 人。参见苏云峰:《从清华学堂到清华大学 1911—1929》,生活·读书·新知三联书店 2001 年版,第 294、332 页。又,周传儒在《王静安传略》中并列了国学院毕业生中在学术上卓有成效者的详细名录,载《追忆王国维》,第 197—298 页。

思潮正如日中天，国学研究院的史学研究针对"疑古"史学，从实证角度对"古史辨派"的"疑古"史学有所校正，也显示了清华国学在史学领域与北京大学国学研究的区别。第二，语言学研究大张旗鼓。不仅传统小学得以传承，仍然为国学典籍研究方法，而且古文字研究独具一格，成为历史研究的有力证据，这是王国维带给国学研究院的小学、甲骨学、金石学。陈寅恪更给国学研究院带来了语言的洋洋大观，他精通十几种语言的能力向为学界所称道和惊叹，其中包括西方各种语言、印度梵文和巴利文、中国少数民族语言（甚至有已经消亡了的少数民族语言），而这些语言确实成为他研究各种语言所表现文化的有力工具，这不仅构成了陈氏本人的学术世界，而且构成了清华国学研究的独特层面，也成为整个国学研究突破汉语单一语种和单一文化的新型内容。而赵元任作为现代语言学大家，在传统小学研究中别开生面，在语言学领域注入了西方现代语言学理论和科学实验方法，在语音学、方言学、实验语言学等研究中都具有开创性。任何学术研究都依托于语言、通过语言来流通，如王富仁先生指出的："学术，是一种语言建构"，"语言区别了本民族学术与他民族学术在整体上的差别，同时也将本民族的学术构成了一个整体"，"民族的语言决定着一种文化在一个民族内部的流通状况，一个民族的文化，包括它的学术就是被这样的大大小小的流通渠道贯穿成一个整体的"[①]。中国传统学术本就重视文字学研究，国学研究院也将传统小学纳入进来，而清华国学研究院之独特在于不限于小学研究，有陈寅恪和赵元任赋予了新的层面和内涵。第三，考据学仍然为主要方法，构成了国学的主要层面。王国维、梁启超本已经深得传统考据学三昧，但此前一度游离于考据学之外，如王国维曾经进入哲学和文学创作领域，梁启超曾经致力于以"新民体"宣传维新思想和进行思想启蒙，而当他们进入清华国学研究院后，都转向考据学，凡所研究，于研究对象必进行深入细致的考证。陈寅恪虽然长期留学国外，应该说更多受西方文化和学术熏染，但在清华国学研究院及以后的学术研究中，却基本以传统方法治学，所谓"讲宋学，做汉学"，其研究成果更具有"汉学"风格。这从当时他们所指导的学生毕业论文就可以看出，第一届毕业论文大多属于考据学研究，如王庸的《四海通考》、王镜第的《书院通考》、吴其昌的《宋代天文地理金石算学》和《朱子著述考》、杜百刚的《周秦经学考》、汪吟龙的《文中子考信录》、姚名达的《邵念

---

① 王富仁：《"新国学"论纲》，载《新国学研究》第1辑，人民出版社2005年版。

鲁年谱》、何士骥的《部曲考》、余永梁的《殷墟文字考》等。① 梁启超在学术史研究中更全面系统地总结了"汉学"考据学，《中国历史研究法》专论史料的搜集与鉴别，都直接影响到国学研究院"无征不信""实事求是"的考证学风。王国维的"古史新证"更成为国学考据学典范，甚至影响到陈寅恪的研究，从而造成了国学研究院的整体研究取向。第四，考古学异军突起，"二重证据法"成为清华国学研究的共识。中国传统学术基本上限于文献典籍的研究，"汉学"传统的考据学不出文献范围，即使胡适的"整理国故"中"拿证据来"的证据也是典籍中的文字证据，而中国文化中文字又晚出，传统学术研究所见最早文献记载也就是铭刻在钟鼎等青铜器上面的文献，从而获知周代社会和文化状况，而直到甲骨文出土才进一步获知殷商历史。正是甲骨文的出土伴随了现代考古学的兴起，古代历史和文化研究从单纯地依靠文献典籍开始转向重视地下出土文物，不仅甲骨文，包括其他出土文物都写着古代历史和文化。十九世纪末、二十世纪初安阳甲骨文的出土和罗振玉、王国维对甲骨文的释读开创了利用地下文物研究历史的先河，陈寅恪谓之"二重证据"法："取地下之实物与纸上之遗文互相释证"，以此概括王国维"古史新证"的研究方法。到李济则更进一步，完全运用现代考古学的科学方法研究古史，地下文物亦不限于甲骨文字，而扩大到陶器、铜器，不仅限于研究夏商周三代历史，而且研究到史前文化如仰韶文化（中国新石器时代文化），著有《西阴村史前的遗存》，特别是1928年以后，李济在中央研究院负责历史语言研究所考古组，主持发掘殷墟，更丰富了地下实物史料，虽然是清华国学研究院以后的工作，但考古学方法论在此时已经渗透在清华国学系统研究中。李济所代表的考古学史学也成为继王国维"古史新证"后又一种代表性的史学派，如周予同所说："继王氏之后而使考古派史学飞跃一步的是李济。王氏的治学方法还和古文学的考证派有相当的关联，而李氏则是纯粹受西洋考古学的训练的学者。……（主持殷墟发掘后）殷商地下史料的获得，才由偶然的发现进而为科学的发掘；同时，地下史料的范围也由甲骨而扩大到铜器、陶器和其他材料。由'甲骨学'的名称而转变为

---

① 国学研究院的研究以考据学为主，从当时所出版的研究院研究成果中就可以看出，如王国维的《蒙古史料四种校注》，包括《圣武亲征录校注》《长春真人西游记注》《蒙鞑备录笺证》《黑鞑事略笺证》并附《辽金蒙古考》，陈寅恪的《大宝积经论》。参见苏云峰：《从清华学堂到清华大学1911—1929》，生活·读书·新知三联书店2001年版，第324页。此处所列学生毕业论文名录参见罗检秋：《嘉庆以来汉学传统的演变与传承》，中国人民大学出版社2006年版，第464页。苏著第299—303页亦以表格形式开列了国学研究院学生的研究题目。

'小屯文化''青铜器文化'或'白陶文化'研究,以与前一时代的'仰韶文化''新石器文化'或'彩陶文化'研究相对,这正表示中国新史学发展的标帜。"① 从王国维的"二重证据"到李济的考古学,都标志了清华国学研究院的国学研究特色,与当时北京大学的国学系统显然有所区别。第五,在古今贯通中追求中西会通。学术研究的最高境界即在"通",而清华国学研究院的国学研究即体现出学术上"通"的特征,在贯通古今的同时做到了中西会通。陈寅恪在评论王国维学术内容及治学方法时所概括之"二重证据"法除了"取地下之实物与纸上之遗文互相释证"所指王国维的"古史新证"(从殷卜辞中所见先公先王考等)外,还有两个方面,即:"二曰取异族之故书与吾国之旧籍互相补正。凡属于辽金元史事及边疆地理之作,如蒙古考及元朝秘史之主因亦儿坚考等是也。三曰取外来之观念,与固有之材料互相参证。凡属于文艺批评及小说戏曲之作,如红楼梦评论及宋元戏曲考,唐宋大曲考等是也。""异族之故书""外来之观念"的取用即打破了传统学术畛域而放眼世界文化和学术,不仅使王国维自己的国学研究视野宏阔、境界宏通,而且"开一时之风气",带到了清华国学研究院中而引领了清华国学的"中西会通"氛围。王国维、梁启超在政治和文化思想上有保守的一面,但在学术研究上却胸襟开放、放眼世界,引进域外文化和学术,以比较方法反观中国学术,在国学研究上确实开创了新风气。国学研究院各导师均学贯中西,陈寅恪、赵元任、李济都在国外留学多年,如陈寅恪,从日本到西方,在柏林大学、巴黎大学、哈佛大学就读,长期浸润于西方各著名大学文化氛围中,学得多种语言,习得西方文化精髓,但回国任职于清华国学研究院后,以中国固有文化和学术为自己研究旨归,致力于国学研究,而在研究中实际同样如王国维多取"异国之故书"和"外来之观念"与国学相参证,在中西会通方面比王国维有过之而无不及,他对王国维的学术评价其实也是夫子自道,同时也概括了清华国学研究院共同的学术取向。赵元任的西方语言学理论和实验语音学,李济的现代考古学方法和后来的考古实践,都具有中西会通的特征。这其实也是国学院创办的初衷本义,如吴宓在《清华开办研究院之旨趣及经过》中说:"惟兹国学者,乃指中国学术文化之全体而言,而研究之道,尤注重正确精密之方法(即时人所谓科学方法),并取材于欧美学

---

① 周予同:《五十年来中国之新史学》,录自冯天瑜等编:《中国学术流变》(下册),华东师范大学出版社2003年版,第697页。

者研究东方语言及中国文化之成绩，此又本校研究院之异于国内之研究国学者也。"① 科学方法基本来自西方文化，而清华国学独特处在于注重搜集流落国外之中国典籍和文物、注重吸收国外汉学（非指中国传统"汉学"）研究成果，此即陈寅恪所指"异族之故书""外来之观念"，当然"外来之观念"非仅国外汉学研究中观念，而欧美汉学研究当然蕴涵了"外来之观念"。就"异族之故书"一项，如陈寅恪当时就开设过《西人之东方学之目录学》课程，并每每痛心疾首于我国典籍文物流落异国的状况，如有国外学者说，敦煌在中国而敦煌学却在日本，陈寅恪痛感敦煌学为我国学术的一部伤心史。"国学"固然是指中国固有之文化和学术，但如果仅仅限于本体研究，与传统学术毫无二致，而"国学"作为一种新起的学术话语，不仅表现其国别性，而且也意味着与他国文化和学术的参照比较，在与他国文化和学术的参照比较中才更能显示国学的独特性。这一点，清华国学研究院以国学研究的中西会通特性进行了彰显。综上所述，清华国学研究院的国学研究形成了有别于北京大学国学系统和其他国学派别的国学研究特性。尽管追求中西会通，尽管各位导师学贯中西，但国学研究在学术上的落实点还是中国固有的文化和学术，在思想上的归宿点是中国文化思想。实际上，在文化思想上，清华国学研究院与新文化运动的文化思想并不完全合拍，基本上偏于文化保守倾向。组织者吴宓属于"《学衡》派"主将，在东南大学主编《学衡》杂志，提倡"昌明国粹、融化新知"，被新文化运动阵营进行过有力批判。王国维在思想上属于前清遗老式人物，忠于皇朝，有以为其自杀亦为"殉清"。梁启超虽然与时俱进，但尚没有进到新文化运动的现代思想层面。而陈寅恪明确表露自己的思想归属于"中体西用"，后来在为冯友兰的《中国哲学史》所写"审查报告"中说："寅恪平生为不古不今之学，思想囿于咸丰同治之世，议论近乎曾湘乡张南皮之间，承审查此书，草此报告，陈述所见，殆所谓'以新瓶而装旧酒'者。"当然，我们不能说清华国学研究院在文化思想上完全复古或保守，因为几位导师的西方留学背景，国学院本身的依托"美国化清华"，所在学术语境毕竟是新文化运动后的现代文化语境，所以不同于近代的文化复古主义和文化保守主义。但这种偏于文化保守主义的倾向一方面构成了与浓厚西方文化和学术气氛的对立，另一方面确实使国学研究有了巨大成就，应该说，整个国学研究院是以一种巨大的"思想热情"进行国学研究的，文化思想上以振兴国学为基点和理想，文化情感上疏离西方文化而归依

---

① 吴宓：《清华开办研究院之旨趣及经过》，载《清华大学史料选编——清华学校时期》，清华大学出版社1991年版，第373—374页。

国学。国学研究上的成就与思想上的偏于保守在清华国学研究中留下了意味深长的思考空间。总体上，国学研究院的巨大学术业绩和同样巨大的教育成就成功地扭转了"过分美国化"的清华文化氛围和学术取向，在"美国化"之中增加了"中国化"的文化内容即国学内容，闻一多当年所批判过的不注重国学的状况得以改观，如冯友兰所说，在清华改制过程中，"有了国学研究院这段过程，国学也已恢复到相当地位，不再受人轻视了"①。正是清华园这种带有殖民地色彩的文化氛围滋生出的文化保守主义倾向和国学研究的成就可以对抗"美国化"的清华教育体制传统和"美国化"的文化氛围。如果说"美国化"的清华教育是在中国渗透进完全的西方文化和教育，那么，国学研究院是在"美国化"的清华渗透进中国的文化传统或通过国学研究而唤回中国的文化传统，其中的文化对抗和文化争夺在看不见硝烟的清华园文化战场上剧烈地进行着。清华的文化处境反而使清华的文化责任意识甚至超过其他大学，如陈寅恪在《吾国学术之现状及清华之职责》中建立在"吾国大学之职责，在求本国学术之独立"的"公论"基础上，在历数中国当时学术不能够尽如人意的现状后，指出："夫吾国学术之现状如此，全国大学皆有责焉，而清华为全国所最瞩望，以谓大可有为之大学，故其职责尤独重，因于其二十周纪念时，直质不讳，拈出此重公案，实系吾民族精神上生死一大事者，与清华及全国学术有关诸君试一参究之。"② 此论在1931年，国学研究院已经停办，但国学研究的传统已经在清华根深蒂固。对照闻一多1916年在《论振兴国学》中所表达的志向："惟吾清华以预备游美之校，似不遑注重国学者，乃能不忘其旧，刻自濯磨。故晨鸡始唱，距阜高吟，其惟吾辈之责乎！"③ 我们可以发现前有闻一多，后有陈寅恪，在相隔数十余年后所表达的意愿基本相同，都把振兴国学和中国学术寄托于清华，均表达了"舍我其谁"的气魄。可以说，闻一多当年对清华的瞩望，在之后国学研究院的建立和学术实践中得以实际的兑现，他自己的振兴国学志向也在后来依托清华的国学氛围而有了一定程度的实现；而陈寅恪对清华学生职责的强调，既延续了以闻一多为代表的清华人的文化思想理路，又是国学研究院予以奠定的清华国学研究地位为基础的。陈寅恪之清华学术理想地位提出不久，闻

---

① 冯友兰：《三松堂自序》，载《三松堂全集》第1卷，河南人民出版社2001年版，第285页。
② 陈寅恪：《吾国学术之现状及清华之职责》，载《金明馆丛稿二编》，上海古籍出版社1980年版。
③ 闻一多：《论振兴国学》，载《闻一多全集》第2卷，湖北人民出版社1994年版，第283页。

一多即回到清华园而完全致力于国学研究。而二十世纪三十年代后的清华国学研究即是建立在国学研究院基础上的。国学研究院的影响当然远不限于国学研究而扩展到教育史,更不限于清华园而影响到了全国的教育和国学研究事业,如有论著在谈到国学研究院在中国近现代国学教育史上的地位时说:"清华国学研究院在这短短的四年中,竟能开创出一股研究国学的新风气,实在也是近代教育史上的一个奇迹。"① 当国立清华大学于 1928 年正式成立时,国学研究院因为导师星散而停办。虽然停办,但国学研究院为清华大学带来浓郁的国学研究氛围和形成国学"清华学派"奠定了基础,当然也直接或间接地影响到闻一多的国学研究取向。

当然,清华国学研究院从创办到如火如荼地开展研究的几年间(1925 年 9 月—1929 年秋),闻一多虽然已经留学归来并一度身在北京(1925 年 6 月—1926 年底),但他这个时期主要致力于新诗创作和新诗形式运动,与清华国学研究院没有发生直接的联系,也没有特别关注清华国学研究的状况。但闻一多和清华国学研究院还是有着联系,这种联系可以从两个方面见出,一是思想的联系,二是学术的联系。

在思想上,可以说,清华国学研究院的国学研究在客观上实现了闻一多之前的国学理想,同时对闻一多所批判的清华的过分"美国化"更有所矫正。闻一多在 1916 年就提出"振兴国学"的志向并寄望于清华,1922 年在《美国化的清华》中批判了清华的过分"美国化",而国学研究院的学术努力实质上就是在振兴国学和以国学对抗美国文化。这恰恰实现了闻一多当年的理想,闻一多提倡于前,国学研究院实践在后。当然,我们尚不能说闻一多的《论振兴国学》和《美国化的清华》中的思想影响到国学研究院的创办,但闻一多从不同角度所表达的国学愿望实际上代表了当时清华人们共同的文化愿望,具有相当的典型性,包括国学研究院时期的清华学校校长曹云祥(1922 年 4 月—1928 年 1 月在任)创办国学研究院的宗旨实际上与闻一多的"振兴国学"理想多有不谋而合之处。如有论著在谈到校长曹云祥创办国学研究院的宗旨时指出:"清华成立以后,屡被指责忽视中国文化和国情知识,曹云祥思有所纠正,在蔡元培和胡适的影响下,曾发表《西方文化与中国前途之关系》一文(1924 年 5 月),主张'融会中西'。认为要融会中西,须先彻底了解中国固有文化。欲了解中国固有文化,又非设立高深之学术研究机构不可。于是决定在未能普遍设立各种研

---

① 苏云峰:《从清华学堂到清华大学 1911—1929》,生活·读书·新知三联书店 2001 年版,第 331 页。

究所前,先设国学'研究院'。"① 这表明作为学校当局者的曹云祥和作为清华学生的闻一多有对清华文化氛围的共同感受和对清华文化取向的共同愿望。闻一多的思想可谓当时清华的"民意",曹云祥的思想当然是为清华的"官旨",共同针对作为留美预备学校的清华教育和文化特性而强调加强国学研究,最后具体落实到国学研究院的创办和国学研究的实践活动中。闻一多留学前后的从"振兴国学"到"文化上的爱国主义"思想和王国维、梁启超、陈寅恪等人的偏于文化保守主义的思想倾向,两相对照,自有相似相通之处,就清华的文化背景而言,实际上都植根于清华学校自身的来历和教育体制,都是有感于近代中国失败的屈辱而要在文化上争得一份尊严,这可以说是清华学校从创办伊始到国学研究院时期的集体文化心理和文化"情结"。如果说北京大学系统的国学研究更多为传统的延续和对传统文明的"再造",那么,清华学校的国学研究则更多对传统的回归和对传统文明的重新发现,北京大学国学研究的"再造文明"以西方现代文化为参照并趋于现代化,而清华的国学研究则对西方文化更多从方法论上借鉴,在思想上有意偏离西方文化而在浓郁"美国化"的文化氛围中营造出更加浓郁的国学氛围。这应该说顺应了闻一多少年时的国学理想和文化愿望,当他看到国学研究院的业绩后,联系他在清华读书时的文化感受,应该是感到欣慰的。而闻一多直接感受到清华的国学研究成绩当在任教于清华大学以后了。

　　闻一多与国学研究院的思想联系而外,更主要是学术上的联系。正当国学研究院停办时期,闻一多开始正式进入国学研究领域,时为1928年至1929年。如前所说,国学研究院的影响实际上越出清华园而扩展到全国学术范围,对于造成当时文化和学术语境的取向发挥了不容忽略的影响,而闻一多一旦置身于学术领域,自然要受到当时文化和学术语境氛围的引领,在其引领下展开自己的研究,加以他后来回到清华园,这样,从闻一多的学术研究中自然可以感知到清华国学研究院对他国学研究直接或间接的影响。就国学研究层面和研究方法,闻一多的国学研究和清华国学研究院的研究倾向多有相近处。前述国学研究院在学术上偏重史学、语言学(包括小学)、考据学、考古学和追求"中西会通",在闻一多的国学研究中都有所体现,或说闻一多同样在国学研究中偏重于国学研究院所注重的国学研究层面和国学研究方法。第一,在史学研究方面,闻一多经过长期的国学研究实践而逐渐具备了文学史家和文化史家意识,最后

---

① 苏云峰:《从清华学堂到清华大学1911—1929》,生活·读书·新知三联书店2001年版,第282页。

进入文学史和文化史的研究和探索，在史学研究上取得了相当的成就。闻一多首先从唐代诗歌、唐代文学、唐代文化研究开始，同时研究《诗经》和《庄子》，由此进入先秦文学中的《楚辞》研究，扩展到整个先秦文学和先秦诸子百家思想的研究中，进而从春秋战国上溯到西周历史和殷商文化，从商周文化历史一直探索到上古史诗和上古神话，最后统观整个中国文学史和中国文化史，要写出一部"诗的史"或"史的诗"。闻一多的史家意识所体现出的他的史学研究真正达到了后来清华学派"会通古今"的目标。一方面，他的国学研究历程本身就构成了一部中国的文化史和学术史，另一方面，他的"诗的史"或"史的诗"的构想志在复原中国文化史的真实起源和演变历程，这两个方面整合为闻一多国学世界的深厚历史感，从中表现了闻一多的历史观，已经不完全是认识客观的历史真相，而更在历史真相的认知中探求与现代中国文化的密切联系和寻求可以推动现代中国文化发展的历史资源与原动力。闻一多的史家意识和史学研究与国学研究院的注重史学是一以贯之的，但闻一多的史学研究又同时在研究领域上有所扩展，在史学思想上对国学研究院有所超越。王国维的"古史新证"集中在商周历史的考释上，梁启超重点在学术史的梳理和历史研究方法论的探索上，陈寅恪以隋唐史和其他少数民族历史研究为主，他们都缺乏对整个中国文化史的宏观把握，在特定的历史领域做到了专精和研究的深入，但同时限制了历史时间维度的扩展而缺乏整体的历史观照。历史视野有时决定主体的历史观，历史观又影响其文化思想的取向。王国维的人生悲剧中不无文化思想上的悲剧性，"遗民"意识限制了他对中国历史发展必然性和对中国文化要现代化的认识，陈寅恪的思想止于咸丰同治之世，限于中体西用之论，都没有达到如闻一多统观整体中国历史后对中国历史文化本质的认识高度。这可以说是闻一多超越清华国学研究院的地方。当然，在具体的史学研究领域、特别在专精程度上，闻一多或未能达到王国维之于商周古史、梁启超之于中国学术史、陈寅恪之于隋唐史的研究深度和研究高度，这与闻一多并不专攻史学、研究领域太过广泛、过早牺牲有关。但从闻一多的史学研究和他在国学研究中所体现的史家意识，我们可以感知他与清华国学研究院史学研究一脉相承的学术联系。第二，在语言学研究方面，闻一多没有如赵元任那样专门研究方言学和西方实验语言学，基本延续中国学术中"小学"传统，集中在文字学、音韵学、训诂学的研究上面，而"小学"本被视为国学要义之一。在语言文字学领域的研究上，闻一多的学术路向更接近王国维的学术路径。闻一多在正式开始国学研究后，在语言文字学方面主要体现为三个层面的研究，一是针对具体文本如《诗经》《楚辞》，在校正文字的同时，重点进行词义训释，这样他必然而自然地运用"汉学"研究所最重视的"小学"进行文本文字的训诂学考释，他的《诗经新义》《诗经通义》《离骚解诂》《天问疏证》《天问释天》《九歌释名》《九章解诂》，包括《庄子义疏》《周易义证类纂》等均为以训诂学考释国学经典的研究成果。二是为了考证上古历史而求证于金石甲骨文字，在金文考释和甲骨文研究上用力甚多，留下了一批考释金文和甲骨文研究的论著，如《卜辞研究》《契文疏证》《三代吉金文释》《金文杂释》等。我们对照闻一多的甲骨文金文考释和王国维在《观堂集林》中的同类论著，可以发现他们基本研究形态的相似处，一方面，甲骨之学本就是罗振玉和王国维开创而名为"罗王之学"，另一方面，闻一多和王国维有清华国学研究系统的渊源，那么闻一多在上古文字研究方面受到王国维的影响也是显而易见的。三是闻一多在中国语言文字学方面的理论探索尝试，他没有留下语言文字学的系统理论著作，但我们从他的实际研究中可以看出闻一多的理论探索和理论总结意识，特别在如他《如何认字》的提纲中，不是从现成的语言学理论出发，而是建立在自我具体研究基础上归纳、总结和提升出关于"汉字"的特征和规律。这实际上也突破了传统"小学"的研究范围而具有了现代语言学理论研究的特征，语言文字的研究不完全限于解读经典文本的工具，而本身就具有研究的价值，如闻一多所提出的"一字一部文化史"，通过一个字可以看到历史和社会。第三，闻一多甫一步入国学研究领域，很快就转向考据学研究，建立了与清华国学研究院在研究方法论上的联系，这联系的基础实际上就是中国传统的考据学，特别是乾嘉学派的"汉学"传统。闻一多所在的现代学术语境中的考据学取向，一方面是乾嘉学派"汉学"传统的自然遗传，另一方面亦是由北京大学以胡适为代表的"整理国故"潮流和清华国学研究院的国学研究导向等共同造成的。闻一多初入学界尚尝试非考据学的研究，写过如《杜甫》《庄子》这样的论著，但随后就转向基本以考据学研究为主要方法的国学研究层面。尤其在他回到清华大学任教后，清华大学的研究直接承接了国学研究院的传统，考据学倾向尤其鲜明，身在考据学为主的学术语境中，闻一多在国学典籍的研究中更多地进行文字的校正、词义的训释、佚文的考订、史料的辨析了，经学经典的研究如此，非经学经典的研究如神话研究、唐诗研究也都运用考据学方法。我们看闻一多留下的国学研究论著，绝大部分是考据学研究成果，从神话研究的《伏羲考》《神仙考》《高唐神女之传说》《朝云考》等到《诗经》研究中的《诗经新义》《诗经通义》，从《楚辞》研究中的《楚辞校补》《离骚解诂》《天问疏证》等到《庄子》研究中的《庄子校补》《庄子义疏》《庄子内篇校释》等，包括唐诗研究中对唐人生平史料的考订、对全唐诗的校勘和辑佚、对唐诗和唐文化研究史料的辑录等,都是纯粹的考据学研究。中国的"汉学"传统讲究家法和师承,而闻一多实际上在考据学方法上可以说是自学成才,他不同于其他学者,并没有严格意义上的具体而特定的汉学师承背景,如章太炎之于俞曲园、梁启超之于康有为、王国维之于罗振玉,他原本是学习美术和创作新诗的,并没有受过严格意义上的考据学的学术指导和训练。没有具体的师承背景并不意味着闻一多在学术研究上绝无依傍,恰恰相反,闻一多反而愈加循规蹈矩,遵循了汉学的学术程序和学术规范,在考据学方面后来居上。而他所遵循和依傍者,一是汉学传统特别是乾嘉学派的考据学方法论,二是时代学术所流行之考据学语境,其中就包括清华国学研究院所形成的考据学研究氛围。第四,无论古文字研究还是国学典籍的考据学研究,都必然导向考古学领域,闻一多的国学研究中亦表现出他对现代考古学的关注和对考古出土文物的运用。初任职于清华国学研究院的李济在二十世纪三十年代以中央研究院历史语言研究所为依托对安阳殷墟进行现代考古发掘,这引起了已经开始研究甲骨文的闻一多的关注,他曾经表示要往安阳进行实地考察。尽管闻一多的甲骨文研究主要还是以"罗王之学"为基本依据,但考古学作为现代学科方法论已经纳入闻一多的学术视野,一方面作为一种方法论运用于学术研究中,另一方面有意识地运用考古学成果,以出土文物配合文献典籍而证成特定论题,事实上亦体现了如陈寅恪概括王国维研究方法的"二重证据法":"取地下之实物与纸上之遗文互相释证。"如《伏羲考》除了文献典籍的考据外,闻一多大量借鉴了人类学和考古学的研究成果,特别吸收了最新的考古出土实物来证明伏羲和女娲的相貌及关系。文献典籍记载中的伏羲和女娲关系有两说,一为兄妹说,一为夫妇说,可争议处在于,据文明社会的伦理观念,既为夫妇就不可能是兄妹,但近世所发现画像显示为人首蛇身的男女二人两尾相交之状,闻一多即说:"据清代及近代中外考古学者的考证,确即伏羲、女娲,两尾相交正是夫妇的象征。""'兄妹婚配'是伏羲、女娲传说的最基本的轮廓,而这轮廓在文献中早被拆毁,他的复原是靠新兴的考古学,尤其是人类学的努力才得完成的。"[①] 在此,闻一多引证了考古学所发现的石刻和绢画两类图像并附录了图像,其中石刻画像五种,有东汉武梁祠石室画像、东汉石刻画像、重庆沙坪坝石棺前额画像、山东鱼台西塞里伏羲陵前石刻画像、兰山古墓石柱刻像等;绢画二种,有隋高昌故址阿斯塔那墓室彩色绢画和吐鲁番古冢出土彩色绢画。正是得益于考古学出土实物史料的运用,闻一多才在中国神话学研究领域开创性地做出关于伏羲和女娲关系的结论。所以,

---

[①] 闻一多:《伏羲考》,载《闻一多全集》第3卷,湖北人民出版社1994年版,第59页。

考古学不仅为学科方法论,而且成为闻一多的学术意识和研究内容。第五,闻一多在史家意识支配下的对中国文学史和文化史的研究,体现了他国学研究中贯通古今的追求,与此同时,闻一多的国学研究体现出与国学研究院相近的中西会通特征。应该说,闻一多在接受西方文化熏陶的时间长度和内容广度方面绝不逊色于清华国学研究院各导师,甚至有过之而无不及。他有十年的清华美国化教育背景和三年留学美国的经历,从1913年到1925年6月的教育生活几乎贯穿了他的青少年时期,也就是说,在一个人最宝贵的学习阶段、在基本形成自我知识结构和文化性格的阶段,闻一多主要在学习西方文化。这一点可以和少年时就出国留学的陈寅恪相比肩。在此过程中,尽管闻一多念念不忘中国文化,但毕竟已经不是他学业的主体而成为"业余爱好"。假如我们可以对一个人的知识构成进行定量分析的话,闻一多的知识结构在中西文化的比例构成在客观上当是西方文化更占主要部分。正因为自我知识构成中的中西文化比例的"失调",反激起了闻一多在情感上对中国文化的强化意识,两种文化在自我的思想结构中呈现为一种对立形态,于是,一方面学习西方文化,另一方面,以"文化上的爱国主义"思想歌颂"五千年历史和文化"。与其他留学西方的学者不同,闻一多在留学前后并不求"中西会通",中西在他的精神中反而是严重对立的。如果说闻一多有与清华国学研究院相近的"中西会通"特性,那也是在"对立"中的"会通"而不是无原则的求"通"。当他转向国学研究后,在中西文化和学术关系上,闻一多表现出自身的特性,那就是在矛盾性中呈现出阶段性特征,一方面,他始终在中西文化的矛盾中,解决矛盾的方法受制于"文化上的爱国主义"思想而一头扎进"故纸堆"中,在国学典籍的整理中感知中国固有文化和学术的"美"和"韵雅";另一方面,随着国学研究的深入,逐渐发现了国学中的"痼疾",发现中国文化并不都是美的和韵雅的,于是从"故纸堆"中走出来,反戈一击,进行文化反思和文化批判。在这个存在矛盾的阶段性的转化过程中,西方文化成为他的参照系。闻一多毕竟有深厚的西方文化学养和开放的世界文化视野,在国学研究中其西方文化学养和世界视野体现为三个层面,一是在具体研究中对西方文化思想和具体思想理论的借鉴。闻一多固然一度以考据学研究为主,但他从研究内容出发,在必要的时候还是多取用西方的文化思想理论和西方的学术研究方法论解决国学中的具体问题,如,以弗洛伊德精神分析学研究《诗经》中所表现的性欲(《诗经的性欲观》),以民族学、人类学等理论观照诗歌中所表现的古代社会民情习俗(在先秦典籍如《诗经》《楚辞》《周易》研究中),以现代考古学理论和考古出土文物证成上古神话的本质(《伏羲考》等),以西方美学理论解读中国古代诗歌。二是在经过中西文化矛盾后的真正趋于中西会通的研究取向，走过了"正（中学）—反（西学）—合（中西会通）"的学术轨迹和思想历程。仅仅固守"中学"难免趋于复古和保守，仅仅追逐"西学"会失去自我的文化根本，不经过矛盾冲突的"中西会通"结果往往会流于浮泛而缺乏文化力度，虽然呈现中西两种文化而不求"会通"不免左右摇摆、会没有文化的自主性。在闻一多的文化精神历程中，最突出地表现了从以"中学"为本位到中西文化矛盾冲突到"中西会通"的过程，他的中西会通是建立在矛盾冲突基础上的，因而最后的文化结论具有一定的深度和力度。三是以开放的文化视野看取中国文化在世界文化中的地位和未来中国文化的走向。作为深受西方文化教育的闻一多曾经一度完全沉湎于"故纸堆"中，在经过几十年的充分研究后，在二十世纪四十年代，他的文化视野扩展开来，一方面看清了中国文化的"病症"，另一方面以世界文化的视野探索中国文化的未来，对于外来文化，闻一多提出，中国应该既要"勇于'予'"，更要"真正勇于'受'"，"过去记录里有未来的风色。历史已经给我们指示了方向——'受'的方向，如今要的是勇气，更多的勇气啊！"[①] 在"文学的历史动向"里闻一多指示了中国文化的未来方向。"我始终没有忘记除了我们的今天外，还有那二三千年前的昨天，除了我们这角落外还有整个世界。"[②] 从"今天"到"昨天"的探索，正是闻一多国学研究中的贯通古今的追求；从"我们这角落"到"整个世界"的开展，正是闻一多国学研究中的会通中西（外）的努力。比较之下，闻一多比国学研究院各导师的单纯"取外来之观念，与固有之材料互相参证"的"中西会通"要更具有文化思想意义。

这样，我们从与国学研究院最突出的学术成就和个性特征相对应地观照了闻一多的国学世界，可以看出闻一多与国学研究院在学术上的联系，其中既有国学研究院的国学对闻一多的影响，也有闻一多以清华为纽带对国学研究院学术的传承，当然更存在闻一多之于国学研究院学术的"不及"和"超越"之处，即在具体学术领域的专精度和深度方面，闻一多有"不及"的地方，而在学术领域的广度和文化思想的进步性方面，闻一多相对地超越了国学研究院的学术和文化思想。

---

① 闻一多：《文学的历史动向》，载《闻一多全集》第10卷，湖北人民出版社1994年版，第21页。
② 闻一多：《闻一多1943年11月25日致臧克家信》，载《闻一多全集》第12卷，湖北人民出版社1994年版，第381页。

四、清华园的人文环境和现代思想格局

闻一多一生与清华的关系最为密切，求学十年，任教十四年，生命历程的多半时间是在清华度过的。求学过程的青少年时期在清华建立了自我的知识结构、形成了自我的思想基础、造就了自我的文化性格和养成了自我基本的文化精神。1932年8月重返清华园，担任清华大学中文系教授达14年（包括西南联合大学时期，一直到他牺牲），虽然在此之前闻一多已经富有诗名，学术研究也初具基础，但闻一多的巨大学术业绩最终是在清华大学成就的。如果说一个人的生命分出生理意义的生命和文化意义的生命，那么，可以说，闻一多的文化生命始于清华、终于清华，学术生命的高峰期是在清华展示出来的。在中国现代教育史、现代文化史和现代学术史上，从清华学校到清华大学而长期形成的清华特有的教育成就、学术业绩和文化语境，应该说具有举足轻重的影响力。单就学术研究而言，清华大学的学术在几十年的发展中形成了为后世所公认的"清华学派"。而闻一多即为"清华学派"的代表性学者，他既受到形成"清华学派"的清华学术语境的影响，又参与了"清华学派"的学术建构，以闻一多作为主体，双方存在着一种双向互动的关系，那么我们一方面以闻一多为典型个案看取"清华学派"的学术特性，另一方面，通过"清华学派"的形成机制把握闻一多的学术"奥秘"。学术主体和客观学术语境的互动关系在闻一多和"清华学派"的关系中典型地体现了出来。不可否认，一个学者的学术发展和学术成就的高低除了取决于主体的天性禀赋、学养积累、兴趣爱好、勤奋程度、性格特征、人生选择等多方面因素外，同时取决于现实条件、发展机遇、文化氛围、学术环境等客观因素，其中主体所在的学术环境尤其影响着自我学术研究的可持续性发展。浓郁的文化氛围和良好的学术语境无疑会激发一个学者的研究灵感，更有助于催生和养成一个学者的研究成果。如清华国学研究院，几位导师都学有专精，更有献身学术的精神，常在一处研磨学术，互相促进，而师生尤其共处一堂，在学术上相与析疑、互相砥砺，在生活中经常举行联谊活动，造成了一个浓郁的学术氛围，无论对于导师还是对于学生，都极益于学术的提高。① 闻一多的学术成就得益于清华学术氛围当为客观

---

① 清华国学研究院章程中对师生特别规定，要求专任教授"常川住院，担任教授及指导之事"，"教授学员当随时切磋问难，砥砺观摩，俾养成敦厚善良之学风，而收浸润熏陶之效"。所以国学院导师按照规定基本在学校各研究室办公，随时指导学生，因而产生了"一个强而有力的'学术磁场'"。（参见苏云峰：《从清华学堂到清华大学1911—1929》，生活·读书·新知三联书店2001年版，第288—289页。）

事实，并不意味着忽视闻一多主观的个性因素，当然也不意味着忽视特定学术环境对闻一多学术成就的影响。当闻一多任教于清华大学后，国学研究院作为一个学术研究机构已经不复存在，但国学研究院奠定的清华国学传统和国学研究氛围应该说继续延续着，国学研究的氛围不仅没有淡化，反而更加浓郁。正是有国学研究院奠定的浓郁的国学氛围和学术基础，为闻一多在国学研究上的大有作为提供了用武之地，更为"清华学派"的生成进行了必要的学术积累和学术准备。

那么，闻一多所在清华具有怎样的人文环境和学术氛围呢？"清华学派"是在怎样的学术语境中生成的呢？闻一多与"清华学派"存在着怎样的关系呢？

我们说，当闻一多1932年8月任职清华大学时，虽然国学研究院停办，王国维和梁启超已经去世，赵元任和李济也另就他处，只有陈寅恪留任清华大学，但因为已经有国学研究院研究基础，加上从清华学校时的校长曹云祥到清华大学首任校长罗家伦一以贯之的招揽人才、延聘教授举措，特别是先闻一多到清华，1931年底就任校长的梅贻琦在"所谓大学者，非谓有大楼之谓也，有大师之谓也"的理念下，尤其注重延揽和培养大师级学者，所以，当时的清华大学及以后十几年中，各专业密集了现代史上一批最优秀的学者，包括闻一多在内，由此营造和形成了清华独具的优良学术环境。如果以闻一多为中心而看他所在的人文环境和学术氛围，可以由近及远而扩展出这样几个人文和学术环境"圈"：距离闻一多最近的第一圈为中文系成员，闻一多初到清华大学的1932年，中文系的教师有朱自清、俞平伯、陈寅恪、杨树达、刘文典、黄节、王力、浦江清、刘盼遂、许维遹、安文倬、余冠英，后来受聘于清华中文系的还有容庚、赵元任、陈梦家，此前尚有杨振声、张煦、钱玄同、高步瀛。这些学人所构成的是闻一多具体切近的教学和学术人文环境。这一圈还包括他的生活环境，他在清华园的住所邻居有余瑞璜、雷海宗、陈寅恪、赵忠尧、蔡方荫、周先庚、陶葆楷、周培源、庄前鼎、顾毓琇、吴有训等，虽然为生活圈，但也影响着闻一多的学术活动；其中虽然为不同专业特别多理工科教授，但朝夕间的互相往还同样加浓了生活空间的学术气氛。第二圈由与闻一多所从事专业相近的清华人文社会科学各专业学人构成，以1937年前为例，历史系有雷海宗、蒋廷黻、朱希祖、张荫麟、钱穆、萧一山、张星烺、吴其昌、邵循正、吴晗等；哲学系有冯友兰、金岳霖、瞿世英、邓以蛰、张菘年、沈有鼎、张东荪、贺麟等；外文系有陈铨、王文显、吴宓、钱稻孙、徐祖正、吴达元、叶公超、梁宗岱、李建吾；社会学系有潘光旦、陈达、吴景超、李济等；政治系有陈之迈、邹文海、钱瑞升、萧公权、浦薛凤、张奚若等；还有法律系和经济系如燕树棠、陈岱孙等。① 闻一多虽然身在中文系，但他所研究的国学内容包括了文史哲等各领域，当时的专业划分并未如后来那么专细，各专业学者也不是"隔行如隔山"而"老死不相往来"，加上各专业学人要么是如闻一多一样出身清华而留学归来的，既为同学又有共同的留学背景，要么本来以前就和闻一多有所往来而建立了私人情谊，所以，这形成了给予闻一多一定影响的、越出中文系人际圈的人文学术环境。第三圈则可以指人文社会科学之外的清华大学其他领域如包括理工学院在内的人际和学术环境，在学术上与闻一多所学相疏离，但与人文社科圈共同构成了清华整体的学术环境，经过从罗家伦开端到梅贻琦苦心经营，形成了学术上的"水木清华"，为如闻一多一样的清华众多学人提供了一个宝贵的学术环境。其中理工学院中著名者、与闻一多有所交谊者有地学系翁文灏、袁复礼，生物系李继侗，物理系萨本栋、吴有训、周培源、叶企孙等，心理系唐钺、周先庚、陆志韦，化学系张子高、曾昭抡，算学系熊庆来、华罗庚、陈省身、杨武之等，工学院有刘仙洲、庄前鼎、顾毓琇、陶葆楷等。袁复礼、曾昭抡、李继侗后来和闻一多一起参加了从长沙到昆明的"湘黔滇旅行团"，顾毓琇和闻一多原本为清华时同学，闻一多出国前后多有书信与顾，他们友谊非常深厚，华罗庚后来和闻一多在昆明时同住一处房子，"隔帘而居"。② 另一方面，当时理工科学者一般均有深厚的文史学养基础，这就构成了他们交往、交流的基础，并且都献身于学术，自有共同砥砺的作用。以上三圈基本在清华大学校园，而随着时局变化，抗战爆发后，闻一多与清华教职员一样逃离清华园，辗转南下，从长沙到昆明，最后落定于昆明西南联合大学。在此过程中，生成了闻一多所在的第四种人文环境圈，即由清华大学、北京大学、南开大学构成的从长沙临时大学到西南联合大学的人文环境，从此闻一多所交往接触者就不完全限于过去相对封闭的清华校园学人群落，而扩展到北京大学和南开大学学人群落。抗战时期所组建的西南联合大学一直被教育界和整个文化界视为战时高等教育奇迹，三所大学各具传统、各有个性，但在联合时期做到了"和而不同"，既联合又保持各自相对的独立性，在极其艰苦的环境下既培养了一批优秀

---

① 参见苏云峰：《从清华学堂到清华大学 1928—1937》，生活·读书·新知三联书店 2001 年版，第五章《教师品质的提升》，其中介绍了罗家伦和梅贻琦担任校长时延揽人才的情况，并对清华大学的教师资料进行了统计分析，特别列表显示了 1937 年前清华各院系教师的学术论著数量，代表了清华大学最高的学术研究成就和水平。本文在此所列构成闻一多学术人文环境的学人名录主要依据该书统计资料。

② 华罗庚：《知识分子的光辉榜样——纪念闻一多烈士八十诞辰》，载《闻一多纪念文集》，生活·读书·新知三联书店 1980 年版，第 138 页。

人才又取得了极其巨大的学术成就。闻一多即身在其中，与联合大学相始终，在学术上既受益于联合，又对三校的联合做出了自己的贡献。从学术受益的一面，主要体现在他不仅继续处于清华自身的学术氛围中，而且置身于北京大学和南开大学的学术氛围中，尤其又实际处于由三所大学所形成的新的学术氛围中。如北京大学的游国恩直接影响了闻一多的《楚辞》研究，正是游国恩建议闻一多研究《楚辞》的。这三种学术氛围的逐渐融合，在物资极端贫乏的条件下却营造出浓郁的学术研究气氛，反而成就了学术上的奇迹，闻一多即在此氛围中在国学研究上达到了学术高峰。此外，因为抗战造成的颠沛流离，闻一多也越出学院、越出学界，接触到非学院的、非学术的广大社会，如闻一多参加的从长沙到昆明的三千里徒步"旅行"，身体力行、切身感知了中国社会的真实状况，所见所闻所历，虽然无关于学术，但深深地影响了闻一多此后的学术思想。而抗战后期，针对政治的专制和腐败，闻一多起而参加民主斗争，又一次扩大了自己的交际范围，民主政治的环境同样深刻地影响到他的学术思想。这都从总体上构成了抗战开始以西南联合大学为基点的闻一多的人文学术环境。以西南联大为基点的学院文化和学院文化之外的社会现实文化是在闻一多学术历程中比清华大学环境在时空方面更为扩大的学术人文环境。据此，我们在具体的学术群落中见出闻一多的学术交游和他的"周围"，形成了一个以闻一多为中心的学术"同心圆"，我们既可以通过这个学术"同心圆"自内而外地从闻一多的学术辐射出与他相关的学术形态，又可以自外而内地从不同层面的学术集中到闻一多的学术世界，在具体的学术环境中认知闻一多及其国学研究。

如果说以上四种人文环境多表现为具体的人际交往和形成了具体的学术氛围，那么，与闻一多联系密切的、影响闻一多学术研究的，在更普遍的范围里则是更广阔的、包容此前各学术群落的整个现代学术界，其中，如清华大学和北京大学以其群体的学术成就理所当然地成为中国现代学术的重镇，但现代学术又绝非清华大学学术和北京大学学术所能涵盖，可以说，清华大学和北京大学的学术只是当时学院派学术的典型代表和主体构成。前所论闻一多与清华学术群落的关系也只是闻一多所受影响的一个层面，事实上，闻一多在1932年8月任教清华大学前就不仅诗名已盛，而且在学术上已经有所成就，所以清华大学一开始就聘闻一多为教授。所以，我们还是有必要考量整个现代学术界的构成格局和闻一多的学术联系。中国现代学术在严格的现代意义上应该从新文化运动后开始发展，与古代学术相比较，在学术思想上打破封建道统的束缚而在学术研究中求得解放，基本上贯穿了现代思想，特别是从西方引进的近代资产阶级思想、现代主义思想和马克思主义思想。在研究对象上打破以儒家经学为主体的研究格局，一方面扩展到中国从古代到现代的各个文化领域和社会层面，特别包括古代非主流的文化部类和在封建社会成为绝学的文化内容，尤其将现实的社会生活纳入学术研究范围如新兴的政治学、社会学、经济学、法学，同时增加了自然科学的学术发展；另一方面，承接近代"新学""西学"，现代学术将域外文化纳入研究范围，比古代学术更加拓展了研究领域，比近代学术更加充分地研究外国文化特别是西方文化，不完全限于外国文化的译介而进入全面系统的学术研究层面。王富仁先生曾经将中国现代学术领域概括为"新国学"的范围，他认为除了传统"国学"领域，现代学术中新兴的学科领域也应该包括在国学范围里，包括：一、中国现当代诸学科如中国现当代历史、中国现当代文学史、中国现当代艺术史、中国现当代教育史、中国现当代经济史等等；二、数学、自然科学研究领域；三、具有现代逻辑系统的诸学科如哲学、美学、文艺学、教育学、政治学、经济学、法律学、社会学、文化学、文化人类学、心理学等。① 这些新兴学科在中国现代学术中已经占据了十分重要的地位，是对古代学术格局的革命性转变。而且，中国现代学术无论在传统学术领域还是新兴学科研究中都取得了极其巨大的成就，标志了中国现代文化的建立、发展和繁荣。当闻一多1928年后进入中国现代学术界的时候，现代学术的基础已定，各个学术领域的研究都呈现出欣欣向荣的发展态势而形成了现代学术的基本格局。

首先是新文化运动后以北京大学和清华学校为代表的学院派国学研究的高涨。从胡适的"整理国故"到顾颉刚为代表的"疑古史学"在到清华国学研究院的研究实绩，影响所及，当时还在各地各学府出现一批国学研究机构，如：1923年宋育仁、谢无量、廖平在成都创办"国学馆"，出版《国学月刊》；1923年至1925年，南京东南大学和南京高师创办"国学研究会"，出版《国学丛刊》，同时有吴宓等出刊的《学衡》杂志；1927年至1929年，陆侃如、林召伯、姚名达等在北京创办"北京述学社"，出刊《国学月报》；1924年至1925年，叶楚伧、胡朴安在上海创办"国学研究社"，出版《国学周刊》；1926年至1927年，陈衍在厦门大学创办"《国学专刊》社"，与此同时，厦门大学筹建了国学研究院，由林语堂、沈兼士负责，先后聘请了鲁迅、顾颉刚、张星烺、林万里为研究教授和导师；可与北京大学国学、清华学校、东南大学、厦门大学国学研究相比肩的还有南洋大学校长唐文治1920年在无锡创办的国学专门学

---

① 王富仁：《"新国学"论纲》，载《新国学研究》第1辑，人民出版社2005年版，第121页。

校，一度聘请钱基博为教务主任，开展国学研究而声名鹊起。① 在每一个国学团体和大学的国学研究机构中都集合了一群国学专家，形成了国学研究的不同派别，不同派别也就从不同角度、不同层面、以不同的方法论对国学进行研究，共同丰富了中国现代学术格局中的国学研究成果，有力地推进了现代国学研究的发展和繁荣。如前所述，闻一多更主要受到从北京大学国学系统到清华学校国学系统的影响，但他正是在如上国学团体、国学机构、国学派别、国学出版物的繁荣局面中开始自己的国学研究的，整体的现代国学研究语境和浓郁的国学研究氛围自然影响了他的学术选择和学术取向，更激励着他献身国学研究的热情。假如没有如此浓郁的国学研究氛围和繁荣的国学研究局面，闻一多的学术研究选择也许会是另外一种路向。

而中国现代学术构成绝不仅传统国学研究，同时从多种文化路径展开和发展，与传统国学研究相对，第二类现代学术是西方文化思想的研究，这构成现代学术格局中的重要一翼。尽管西学东渐开始已久，到近代"西学"作为与"中学"相对立的文化类型也蔚为大观，但基本限于技艺层面的引进和各类著作的译介，无论严复的西方思想译介，还是林纾的西方文学译介，开创之功不可没，但都以译介为主，并没有对西方文化的系统研究。新文化运动在本质上是引进西方近代资本主义文化思想进行反封建思想启蒙，虽然存在着对西方文化思想的选择和选择中的困惑，但开启了全面系统地研究西方文化的学术道路。新文化运动的发起主体和后继者如闻一多为代表的一代知识分子，既受新文化运动影响又出国亲炙西方文化，所以一旦走上学术研究道路，就不仅研究传统文化对象，而且当仁不让地倾心力于西方文化思想；他们不再限于译介本身，而是在现代文化背景下进行细致地阐释和深入地研究了。西方文化的学术化直接体现为现代教育体制中各大学外文系的设置，既培养懂得西方文化的人才，又使得西方文化的学术研究有所依托，所以，现代大学外文系集中了研究西方文化的学术力量。如闻一多早在清华学习和留学时就注意研究西方思想和艺术理论，在完全研究国学之前，闻一多曾经任教于外语系（南京国立第四中山大学）。西方文化在现代中国的学术化可以从三个层面看，一是西方文化思想理论的研究，这表现在现代哲学专业的学者对西方各种哲学思潮和哲学家思想的研究，如蓝公武之于康德哲学的研究，贺麟之于黑格尔哲学的研究，冯友兰之于新实在主义的研究，金岳霖之于逻辑学的研究，其他如现代作家同样注意研究

---

① 参见罗检秋：《嘉庆以来汉学传统的衍变与传承》，中国人民大学出版社2006年版，第435页"清末民初主要民间国学团体"。

西方哲学思潮，如鲁迅之于尼采思想的研究，胡适之于实用主义的研究等。二是从现代学科角度，现代学者引进西方现代学术，在中国奠定了现代学科的基础，如社会学、心理学、人类学、考古学、民族学、经济学、法学、政治学等在中国古代学术中没有而要在现代中国建立，因此就必须充分研究西方的学科理论体系和方法论，筚路蓝缕，开创后学。如潘光旦之于民族学、人种学，李济之于考古学，钱瑞升和萧公权之于政治学，陈达之于社会学，燕树棠之于法学，陈岱孙之于经济学，丁文江、翁文灏之于地质学，唐钺、陆志韦之于心理学等。这些新兴学科亦为闻一多的国学研究所借鉴。三是西方文学在继续翻译基础上的系统研究，近代林纾的翻译因为缺乏对西方文学史的了解，选择难免良莠混杂，而从现代开始，建立在了解基础上的译介和译介基础上的研究，对外国文学就有了比较全面系统的把握。从鲁迅系统介绍西方浪漫主义的《摩罗诗力说》到沈雁冰的《西洋文学ABC》，开始了西方文学史的梳理，特别是鲁迅高度重视外国文学的译介，终其一生翻译了俄罗斯，东欧、北欧，日本的大量文学作品和文艺理论，为各译本撰写的《译文序跋集》是外国文学研究的典范。其他如郭沫若和冯至之于德国文学、周作人之于古希腊和日本文学、茅盾之于批判现实主义文学、李健吾之于法国文学、新月派之于英美文学等都有较系统的研究，包括闻一多对英美诗歌亦有深刻理解和较深入研究，早在清华读书时就从西方诗歌出发作有《诗歌节奏的研究》。闻一多的学术研究除了传统国学内容外，还有对西方文化和文学的研究，特别是在国学研究中渗透了西方的文化思想和学术方法论，这当然一方面取决于自己对西方的研究结论，另一方面也得益于现代学术界的研究成果。这说明了闻一多的学术同时联系着西方文化的研究，和研究西方文化的学术群落有着密切的联系的。

中国现代学术格局中和国学研究、西方文化研究鼎足而立的是马克思主义思想和学术，马克思主义虽然来自西方，但以其在现代革命史上的主导作用和对现代社会的伟大影响可以从西方文化和学术中分离出来，单独可为现代学术格局中更为重要的构成。马克思主义从新文化运动中李大钊、陈独秀的系统介绍开始，逐渐发展为中国共产党的指导思想和共产党所领导中国革命的理论武器，最后成为国家的政治意识形态。马克思主义作为革命理论武器的实践层面而外，从学术文化角度，马克思主义在中国现代学术中体现为多个层面的展开，一是马克思主义理论的译介，这主要指马克思主义经典文本的翻译，在现代学术史上，马克思主义经典的翻译经历了从学者单枪匹马的翻译到有组织的翻译、从单个论著的翻译到经典全集的翻译的过程，而正是在翻译过程中，以翻译而养成了一批马克思主义理论家，如李达、瞿秋白、王亚南等。二是现代政治革命家对马克思主义理论所做的阐释。实际上，在新文化运动时期，马克思主义思想基本上属于学术研究对象，李大钊和陈独秀为代表的现代知识分子在当时西方文化思想的多元选择中选择了马克思主义，向中国介绍马克思主义思想观点，并结合中国社会实践进行阐释。如李大钊的《我的马克思主义观》系统地研究和介绍了马克思主义的哲学、经济学和阶级斗争学说。当马克思主义成为共产党的革命指导思想后，从瞿秋白到王明一直到毛泽东，基本上从政治革命功利性的层面阐释马克思主义，表现出政治实践性强化的同时学术性相对淡化的特征。王明的《为全面布尔什维克化而奋斗》表现尤其突出，比较而言，毛泽东的《实践论》《矛盾论》对马克思主义的阐释更具有哲学的学术意味。三是马克思主义体现为中国现代左翼文化和左翼文学阵营的思想基础和理论指导。尽管在革命文学的提倡过程中对马克思主义的理解各不相同，但无论创造社还是太阳社，都具有马克思主义意识。中国现代文学从文学革命转向革命文学的现实原因是实际的政治革命影响，而思想导引则是马克思主义及其世界无产阶级艺术的影响。从茅盾的《论无产阶级艺术》到革命文学论争，从托洛茨基《文学与革命》的译介到苏联文学的集中译介，文学的阶级性和文学的政治功能成为左翼文学的基本文学观。左翼文艺界最为突出的是对马克思主义文艺理论的译介和研究，不完全限于经典作家的论著，而扩展到俄苏马克思主义者的理论。在马克思主义文艺理论的译介和研究中，成就最大的是鲁迅、瞿秋白、冯雪峰，此外还有周扬、胡风、成仿吾等。我们从瞿秋白牺牲后鲁迅为之编印的《海上述林》可见瞿秋白对马克思主义文艺理论译介方面的成就，而鲁迅和冯雪峰合作出版过"科学的艺术论丛书"，翻译介绍了普列汉诺夫、卢那察尔斯基的《艺术论》和苏联的文艺政策等。① 与马克思主义思想决定了中国政治革命基本方向一样，马克思主义文艺理论也决定了左翼文化、左翼文学的走向。四是马克思主义在现代学术研究中的思想影响和方法论意义。现代知识分子接受马克思主义后，以为马克思主义为最先进的理论，以坚定的信念坚持马克思主义在

---

① 瞿秋白、鲁迅、冯雪峰在马克思主义文艺理论上的贡献世所公认，在革命文学提倡时期和左翼文艺运动中，他们既作为左翼文艺运动的领导者，又身体力行地致力于马克思主义文艺理论的翻译、介绍和研究。瞿秋白牺牲后，鲁迅将他的重要译文编为两册《海上述林》出版。冯雪峰和鲁迅合作出版的"科学的艺术论丛书"计划首批出版16种，因为国民党当局的查禁而只出版了8种，其中主要是鲁迅和冯雪峰所翻译的，如鲁迅译普力汗诺夫《艺术论》、卢那察尔斯基《文艺与批评》《文艺政策》等，冯雪峰翻译的有普力汗诺夫《艺术与社会生活》、卢那察尔斯基《艺术之社会基础》、梅林格《文学评论》、伏洛夫斯基《作家论》等。参见王观泉：《天火在中国燃烧》，广西师范大学出版社2005年版，第119页。该书列出了其他因为被查禁而没有出版的书目。

文化和学术中的指导作用，以马克思主义的立场、观点、方法展开研究社会历史和各种文化，表现在具体学科中，在现代学术中兴起了马克思主义哲学、史学、经济学、政治学、社会学等。发生在二十世纪三十年代的中国社会性质的大讨论，最后占据上风的结论即认为中国社会是半殖民地半封建社会，就代表了马克思主义的观点，是以马克思主义理论得出的结论。郭沫若第一次运用马克思主义研究中国历史，以郭沫若为代表，在史学领域出现一批马克思主义的史学家，如侯外庐、范文澜、翦伯赞、吕振羽，与郭沫若一起被称为马克思主义史学的"五老"。现代学术史上马克思主义在各学科研究中的影响还是局部的，但随着新民主主义革命的胜利，马克思主义就弥漫到几乎所有学科的学术研究中。从马克思主义的经典的译介到对马克思主义理论的阐释，从政治革命实践层面的指导到对左翼文化文学的影响，包括对现代学科研究的方法论影响，在以上四个层面共同构成了马克思主义的现代学术结构。客观地说，闻一多无论从思想上还是从学术上与马克思主义的学术文化一度相当隔膜，1925 年 6 月回国后曾经热衷于参加国家主义政治派别的活动，对马克思主义和共产党保持一定距离且对共产党与苏联的关系取反对态度。1928 年正在革命文学论争、左翼文学即将兴起时，闻一多短暂地在上海停留，但他基本没有关注文艺界的新动向，而参与了新月书店的创办和《新月》杂志的创办。当然闻一多并没有实际地进入新月社的活动中，但从中可以看出他这个时期的思想倾向。随后转入国学研究，事实上更远离了社会思潮和政治革命运动。闻一多与马克思主义发生联系主要是在二十世纪四十年代，在实际的社会政治运动中接触了一些年轻共产党员，知道了马克思主义和共产党的政治主张，将共产党的报刊如《新华日报》纳入自己的阅读范围，特别读到了列宁的《国家与革命》。在学术上，闻一多研究古代社会，参考到郭沫若的《中国古代社会研究》这部马克思主义史学开创期论著，自然对马克思主义的历史观有所了解，他这个时期的《周易》研究亦从社会经济角度看"周易时代"，如《周易义证类纂》。

总体上，国学研究、西方文化研究和马克思主义研究鼎足而三，并分别辐射到各种现代学科的研究中，构成了中国现代学术的基本格局。闻一多的国学作为中国现代学术的组成部分，既受中国现代学术的影响，又对现代学术的构成做出了自己的贡献。

在现代学术的基本格局中，闻一多与国学关系最为密切，与西方学术文化亦有一定联系，而与马克思主义学术文化关系比较疏远。疏远并不意味着毫无关系，因为马克思主义以其强大的影响力取得与国学和西方学术鼎足而立的地位，事实上影响了整个中国现代学术，实际上也就直接或间接地影响着每一个学者，闻一多也不例外。如果仅仅有国学和西学两种学术，现代学术可能会如近代学术一样，一直陷于中西文化二元对立的争辩局面，在非此即彼的选择中趋于历史文化和学术的循环。而正是马克思主义的崛起，不仅为中国社会政治革命指明了前途，而且为文化和学术提供了脱离中西文化二元对立的另外一种视角，即建立在物质第一性和经济基础上的辩证唯物主义和历史唯物主义思想和方法论。没有国学，中国现代学术就会是无源之水；没有西方文化和学术，中国学术不会走向现代化；没有马克思主义文化，中国现代学术不会具备社会实践理性而可能永远是在象牙之塔中。这三种学术和三种文化在中国历史上呈现出先后发生和发展的历程，从最传统的国学到接受西方文化到最后以马克思主义思想取得社会革命胜利而定于一尊，实际同时也在相当一部分中国现代知识分子的精神历程中呈现为历时性的演变和最后共时性并存的精神结构和学术演变结构。学术研究对象可以偏向于三种文化中的任何一种，但文化价值取向、学术思想和学术方法论与研究对象可以相偏离，秉持一种文化价值取向、学术思想和学术方法论，可以以此为指导研究三种文化和学术中的任何具体对象，如研究国学，可以坚持传统文化思想和运用考据学方法论研究国学，也可以运用西方文化思想和西方科学方法论及人文主义方法研究国学，还可以用马克思主义的立场、观点、方法研究国学，典型如郭沫若，研究对象为甲骨文、古代社会，但运用了马克思主义理论和方法，与王国维的甲骨文、古代社会研究迥然有别，而闻一多的甲骨文研究和上古社会研究又与郭沫若和王国维不同，王国维主要以传统考据学方法进行甲骨文考释以证明殷商世系，郭沫若借用马克思主义的经济决定论以甲骨文研究古代社会，而闻一多与王国维相同处是以考据学考释古文字，与郭沫若不同在于不是借用马克思主义，而是以文化人类学研究上古历史的社会情状。如果我们从现代学术格局中国学、西方学术和马克思主义学术的构成而论，三者之间其实存在一种或分立或互动的关系，以国学为基点，在分立和互动中首先形成三种国学，第一种是独立的国学本体研究，仍然保持传统文化和学术的自足性，不受外在文化影响，在自我学术传统的封闭系统中发展，如乾嘉学派正统派在现代学术中的代表章太炎、黄侃等的国学研究。第二种是在和西方文化的互动中产生的国学研究，传统文化和学术的自足系统被西方文化和学术打破，西方文化思想和现代科学方法论影响到国学研究，国学被置于中西文化关系中进行考量和研究，如从胡适"整理国故"开始的现代国学，国故学研究中的大部分派别都属于这一系统，如国学研究中的"清华学派"即是中西文化互相作用的产物。第三种是在马克思主义思想影响下的国学研究，如以郭沫若为代表的史学研究和1949年后在二三十年间的几乎整个古代文化和文学研究。在这三种类型的国学研究中，闻一多既没有保持完全传统的学术范型，也与马克思主义的国学类型有所疏离，他的国学研究基本上属于第二种类型，即已经在西方文化影响下的国学研究类型，即使看似传统考据学的研究，实际在背后已经有着西方文化和现代学术方法论的支撑。

新文化运动后在中西文化、古今文化两个层面二元对立和交融中的国学研究，在文化价值取向和对待中国传统文化的态度方面，可以划分出不同的学术派别。就对待古代的态度上，按冯友兰说法，在现代可有三种，即"信古""疑古"和"释古"，由此而形成现代国学的三种派别。冯友兰发表于1935年5月14日《世界日报》上的《中国近来研究史学之新趋势》明确提出："中国近来研究历史之趋势，依其研究之观点，可分为三个派别：（一）信古，（二）疑古，（三）释古。'信古'一派以为凡古书上所说皆真，对之并无怀疑。'疑古'一派，推翻信古一派对于古书之信念。以为古书所载，多非可信。信古一派，现仍有之，如提倡读经诸人是。疑古工作，现亦方兴未艾。'释古'一派，不如信古一派之尽信古书，亦非如疑古一派之全然推翻古代传说。以为古代传说，虽不可尽信，然吾人颇可因之以窥见古代社会一部分之真相。""'信古''疑古''释古'为近年研究历史学者之三个派别，就中以'释古'为最近之趋势。吾人须知历史旧说，固未可尽信，而其'事出有因'，亦不可一概抹煞。若依黑格尔的历史哲学来讲，则'信古''疑古'与'释古'三种趋势，正代表'正''反''合'之辩证法。即'信古'为'正'，'疑古'为'反'，'释古'为'合'。"① 其后冯友兰在1936年为马乘风《中国经济史》、1937年为《古史辨（第六册）》所作序言中都谈到这三种态度和学派。冯友兰主要指历史学研究，实际上这三种倾向可以用来概括整个现代的国学研究。"信古"派由来已久并在现代不绝如缕，"疑古"派在新文化运动以后成为一时潮流，"释古"派是在"疑古"基础上出现的学术理路。"信古"派在文化思想上偏于复古主义和保守主义，在中国古代为文化和学术的主流，在新文化运动中受到冲击，但是作为与新文化运动相对抗的文化力量存在，在整个现代文化和学术中一直没有消亡，如新文化运动时期以黄侃和刘师培为代表的"《国故》派"、以林纾为代表的"封建复古派"，当时反对新文化运动和文学革命运动的"《甲寅》派"和"《学衡》派"，一直到二十世纪三十年代的"中国本位文化建设宣言"和"民族主义派"，四十年代出现了"战国策派"，特别是几乎贯穿二十世纪而至于当今的

---

① 冯友兰：《中国近年研究史学之新趋势》，载《三松堂全集》第14卷，河南人民出版社2001年版，第255—257页。

"新儒家"派别,都在总体上可以归属于"信古"派,尽管各派时代不同、倾向各异,对古代的崇尚内容也不同,但都取与西方文化和现代文化的对抗姿态,以中国传统文化为本位,表现出或复古或保守的文化价值取向,其基本的态度都是"信古"。正是以西方现代文化为参照,在新文化运动反封建思想主潮中,"信古"派受到打击,而兴起了"疑古"派。文化思想上的怀疑精神和批判意识体现在国学研究上,最为典型的就是北京大学国学研究中的"疑古"思潮,在胡适的"整理国故"运动影响下,以顾颉刚为代表的"古史辨派"中典型地体现出来。冯友兰所说"疑古"的代表主要指北京大学国学系统中的胡适的"整理国故"运动和顾颉刚的"古史辨派",他在基本否定"信古"派并以之为"一种抱残守缺的人的残余势力,大概不久就要消灭",对于"疑古"学派的追求,冯氏并不否定,认为"疑古一派的人,所做的工作即是审查史料"①,在肯定"疑古"学派基础上,他的主要目的是要推出"释古"学派和说明"释古"学派的学术理念。如果说"疑古"派是"审查史料",那么"释古"派更进一步在于运用史料:"释古一派的人所做的工作,即是将史料融会贯通。就整个的史学说,一个历史的完成,必须经过审查史料及融会贯通两阶段,而且必须到融会贯通的阶段,历史方能完成。"②"释古"不是建立在"信古"基础上,而是以"疑古"为前提的,也就是说,"信古"就没有"释"的空间,只有"疑古",才会对所"疑"之"古"进行合理的解释。当然,"释古"并不单指对史料的融会贯通,正如"疑古"也不尽是审查史料。但据此我们可以统观现代国学研究格局,以对待古代文化和学术的不同态度角度,现代国学研究可以划分为信古派、疑古派和释古派。有的学者单属于一派,有的学者兼顾了两派,也有的学者会表现出三派在自我学术思想中的演变,即从信古到疑古而最后走上释古的道路。以此来看闻一多,总体上他的国学研究属于释古派,但实际上,闻一多早期的"振兴国学"理想和"文化上的爱国主义"思想表现出他对中国五千年固有文化和文学的情感上的极端归依,在尚没有全面展开对国学的学术研究之前,不可否认他在文化思想上存在着一种"信古"倾向。此后,闻一多无论在思想上还是学术上都经历相当曲折。这种曲折性可以从思想和学术两个方面看。在思想上,闻一多通过家学和自我修习,深谙中国文化和文学,最初

---

① 冯友兰:《〈古史辨〉第六册序》,载《三松堂全集》第14卷,河南人民出版2001年版,第376页。
② 冯友兰:《〈古史辨〉第六册序》,载《三松堂全集》第14卷,河南人民出版2001年版,第376页。

确有"信古"观念。应该说，他在新文化运动的思想洗礼中"信古"的观念得以动摇，滋生出文化怀疑精神和文化批判意识，但随后出国留学，远离祖国的情感体验和种族歧视遭遇使他身"在"西方文化和社会而心却厌恶之、疏离之，因而"不属于"西方文化和社会；本来怀疑过和批判过的中国固有文化作为思念着的祖国的象征成为自己魂牵梦绕的"精神家园"，于是，"疑古"思想复归为"信古"意念；正是以这样的文化情感和意念走上国学研究道路，是要在国学研究中深入发现古代文学的美和古代文化的韵雅，如他1928年前后最初对庄子和杜甫的研究，实际不是一种学术研究态度，而主要体现对自己研究对象的情感上的赞美，赞美了庄子和杜甫的文学美和人格美；而随着研究的深入，闻一多最终发现，国学内容并不如他诗歌中歌颂的那样美，庄子也没有他最初所赞美的那么雅，于是，他的文化情感和文化思想又为之一变，晚年开始猛烈地批判古代文化。在学术上，闻一多走过了从"信古"到"疑古"、从"释古"到"批古"的国学研究历程，出于对国学的情感依恋，闻一多在1928年后开始研究国学经典，但当他进入经典文本后，首先发现和意识到的是经典文本在文字上的错讹和词义理解上的谬误，于是进入了漫长的考据学研究过程和进行浩大的考据学学术工程，这里就表现出闻一多在学术上的怀疑精神，所谓"疑古"具体地指向国学典籍，对从古代流传下来的文献典籍不相信，持有怀疑态度，在此基础上进行考证、诠释而过渡到"释古"阶段。所以，闻一多的"疑古"体现在两个阶段的不同层面，第一个阶段是新文化运动时期在思想上的"疑古"，第二个阶段是1928年以后在学术上的"疑古"。由学术上的"疑古"而转向考据学方法的"释古"，经过"释古"的学术研究过程，在学术思想上与新文化运动时期文化思想上的"疑古"相结合，在新文化运动时期思想即他所谓"五四的历史原则"指导下，对自己所得出的国学研究结论进行反思和批判，担当起了国学"杀蠹的芸香"之责，反戈一击，批判自己曾经歌颂赞美的古代文化、批判自己为之贡献几十年生命的研究对象。而他的"批古"是建立在"释古"基础上，正如他的学术"释古"以"疑古"为基础一样。而闻一多的国学研究在基本内容上，主要以冯友兰所说的"释古"为主，但他不同于"释古"学派其他学者（如冯友兰）之处在于，闻一多将"释古"更向前推进一步，"释古"的目的是要进行文化反思和批判，是为了中国文化未来的发展的，而没有仅止于"释"而已。"释古"之"释"说到底是属于学术技艺和操作层面的，如果仅仅限于"释"，而不能指出文化精神的最终归属，不能进一步说明中国文化的痼疾所在和民族文化的前途命运，实际上也就取消了国学研究的灵魂。在这个意义上，笔者认为闻一多晚年作为"杀蠹的芸香"所进行的文化思考和文化批判是超越了"释古"学派的。

五、清华学派的形成和"释古"研究

在现代学术格局和之后学界研究的论定中,"释古"典型地体现为"清华学派"的学术追求。与中国传统学术不同,现代中国文化在发展过程中,随着现代大学的诞生和发展,在学院里聚集了各学科、各专业的研究群落,各大学成为现代学术文化中心,也成为国学研究重镇。蔡元培1917年1月任北京大学校长时发表就职演说,首先明确提出:"大学者,研究高深学问者也"①,大学是师生共处一堂、研究高深学问的学术机关。这既是蔡元培改革北京大学的基本原则,更奠定了中国现代大学的理念。从此,中国大学走上以教学和学术研究并举的现代化发展道路,各大学都以学术研究为天职,形成了现代中国繁荣昌盛的学院派文化。学院派固然与社会现实存在一定程度的隔离,但相对于社会现实的一定的封闭性保证了学者们可以专心致志于学术研究,在学术上取得更可观的成就。无疑,学院派成为现代学术文化的重要构成和主要的学术文化产出地。整体的学院派里可以以学校为单位形成不同的学术派别,因为各大学都有自己独特的建校基础、文化传统、研究机制、学术氛围,因而会形成不同的学术研究风格。就国学研究而言,新文化运动后开始的现代国学研究在学院派中,最为典型地形成了北大国学派、清华国学派、东南大学国学派。北京大学的国学研究从旧到新,在新文化运动后形成了主要以胡适"整理国故"运动和顾颉刚"古史辨派"为代表的国学派,其学术理路和文化价值取向为"疑古";东南大学以《学衡》派为代表的国学研究偏于保守,以"倡明国粹"为目标,虽然如吴宓、梅光迪、胡先骕等有留学西方的文化背景,但他们基本崇尚中国固有文化,其中不无"信古"的成分;而比较之下,从清华学校到清华大学的国学研究,则主要以"释古"为学术理路和文化价值取向。在学院派的国学研究派别中,闻一多以其与清华的深厚渊源和主要在清华进行国学研究,基本上可以归属于"清华学派",但又有他自己的学术个性。就他和"清华学派"的关系而言,亦是双向互动的,他既受"清华学派"的学术影响,又对"清华学派"的学术发展做出了主要贡献。

闻一多属于"清华学派",而"清华学派"亦是形成于现代学术演变历程

---

① 蔡元培:《就任北京大学校长之演说》,载《蔡元培全集》第3卷,浙江教育出版社1997年版,第8页。

和现代国学研究格局中。一个学术流派的形成和文学史上的文学流派相类似，在自身发展演变的客观形成过程中可以有两种情形：第一种是事先确定。一群学人志同道合，集合起来，或自创研究机构和报纸杂志，或依托学院环境和已有报刊，展开研究并发表其研究成果，往往有学术缘起、学术宣言、学术主张等，定下名目和宗旨，明确宣布，仿佛报送了学术户口，又如注册了学术专利，成为确定的学术派别，如"《学衡》派""古史辨派"。第二种是事后追认。最初并没有明确的学派意识，只是在研究过程中，特定的学术群体以其相似的研究对象、相近的学术思想、相通的研究方法而在学术上情投意合、因缘相凑，虽然在主观上没有学派意识，但客观上形成了一个特定的学派，既有一个形成的过程又为后来学术史研究所判定，所以属于事后追认。典型如国学研究中的"清华学派"就属于事后追认。学术流派的"事后追认"当然属于学术史研究的一部分，是学术反思的结果。"清华学派"浮出学术史地表是在二十世纪八十年代末、九十年代初，据徐葆耕《释古与清华学派》① 一文提示，比较早提出"清华学派"问题的是清华学风传人的王瑶。王瑶在分别纪念闻一多和朱自清逝世四十周年纪念会上两次发言（1986年、1988年）中都提到清华大学的学术风格问题，而闻一多和朱自清都是清华学派的主要代表。王瑶首先在1986年的《念闻一多先生》中，在论述闻一多学术成就和学术特征基础上，由闻一多的学贯中西、博古通今而谈到清华文科的学风，他说："以前的清华文科似乎有一种大家默契的学风，就是要求对古代文化现象做出合理的科学的解释。冯友兰先生认为清朝学者的治学态度是'信古'，要求遵守家法；五四时期的学者是'疑古'，要重新估定价值，喜作翻案文章；我们应该在'释古'上多用力，无论'信'与'疑'必须做出合理的符合当时情况的解释。这个意见似乎为大家所接受，并从不同方面做出了努力。但既然着重在新释，由于各自的观点方法或角度的不同，同一问题的结论就可能很不相同；这也不要紧，只要能言之成理、持之有故，就可以存在，因为新释本来就带有研究和探索的性质。闻先生的《诗经新义》、朱自清先生的《诗言志辨》都是在这种学风下产生的成果。我是

---

① 徐葆耕：《释古与清华学派》，载《清华大学学报》1995年第1期，收录在《释古与清华学派》，清华大学出版社1997年版。徐著认为"清华学派"的学术思想及风格有四：第一，对传统文化与外来文化，不取"两极"对抗的思维模式，而取"综合"模式，即通过解释学的方法援"外"入"中"，以实现传统的创造性转化；第二，对历史与现实，既强调准确把握历史本质，又要具有鲜明的时代色彩；第三，微观与宏观，既强调微观的谨严，又重视宏观的开阔，"兼取京派海派之长"；第四，在操作方法上重视西方的理性精神与逻辑方法，同时吸取传统训诂学之长，使论文具有克里斯玛式的权威气质。见著作《释古与清华学派》第59页。

深受这种学风的熏陶的,……应该说,三十年代清华的学术空气还是比较浓厚的。"① 如果说王瑶在 1986 年纪念闻一多的文章中以闻一多和朱自清为代表主要揭示出清华学风,那么两年后的 1988 年在纪念朱自清的《我的欣慰和期待》中就明确提出了"清华学派",他在欣慰于二十世纪八十年代清华大学重建中文系之余,有感而发,从朱自清之于清华中文系的贡献谈起,他说:"应该看到,清华中文系不仅是大学的一个系,而且是一个有鲜明特色的学派。……朱先生在日记中提到要把清华中文系的学风培养成兼有京派海派之长,用现在流行的话说,就是微观与宏观相结合,既要视野开阔,又不要大而空,既要立论谨严,又不要钻牛角尖。"王瑶在继续引证冯友兰关于"信古、疑古和释古"的观点后,进一步指出:"清华中文系的学者们的学术观点不尽相同,但总的说来,他们的治学方法与墨守乾嘉遗风的京派不同,也和空疏泛论的海派有别,而是形成了自己的谨严、开阔的学风的。这种特色也贯彻在对学生的培养上。……清华中文系的许多学者都强调时代色彩,都力求对历史做出合理的解释,而不仅仅停留在考据上。这个学派是有全国影响的,在社会上发生了很大的作用。"② 王瑶在此列举了出身清华、受清华学派影响的一批当代学者如王力、朱德熙、吴组湘、林庚、余冠英、俞平伯、董同和、许世瑛等。王瑶以闻一多、朱自清为例并引证冯友兰观点对清华学风的概括,引发了二十世纪九十年代及其后学界对"清华学派"的研究,最早"接着"王瑶所论对"清华学派"做出系统研究的是徐葆耕的《释古与清华学派》一文及其同名专著的相关论述。徐著以"信古、疑古、释古"的学术演变立论,将清华学派落实为"释古",梳理了清华学派的学术渊源和流变,从国学研究院的王国维、梁启超、陈寅恪开始,重点论述了清华大学文学院学术群落的"释古"追求,以及从闻一多、朱自清到王瑶的流变,最后总结了"清华学派"的学术思想和风格。在徐葆耕《释古与清华学派》一文发表之前后,学界多有文章回顾和研究"清华学派",如张岱

---

① 王瑶:《念闻一多先生》,载《闻一多研究四十年》,清华大学出版社 1988 年版,第 140—141 页。又见《王瑶全集》第 5 卷,河北教育出版社 2000 年版,第 657—658 页。
② 王瑶:《我的欣慰和期待——在清华大学纪念朱自清先生逝世四十周年、诞辰九十周年座谈会上的发言》,载《王瑶全集》第 8 卷,河北教育出版社 2000 年版,第 84—85 页。原载 1988 年 12 月 10 日《文艺报》第 49 期。王瑶关于"清华学派"的这段论说,从徐葆耕研究"清华学派"开始引证,为其他研究"清华学派"的论著广泛征引。

年、傅璇琮、何兆武、胡伟希等都有专文探讨"清华学派"。① 这样，虽然为事后追认，但"清华学派"已经为学界公认，并成为现代学术史上宝贵的学术传统而为后世学界所神往，甚至被作为一种学术谱系源流而"归宗认祖"者也不乏其人。特别随着当年王瑶所欣慰的清华大学中文系的恢复，"清华学派"更大张旗鼓，成为学界显学。

王瑶论"清华学派"是以闻一多、朱自清为代表的清华大学中文系为基点而扩展到文学院，而此后对"清华学派"的界定则在外延和内涵上不无分歧。在外延方面，"清华学派"的范围有认为主要指以清华大学哲学系为主的哲学学派，有认为主要指以历史系为主的清华史学派，有认为当指以文学院为主包括哲学、历史和文学研究，当然，广义的"清华学派"包括了清华大学整个人文社会科学研究，如王瑶所提出的"清华文科"。② "清华学派"虽然在当时没有明确提出，但还是有迹可循，其形成和演变的脉络是非常清晰的。从其产生和演变过程中，我们可以发现，"清华学派"实际上是一个国学研究流派，是在国学研究过程中逐渐形成并主要体现在国学研究领域的学派。从国学研究角度，"清华学派"没有北京大学国学学派的悠久历史，基本上是在现代学术的时间范畴中发展起来的。正如王富仁先生在《"新国学"论纲》中谈到"清华学派"时所说："清华学派是在五四新文化运动取得形式上的胜利之后形成的，这时的中国文化已经不是一个绝对封闭的文化，中国固有的文化传统同不断输入的西方文化知识成了中国现代文化中两个不同的知识体系，这也成了新一代中国知识分子的知识结构形式，将二者会通整理以实现其统一性就成了这个新的学派

---

① 张岱年：《回忆清华哲学系——"清华学派"简述》，载《学术月刊》1994年第8期；傅璇琮：《文化意识与理性精神》，载《清华大学学报》1995年第4期；何兆武：《也谈"清华学派"》，载《读书》1997年第8期；胡伟希：《清华学派与中国现代思想文化》，载《学术月刊》1996年第6期；胡伟希《清华学派的"日神精神"——兼论20世纪中国的学术类型》，载《学术月刊》1998年第1期。还有如桑兵、关晓红主编的《先因后创与不破不立：近代中国学术流派研究》（生活·读书·新知三联书店2007年版）一书中，将"清华学派"立为一章、由孙宏云撰著，作为近代中国学术中重要流派进行梳理和研究，见该书第七章《清华学派的渊源与建构》，第431—506页。
② 关于"清华学派"的外延界定，参见胡伟希：《清华学派与中国现代思想文化》，载《学术月刊》1996年第6期。该文认为"清华学派"有狭义和广义之分，狭义的"清华学派"专指哲学系中以金岳霖、冯友兰、张申府、张荫麟、张岱年、沈有鼎为代表的哲学学派，而广义的"清华学派"指"20世纪20年代至40年代以清华大学文科为代表的一种学术和文化思潮，它不仅涵盖清华大学的人文学科与社会科学诸领域，而且其提出的思想与文化理念远远超出了纯粹的学术研究领域，而对中国现代思想文化的影响至为深远"。

的主要学术传统。"① 这样,"清华学派"从一开始就具有了西方文化视野和现代文化意识,但其研究对象基本为传统文化,是在西方文化视野和现代文化背景中对国学进行全新阐释的流派。所谓"清华文科",是指文学院各系各专业(包括中文系、历史系、哲学系、外文系)和法学院各系各专业(包括社会系、政治系、法律系、经济系),这些专业大部分是以国学内容为研究对象,尤其在文学院各专业研究中。如果以"新国学"含义考量,所有人文社会科学领域都可以归为国学范围。而一般所指"清华学派"的内涵主要集中体现于文学院的国学研究特征中。

"清华学派"之主要为国学流派,可以从其形成和发展过程中鲜明地看出来。"清华学派"的形成和发展过程可以有五个阶段。第一个阶段主要在旧制清华学校时期(1911—1925年),可为清华国学研究的孕育期和"清华学派"形成的准备期。当然这个时期的清华学校尚在"美国化"教育阶段,培养留学生的极端功利性动机以过分"美国化"的教育在教学体制上就把国学边缘化了,自然谈不到对国学展开研究。而正是这种不对等的文化教育和国学边缘化现状反而激起了清华学校的文化抗拒意识,如闻一多对"振兴国学"的呼吁。闻一多的文化诉求表达了清华学校师生普遍性的文化心理感受。所以,到曹云祥担任校长后,开始积极谋求改变清华过分"美国化"的教育、筹划开展国学研究,如曹云祥1924年5月发表了《西方文化与中国前途之关系》,即提出建立高深学术机关以研究中国固有文化,学生亦不必都耗费资财而远赴欧美学习。而后来清华大学师资中很大一部分为清华学校时期培养的学生如闻一多等,可以见出旧制清华和"清华学派"的密切联系。从常情常理而言,在比较中愈是缺乏的对象,会愈加奋力弥补之;清华当时的文化教育最缺乏的是国学教育和国学研究,所以无论从学校当局者还是从一般师生,都会有在保持所"长"的同时而"补短",在国学方面预示了以后的发展。这就到了第二个阶段即清华学校转制时期(1925—1928年),可为国学研究的展开时期和"清华学派"形成的奠基时期。从教育体制上,旧制清华一律培养留美预备学生,但从1925年开始,清华学校在谋求独立的过程中,作为过渡,在继续培养留美预备生的同时,第一,开始招收和培养本科生,第二,设立国学研究院、培养国学研究的专门人才,形成了三种教育体制并存的局面。于国学研究,一方面,国学研究院的设置为在清华展开国学研究提供了实在的条件,师生共处一堂,研求国学诸问题,

---

① 王富仁:《"新国学"论纲》,载《新国学研究》第1辑,人民文学出版社2005年版,第75页。

造成了清华日益浓郁的国学氛围；另一方面，国学研究院的设置为日后"清华学派"的形成奠定了扎实的基础，在学术研究理念、学术研究对象、学术研究方法等多方面为"清华学派"提供了可资借鉴的典范。在此意义上，国学研究院实际上就已经是"清华学派"的构成部分，当为"清华学派"的开端。虽然王国维和梁启超逝世，但后来在清华大学长期任教的陈寅恪和国学院毕业的王力、刘盼遂等实际延续了国学院的学术传统而贡献于"清华学派"。如果没有国学研究院建制和几年间国学研究院的学术传统，清华国学氛围的浓郁度肯定会淡薄不少，而且"清华学派"的基础也不会像国学研究院那么扎实了。当然，仅仅有国学研究院的学术成就和学术传统还不足以形成"清华学派"，一种学术流派的形成要取决于多种条件，所以，"清华学派"真正形成并有比较可观的发展是在第三个阶段，即清华大学独立时期（1928—1937年），可为国学研究的繁荣时期和"清华学派"的真正成型时期。这里所说"独立"，一是相对于1928年前的旧制清华依附于美国、受外交部管辖而言，二是相对于1937年后与北京大学和南开大学联合办学而言。1928年清华学校正式改制为国立清华大学，脱离外交部而归属于教育部，挣脱多年来由美国控制的庚款基金董事会的辖制而成为独立建制的大学，这不仅在清华发展史上是一个里程碑，而且对于中国现代高等教育和现代学术文化都是标志性的教育事件和文化事件。独立后的清华大学，从首任校长罗家伦到对清华贡献一生的校长梅贻琦，以他们独特的办学思想为"清华学派"的成型和发展营造了良好的学术条件和学术氛围，其意义不亚于蔡元培之于五四时期的北京大学，只是蔡元培和北京大学的影响主要体现在新文化运动中文化思想革命方面，而罗家伦、梅贻琦和清华大学的影响则主要体现在新文化运动后科学发展和国学研究方面。如罗家伦甫一上任就"誓言"："余誓以至诚，谨守中华民国教育宗旨，谋造成国立清华大学学术独立发展之一主要基础，以完成建设新中国之使命。……"且以《学术独立与新清华》为"就职演说"，要努力以清华大学"为国家树立一个学术独立的基础。"为此，罗家伦以"民族学术事业独立发展为己任"，推行清华改革的"四化"，即廉洁化、学术化、平民化、纪律化。① 特别是"学术化"的推行及其超过其他"三化"的成功，为清华大学的学术研究繁荣和"清华学派"的发展奠定了

---

① 参见黄延复：《清华的校长们》，中国经济出版社2003年版，第75—79页。另，罗家伦的"四化"，据冯友兰：《三松堂自序》（载《冯友兰全集》第1卷，河南人民出版社2001年版，第280页）为：学术化、民主化、纪律化、军事化，与黄著所提供的罗家伦的《上董事会书》第77页所说的"四化"（廉洁化、学术化、平民化、纪律化）有所出入。冯友兰将"学术化"置于第一位，实际也因为"学术化的成绩组显著"。

体制基础。及至梅贻琦于1931年底担任校长后，在罗家伦"学术化"基础上，进一步延续这个阶段清华的"黄金时代"，① 当然最主要的体现是学术上的"黄金时代"。而正是在这个时代，"清华学派"在梅贻琦"研究学术"与"造就人才"的办学目的和"大学者，有大师之谓也"的办学理念下随着学校突飞猛进的发展而同样突飞猛进，在取得显著的学术研究成果的同时，作为学术流派实际上更加彰显出来。当然最突出的是继国学研究院之后的国学研究，成为"清华学派"最显著的研究实绩。应该说，从当时各院系各专业学者的研究成就看，这个时期清华的国学研究成果数量达到了顶点。有学者专门统计分析了1937年以前清华大学教师的研究成绩，指出，在10年间有145位教师从事研究和著作，共出版专著348种，发表论文683篇，编译图书102种，撰写书评101篇，其中文学院出版专著181种，论文281篇，编译55种，书评60篇，为全校之冠。当然，这样的统计可资参考而并不能说明全部成绩，一则，统计难免不准确，如对闻一多论著的统计与实际发表数量就出入较大；② 二则发表数量的多少并不能够完全衡量出学术质量的高下，如陈寅恪在中文系的论著发表数量排名在第10位，并不意味着学术水平也排名第10位；三则更多学者有尚未发表的研究著作，如闻一多直到牺牲前发表出来的研究成果是他全部研究论著的一小部分。人文学科研究的科学统计学论定由此可见其缺陷。而"清华学派"的国学研究其实更主要体现出厚积薄发的特征，完全不能以发表与否衡量。不论发表与否，清华大学"黄金时代"的学术研究成绩足可以代表当时中国的研究水平，更标志了"清华学派"的成型，特别在国学研究方面，包括闻一多在内

---

① 黄延复在《清华的校长们》一书中在论述梅贻琦时，谓之清华大学创造"黄金时代"的带头人，特别说道："从清华改大、特别是从梅贻琦校长起至抗日战争止的五六年间，清华各方面都得到了突飞猛进的发展，被校友们称为老清华的'黄金时代'，这是有根据的。"（第171页—172页）其根据是梅贻琦1936年所作《致全体校友书》中对清华几年间成就的介绍。

② 苏云峰：《从清华学堂到清华大学1928—1937》，生活·读书·新知三联书店2001年版，第121页。该书在《教师的研究成绩》一节中，以表格形式列举了各个学院中各系每名教师的著作数目，如闻一多，统计显示，出版专著两部，发表论文13篇，在中文系名列第八，前七位依次为王力、杨树达、容庚、赵元任、俞平伯、黄节、朱自清，闻一多之后几位依次为刘文典、陈寅恪、浦江清、刘盼遂、陈梦家、许维遹（见该书第123页）。其实，这个统计有不准确之处，起码对于闻一多论著的统计就不准确，就笔者曾经简列过的"闻一多著述年表"显示，闻一多从1928年开始到1937年全面抗战爆发所发表的纯粹古代文学和古代文化研究论文就有20篇，倘若包括诗论、译著和其他论著，更远不止20篇。参见笔者与张巨才合著《闻一多学术思想评传》中1928年至1937年6月闻一多著述年表，北京图书馆出版社2000年版，第315—317页。

的清华国学研究主体群落取得了群体性的研究成就。但好景不长，1937年全面抗战爆发了，开始了清华大学发展的新时期和"清华学派"发展的第四个阶段，即联合大学时期（1937—1946年），可为国学研究的坚守时期和"清华学派"的发展时期。这个阶段相对于"黄金时代"，少了稳定性和独立性，在动荡的时局中被迫迁移而与北京大学、南开大学联合办学，包括了长沙临时大学（1937年11月—1938年2月）和西南联合大学（1938年4月—1946年5月）。国难当头，学者们虽然流离失所，但仍然坚守着学术研究，更力图以国学研究弘扬民族精神和民族文化信念。如文学院，从南岳到蒙自一直到基本定居昆明司家营，研究条件异常艰苦，但学者们研究热情并未稍减。清华大学虽然与两校联合，但一方面薪火相传，弦歌不绝，本有的学术传统没有丢弃，本来的学术个性反尤其鲜明；另一方面，因为与北京大学和南开大学的联合，而可以有更开阔的学术视野，不仅互不妨碍，反而互相促进，以其成功的联合和共同的教学科研业绩创造了战时高等教育体制的奇迹，如《国立西南联合大学纪念碑碑文》所说："三校有不同之历史，各异之学风，八年之久，合作无间。同无妨异，异不害同；五色交辉，相得益彰；八音合奏，终和且平。""联合大学以其兼容并包之精神，转移社会一时之风气，内树学术自由之规模，外来'民主堡垒'之称号，违千夫之诺诺，作一士之谔谔。"① 三校联合带来了各自学术风格的融合，而同时联大学术研究在非常时期特别与国难相结合、与民主斗争相结合而体现出的学术现实情怀。抗战的现实环境和三所大学联合的学术环境，都有力地促进了学术研究的发展，不仅没有因为抗战而削弱研究，反而创造出更突出的研究成绩。实在说，如清华学人，是以抗战的精神和民主斗争精神继续着国学研究，不仅坚守，而且推进，国学研究继续着"黄金时代"的繁荣局面并在特定角度可以说达到了高峰，而作为"清华学派"，也呈现出发展态势，至少比前愈加鲜明地表现出流派的特征。正因为这个阶段"清华文科"学风的流派化彰显，所以当时就读于清华大学的王瑶才切实感受到"清华文科"的独特学风，不仅深受其影响而写出了《中古文学史论》，而且在日后特别标示出"清华学派"。也可以说，虽然清华大学在国难中处于与其他大学的联合时期，但独特的学术传统和学术风格使得"清华学派"在西南联合大学时期臻于成熟。本来，如果在常态社会和常态学术环境里，既有深厚基础又已经彰显出来的"清华学派"正能够以成熟的学术流派形态而大有可为，完全不必在事后追怀。但事与愿违，

---

① 冯友兰：《国立西南联合大学纪念碑碑文》，载《三松堂全集》第14卷，河南人民出版社2001年版，第154页。

因为处于动荡不安的社会历史时期，在抗战时期固然可以坚守，但社会的动荡长期不断地恶化学术环境，"清华学派"也注定要在不断动荡的社会和不断恶化的学术环境中走向终结。这就到了"清华学派"发展的第五个阶段，即从抗战后到中华人民共和国成立前后（1946年5月—1952年），可为国学研究的衰落时期和"清华学派"终结时期。所谓衰落是相对于"黄金时代"和西南联大时期国学研究的繁盛而言，并不是说国学研究不再继续进行；而作为学术流派的"清华学派"在本来应该定型的时候却确实走向了终结。抗战最艰难时期尚能够坚守的国学研究和其他学术研究，在抗战胜利后反而难以为继，从"清华学派"的命运即可以看出国学研究的衰落状况。之所以如此，原因大概有二：一是仍然动荡的时局和混乱的社会打击了清华大学的研究，当然不仅清华大学，包括整个学术界都如此。当大家从抗战胜利的喜悦中刚刚平静下来，清华大学着手复员、重返清华园时，内战爆发，中国命运又进入关键时刻，而一向清高自赏、以不党不倚的政治独立为追求的清华学人一方面再次置于无所适从和朝不保夕的处境；另一方面，树欲静而风不止，抗战中盼望胜利后可以专心致志于学术研究，但抗战胜利后的政治现实使他们更加失望，在新的形势下不得不做出自我的政治选择，这种政治选择在短短三四年间居然经历了两次，一次是抗战后期和解放战争初期，是参加民主斗争反对国民党的政治专制，还是继续不闻不问政治？一次是1949年旧政权覆灭、新政权诞生时，何去何从？前者如闻一多起而参加了民主斗争，后者典型如校长梅贻琦即离开清华园而远走台湾，陈寅恪虽然留在大陆但也永别了清华园。政治影响学术，政治是以非常具体现实的方式影响着学术研究。在如此动荡和混乱的时局中，学者们难以专心致志于学术研究，尤其不可能在国学研究中继续有所作为，自是情理中事。清华大学的国学研究走向衰落也是势所必至，于学者们而言是极为无奈的。二是闻一多和朱自清的先后逝世不仅成为清华大学国学研究的重大损失，而且成为中国现代学术界标志性的文化事件与政治事件。如冯友兰所说，"闻一多先生和朱佩弦先生是一代的学人作家，也是清华中国文学系的柱石。他们二位先生文学的创作，作风不同，为人处事，风格亦异。一多宏大，佩弦精细。一多开阔，佩弦谨严。一多近乎狂，佩弦近乎狷。二位虽不同，但合在一起，有异曲同工，相得益彰之妙。清华中国文学系何幸而能有他们二位在一起有十多年之久，又何不幸而于正在发展的时候，失去了他们"。"一多、佩弦之死专就清华中国文学系说，真是栋折榱崩之感。'江山代有人才出。'我相信，将来必定有人能继续他们二位的工作。但是就眼前说，对于中国文学的过去与将来有一套整个看法底人，实在太少了。这是我们的悲哀。"① 作为长期与闻一多、朱自清共事的冯友兰，同样为"清华学派"柱石般人物和长期介入清华大学学术体制领导工作的冯友兰，在此对闻一多和朱自清的学术评价可谓至人之论，恰如其分。闻一多和朱自清确实为"对于中国文学的过去与将来有一套整个看法的人"，不仅在他们自己的研究中贯通古今，而且落实到清华中文系的研究规划中，如他们先后担任清华中文系主任，闻一多在二十世纪四十年代致力于清华文科研究所的工作，极大地影响了清华的国学研究，为"清华学派"做出了突出贡献。而他们相隔两年，先后逝世，相当于清华中文系的柱石摧折，"栋折榱崩"，如同在政治上的深远影响，在学术上的影响尤其深远。如果说政治上的影响尚有政治革命的积极意义，那么对于文化和学术的影响则完全是消极的，为不可弥补的损失。清华国学研究的衰落和"清华学派"之走向终结，其实从闻一多牺牲到朱自清病逝就标志出来。

"清华学派"的主体是任教于清华大学的现代学者群落，主要为人文社会科学专业的学者，而核心则为主要以研究国学为主的从国学研究院到文学院各系各专业的学者，从流派成型角度，最有代表性的是闻一多、朱自清、冯友兰、陈寅恪、王力、俞平伯、赵元任、杨树达、刘文典、浦江清、刘盼遂、雷海宗、萧一山、蒋廷黻、张荫麟、钱穆、金岳霖、张荩年、沈有鼎、张东荪、贺麟、吴宓、潘光旦、李济、钱瑞升、萧公权、浦薛凤、张奚若、王文显、陈达、叶公超等。其中如闻一多和朱自清不仅为中文系乃至文学院的柱石，而且是"清华学派"的"栋榱"。我们看，如前所述，上述清华学者群落一方面构成了闻一多的人际环境和学术人文环境，另一方面，闻一多置身其中，涵养濡染于浓郁的学术氛围中，成就了自己的国学研究。相得益彰的学术互动中，闻一多参与了"清华学派"的生成和建构，成为"清华学派"的典型代表。闻一多与"清华学派"的密切关系自然和他与学校的密切关系相一致。在"清华学派"中，闻一多与清华关系应该说是最为密切、最相始终的，如同为"清华学派"核心代表的几位学者中，朱自清、冯友兰、俞平伯毕业于北京大学，陈寅恪多年留学国外，是以成熟的学者和导师身份进入清华的，王力、刘盼遂和闻一多一样毕业于清华，但他们就读于国学研究院，时间远没有闻一多就读10年之长，而且他们以大学毕业的资格进入国学研究院，已经具备了自我基本的精神思想，而闻一多以现在意义上的初中生年纪进入清华，其基本精神和思想是形成于清

---

① 冯友兰：《回念朱佩弦先生与闻一多先生》，载《三松堂全集》第14卷，河南人民出版社2001年版，第165、168页。

华的。就"清华学派"形成和发展的五个阶段中,"清华学派"消亡的最后一个阶段闻一多已经牺牲,无关于闻一多;清华转制期和独立为国立大学的最初几年(1922年7月—1932年8月),闻一多身不在清华,其他三个阶段闻一多都身处其中而更身体力行于国学研究和清华学风的养成,对"清华学派"的孕育、生成和发展做出了巨大的贡献。首先是作为"清华学派"孕育时期的旧制清华学校时期,闻一多从1913年到1922年6月都在清华读书,闻一多不同于一般学生之处在于格外重视国学的习得,在美国化的教育课程之外,广泛而深入地修习古代文史典籍,同时大声疾呼改革清华重西学而轻国学的教育时弊,力倡"振兴国学"并以为清华义不容辞的文化职责。这看似与后来"清华学派"没有直接关系,但构成了"清华学派"兴起的深远背景,特别构成了闻一多自己日后国学研究的最初动因。可以想见,当闻一多重返清华任教并进入国学研究领域时,他自然会忆起青少年时期的文化理想。当年"振兴国学"的理想成了自己实际的行动,但从国学研究角度,闻一多在精神上以清华校园文化为媒介的前后呼应,该给他以格外深的文化心理慰藉,所以从任教清华大学后全力以赴于国学研究,以自己的学术实践创造良好的国学研究学术氛围,当为闻一多给予母校最好的贡献。当闻一多于1932年8月受聘清华大学中文系教授时,清华大学正处于最好的发展时期,由改制后的首任校长罗家伦初步奠定"学术化"基础,梅贻琦就任校长后开创所谓清华发展的"黄金时代",而闻一多自己转入学术研究、担任大学教授已然有一定时间,在学术研究上已经有了相当可观的成绩,以最初的《诗经》和唐诗研究奠定了在现代学术界的地位,如清华大学一样正处于学术发展的"黄金时期"。无论从清华大学的发展,还是从闻一多个人的学术发展,1932年到1937年都是在最好的时机,这也正是"清华学派"成型和发展的时候,闻一多与清华学术环境可以说一拍即合,个人与学校的密切关系体现和转化为一个杰出学者与学术流派的互动联系,在闻一多和其他学者的共同营造下,几年间以其显著的学术业绩和学术风格彰显出"清华学派"。如果说闻一多与"清华学派"发展的第三个阶段关系尚不完整,那么他与第四个发展阶段即清华与北大、南开联合办学时期相始终,从长沙临时大学到西南联合大学,在整个抗战时期及抗战后闻一多一直与清华大学同患难、共命运,除了以自己更开阔的国学研究贡献于"清华学派",二十世纪四十年代一度代朱自清担任清华中文系主任(1940年始)并主持清华文科研究所中国文学部的研究工作(1941年始),这样,闻一多承担了行政职能而实际影响着清华中文系和文科研究所的国学研究,因为他实际起到了领导和组织的作用。如对清华中文系,在担任主任期间,拟订了许多发展计划,其中就有发展清华文科研究所。对于清华文学院，他主张将中国文学系与西洋文学系合并为文学系，而将语言课程分出来另设立语言系，为此闻一多撰写了《调整大学文学院中国文学外国语文学二系机构刍议》，详加申说。① 特别在文科研究所里，闻一多和其他学者组成了一个学术团队，包括了朱自清、浦江清、许维遹、王了一、陈梦家、李嘉言、何善周等，他们在研究所从事研究工作，共同一度住在昆明东北郊司家营。闻一多实际就是如今所谓的"学术带头人"，而且名副其实，以身作则，积极工作。1941年11月，闻一多亲自设计、撰写了研究课题规划《文科研究所中国文学部研究计划》报送校长梅贻琦，计划书列出了年度研究内容，"拟暂从整理古籍入手"，拟整理之书为："子部"的《韩诗外传》和《管子》，"集部"的《岑参集》和《贾岛集》，并列出了具体的整理任务，如对"子部"的两种，"一、正文部分，加标点分段校印。二、注释部分，搜集历来关于校勘文字及训释文义之旧说，加以甄择或驳正，并补充新资料。三、附录部分，包括引得，参考书目，版本源流考或其他有用之参考资料"。对"集部"的两种，"一、关于本文部分：a，校定篇什之真伪。b，依年月重新编次。c，校勘文字。二、关于附加部分：a，带批评性质的叙录。b，年谱。c，交游考略。d，书目。e，……"② 这份研究计划从对象到研究项目具有鲜明的闻一多国学研究色彩，贯穿到群体的研究过程而体现为学术群体的风格。这更说明闻一多以此对"清华学派"的发展做出了现实的贡献。这个时期闻一多除了组织文科研究所的集体研究工作外，他自己的国学研究更卓有成效，在极端艰苦的环境里反而突飞猛进，研究范围比前大为扩展，从原先具体的文学典籍研究扩展到文字学、神话学、文化人类学、宗教学、民俗学以及整个中国的文化思想领域；在国学研究思想方面，从原先客观的考据学研究发展到鲜明的文化思想批判，表现出中国文化中"杀蠹的芸香"的思想家特性；在国学研究方法方面，不再限于考据学研究，而开始运用文化人类学以及唯物史观看取国学；③ 特别是，闻一多在这个阶段进入了中国文学史和文化史的研究中，来探索民族文

---

① 参见闻一多：《调整大学文学院中国文学外国语文学二系机构刍议》，载《闻一多全集》第2卷，湖北人民出版社1994年版，第437页。闻一多关于中文系与外语系合并重组出新的文学系和语言系的主张并没有行得通，但他的远见卓识，值得继续研究。

② 闻一多：《文科研究所中国文学部研究计划》，载闻黎明、侯菊坤编：《闻一多年谱长编》，湖北人民出版社1994年版，第620页。

③ 据冯友兰回忆，1946年春，闻一多和冯友兰长谈时提到，"他打算用唯物史观底观点研究中国文学史。他说，他对于中国文学史底材料，知道很多，但是对于唯物史观底研究，还嫌不够。他想找个人合作"。见冯友兰1948年10月《回念朱佩弦先生与闻一多先生》，载《三松堂全集》第14卷，河南人民出版社2001年版，第167页。

化的"源头"和本土文化的"中心"。我们从闻一多1940年11月呈交学校的《中国上古文学史研究报告》可以窥见他此时的研究范围。在报告中,闻一多提出自己的"研究旨趣"为"了解文学作品"和"考察似的背景",分为"专书研究"和"专题研究"两项。"专书研究"包括尚书补释、周易闲话、庄子章句、楚辞校补、离骚叙论、天问疏证、乐府诗笺、易林琼枝、上古文选校释,"专题研究"包括古代教育、商周铜器艺术、史职与史书、史诗的残骸、采诗制度蠡测、古代著述体裁之长成、神仙与先秦思想、舞蹈与戏剧、宴饮与诗。① 这个研究计划不可谓不庞大,涉及面之广泛,几乎包括了上古文学和文化的各个领域。对照现在所出《闻一多全集》,这个研究计划基本完成,而这仅仅是他研究的一部分。在西南联合大学时期,闻一多一方面组织和领导了中文系和文科研究所的国学研究,另一方面,他兢兢业业于自己的研究,在战时艰苦的条件下做出了异乎寻常的成绩。这两个方面都是闻一多对"清华学派"的贡献。如果仅仅有前一个方面,可能主要体现出他对于"清华学派"的行政组织贡献;如果仅仅有后一个方面,固然可以见出他个人的研究实绩,但或疏离于"清华学派"的学术群体而体现不出他对于学派的贡献。闻一多个人的研究与"清华学派"的关系实质上体现了一种学术个性和学术流派的关系,他既有自己独特的研究,又表现出"清华学派"的学术特征,以自己的研究丰富着"清华学派"的内涵,但同时保有了自我的学术个性。

六、学术个性与学术流派之间

学者与学术流派的关系正如作家与文学流派的关系,自然存在主体个性和流派共性的关系问题。无论是文学流派还是学术流派,都是由不同的主体个性构成的群体,因为具有相同或相似的思想倾向和风格特征,所以或当时就宣布为一派或"事后追认"为一种流派。但流派并不掩每个主体的个性,不同主体的不同个性共同丰富和发展着所在流派。

文学或学术流派的形成从主体作用角度可以有三种类型,第一种是一个时代的伟大作家或伟大学者以其卓异的思想和风格影响整个时代的文学潮流或学术走向,任何流派都不能够概括他,实际上可以说是自成流派,而

---

① 闻一多:《闻一多1940年11月11日致梅贻琦信》,载《闻一多全集》第12卷,湖北人民出版社1994年版,第367—369页。

且所成之派"凌驾"于所有流派之上,因为有追随者,所以可以成为"派",但追随者实际对之望尘莫及,如鲁迅在现代文学史上的地位和鲁迅之于现代文学的影响;第二种是一个大作家或大学者以自身的影响力吸引一批追随者而形成以该作家或该学者为首的流派,其开创者和领袖人物在流派内处于"定于一尊"的地位;第三种是志同道合、因缘相凑而不分高下、彼此平等地共同提倡或形成流派,可谓"群龙无首"、各自为政但有共同追求。这三种情形都关涉作家或学者主体个性与流派之间的关系,同时也表明了个性主体在流派中的地位和作用。

可以看出,主体个性愈强,愈不会受到流派的制约;愈完全归属于特定流派,主体个性愈弱;永远归属于流派的,或者本来就不具有主体性,或者主体性太弱而被流派完全吞没。这从作家或学者个体角度呈现为"金字塔"形的结构形态,塔尖上是总领一代文学或学术的伟大作家或学者,其次是领导一种流派的作家或学者,第三层为组成或属于不同流派的作家或学者,等而下之的是既没有构成流派又不会有个人影响的众多作家或学者。文化依照主体创造者的成就、贡献、影响如此可以成为等级性结构。其中有被归入一定流派者,会不甘心依附流派或担心被流派淹没自己的个性而急于摆脱所在流派,如梁实秋曾经就不满于被归为新月派成员,他用比喻说明,以为成群结队的动物都是没有个性的或弱小的,而狮子从来都是独来独往的。撇开梁实秋自己是否属于新月社来说,他所说流派会泯灭个性价值的情形,客观上确实存在。以此看闻一多与现代文学史、现代学术史上流派的关系,可以说,无论在文学上还是在学术上,闻一多都不是如鲁迅之于现代文学和现代文化那样总领时代文化、具有巨大影响的作家或学者,但闻一多在现代文学史上是开创新格律诗派的先锋,在现代学术史上是"清华学派"的"柱石"。闻一多之于新格律诗派的关系基本属于第二种情形,他以自己独创的新格律诗理论和创作实践影响了一代诗人、开创了一代诗风,当时就吸引了一群青年诗人参与新格律诗运动,因而形成了以闻一多为首的诗歌流派;而"清华学派"的形成本来就没有领袖人物,既没有确定的纲领,更没有学术宣言,它是清华学人群落在从清华学校到清华大学再到西南联大的学校发展过程中,以学校特定的教育背景和学术研究传统为基础,主要以国学为研究内容而长期形成的学术流派,基本上属于第三种流派类型。闻一多在国学研究方面属于"清华学派",虽然对"清华学派"贡献极大,但他不是"清华学派"的领袖学者。在现代文化和现代文学史上,闻一多尚没有达到鲁迅总领全局的高度;但在现代诗歌史上,闻一多开创和领导了新格律诗派,成为一种文学流派的领袖;而在现代学术上,闻一多仅仅是国学研究中

"清华学派"的一员,既不是开创者,也不是如朱自清、冯友兰、陈寅恪等更关键而不可缺少的学者,尽管他对"清华学派"的贡献不亚于朱自清、冯友兰、陈寅恪等,这也说明"清华学派"中各学者的平等格局。如此看,闻一多在中国现代诗歌方面的成就和贡献所决定的影响显然大于在现代学术上的影响力。闻一多在现代新诗发轫期就开始诗歌创作,一方面,他本来就爱好诗歌、具有相当的艺术天赋、具有深厚的古典诗歌学养,从古诗到新诗的转化其实可谓顺理成章;另一方面,闻一多从少年时就开始诗歌创作,进行现代诗歌创作时也正在20余岁,而且新诗园地尚属"处女地",在"处女地"耕耘更容易收获。于他个人,诗歌创作实践从小练就,颇有"童子功";于新诗,更在草创期,加上闻一多作为现代诗歌史的亲历人和目击者既与新诗同时成长,又十分清楚当时新诗的优劣处,经过自我在诗歌理论上的思考和创作实践中的探索,广泛吸收古今中外诗歌艺术的美质,他终于有了独到的艺术创造,在现代诗坛产生了重大影响,以《死水》诗集奠定了他在现代诗歌史上的伟大地位。而相比之下,在学术研究上,如果从专业训练和职业技能的角度,闻一多实际上是"半路出家",以一个时人眼中的新诗人和艺术家的形象闯入与诗歌创作有相当隔阂的学术界特别是国学研究界,闻一多自己难免主观上的"英雄气短"和客观研究中的"捉襟见肘",而旁观者包括学界同事和课堂上的学生亦以怀疑的眼神盯着他并在师生间最初发生过些许不愉快。① 由此,闻一多从"而立之年"重新开始自我人生,发奋以图学术研究之强,力图做到虽"后来"学界但要在学术研究中"居上"。当然,总体上看,闻一多是成功了,而且成为现代诗人转为学术研究取得成功的典范。但毕竟比不上他在当初诗歌创作中的得心应手。作为艺术

---

① 据吴组湘回忆,闻一多初到清华大学任教时,教学境遇颇不顺利,他说:"闻先生的文人气质很浓,他是新诗人,却讲古代文学,所以总觉得同学不满意。那时,清华同学与老师年龄相差不太多,有的已在刊物上发表过文章,因此认为自己不比老师差。在说当时文学史上占统治地位的是古代文学,朱自清讲中国新文学研究,有很多人反对。同学们中间确实有人存有闻先生是新月派,教不了古代文学的想法。"为此因为课堂教学问题而和学生有过龃龉并赌气不上课一周。而所开设《楚辞》研究课只有两个学生选修。(参见闻黎明、侯菊坤编:《闻一多年谱长编》,湖北人民出版社1994年版,第441—442页。)据梁实秋回忆,之前在青岛大学时,闻一多因为反对学生运动,受到学生攻击,校园出现标语谓:"驱逐不学无术的闻一多!"并在教室黑板上有打油诗讽刺闻一多的课堂教学。(见梁实秋:《谈闻一多》,传记文学杂志社1967年版;方仁念编:《闻一多在美国》,华东师范大学出版社1985年版,第155页。)谓闻一多"不学无术",如梁实秋所感叹的,"真是不可思议",但却也反映了当时学生对闻一多学术上的不信任,与清华大学的学生感觉惊人一致。而另一方面,这都对闻一多是比较大的刺激,也促使他在学术上更加用功,而不久终于能够完全立足于古代文学讲坛和国学研究界。

创作，可以充分发挥自我精神个性，自由驰骋在广阔的精神领地，而作为学术研究，尤其是中国的学术研究，尤其是中国传统的国学研究，在当时的学术语境中是需要规范的考据学工夫，必有所依傍才能够为学界认可。所以，闻一多不得不收束回自我艺术化的自由精神，去遵守学术规范，在具体研究过程中循规蹈矩。所遵守的规范、所依傍的规矩不在现实的创造中，而主要在历史的学术传统中。这样，闻一多的精神个性在学术研究上转化为对传统的追随上，从对古代学术史的了解而落实到对乾嘉学派的借鉴上，从乾嘉学派的借鉴而汇入到"清华学派"中。也就是说，闻一多在学术研究上不能够如在诗歌创作上那样一方面特立独行、自由创造，另一方面很自信地开创和领导一种流派，而是"认祖"于乾嘉学派和"归宗"于"清华学派"，既受到传统学术的影响，又受到当时学术语境的左右。在学术上，闻一多不是一呼百应、应者云集的学者，自觉或不自觉地纳入作为学术流派的"清华学派"本身就意味着自我精神和个性自由的收敛，而实际上这也与闻一多整体的思想和精神气质有关，他本来就不是个性张扬的人，相反有着深沉内敛的"东方老憨"式精神气质，表现在思想上，强调在纪律、秩序、规范中的个性解放，如新格律诗理论"纲领"《诗的格律》中所说"在一种规定的条律之内出奇制胜"，即"戴着脚镣跳舞，并且要戴别个诗人的脚镣"。诗歌创作已然如此，学术研究更为突出。新格律诗理论已经带有循规蹈矩的特征，一以贯之，在更加讲求传统、规范、方法的学术研究中，他更是约束了自己的自由个性，一度严格遵循考据学规矩展开国学典籍的整理和研究。这种学术方式实际成为他在学术上的"格律"，在此意义上，"清华学派"同样构成了他的国学研究"格律"，使他受到影响的同时也受到约束和规范，在约束和规范中参与"清华学派"的创造。

  应该说，闻一多既为"清华学派"代表性学者或如冯友兰所说为"清华学派"的"柱石"，那么他的国学研究，尤其到清华大学任教后的研究比较典型地体现了"清华学派"的特色。但闻一多毕竟是诗人，具有艺术家的天然创造性，在思想上固然受到从乾嘉学派到"清华学派"的影响，但诗人的个性创造性和作为诗人型学者，决定了闻一多总是能够突破学派的限制而有自己独到的学术个性精神。所以，我们可以从两个方面看闻一多与"清华学派"的学术关系：第一方面为闻一多与"清华学派"的联系，以及闻一多国学研究对"清华学派"共同倾向的体现；第二方面为闻一多与"清华学派"的区别，以及闻一多国学研究超越"清华学派"而富有自己的个性特色。就闻一多与"清华学派"的联系看，体现在"清华学派"共性特征的多个方面。关于"清华学派"的学术共性，当然首先体现在清华学者具体的研究中，在各学者研究实践基础上，逐渐有理论的概括和提炼，既有"清华学派"中学者如冯友兰、朱自清、陈寅恪等当年对清华学术研究的整体说明，也有后来学界对"清华学派"展开研究而发现和总结出的特性。概括起来，"清华学派"作为以国学研究为主的学术流派，共性的学术倾向有四个方面，一是反"信古"传统而在现代"疑古"基础上进行经典"释古"；二是在研究中求"会通"，不仅求"中西会通"，而且求"古今会通"；三是冯友兰所说，相对于古代学术研究的"照着讲"而提倡哲学和国学研究要"接着讲"；四是王瑶所提到的"兼有京派海派之长"，"微观与宏观相结合"。闻一多作为"清华学派"的"个中人"，应该说深谙这四种主要学术追求，在他的国学研究中都有所体现，同时又有所超越而显示了自我的研究个性。

首先，在经典"释古"方面，闻一多的国学研究的基本层面就是在"释古"，对古籍经典的考证和考释原本就属于"释古"范畴，是破除"信古"观念、在"疑古"基础上的现代诠释，尽管他多运用传统考据学方法。无论校勘学的校正古籍文本文字，还是训诂学的解释古籍文本词义，他对神话、《诗经》《楚辞》《庄子》《周易》《管子》，汉乐府、唐诗等的研究都是在进行现代视野中的考释，包括对上古文字（甲骨文和金文）的释读和文学史、文化史资料的考订、整理、汇编，都属于"释古"的研究。但闻一多在对待经典文本的态度上、具体研究过程中和研究的最终归宿方面都有自己的特色。一是完全建立在扎实的考据学基础上，从详尽的考证中得出结论，深得乾嘉学派"实事求是""无征不信"精神。二是建立在"疑古"基础上进行经典"释古"，体现出他文化思想上从"疑"到"释"的因果逻辑，对所有史料必进行审查和考证后融会贯通于所证问题中。三是从具体史料出发而不是从抽象的理论出发，虽然他熟谙西方各种理论但绝不生搬硬套，而是就对象论对象，首先还原古籍的本来面目，论从史出。而更主要的是，闻一多以他诗人的创造性超越了"清华学派"的限制，突破"释古"畛域而走到批判古代的高度。"释古"于一般学者仅止于"释"而已，但为什么要"释"，"释古"的目的是什么？这关乎国学研究的价值取向，闻一多有自己思想发展的必然归宿，那就是从中国现代文化建构的高度出发，在自己的国学研究中更多地看见了民族文化的"病症"，所以最后对古代文化进行了彻底的批判，担当起了"杀蠹的芸香"的文化职责。当然，如冯友兰也有自己的文化价值取向，一贯坚持自己的使命是"为天地立心，为生民立命，为往圣继绝学，为万世开太平"①，不无哲学的抽象性，但缺乏对"往圣"的批判意识，而闻一多经过漫长的国学研究过程，最终回答了作为"清华学派"追求的"释古"目的问题，超越学派倾向而凸显自我意识，在"释古"基础上进行了深刻的文化反思和鲜明的文化批判，如晚年所论《复古的空气》《家族主义与民族主义》《关于儒·道·土匪》《什么是儒家》《妇女解放问题》等，这一系列文章都是闻一多经过疑古、释古后的"批古"。这是闻一多学术个性在思想上的突出体现。（详见前面所论）。

其次，在求"会通"方面，"清华学派"的"会通"特性和清华大学的教育理念传统密切相关，是清华大学教育理念在学术研究中的体现。教育上的"会通"包括三个方面，即"中西会通""古今会通"和"文理会通"。早在旧制清华学校时就因为学校的性质和教学的偏向而突显出中西两种文化的对立，在对立中可有三种选择，或顺应学校"美国化"的教育，或反对"美国化"教育而归依国学，或寻求两种文化的调和。完全顺应"美国化"教育既不情愿更不甘心；彻底反对而归依国学，既不可能也不现实；唯有在冲突中寻求"西学"和"国学"的调和。如闻一多当时一方面接受西式教育，另一方面疾呼"振兴国学"，这可为清华"中西会通"的滥觞。及至转制时期，国学研究院创办，"中西会通"就具体落实到国学研究中，成为清华国学研究的传统。中西文化关系同时伴随了古今文化的关系，研究对象为古代，自然有怎么与现代对接的问题，于是同时形成了"古今会通"的追求。梅贻琦掌校后，在就职演说中明确提出："办学校，特别是办大学，应有两种目的：一是研究学术，二是造就人才。清华的经济和环境，很可以实现这两种目的，所以要向这方面努力。"1936年他在《致全体校友书》中再次重申："凡一大学之使命有二：一曰学生之训练，一曰学术之研究。清华为完成此使命，故其发展之途径不徒限于有限之教学，且当致力于研究事业之提倡。此在学术落后之吾国，盖为更不可缓之工作。"② 在具体的人才培养方面，梅贻琦主张和施行"通才教育"，要求学生"通识"自然科学、社会科学和人文学科。③ 其实也包括了对中西文化的"通

---

① 冯友兰：《中国哲学史新编》，载《三松堂全集》第 10 卷，河南人民出版社 2001 年版，第 657 页。
② 梅贻琦：《就职演说》和《致全体校友书》，转引自黄延复：《清华的校长们》，中国经济出版社 2003 年版，第 169、175 页。
③ 梅贻琦教育思想主要有三个方面，谓之"三大支柱"，一是"通才教育"，二是教授治校，三是学术自由。他在《大学一解》中进行了详细的阐述。参见黄延复：《清华的校长们》，中国经济出版社 2003 年版，第 204—211 页。

识"和"古今文化"的"通识"。"通识"的最终效果是达到"会通",表现在学术研究上,逐渐形成了"会通"的学术追求。从国学研究院的开办初衷到陈寅恪所概括之王国维研究方法论的"二重证据"法,从清华大学教授的教育背景和文化结构到人文社会科学各学科的具体研究,整体的"清华学派"都求文化和学术的"中西会通""古今会通"甚至"文理会通"。如,哲学研究中的冯友兰以西方哲学思想和逻辑方法论阐释中国古代哲学而致力于中国哲学史的研究和"新理学"哲学体系的建构;史学领域中的陈寅恪以中体西用思想为基础,"取异族之故书与吾国之旧籍互相补正","取外来之观念,与固有之材料互相参证"而研究中国历史;文学研究中的闻一多、朱自清在运用传统考据学研究古代文学中亦吸收西方文化思想和文学观念。这些都表明了"清华学派"在"中西会通"方面的追求,其实同时他们也在致力于"古今会通"。当然,研究中国固有文化的国学,在"文理会通"方面不很鲜明,也不是完全没有,主要体现为以科学方法论研究国学。在这三种"会通"里,闻一多表现出与"清华学派"其他学者鲜明的区别。如果说整体的"清华学派"主要以"中西会通"为主,那么闻一多则在学术上主要以"古今会通"为主。他曾经有过求得"中西会通"的文化思想,如在美国留学时期,在文化情感上更多依恋中国文化、文化理性上主要学习西方文化的冲突中追求中西融合,这在评论郭沫若的《女神》时从诗歌艺术的角度明确地表示出这种融合会通的思想,他说:"我总以为新诗径直是'新'的,不但新于中国固有的诗,而且新于西方固有的诗;换言之,他不要做纯粹的本地诗,但还要保存本地的色彩,他不要做纯粹的外洋诗,但又要尽量地吸收外洋诗的长处;他要做中西艺术结婚的宁馨儿。我以为诗同一切的艺术应上时代的经线,同地方底纬线所编织成的一匹锦。"① 这里虽然针对诗歌艺术,但也可以泛指文化和学术,体现了闻一多这个时期的文化思想。而到闻一多转向国学研究时,在表面的研究中一度几乎看不见西方文化的因素。我们看他的《诗经新义》、《楚辞校补》、《庄子义疏》、《管子校勘》、唐诗史料考订、上古文字考释等,这些考据学研究形态的论著给人的印象为闻一多完全不像是受过多年西方文化教育的学者,更像是一个从未受过西方教育、从未出过国门的乾嘉时期的学人。这其实隐含了闻一多独特的文化思想和国学研究取向。他主要以中国文学和中国文化为研究对象,研究对象时间的扩展意味着闻一多更关注国学的历史进程,研究中的从唐诗研究上溯到先

---

① 闻一多:《〈女神〉之地方色彩》,载《闻一多全集》第 2 卷,湖北人民出版社 1994 年版,第 118 页。

秦典籍乃至上古神话的历史意识促使他从历史文化的研究延伸到对时代文化的思考，体现出鲜明的"古今会通"的特征。所以，在"会通"特性上，闻一多国学研究最突出的是"古今会通"，更关注的是文化和学术的时间因素而弱于空间的比较。相比之下，他注重"古今会通"而不重"中西会通"，他实际上并不如"清华学派"整体的追求"中西会通"那样，在他从二十世纪三十年代开始的国学研究中，深层的文化意识中，中西文化呈现出对立态势，表现在学术研究中可以说是"中西'会'而不求'通'"，西方文化作为隐藏的背景作用于他的研究，他是在中西文化的矛盾、对立、冲突中考量国学，在国学研究中求民族文化的独立性、自主性和自足性。所以，我们在闻一多的国学研究中，基本看不见套用西方理论或以西方文化标准来评判中国文化的研究形态，而主要是以现代文化标准对古代文化进行批判。现代化并不等于西方化，中国文化是独立的民族文化，有自己的文化"源头"和"本土文化中心"，重要的是民族文化如何现代化而不是一味地西方化。民族文化从古到今的发展就是要使传统文化现代化，最重要的是如何做到文化的"古今会通"，而不是"中西会通"。这是闻一多国学研究的突出个性特征。事实上，"古今会通"于中国文化的发展更具有现实意义，而"中西会通"如王富仁先生指出的，本就存在着相当的困难。以哲学为例，他认为西方哲学是建立在自然科学和数学基础上的，中国哲学建立在作者自身浑融的整体感受中，"在两种不同的哲学概念体系之间，如何实现有效的'会通'，至少是一件相当困难的事情。更为严重的是，中国现当代知识分子自身的现实感受既不同于中国古代知识分子，也不完全等同于西方知识分子，如果仅仅在西方哲学概念和中国古代哲学概念之间达成一种会通式的理解，中国现当代知识分子的个性追求和时代特征能否真正地建立起来，也是一个值得认真考虑的问题"①。哲学如此，其他学科同样如此，如文学，中国古代的文学理论概念范畴和西方文学理论的概念范畴是完全不同的两套体系，要达到"会通"同样是困难的。另一方面，不能"会通"的两种哲学在哲学研究者思想中做到了"会通"，这结果必然形成"会通者"以"通"为基本特征的思想和精神结构。不同文化、不同思想不同的学术经过主观融汇贯"通"后，在知识结构上可以表现为"博大"，在思想上则表现为"通达"，在人格精神上会表现出"圆通"，在现实态度上往往会"通情达理"，在自我行为方式上能够做到"变通"而圆

---

① 王富仁：《"新国学"论纲》，载《新国学研究》第 1 辑，人民文学出版社 2005 年版，第 77 页。

转自如地应对现实的一切变动。因此，中国现代学术如"清华学派"的"中西会通"事实上养成了现代知识分子以"通"为中心的思想方式和处世态度，所以，当时代发生变动，需要改变自己的思想时就可以比较轻易地放弃自我而适应时代的变化和意识形态的要求，这就是为什么在后来的知识分子思想改造运动中知识分子能够被改造，而知识分子自己也能够轻易放弃自己思想的深层学术原因。而更深层的思维方式存在于中国的传统哲学思想中，儒道佛互补后的思想结构本来就长期形成了中国士子的双重人格和依附人格，也正是因为遗传了传统的思维，所以在近代后的中西文化对立中亦如处理儒家和道家、儒家和佛家的对立一样，都是求得会通互补，使得对立的文化和思想做到和平共处、相安无事，自我在现实行为中能够随机应变而心安理得。比较之下，闻一多在人格上和现实行为方式上缺乏圆通自如的聪明，多表现为"东方老憨"的特性，包括他后来的拍案而起，发表《最后一次的演讲》并为此而殒命，实际就是他一贯的"东方老憨"性格的体现，由中国的"聪明人"看来，闻一多的行为是"最不聪明"的。而这实际上与他的学术追求相一致，因为闻一多一贯都在中西文化冲突的思维中，在学术研究中也并没有去有意进行"会通"，因此，闻一多从基本的思想和精神特性上通过学术研究而养成了自我独特的"圆通"性。闻一多的"通"表现在中西文化矛盾中由西方文化而返归中国文化，在国学研究中求得中国文化的"古今贯通"，由今返古，自古及今，始终在中华民族文化的历史、现在和未来中考量和研究，无论是欣赏中国文学的"美"和"韵雅"，还是探索中国文化的"源头"和"本土中心"，无论以考据学方法还中国文化典籍以本来面目，还是以文化学理论说明中国文化的时代背景和本质内容，无论是最初的沉浸于"故纸堆"而欣然于"古书"的纸香，还是诊断出中国文化的"病症"而最后要做"杀蠹的芸香"来彻底地批判中国传统文化，凡此种种，闻一多的学术意识中心始终是中国的历史文化和文化历史。与"中西会通"后形成的"圆通""通达"不同，"古今会通"的学术效果是形成了一种"直线型"的思想和精神特征，在人格上体现为一贯性、统一性和持久性，这也正是闻一多"东方老憨"式的性格体现。这样，闻一多在"会通"特性上，以其鲜明的个性区别于"清华学派"其他学者，因此也表现出他超越"清华学派"的一面。

再次，在学术研究中的从"照着讲"到"接着讲"中，闻一多和"清华学派"共同体现出"接着讲"，但他在"接着讲"的基础上更有"对着讲"的学术内涵和学术个性。人类精神文化作为认识自然、社会和自我的思维产物，在原创基础上同时成为学术研究的对象。学术研究所面对的不是直接的客观世界而是认知客观世界的文化产品,在对已有文化的阐释中表现学者对自然、社会和自我的认识,这也就意味着学术不是创作而是对创作品的研究。在研究原初创作产品时同时要研究学术史上"已有的研究"而成为"研究的研究"。正是在"研究"和"研究的研究"中,学者依托原创作品对文化做出自己的解释。文化和学术是在人类历史的长期发展中积淀而成的,后世的文化创造都要在前代创造的基础上进行。这样就出现了文化发展和学术创造过程中如何对待传统的问题,于是,后世的学者之于已有文化和学术就有这样三种自我文化创造和学术发展的路径,一是"照着讲",二是"接着讲",三是"对着讲"。"接着讲"为冯友兰在1937年所作《新理学·绪论》中提出来的,他在谈到自己的哲学论著之所以命名为《新理学》时,除了"理学即是讲我们所说之理之学"而区别于宋明理学外,特别说道:"照我们的看法,宋明以后的道学,有理学心学两派。我们现在所讲之系统,大体上是承接宋明道学中之理学一派。我们说'大体上',因为在许多点,我们亦有与宋明以来的理学,大不相同之处。我们说'承接',因为我们是'接著'宋明以来底理学讲底,而不是'照著'宋明以来底理学讲底。因此我们自号我们的系统为新理学。"① 他在晚年所撰《中国哲学史新编》中论述到自己的哲学体系时再次重申上述《新理学·绪论》中的说法后,又说:"中国需要现代化,哲学也需要现代化。现代化的中国哲学,并不是凭空创造一个新的中国哲学,那是不可能的。新的现代化的中国哲学,只能是用近代逻辑学的成就,分析传统哲学中的概念,使那些似乎是含混不清的概念明确起来,这就是'接着讲'与'照着讲'的分别。""冯友兰对于哲学是从逻辑学入门的。"② 他把自己的哲学体系归为"中国哲学现代化时代中的理学"即"新理学"体系,分别为加书名号的《新理学》和加双引号的"新理学"哲学体系。《新理学》为他"贞元六书"之首,以此为起点通过"贞元六书"——《新理学》《新事论》《新世训》《新原人》《新原道》《新知言》——和中国哲学史研究创造了"新理学"体系,成为新儒家的代表。而他的"新理学"即是在"中西会通"中"接着讲"的成果。冯友兰此说影响了"清华学派",或"清华学派"大即体现了"接着讲"的学术追求。相对于传统学术的"照着讲","接着讲"已经是一种革命性的发展。因为中国传统学术基本上是

---

① 冯友兰:《新理学·绪论》,载《三松堂全集》第4卷,河南人民出版社2001年版,第4页。
② 冯友兰:《中国哲学史新编·冯友兰的哲学体系》,载《三松堂全集》第10卷,河南人民出版社2001年版,第621页。

"代圣人立言",不敢越出"道统"的"雷池"一步,对经典的阐释基本在"道统"范围内,更多因袭古人观点,即所谓"照着讲"。只有在新文化运动以后,经过反封建思想革命后,彻底打破封建道统的偶像,在学术研究中一反"照着讲"的传统而开始了"接着讲"。当然,现代学术研究不仅仅"接着讲",还有"对着讲";"清华学派"主要以"接着讲"为主,如冯友兰"接着"宋明理学而建构自己的哲学体系,缺乏与传统哲学的对立性,所以弱于"对着讲"。比较之下,闻一多的国学研究在多个领域的多个层面也同样在"接着讲"。即如对国学典籍的考据学研究,亦是建立在每一种典籍的历史考据学成果基础上。在典籍文字的校正研究方面,闻一多总是搜求特定典籍的各个时代的各种版本进行对校,可以说是"接着"学术史版本校勘学的已有成果进一步进行文字校正,一恢复古籍的本来面目,二提供可靠的版本。如《楚辞校补》,底本用《四部丛刊》洪兴祖《楚辞补注》本,即菡芬楼影印江南图书馆藏明翻宋本,校引书目版本有65种,采用古今诸家成说之涉及校正文字者28家,① 共校补373句,每一句校补都旁征博引,实际就是在"接着讲"。在古籍词义诠释方面如《诗经新义》《诗经通义》,既有"照着讲"而将一个词的历代解释汇集起来,又有"接着讲"而在古代各家解释基础上闻一多发明出"新义"。这种"接着讲"不仅体现在校正文字和诠释词义方面,更体现在"说明背景"的国学典籍的整体研究中。如在《匡斋尺牍》中,闻一多在对《芣苢》诗进行全面分析,特别运用现代多学科方法论的解析后,总体上谈到历代《诗经》研究观念的演进,他说:"汉人功利观念太深,把《三百篇》做了政治的课本;宋人稍好点,又拉着道学不放手——一股头巾气;清人较为客观,但训诂学不是诗;近人囊中满是科学方法,真厉害。无奈历史——唯物史观的与非唯物史观的,离诗还是很远。明明一部歌谣集,为什么没人认真地把他当文艺看呢!"② 闻一多在对《诗经》研究史十分了解之后,"接着"汉代的经学观、宋代的道学观、清代的朴学观、近代的科学观、现代的唯物史观而"讲"出了自己的《诗经》观:《诗经》首先是文艺的诗歌,内容上多是热烈的情歌,形式上是民间歌谣。闻一多固然偏向于以清代朴学的客观方法研究《诗经》,意在还原文本的本来面目,但在此基础上他抛开从汉代到清代的陈说,追问:"艺术在哪里?美在哪里?情感在哪里?

---

① 参见闻一多《楚辞校补》之"凡例"和"校引书目版本表",载《闻一多全集》第5卷,湖北人民出版社1994年版,第115—117页。

② 闻一多:《匡斋尺牍》,载《闻一多全集》第3卷,湖北人民出版社1994年版,第214页。

诗在哪里?"以此读《苤苢》和其他诗歌,读出了原初诗歌的原始味道,如对《苤苢》,欣赏到诗歌的艺术、美、情感和诗的同时,从生物学、社会学、音韵训诂学、艺术想象学、心理学、艺术风格学、民族学、民俗学、历史学等多种学科方法论角度释读,不仅读出了诗歌的艺术美,而且读出了诗歌所反映的时代特征,带领读者回到了"《诗经》时代",是为闻一多研究《诗经》的"还原法":通过"缩短时间距离"而"用语体文将《诗经》移至读者的时代"和用考古学、民俗学、语言学等方法"带读者到《诗经》时代"。① 但闻一多在整体的国学研究中并没有止于"接着讲",而继续推进到"对着讲"的层面。所谓"对着讲",是与"照着讲"和"接着讲"相比较,研究主体站在研究对象和对象研究史的对立面,以反传统的姿态和精神做出与传统研究观念相对立的学术发现或学术发明,创造性地提出新时代的新观点和新理论。"对着讲"的学术研究往往是在文化转型时期从整体上反对既有文化和既往学术的过程中做出的,同时又反对时代的流行文化和流行学术,以特立独行的精神突破学术流派的限制、突破学术旧说的陈轨、突破传统文化的束缚而进行的创新。可以说,"照着讲"主要为因袭旧有文化和学术,"接着讲"会造成文化和学术的发展,而只有"对着讲"才能够对文化和学术有所突破。仅仅因袭旧说不会有发展,虽然有发展但未必能够突破,而所谓文化突破和学术突破则必然包括发展并在冲破一切罗网后呈现一往无前的大发展。如同河流,"照着讲"如停滞不流的一潭死水,"接着讲"如河水的自然流动,而"对着讲"如河水遭遇阻隔后在回旋中积累势能,到相当程度时突然冲破大坝、以排山倒海的力量冲向前。五四时期周作人创作一首长诗《小河》,描绘了小河流动中的种种情形,特别写到小河遇阻后冲破阻碍的力量。在文化发展和学术演变中的"对着讲"即有这样的效果。闻一多作为诗人而长期沉浸于"故纸堆",客观冷静甚至不无枯燥的古籍考据学研究实际仿佛在积累他文化情感和文化思想的势能,这个过程中他所感受到的是压抑,极端的压抑后,"死水"下面的火山总有爆发的时候,"死水"般的古籍考据学研究在情感"火山"爆发力的推动下自会产生更大的力量。闻一多最后迸发出两种"火山爆发"式的人生,先是学术上的"火山爆发",在"接着讲"的基础上"对着讲";最后是现实人生的"火山爆发"而牺牲了自己的生命,学术上的火山爆发引发了现实中的火山爆发。现实政治斗争中的"对着干"实际早已经孕育

---

① 闻一多:《诗经类钞·序例提纲》,载《闻一多全集》第4卷,湖北人民出版社1994年版,第457页。

在国学研究中的"对着讲"中。他从"故纸堆"中和现实社会感知中诊断出民族文化的"病症"后，就不会继续"接着讲"国学而是"对着讲"，以反传统的"杀蠹的芸香"展开对中国古代文化思想的批判，在"清华学派"中显示了一个文化思想批判家的个性，应该说，闻一多的国学研究因为具有和传统国学"对着讲"的学术特性而相对地超越了"清华学派"整体上的"接着讲"的研究。

最后，清华学术能够成派与冯友兰、朱自清、闻一多等长期供职于清华文学院有密切关系，"清华学派"的另一个特色即王瑶提到的"兼有京派海派之长""微观与宏观相结合"，是从朱自清日记引述和发挥的，而朱自清日记中又显示为冯友兰所提出。① 这样，从冯友兰到朱自清到王瑶，共同认为"清华学派"具有京派和海派、微观与宏观相结合的特征。而其中在学术中最鲜明的体现者是闻一多。京派和海派不仅是学术分野，也是艺术和文学的分野，更是两种文化的区别，当然是基于地域特性而形成的，由北京为中心而形成的艺术、文学、学术、文化为京派，以上海为中心而形成的艺术、文学、学术、文化为海派。京派文化应该说源远流长，在封建帝王之都的北京长期孕育和积淀而成以传统农业文明、王朝政治意识和儒家礼仪文化为基础的文化。而海派文化则基本为近代上海开埠以后的产物，带有半殖民地化色彩和浓郁的商业文明气息，与京派的追求人性美不同，海派主要以金钱为价值取向；京派更偏于传统，海派更具有现代性特征；京派虽然处于都城，但长期的王朝文化养成了保守的文化心理，而海派得时代和地理之便，全方位地接受了西方文化，更具有开放性特征。这些表现在文学上，形成了现代文学史上的京派文学和海派文学，这当然与二十世纪三十年代身在北京的沈从文由批评上海文坛而引发的论战有关。1933年10月18日沈从文在《大公报》发表《文学者的态度》一文，揭开了"京派"和"海派"论战的序幕，随后在《论"海派"》一文中针对苏汶《文人在上海》中的辩解指出"海派"的特性为："'名士才情'与'商业竞卖'的相结合。"② 而上海作家则回赠北京文人为"京派"。在这场论战中，鲁迅写了《"京派"与"海派"》《北人与南人》等文章，对当时的论战进行了总结。鲁迅论"京派"和"海派"自有独特的角度，他抓住了两派最鲜明的地域特征立论，揭示出各自的本质，他说："所谓'京派'与'海派'，本不指作者的本籍

---

① 桑兵、关晓红主编：《先因后创与不破不立：近代中国学术流派研究》，生活·读书·新知三联书店2007年版，第440—441页。
② 刘炎生：《中国现代文学论争史》，广东人民出版社1999年版，第372—373页。

而言，所指的乃是一群人所聚的地域，故'京派'非皆北平人，'海派'亦非皆上海人。""北京是明清的帝都，上海乃各国的租界，帝都多官，租界多商，所以文人之在京者近官，没海者近商，近官者在使官得名，近商者在使商获利，而自己也赖以糊口。要而言之，不过'京派'是官的帮闲，'海派'则是商的帮忙而已。"① 鲁迅对"京派"和"海派"可以说各打五十大板。尽管当时两个概念在论战中不无贬义，但提供了文学史把握二十世纪三十年代文学的视角，如钱理群等主编的《中国现代文学三十年》即以"京派文学"和"海派文学"命名二十世纪三十年代的南北文学。"京派"和"海派"之别不仅在现代文学中，更表现在学术中。沈从文在《文学者的态度》中是从文学角度说北京的作家"寄生于大学、中学以及种种教育机构中"，而这些作家实际大都已经成为学者，如朱自清、闻一多，他们就是身处于清华大学的。按照鲁迅所说"一群人所聚的地域"，"清华学派"应该属于"京派"，具有"京派"的学术特征，但从清华学人的人生和教育背景，第一，他们多出生于南方而就职于北京，第二，基本上都是留学西方而回国任教于北京，这样，清华大学的学者群落就不会仅仅具有"京派"特征，而实际在精神和性格特征、学术风格上可以"兼有京派海派之长"。一方面，具有京派的厚重、朴实和博大，另一方面，具有海派的开放性和现代意识。所以，"清华学派"一方面以精细的考据学方法"释古"，另一方面，又以开放的文化胸怀进行"中西会通"；"释古"等多体现为京派风格，"中西会通"多表现为海派特征。考据学的经典古籍的"释古"是为国学的微观研究，而"中西会通"的文化研究是为视野开阔的宏观研究。前者或失之于琐细，后者难免空疏，两相结合，以京派的考据学弥补了"中西会通"的"大而空"，又以海派的开阔弥补了"释古"考据学的烦琐。这就是冯友兰、朱自清所说"清华学派"的研究方法"既是京派又是海派"的特征。闻一多的国学研究比较鲜明地体现了这个特征。如果说，在京派与海派之间给闻一多个人形象以选择定位的话，我们很难说他完全属于京派或完全属于海派。可以说，闻一多是时而海派、时而京派、从海派到京派，表现为京派时其实有海派特性，表现为海派时又保有京派特性，京派和海派相结合。当年留学海外时，西装革履，无疑是海派形象，但骨子里不忘中国文化，又隐藏着京派内容；一旦回国，装束一变而为蓝布大褂和千层底鞋，身在北京又住清华园，仿佛标准京派，而

---

① 鲁迅：《"京派"与"海派"》，载《花边文学》，人民文学出版社1980年版，第12页。

在思想上实际仍然具有海派的开阔、开放和现代性。① 表现在学术上，他的国学典籍考据学指导的研究具体而微，富有京派特色；他的国学综合研究视野开阔，体现海派风格。而从微观的考据学到宏观的文化史研究，自下而上，从具体对象到整体文化把握，又从宏观的文化史落实到微观的考据学，自上而下，从整体文化把握到具体研究对象，既表现出他从京派到海派风格的演变又表现出京海派风格的结合。但是，我认为仅仅以京派和海派还不足以概括闻一多的学术风格，因为京派、海派从地域文化角度还是有一定的局限性，基本上是在都市文化范畴中。如果扩而大之，从中国地域的南北文化和学术分野看，闻一多的国学研究可以说兼具南北文化和南北学术特性，而从南北文化和学术的分别和互相结合，可以更准确地把握闻一多的学术特性。中国地域辽阔，古代就以黄河或以长江为界分为南北，因不同的地理条件和不同的气候特征，形成了不同的地域民性、不同的地域文化和不同的地域学术。南北差异不仅仅是地理和气候上的，也不仅仅是政治区域划分上的，同时也是地域性格的、文化的和学术的分野。从民性角度，北人和南人的性格不同，从文化角度，北方文化和南方文化有别，从学术角度，更有"北学"和"南学"之分。一般而言，北方穷山恶水，四季分明，生存艰难，生活现实；而南方山清水秀，四季暖湿，生活优裕，而精神更能够充分发展。北方的生活环境多在大山之中，山外还是山，从一开始就形成了一种静止的世界观，在此基础上形成封闭保守、踏实厚重的性格；而南方多为水乡，水的流动性形成了南方人运动的世界观，由此具有了活泼好动、聪明轻灵的性格。这种地域性格养成了作家的性格，会形成作品的地域风格，典型如山西作家赵树理和浙江籍作家徐志摩，我们对照阅读《小二黑结婚》和《再别康桥》，可以鲜明地感受到地域性格和文学风格的南北差异。其实，在文学上的南北风格差异由来已久，除了南北自然环境和气候条件的差异，在中国历史上还有因为政治原因造成的南北地域分割因素，如最为典型的是南北朝时期和南宋时宋与金的对立时期，地域政治的分割就影响到文风的差

---

① 邓云乡在《清华名教授》一文中提到北京"文化古城"时期的一个说法，谓：在北京公共场所偶然遇到一位戴金丝眼镜、穿蓝布大褂、礼服呢千层底鞋的先生，问一声："请问您在什么地方恭喜？"对方边很随便地答道："兄弟去年刚从美国回来，在清华园有几个钟头的课……"同样情况如果在上海，那对方一定是一位穿着笔挺洋装、夹着大皮包、口含雪茄的绅士。问过之后，对方马上会打开皮包，取出名片，递给你，同时会在口头上报给你听："康诺尔大学工程博士、沪江大学教授兼光华大学讲师……"这形象地说明了"海派"和"京派"的差别。邓认为，"清华的先生是属于京朝派的，永远是那么谦虚、潇洒、有涵养"。（见邓云乡：《文化古城旧事》，中华书局1995年版。）但其实"清华的先生"也有"海派"的一面。

异。《北史·文苑传》前序中说到当时南北文风的差异："夫人有六情，禀五常之秀；情感六气，顺四时之序。盖文之所起，情发于中。而自汉、魏以来，迄乎晋、宋，其体屡变，前哲论之详矣。暨永明、天监之际，太和、天保之间，洛阳、江左，文雅尤甚，彼此好尚，互有异同。江左宫商发越，贵于清绮；河朔词义贞刚，重乎气质。气质则理胜其词，清绮则文过其意。理深者便于时用，文华者宜于咏歌。此其南北词人得失之大较也。若能掇彼清音，简兹累句，各去所短，合其两长，则文质彬彬，尽美尽善矣。"① 这种情形到南宋偏安时尤其鲜明，如钱钟书在《谈艺录》中所说："宋自靖康南渡，残山剩水，隅守偏安，以淮南淮北之鸡犬声相闻，竟成南海北海之马牛风不及。"② 由是形成崛起于金朝的元好问刚健广博的诗文与南宋江湖诗派卑靡诗格的鲜明对比。南北各异，文风和学风不同，如果能够互相结合，取长补短，当然可以达到"文质彬彬，尽美尽善"的境界。鲁迅在《北人和南人》一文中说："据我所见，北人的优点是厚重，南人的优点是机灵。但厚重之弊也愚，机灵之弊也狡，所以某先生（指顾炎武）曾经指出缺点道：北方人是'饱食终日，无所用心'；南方人是'群居终日，言不及义'。""缺点可以改正，优点可以相师。相书上有一条说：北人南相，南人北相者贵。我看这并不是妄语。北人南相者，是厚重而又机灵，南人北相者，不消说是机灵而又能厚重。昔人之所谓'贵'，不过是当时的成功，在现在，那就是做成有益的事业了。这是中国人的一种小小的自新之路。"③ 闻一多生于湖北浠水，是"南人"，但看闻一多相貌，可为"北相"，应该说闻一多是典型的"南人北相"，自然"机灵而又厚重"。从闻一多的性格看，一方面，南方山清水秀的自然景色和鱼米之乡的生活条件孕育了他灵秀聪慧、敏感浪漫的艺术家天性，另一方面，又富有"东方老憨"式的踏实淳厚、坚忍执着的性格。两相结合，加上以南方文化性格生活在北京，身处于具有悠久历史传统和厚重文化底蕴的北京学术文化氛围中，在国学研究上"做成有益的事业"。鲁迅曾经谈到北京在学术上的优越环境和对京派学术的厚望："但北平究竟还有古物，且有古书，且有古都的人民。在北平的学者文人们，又大抵有着讲师或教授的本业，论理，研究或创作的环境，实在是比'海派'来得优越的，我希望着能够看见学术上，或文艺上的大著作。"④ 包括闻一多在内的清

---

① 《北史》卷八十三，中华书局标点本第九册1974年版，第2781—2782页。
② 钱钟书：《谈艺录》，中华书局1984年版，第150—151页。
③ 鲁迅：《北人与南人》，载《花边文学》，人民文学出版社1980年版，第16页。
④ 鲁迅：《"京派"与"海派"》，载《花边文学》，人民文学出版社1980年版，第13页。

华学人正是鲁迅所说的有着"讲师或教授的本业"的学者,处在北平优越的文化环境中,是该有学术上的大论著。而现在看来,"清华学派"确实做出了成绩,如闻一多的国学成就应该说就没有使鲁迅失望。而闻一多之所以取得国学研究的巨大成绩,与他的以兼有南北文化性格特征分不开。单单有南方文化的轻灵和聪明,可能会流于肤泛和浅薄;单单有北方文化的厚重和踏实,也可能失之笨拙而缺乏变化。闻一多在国学研究上不仅兼京派海派的长处,而且更得北学和南学之精华。正因为有北人和南人文化性格之分,所以在学术史上就形成了北学和南学。刘师培在论中国近三百年学术史时即分北学和南学,他说:"北人重经术而略文辞(徽州学派无一工文之人,江北学者亦然,与江南殊),南人饰文辞以辅经术(如孙、洪皆文士,钱、王亦文人,卢、顾亦精于文辞,此其证也),此则南北学派之不同者也。昔《隋书·儒林传》之论南、北学也,谓南人简约得其菁英,北人深芜穷其支叶。今观于近儒之学派,则吴、越之儒功在考古,精于校雠,以博闻为主,乃深芜而穷其支叶者也;徽、扬之儒功在知新,精于考核,以穷理为归,乃简约而得其菁英者也。南、北学派与昔迥殊,此固彰彰可考者也。"① 刘师培虽然主要是论乾嘉学派,所分南学、北学实际都属于现在所说的南学,但他对南北学派不同特点的概括可以移用到更大范围的南北学方面。以他提到的《隋书·儒林传》中所论标准考察闻一多的国学研究,我们不难感受到他作为南人的"简约"和又身在北京的"深芜",从他的经典考据学研究中可见其"穷其支叶"的"深芜",从他的国学综合研究中可见其"得其菁英"的"简约"。闻一多全集八大卷国学研究论著,博大精深而厚重,但他以诗性思维所进行的研究而所包含的诗意化特性,又给人以举重若轻之感。现在看来,闻一多生前之所以没有把自己的学术论著全部发表出来,其中不无他要"化深芜为简约"的考虑,因为现在我们所看到的新版全集中论著,感觉"深厚"之余确有"芜杂"之感,但他那些文字优美的研究论文一方面体现了南学的"简约",另一方面体现了刘师培所说"南人饰文辞以辅经术"的特点。也就是说,闻一多的国学研究既体现北学的重"经术",又体现南学之重"文辞"。总体上说,闻一多的从"穷其支叶"的国学古籍考据学体现"北学"的厚重,诗性的学术思维和诗意化的学术风格体现了"南学"的灵动;国学研究领域的古今贯通和多学科的扩展,体现了北学的博大,而不黏滞于一种对象,

---

① 刘师培:《南北学派不同论·南北考证学不同论》,载章太炎、刘师培:《中国近三百年学术史论》,上海古籍出版社2006年版,第202页。引文中的孙、洪、钱、王、卢、顾分别指孙星衍、洪亮吉、钱大昕、王鸣盛、卢文弨、顾千里。

学术研究对象不断更新体现了他学术思维的跳跃性，正为南人、南学的特征。正因为有南北学风的结合，闻一多在国学研究上如同他在诗歌创作上一样，既引人入胜，又耐人寻味。我觉得，这是闻一多体现"清华学派"兼有京派海派风格的同时，又综合了北学和南学特征，表现出他超越"清华学派"的又一面。

综上所述，与"清华学派"总体特征相比较，闻一多的国学研究以"释古"为主，从而走上了"批古"的思想道路。他重点求"古今会通"而淡于"中西会通"；以"接着讲"去推进具体研究领域的发展，但更多地具有与中国传统文化"对着讲"的内容；兼有"京派和海派""微观与宏观"的学术方法但在更广阔的地域文化背景中结合了"北学"和"南学"的优长。即此既可以见出闻一多与"清华学派"的密切联系，又体现出闻一多超越"清华学派"而富有自我独创的学术个性。

"清华学派"在中国现代国学研究和整个中国现代学术研究中有着举足轻重的地位，我们以闻一多和清华大学为基点可以看出其生成和演变的历程，也可以看出闻一多国学研究的进程。要而言之，闻一多、国学、清华大学、"清华学派"这几个关键词呈现出的历史演变的逻辑为：闻一多在清华学校时的《论振兴国学》——清华学校转制期的国学研究院——国立清华大学成立后的"学术化"体制——陈寅恪的《吾国学术之现状及清华之职责》对清华的瞩望——闻一多的加盟清华大学文学院——清华学人共同玉成以国学研究为主的"清华学派"。在这样的历史演变过程中表现出环环相扣的逻辑关系，表现出清华国学研究的内在理路和发展轨迹，而闻一多的研究足迹在其中基本上贯穿始终，从清华学校时期倡言振兴国学到清华大学时期参与清华学派的研究实践，一方面，就清华而言，闻一多当年倡导振兴国学时尚为空谷足音，而到国学研究院时期国学研究已经卓有成效，最后形成了影响深远的清华学派，在现代学术语境和现代文化格局中占据了重要的地位；另一方面，就闻一多而言，他一生的学术生命都几乎寄托于清华园，应该说，他最初的国学意识是在清华园确立的，后来的国学研究理想基本上是在清华园实现的，从国学研究院的国学研究传统到清华大学"黄金时代"浓郁的国学研究氛围，都有利于闻一多国学研究的展开和深入，即使在抗战时期的西南联大，清华大学群体的学术坚守影响到闻一多使他坚定自己的学术意志而将国学研究推向了高峰。

中国古代学术发展到新文化运动时期诞生了现代学术，在中国现代学术格局中国学研究派别林立，属于现代学术系统的学院派国学研究典型地集中在北京大学和清华大学。而闻一多在文化思想上成长于新文化运动中，接受了北京大学国学系统的影响而主要属于"清华学派"，以"清华学派"的国学研究为依托，独创出自我的国学世界。这就是闻一多的现代学术谱系所在，即：现代学术格局——国学研究派别——"清华学派"——闻一多；反过来，我们以闻一多为现代国学研究的基点，可以扩展出中国现代学术版图：闻一多——"清华学派"——国学研究派别——现代学术格局。个人的学术研究既属于时代学术语境，又是在特定的时代学术语境中进行自我的研究，双方存在着一种互动关系。考察闻一多与现代学术和现代国学派别的关系，不仅可以了解闻一多国学研究的现代学术背景，而且可以发现闻一多国学研究的个性特征和他以自我个性对现代国学研究所做出的贡献。学术的贡献不在于量的增加，而在于质的突破。闻一多对中国现代国学研究有推进、有突破，在现代学术史上无疑跻身于大师级学者的行列中。而他的学术贡献和学术地位，尚有待从学术史角度进一步评估和认定。

结　语

遵循详今略古的原则，我们梳理了闻一多与中国学术史的关系，并将闻一多的国学研究置于中国现代学术语境和学术流派中进行了考察，从历史源流和现代学术格局两个层面总体上把握了闻一多学术研究特别是国学研究的外部学术机制，借此可以更全面地认知闻一多的国学世界。任何学者的学术世界都不是孤立的存在，总是在各种形式的学术联系中建构起来的。所谓学术史就是由不同时代的学者和他的学术世界通过各种学术的联系构成的，后代学者对前代学者在继承中不断创新而推进学术的发展，每个独立的学者都一方面吸收学术史成果，另一方面融入时代的学术语境中而成为所在时代学术的一部分，构成新的学术史内容。在这个意义上，闻一多的学术世界生成于学术史，贡献于现代学术，最终亦构成了中国学术史的一环。

闻一多学术世界和学术史的关系首先呈现出相当的复杂性和丰富性，无论中国学术史，还是闻一多的学术世界，都是异常复杂和丰富的。闻一多学术世界的复杂和丰富使得他与中国学术史建立了比较广泛而全面的联系，几乎可以说，不仅闻一多的学术研究历程和中国学术史有着历时性的对应关系，而且他的全部学术世界与中国学术史上所出现的学术类型几乎都有着共时性的对应关系。闻一多进入学术研究后，最早从《诗经》研究开始，在漫长的学术研究历程中，研究范围不断扩展，研究对象不断增加，研究内容不断深入，在扩展、增加和深入的过程中，最后形成的学术世界在学术上贯通了中国古今文化和古今学术。就闻一多所涉及的学术研究领域，包括了史前原始社会研究、上古神话和史诗研究、殷商甲骨文研究、周代金文研究、《周易》研究、《庄子》研究、《管子》研究、《诗经》研究、《楚辞》研究、《焦氏易林》研究、汉乐府研究、唐诗和唐文化研究、中国现代诗歌研究、中国文学史研究、中国文化史研究，连贯起来就是一部中国文学史、中国文化史和中国学术史。这些仅仅是闻一多专门研究的对象，尚有为了研究而涉及的中国文化史和学术史的大量典籍文献，几乎含纳了传统经、史、子、集各部类的主要文献，汇聚成一个中国学术和文化的博大精深的世界。从中可以见出，历史上每个时代的学术潮流都在闻一多的学术中有所体现，先秦诸子百家、文学总集如《诗经》《楚辞》、历史文献典籍等既是他研究的对象，又是他研究的资料来源；从西汉到东汉的经学研究为闻一多的经学研究提供了必要的注疏基础，司马迁的《史记》和班固的《汉书》不仅是他早年重点学习的对象，而且是他学术研究必备的参考典籍，同时他在汉赋之外独具慧眼，发现了《焦氏易林》的文学美，又展开过汉乐府的研究；魏晋玄学虽然没有进入闻一多专门的研究范围，但魏晋玄学之外的文献和思潮却为闻一多所关注，如道教和佛教；而隋唐时期以佛学为主潮，形成了儒道佛并存的文化思想格局，这成为闻一多研究唐诗和诗唐文化的思想资源，同时从学术史角度，唐代经学研究文献如孔颖达《五经正义》和陆德明《经典释文》是闻一多研究《诗经》等典籍的学术渊源；宋明理学以及学术方法论的"宋学"传统在学术思想上对闻一多影响有限，但朱熹的经学研究，宋代对中国文献典籍的整理成果如一系列大型丛书、史书（如司马光的《资治通鉴》）都极大地影响了他的研究；继宋明理学而兴的清代朴学，是最直接影响了闻一多的学术史思潮，从清初的经世致用之学到乾嘉时期的考据学，从正统派的古文经学到晚清危难时局中的今文经学，在闻一多的学术思想和学术方法论上都有深刻的烙印，尤其乾嘉学派的朴学研究更成为他主要的学术选择；而闻一多与乾嘉学派的密切联系实际主要是通过近代学术建立的，激于时变的近代学术继承清代汉学传统的同时，面临了中国学术文化与西方学术文化的冲突，针对"西学"而突出"中学"的本体地位，在"西学"影响下的"新学"更是大势所趋，从"中学"到"西学"、从"旧学"到"新学"、从"古文经学"到"今文经学"、从"汉学"到"国学"的转型以及转型中的互相包容，构成了近代学术格局，直接影响到现代学术和闻一多的学术研究；从近代到现代发展出的"国学"话语和国学意识更成为闻一多学术研究的主要价值趋向，特别是新文化运动后的现代学术语境下的国学研究流派即体现在闻一多的国学研究中，而他的国学研究和整个学术研究更成为现代学术的构成部分。由此我们可以看出闻一多学术世界和中国学术史的对应关系，打开闻一多的学术论著就相当于打开了一部中国学术史。闻一多和中国学术史的对应关系和其中的复杂性、丰富性至少体现为几个特点。第一，贯穿中国主流学术史的无疑是以先秦儒家经典为研究对象的"经学"。西汉"罢黜百家，独尊儒术"之后，儒家经典被奉为国家统治大典，经学成为最主流的学术类型。从两汉经学之后，尽管不同时代在学术思想上有所变迁，但经学地位一以贯之，始终没有动摇。尤其是隋唐科举制度确立后，儒家经典成为科举内容考试，到宋明达到了极致。从学术上，儒家经籍的注疏成为主要的学术形态，乾嘉学派最突出的成就也集中在经学领域。即使在辛亥革命后废除读经，也仅仅是推翻了经学的国家意识形态地位，在学术上，儒家经典仍然是主要的研究对象。近代后所谓"国学"内涵，在狭义方面几乎即等同于经学。经学的学术正统地位影响到闻一多的学术选择，他与中国学术史的关系尤其体现在和经学的密切联系上。且不说他最早的启蒙教育就是念"四书五经"，当他开始学术研究时，所选择的对象首先是《诗经》，基本遵循了传统经学的研究路径，首先通过文字训诂从经学角度释读《诗经》，甚至把经学方法运用到非"经"的《楚辞》研究上。《诗经》之外，闻一多专门研究过的儒家典籍还有《周易》。但更重要的是闻一多在学术思想上一度归依正统的儒家文化，在学术方法上更以正统的注疏解经和汉学考据学方法进行经典释读。经学研究对他学术研究的影响之深与经学在中国学术史上的正统主流地位密切相关。第二，中国学术史不仅仅有主流的经学研究，闻一多的学术世界也不仅仅有经学研究，事实上，每一个历史阶段的学术主潮之外，还存在着非主流的学术类型，闻一多的学术世界更多的是非经学的学术内容。经学之外，源远流长的有"子学""史学"和"集学"（文学）的学术部类，虽然其中仍然包括了"经学"内容且多体现正统儒家思想和主流的经学意识，但更多突破儒家思想和经学意识的学术因素。"子学"不限于儒家的孔子、孟子、荀子而还有如道家的老子和庄子、法家的韩非子、墨家的墨子以及列子、晏子、管子等等可达几十"子"。① 儒家正统思想外，更有道家、墨家和道教、佛教的发展。闻一多的学术世界并没有限于儒家经典和经学范围，而是横向扩展到整个中国文化思想的各个领域，如对道家、墨家、阴阳家等以及道教都有专门的考证和研究，特别对道家和墨家思想本质的揭露如《关于儒·道·土匪》，对道教起源如《神仙考》和道教精神的揭示如《道教的精神》等，都进行了精深的研究并做出了创造性的思想发现。而闻一多最属意的是文学研究，从《诗经》研究到《楚辞》研究，从汉乐府研究到唐诗研究，乃至整个中国文学史的研究，更是从多层面多角度进行文学文本的"真"和文学意韵的"美"的探索和发现。他的神话研究和对原始社会的文化人类学研究，都不是经学所能够囊括的。所有的

---

① 先秦时百家争鸣、诸子峰起，此后各家在中国文化史上都分流发展，在儒家经学之外带来了中国文化思想的繁荣。诸子概况在如 20 世纪初 "国学整理社" 所整理、世界书局排印的《诸子集成》即有较全面反映，该丛书辑录了从先秦到汉魏六朝的诸子学著作二十六家。参见中华书局 1954 年版《诸子集成》。

研究都体现出闻一多作为"文学史家""文化史家"的意识,虽然他没有专门的史学研究论著,但实际上所有的研究都贯穿着历史意识,都涉及中国传统"史学",不仅正统史学,而且如唐文化研究中多涉猎到民间笔记和野史。第三,本书仅仅从中国学术从古代到现代发展的主潮、主要截取闻一多的总体国学研究部分进行了梳理,具体到闻一多的学术世界,每一种研究对象实际都联系着具体对象的学术研究史。就闻一多最主要的研究对象而言,可以分为两大部分,一是开创性的新领域的研究,如神话研究。作为中国神话学的开创者之一,在如《伏羲考》《神话考》等神话学论著中,更多的是从古籍文献中证成中国上古神话体系,可资借鉴的古代学术史上神话研究的成果不是很多,因为中国神话学作为独立学科主要从二十世纪以后才开始。据神话学界考证,世界上第一部研究中国神话的专著是俄国圣彼得堡大学的 C. M. 格奥尔吉耶夫斯基的《中国人的神话观与神话》(1892 年圣彼得堡版),书中最早提出了"中国神话"的概念。第一篇神话学研究论文是 1903 年蒋观云在《新民丛报》上发表的《神话历史养成之人物》,此后,现代学人开始引进西方神话学理论,发掘和整理中国神话资料,二十世纪二十年代沈雁冰出版的《中国神话研究 ABC》,奠定了中国神话学的理论基础并成为独立学科。① 随着一批学者对中国神话的史料发掘,闻一多在二十世纪四十年代初期的《伏羲考》,成为中国神话学的皇皇巨著。当然,闻一多的神话学研究既充分利用了中国古代典籍资料和考古发掘的文物资料,又吸收了现代中国神话学界的研究成果,在神话学的新学术领域里做出了杰出的贡献。二是在传统研究领域如《诗经》《楚辞》《庄子》《周易》、唐诗研究以及文字学研究,其研究历程源远流长,研究成果浩如烟海,那么,闻一多进入这些领域的研究,就必然涉及各自的研究史。即使文本文字的校勘,也须了解和对照历代的文本版本;即使一字一词之注疏,也要了解历代注疏的成果。这样,闻一多事实上在具体研究过程中同时进入了中国《诗经》研究史,进入了中国《楚辞》研究史,进入了中国《庄子》研究史,进入了中国《周易》研究史,进入了中国唐诗研究史,进入了小学、甲骨学和金石学研究史。我们进入闻一多的每一种专门学术领域,也随之进入了各自的学术研究史。如闻一多对《楚辞》的文字校勘,在《楚辞校补》中,据闻一多所作"凡例"说明,引用古今诸家旧校材料者有王逸《楚辞章句》、洪兴祖《楚辞辑校》、刘师培《楚辞考异》、许维遹《楚辞考异补》、刘永济《楚辞通笺》,采用古今诸家成说之

---

① 参见马昌仪《中国神话学发展的一个轮廓》,载《中国神话学文论选萃》上册,中国广播电视出版社 1994 年版,第 7,10,12 页。

涉及校正文字者从古代洪兴祖、朱熹到现代游国恩、陆侃如、郭沫若等二十八家，基本囊括了古今《楚辞》研究的主要学者，而校引版本的书目涉及古代典籍65种。① 这样，我们不仅可以看见闻一多自己的研究成果，而且通过闻一多看见了《楚辞》学术史的演变。任何学术研究，不单纯在于表达研究者的学术观点，尤其要容纳进学术史成果，这样才是真正的学术研究，也才有相对深厚的学术含量。闻一多与中国学术史关系的复杂性恰好表现出他学术世界之于中国学术史的丰富性和深厚度，闻一多的学术世界和中国学术史可谓相得益彰，确有相映生辉的效果。

尽管闻一多的学术世界体现了中国学术史的复杂性和丰富性，但他毕竟没有、也不可能、更不会在学术研究中展现出中国学术史的全部内涵，而且闻一多的学术世界也不限于中国学术史。无论从学术研究实践，还是从自我学术思想和文化价值取向上，闻一多的学术史借鉴从总体上表现出一定的主体选择性。在吸收中选择，在选择中加以继承，从中体现出闻一多作为中国现代学者的主体意识，是闻一多之于学术史关系的重要特征。闻一多的这种现代意识下的主体学术史选择主要体现在对古今中外学术史的选择。当闻一多进入学术研究领域，从总体上，他至少面临着三种学术史，即中国古代学术史、中国近现代学术史和外国特别是西方学术史。如果仅仅限于论述闻一多与中国学术史的关系，无疑是极为片面的。实际上，作为深受西方文化影响和曾经出国留学的现代学者，闻一多从学术视野、学术思想和学术方法上已经不限于中国学术而扩展到了西方学术文化背景的认知和选择方面。在具体研究对象上因为主要研究中国古代文学和文化，闻一多自然更多选择中国古代学术史作为研究背景，从先秦学术到清代乾嘉学派构成了闻一多主要借鉴的学术史内容，但他并没有囿于中国古代学术史范围，而是在更广阔的学术背景中展开研究。这种更广阔的学术史背景，首先表现在对中国从近代到现代学术发展的关注，体现出他学术视野的现代性追求；其次表现在对西方学术思想和文化理论的借鉴，体现出学术视野的世界化追求。尽管闻一多研究中国传统文学和文化，尽管运用了中国传统的考据学方法，但他的学术世界体现出来的基本形态和传统学者有了鲜明的区别，主要的原因在于在传统学术研究中融入了现代意识和西方文化思想及现代科学方法论。中国学术从近代到现代的演变本质上是在西方学术文化刺激下完成的，现代学术从总体上已经包含了西方学术文化的因素。闻一多置身于中国

---

① 参见闻一多《楚辞校补·凡例》，载《闻一多全集》第5卷，湖北人民出版社1994年版，第115—120页。

现代学术格局，自是能够感知到现代学术中不同于古代学术的西方学术文化新质。而他对西方学术文化并非完全被动地或间接地选择和吸收，一定程度上有他主动和直接的吸收，自然在他的学术世界中也有鲜明的体现。当然，闻一多与西方学术史的关系远比不上与中国学术史关系那么广泛和深入、复杂和丰富，但并不是无迹可循。首先，闻一多从清华学校读书到留学美国时期集中接触了西方诗歌理论、美学理论，接受了西方文艺思潮的影响，这影响持续到他以后的学术研究中。闻一多曾经一度以西方诗歌为学术研究对象，如作于1921年的《诗歌节奏的研究》，原本为英文稿，即是以西方诗歌为对象研究诗歌节奏的。从《诗歌节奏的研究》所引用的23种参考书可见，闻一多比较广泛地接触了西方美学论著，除了三种西方工具书和胡适的《尝试集》《谈新诗》外，其余18种均为西方诗歌、诗歌理论和美学理论的经典著作[①]，包括了关于亚里士多德诗歌理论的评介、锡德尼的《为诗辩护》、华兹华斯的《抒情歌谣集》和柯勒律治的《文学生涯》、桑塔亚纳的《美感》等等，涉及西方浪漫主义理论、艺术起源理论、艺术美感理论、诗歌格律理论、文学鉴赏理论等西方文艺思潮中的多种理论形态。这些理论不仅用以研究西方诗歌，而且闻一多还借鉴来研究中国古代诗歌如作于同期的《律师底研究》中多引用西方诗歌美学理论。及至他出国留学后，更直接受到美国意象派诗歌影响，继续吸收西方美学理论，其中有些理论观念成为他新格律诗创建的基础，《诗的格律》一文即引《诗歌节奏的研究》中所提到的参考书《诗歌研究》的作者布里斯·佩里的话："差不多没有诗人承认他们真正给格律缚束住了。他们乐意戴着脚镣跳舞，并且要带别个诗人的脚镣。"这几乎成为闻一多新格律诗理论的立论基础，另外的基础是关于艺术起源论和唯美主义的，他所说"游戏本能说"显然带有席勒艺术起源理论的影子，其艺术与自然的关系论明确表示为王尔德的思想。[②] 及至正式进入古代学术研究领域，在《诗经》研究方面首先写作的文章是《诗经的性欲观》，是运用弗洛伊德性心理学和精神分析学说发现了《诗经》的五种表现性欲的方式即明言性交、隐喻性交、暗示性交、联想性交、象征性交，特别说到如象征

[①] 闻一多：《诗歌节奏的研究·参考书目》，载《闻一多全集》第2卷，湖北人民出版社1994年版，第60页。
[②] 参见闻一多《诗的格律》，这篇新格律诗的理论宣言就是闻一多吸收了中国古典格律诗美质和西方诗歌美学理论而提出的，可以说是他此前研究西方诗歌的《诗歌节奏的研究》和研究中国律诗的《律诗底研究》的综合。

性交时，闻一多认为这种表现方式"是出于诗人的潜意识"。① 到学术研究后期，他更用文化人类学研究《诗经》所表现的时代，研究原始社会的图腾，由先秦文化上溯到了神话研究，寻求"本土文化中心"和探索民族文化源头了。所以，从闻一多全部的学术世界里，我们总能够看见西方思想理论的影子，可以看见西方学术文化的影响。其次，从学术研究方法上，闻一多不仅仅运用传统考据学方法，而是借鉴了大量西方学术史上的研究方法。如果说中国传统学术在方法论上相对单一、比较落后的话，那么西方学术史背景的引入除了提供学术思想上的另一种参照外，也提供了既多元化又现代化的学术方法。西方学术文化史上，经过亚里士多德的学科分类和文艺复兴后的科学发展，逐渐形成了先进的、有效的、多元的学术研究方法。大概而言，可以有科学主义方法、人文主义方法和各种学科方法论，学科方法论包括了自然科学、社会科学和人文学科。西方文化史上的学术即依靠这些多元化的方法而得以高度繁荣。相对于亚里士多德的学科分类，中国古代文化部类是混沌一体，不仅文史哲不分，而且科学和人文社会科学也没有完全分开，更缺乏西方近代发展起来的新兴学科；相对于西方科学的发展，中国古代缺乏科学意识、科学实践，也缺乏科学分析的方法论。近代以后，随着西方文化的全面引进，同时也引进了西方的学术方法论。现代学术更在继承传统学术方法的同时，有意识地运用多样化的西方学术方法，因而现代学术呈现出全新的学术形态。闻一多会逢其时，长期浸染于西方文化和学术中，尤其具有了现代化的开放意识，所以进入国学研究领域后，就不限于传统"汉学"方法而实际运用了西方学术方法，多以西方学术方法研究国学经典。即使在考据学研究中，已经不完全如传统考据学形态，而是化合了西方科学实证主义精神，体现出一种科学方法。尽管作为艺术家和诗人的闻一多并不擅长科学思维，而一旦进入学术研究，学术的求真务实、实事求是自然要求一种科学思维和科学精神，科学的实证精神给乾嘉学派的朴学方法注入了新鲜的血液，闻一多国学经典的考据学研究受其嘉惠，不仅得以推进研究论题，而且在学术思维上具有了现代性特征。现代学术不同于古代学术的一个鲜明区别在于具有了明确的学科分类意识，将混沌一体的中国文化典籍进行了现代学科意义的分析研究，而且以多种学科意识研究特定典籍。闻一多即特别运用了现代学科方法多角度地研究典籍，尤其关注到从西方引进的最新学科，如考古学、民族学、文化人类学等，他的甲骨学研究不仅借助已有文献，

---

① 闻一多：《诗经的性欲观》，载《闻一多全集》第3卷，湖北人民出版社1994年版，第188页。

而且借助了最新的安阳殷墟考古学成果；他的神话研究如《伏羲考》亦多引用出土文物为证，并从民族学和文化人类学角度看中国上古社会的文明形态。典型如对《诗经》的研究，突破了单纯的经学、朴学研究方法，从现代多种学科方法角度进行分析，在《匡斋尺牍》中对《芣苢》一诗的解读可谓闻一多运用现代学科方法分析古代经典的标本。在此，闻一多首先从文字训诂学角度释读"芣苢"，再从生物学角度说明其象征意义，然后从社会学、心理学、民族学、民俗学、历史学、诗学等不同学科全方位地解读了这首诗，最典型地体现了闻一多对现代学科方法论的纯熟运用。西方学术方法的引入大大地拓展了学术视野，打破了传统考据学研究的故步自封和浅陋烦琐。闻一多在国学古籍研究中没有被烦琐的考据学淹没而能够从考据学中超越出来，与西方学术方法的影响不无关系。当然，与中国古代学术史相比较，闻一多对西方学术史的选择在比例上要小得多，可以说，闻一多对西方学术文化不是接受太少，只是在实际的学术研究中体现得太少了。倘若闻一多更多地趋向西方学术研究范型，以他的学术积累、学术追求和专心致志的功夫，应该说会有更开阔的学术境界。毕竟，他留下来的学术成果太多是考据学的半成品内容，而作为诗人的诗意化研究和作为思想家的深刻思考的成果不免略嫌薄弱。这也体现了闻一多主体的学术选择，更偏向于中国传统学术而又融进了西方学术文化，不仅在学术方法上借鉴西方学术，而且在学术思想上以其现代化的追求体现出世界性的学术视野。

中国学术史在从古代到现代的发展历程中形成了不同的学术形态，在古代形成了"汉学"和"宋学"两种主要学术形态，其中"汉学"包括了"古文经学"和"今文经学"，"宋学"经过了"程朱理学"到"陆王心学"的发展；近代后在"西学"影响下相对于"旧学"出现了"新学"学术形态，"西学"中有科学型学术和人文型学术，影响到近代后的"新学"亦有科学型和人文型两个方向的发展；到新文化运动后生成了现代学术形态，具体到传统典籍研究方面产生了"国学"学术形态。在这些学术形态中，闻一多的学术研究中都有所体现，在纵向的继承和吸收中形成了他学术世界中多样化学术形态的共生，共生的学术形态都集中体现在他的国学研究中。这是闻一多与学术史关系的又一个鲜明特征。经过纵向的学术史考察后，我们可以横向地看闻一多学术世界与学术史的联系。中国几千年历时性的学术演变在闻一多有限的学术生涯中呈现出共时性的存在形态，实际上闻一多在学术研究中"同时"吸收学术史的各种学术形态，多样化的学术形态也就同时体现在他的学术世界中。学术史上各种学术思潮、学术对象、学术方法、学术价值取向往往在历史发展中交替出现，此起彼伏，在起伏中消长。中国学术从先秦开端，到汉代形成了以经学为主流的学术取向，在具体研究形态上从汉代经学注疏开始，经过隋唐经学复兴后继续进行经典的疏证，到清代乾嘉学派从文字学、音韵学、训诂学、版本学、目录学、辑佚学、校勘学等考据学方法的整理，达到了经学"汉学"研究的高峰。围绕儒家经典文本的流传和不同文字系统的流传出现了"古文经学"和"今文经学"的论争，到清末几乎针锋相对，其中隐含着不同的学术理念和学术价值取向。而针对"汉学"的烦琐考证，从魏晋玄学就从义理方面解释经典，到宋代二程和朱熹而创造理学思想体系，形成了不同于"汉学"的"宋学"形态。闻一多在学术积累期和准备期主要接触了儒家经典，如启蒙教育时和当时读书人一样首先学习四书五经，一般所用教本为朱熹《四书集注》，对"宋学"形态的义理阐释会有所感知。好学敏思的闻一多在读书过程中自然有所心得，在他的读书札记《二月庐漫记》中已经开始运用考证的方法解疑思辨，虽然不是明确的"汉学"意识，却是无意识中进了"汉学"门。当他正式开始古代学术研究时，研究对象首先选择中国古代诗歌，而《诗经》的选择决定了他必然进入经学研究领域，必然面临"汉学"和"宋学"的选择。时当1928年左右，中国学术已经演变为现代学术形态，对于学者来说事实上已经非只传统"汉学"或"宋学"的选择空间，经过近代后在"西学"影响下的学术演变和新文化运动的思想革新，传统"汉学"或"宋学"已经不再单纯，而作为"汉学"或"宋学"研究对象的经学地位大为下降，"汉学"和"宋学"更多体现为学术方法论，所谓"经学"逐渐被"国学"话语取代。对于闻一多而言，一方面，他在古籍研究中主要采用了乾嘉学派的"汉学"研究形态，另一方面，他不限于"汉学"一端，不仅同样重视"宋学"式的典籍义理阐释，而且更多从现代学术视角看古代典籍，在古今中外学术形态的综合中形成了自己学术研究中的"国学"研究形态。闻一多的"国学"研究本质上是现代学术形态，无论从学术理念还是从学术方法上，既融进了中国学术史上的"汉学"和"宋学"形态，又融进了西方学术史上的科学型和人文型学术形态，当然，闻一多没有如创造新格律诗那样创造出新的学术形态，基本上是在已有的学术形态和现代学术语境中进行自己的学术研究。开创性的学术研究既可以表现在新学术范型的创造上，也可以表现在以既有的学术范型中进行具体学术内容的创造性研究。任何一种学术范型都不可能由一人一时创造出来，总是经过相当的历史长度和大量学者的学术实践逐渐形成。即如传统"汉学"亦是经过从汉代学术到唐代学术的发展而到乾嘉时期成熟的，但这并不能够掩盖在"汉学"学术体系成熟后运用"汉学"做出成就的学者的学术贡献。虽然闻一多没有开创独立的学术范型，但以他学术研究形态的多样化和现代性实际上为中国现代学术形态的成型做出了贡献。也就是说，中国现代学术范型同样不是由哪个学者独立建构的，而是大量现代学者共同完成的，其中就包括了闻一多。

闻一多的学术主要是从中国学术史发展出来的现代学术形态，因为他研究的对象主要为国学，所以我们更多从现代国学研究语境里进行考察，而现代国学研究以其研究理念、研究方法、研究风格、内容取向、文化思想、价值追求的不同而形成了不同的研究派别，闻一多主要归属于"清华学派"。这样，我们大致可以自上而下地描述出闻一多学术的渊流轨迹：从中国古代学术史发展出中国现代学术形态，中国现代学术格局中产生出各种国学研究派别，现代国学研究派别包括了"清华学派"，闻一多的国学研究属于"清华学派"。而真正伟大的学者既在学术史基础上有独创性贡献，能够推进学术史的发展，又不会被所在学术语境和特定的学术流派限制，总能够突破学术语境和学术流派的制约而显示自我的学术个性和学术价值。学术史可以生成学者的学术对象，学术语境可以玉成学者的学术成就，学术流派可以使学者在一定程度上有所归依，但都不能抹杀一个伟大学者的个性成就。论闻一多学术与中国古代学术史的联系、闻一多学术与现代学术流派的联系，并不意味着否认闻一多学术的独创性。学术个体总有学术母体的遗传，但更多学术个体的变异和发展。闻一多的学术虽然生成于中国学术史、现代学术语境、现代国学研究氛围、清华学术环境中，虽然参与了"清华学派"的发展，但综观闻一多的学术成就，自有他的学术个性。在领略他学术个性的同时，其实从他与古代学术史、现代学术格局的关系中我们可以把握闻一多学术的另一方面"标本"性意义，即通过闻一多个性的国学研究可以把握"清华学派"的学术特性，进一步通过"清华学派"把握现代学术格局中的整个国学研究状况，更进一步通过各流派国学研究把握整个现代学术格局，最后通过现代学术格局的源流上溯到近代和古代学术史、扩展到西方学术史。出发点是闻一多的学术世界，是因为他的学术世界以其巨大的丰富性本来就包容了古今中外的学术内涵。并不是每个学者的学术世界都有这样的标本意义，当然也不是只有闻一多的学术世界具有这样的标本意义，但在现代学者群落中，闻一多是能够代表这样标本的典型学者。他的个性在于以下几点。第一，在知识结构、学术素养和学术研究上，中西兼备，古今贯通，既有学术对象的细致深入的微观研究，又有对整个文学史、文化史的宏观研究，在具体对象上不黏滞而不断变换着研究对象，在宏观研究上不空疏而又扎实的具体研究为基础，避免了大部分学者的要么"见林不见树"、要么"见树不见林"的学术困境。第二，作为诗人的诗意化思维和学者的严谨朴实相结合，对中国诗歌美的鉴赏建立在实事求是的文本、文字、词义的求真考据学基础上，在典籍考据学中压抑不住的诗人激情不时地溢之言表。比较之下，现代学者多有和闻一多一样从作家转化为学者的，或更多有文学性思维风格但缺乏闻一多的考据学功夫；原本就以学术研究为业的学者在考据学研究上与闻一多平分秋色或有过之而无不及，但往往缺乏闻一多的诗人特性。第三，经过长期的学术研究，闻一多几乎穿透了中国文学史和中国文化史，不仅在他整个学术研究历程中贯穿着历史意识，而且从根本上表现出他作为一个历史学家的鲜明特征。二十世纪四十年代的闻一多自谓："不用讲今天的我是以文学史家自居的"，他针对"我们这民族，这文化的病症"，要作"一部文学史（诗的史），或一首诗（史的诗）"。① 历史扩展了他的学术视野和赋予了他学术世界深厚的历史感，史家意识促使他更深入地思考了中国文学和中国文化的本质，所以他能够在中国文学史和文化史上做出多种思想发现。现代多有学者本来就研究历史，但研究历史并不意味着就是历史学家，正如研究哲学者不意味着就是哲学家一样。第四，现代国学研究的目的是什么？闻一多通过研究实践最后在思想上做了个性的回答：国学研究的出发点和最终目的是超越国学而做"杀蠹的芸香"！这是闻一多国学研究的思想归宿。不是为学术而学术，尽管闻一多一度陷身于纯学术的研究，但对"故纸堆"的考据学研究目的是杀掉其中的"蠹虫"而做"杀蠹的芸香"，对国学中所蕴藏的陈腐、残酷、虚伪的恶劣文化思想进行彻底批判，在批判中建构中国现代化的文化理想。现代学术史上的国学研究不能说不繁荣，但其中多有学者要么在"骸骨的迷恋"中陶醉不已，要么在日落西山时高唱"挽歌"，不是复古，就是趋于保守。闻一多之可贵在于继承了或继续了新文化运动思想革命的伟业，在甚嚣尘上的"复古的空气"② 中亦可谓空谷足音。以上四点即可见闻一多超越中国学术史、现代国学研究和"清华学派"的学术个性，中国学术史、现代学术语境中的国学研究和"清华学派"等都不能够完全概括闻一多的学术世界，都不能够掩盖闻一多的学术独创性。共性的认知代替不了个性的把握，学者和学术史及学术流派固然有联系但更有区别，尤其对于闻一多这样的现代学者。

闻一多的学术研究特别是国学研究在中国学术史上的地位，应该如同他的新格律诗在中国现代文学史、现代诗歌史上得到浓墨重彩的书写一样，也应该

---

① 闻一多：《闻一多1943年11月25日致臧克家信》，载《闻一多全集》第12卷，湖北人民出版社1994年版，第382、380页。
② 二十世纪四十年代在国民党统治区出现了一股浓郁的复古主义空气，闻一多特作《复古的空气》予以批判，文见《闻一多全集》第2卷，湖北人民出版社1994年版，第351页。

得到重视而大书特书。文学家的地位决定于其创作成就，能否进入文学史取决于他的文学贡献，同样，学者能否进入学术史决定于他的学术成就，闻一多在长期的学术研究历程所做出的学术成就，无可置疑地应该在中国现代学术史乃至整个中国学术史上占据一席之地，因为他的学术成就不仅突出，而且从学术史角度，他的研究既承接了中国古代学术史，又构成了中国现代学术史的重要内容，还以其独创的学术思想影响了后学，其学术影响力至今不绝，从整个中国学术史角度，闻一多的学术研究是承先启后，继往开来的！就国学研究而言，闻一多的国学思想不仅富有历史意义，而且具有鲜明的现实意义。

参考文献

论著

1. 步近智、张安奇：《中国学术思想史》，北京：中国社会科学出版社，2007年版。

2. 曹聚仁：《中国学术思想史随笔》，北京：生活·读书·新知三联书店，1986年版。

3. 陈平原：《中国现代学术之建立》，北京：北京大学出版社，1998年版。

4. 陈平原主编：《中国文学现代化进程二编》，北京：北京大学出版社，2002年版。

5. 陈寅恪：《金明馆丛稿初编、二编》，上海：上海古籍出版社，1980年版。

6. 邓乔彬、赵晓岚：《学者闻一多》，上海：学林出版社，2001年版。

7. 丁伟志、陈崧：《中西体用之间》，北京：中国社会科学出版社，1995年版。

8. 董洪利：《古籍的阐释》，沈阳：辽宁教育出版社，1993年版。

9. 方朝晖：《"中学"与"西学"——重新解读现代中国学术史》，保定：河北大学出版社，2002年版。

10. 方仁念编：《闻一多在美国》，上海：华东师范大学出版社，1985年。

11. 冯天瑜、邓建华、彭池编著：《中国学术流变》（上下册），武汉：华中师范大学出版社，2003年版。

12. 冯友兰：《三松堂全集》（14卷），郑州：河南人民出版社，2001年版。

13. 傅杰编校：《章太炎学术史论集》，北京：中国社会科学出版社，1997年版。

14. 高国抗、杨燕起：《中国历史文献学》，北京：北京图书馆出版社，2003年版。

15. 高路明：《古籍目录与中国古代学术研究》，南京：江苏古籍出版社，1997年版。
16. 顾颉刚：《古史辨》，上海：上海古籍出版社，1981年版。
17. 顾颉刚：《顾颉刚全集》（62册），北京：中华书局，2010年版。
18. 顾颉刚：《秦汉的方士和儒生》，上海：上海古籍出版社，1998年版。
19. 关长龙：《中国学术史述论》，成都：巴蜀书社，2004年版。
20. 郭沫若：《中国古代社会研究》（外二种：《青铜时代》《十批判书》），石家庄：河北教育出版社，2004年版。
21. 国学整理社：《诸子集成》，北京：中华书局，1954年版。
22. 何新：《诸神的起源》，北京：生活·读书·新知三联书店，1986年版。
23. 何星亮：《图腾与中国文化》，南京：江苏人民出版社，2008年版。
24. 洪俊峰：《思想启蒙与文化复兴：五四思想史论》，北京：人民出版社，2006年版。
25. 侯外庐：《中国古代社会史论》，石家庄：河北教育出版社，2003年版。
26. 胡孚琛、吕锡琛：《道学通论——道家、道教、仙学》，北京：社会科学文献出版社，1999年版。
27. 胡厚宣：《古代研究的史料问题》，昆明：云南人民出版社，2005年版。
28. 胡适：《胡适论哲学》，合肥：安徽教育出版社，2006年版。
29. 胡适：《胡适文存》（4集），合肥：黄山书社，1996年版。
30. 胡适：《胡适学术文集·中国哲学史》，北京：中华书局，1991年版。
31. 胡维革：《中国近代社会思潮研究》，长春：东北师范大学出版社，1994年版。
32. 胡伟希：《转识成智——清华学派与二十世纪中国哲学》，上海：华东师范大学出版社，2005年版。
33. 胡兆量等编著：《中国文化地理概述》，北京：北京大学出版社，2006年版。
34. 黄立振：《八百种古典文学著作介绍》，郑州：中州书画社，1982年版。
35. 季镇淮：《闻朱年谱》，北京：清华大学出版社，1986年版。
36. 季镇淮主编：《闻一多研究四十年》，北京：清华大学出版社，1988年版。
37. 江藩：《国朝汉学师承记》（外二种：《国朝宋学渊源记》和方东树《汉学商兑》），北京：生活·读书·新知三联书店，1998年版。
38. 李承贵：《通向学术真际之路——中国现代学术研究方法史论》，南昌：

江西人民出版社，2002 年版。

39. 李学勤：《李学勤集——追溯·考据·古文明》，哈尔滨：黑龙江教育出版社，1989 年版。
40. 李学勤：《失落的文明》，上海：上海文艺出版社，1997 年版。
41. 李学勤：《重写学术史》，石家庄：河北教育出版社，2002 年版。
42. 李学勤主编：《中国学术史》，南昌：江西教育出版社，2001 年版。
43. 李泽厚：《华夏美学》，北京：中外文化出版公司，1989 年版。
44. 李泽厚：《中国思想史论》（上中下），合肥：安徽文艺出版社，1999 年版。
45. 梁启超：《论中国学术思想变迁之大势》，上海：上海世纪出版集团，2006 年版。
46. 梁启超：《清代学术概论》，北京：东方出版社，1996 年版。
47. 梁启超：《饮冰室合集》，北京：中华书局，1989 年版。
48. 梁启超：《中国近三百年学术史》，北京：东方出版社，1996 年版。
49. 梁启超：《中国历史研究法》，北京：东方出版社，1996 年版。
50. 廖平：《廖平选集》（上下），成都：巴蜀书社，1998 年版。
51. 林惠祥：《文化人类学》，北京：商务印书馆，2002 年版。
52. 林耀华：《社会人类学讲义》，厦门：鹭江出版社，2003 年版。
53. 刘大杰：《魏晋思想论》，上海：上海古籍出版社，1998 年版。
54. 刘殿祥：《闻一多"死水"论》，北京：中国国际广播出版社，2010 年版。
55. 刘介民：《闻一多：寻觅时空最佳点》，北京：文津出版社，2005 年版。
56. 刘梦溪：《中国现代学术要略》，北京：生活·读书·新知三联书店，2008 年版。
57. 刘师培：《经学教科书》，上海：上海古籍出版社，2006 年版。
58. 刘烜：《闻一多评传》，北京：北京大学出版社，1983 年版。
59. 鲁迅：《鲁迅全集》（16 卷），北京，人民文学出版社，1981 年版。
60. 罗常培：《语言与文化》，北京：北京出版社，2004 年版。
61. 麻天祥：《中国近代学术史》，武汉：武汉大学出版社，2007 年版。
62. 马昌仪主编：《中国神话学文论选萃》（上下册），北京：中国广播电视出版社，1994 年版。
63. 茅盾：《神话研究》，天津：百花文艺出版社，1980 年版。
64. 皮锡瑞：《经学历史》，北京：中华书局，1959 年版。

65. 皮锡瑞：《经学通论》，北京：中华书局，1982年版。

66. 漆永祥：《乾嘉考据学研究》，北京：中国社会科学出版社，1998年版。

67. 钱穆：《国学概论》，北京：商务印书馆，1997年版，2007年印刷本。

68. 钱穆：《中国近三百年学术史》，北京：中华书局，1986年版。

69. 卿希泰主编：《中国道教史》（4卷），成都：四川人民出版社，1996年版。

70. 裘锡圭：《文字学概要》，北京：商务印书馆，1988年版。

71. 桑兵：《晚清民国的国学研究》，上海：上海古籍出版社，2001年版。

72. 桑兵、关晓红主编：《先因后创与不破不立：近代中国学术流派研究》，北京：生活·读书·新知三联书店，2007年版。

73. 《十三经注疏》，上海：上海古籍出版社，1997年版。

74. 苏云峰：《从清华学堂到清华大学：1928—1937》，北京：生活·读书·新知三联书店，2002年版。

75. 苏云峰：《从清华学堂到清华大学：1911—1929》，北京：生活·读书·新知三联书店，2002年版。

76. 唐兰：《中国文字学》，上海：上海古籍出版社，2001年版。

77. 王富仁：《"新国学"论纲》，《新国学研究》第1辑，北京：人民出版社，2005年。

78. 王国维：《观堂集林》，石家庄：河北教育出版社，2003年版。

79. 王国维：《王国维遗书》，上海：上海古籍出版社，1983年版。

80. 王俊义：《清代学术探研录》，北京：中国社会科学出版社，2002年版。

81. 王瑶主编：《中国文学现代化进程》，北京：北京大学出版社，1996年版。

82. 闻黎明：《闻一多传》，北京：人民出版社，1992年版。

83. 闻黎明、侯菊坤：《闻一多年谱长编》，武汉：湖北人民出版社，1994年版。

84. 闻一多：《闻一多全集》（4卷），北京：生活·读书·新知三联书店，1982年版。

85. 闻一多：《闻一多全集》（12卷），武汉：湖北人民出版社，1994年版。

86. 《闻一多纪念文集》，北京：生活·读书·新知三联书店，1980年版。

87. 西南联大北京校友会编：《国立西南联合大学校史》，北京：北京大学出版社，1996年版。

88. 夏中义：《从王瑶到王元化》，桂林：广西师范大学出版社，2005年版。

89. 夏中义：《九谒先哲书》，上海：上海文化出版社，2000 年版。

90. 萧萐父、许书民：《明清启蒙学术流变》，沈阳：辽宁教育出版社，1995 年版。

91. 谢选骏：《神话与民族精神》，济南：山东文艺出版社，1986 年版。

92. 徐葆耕：《释古与清华学派》，北京：清华大学出版社，1997 年版。

93. 徐旭生：《中国古史的传说时代》，北京：文物出版社，1985 年版。

94. 许纪霖编：《二十世纪中国思想史论》（上下卷），上海：东方出版中心，2000 年版。

95. 许慎撰、段玉裁注：《说文解字注》，杭州：浙江古籍出版社，1998 年影印本（经韵楼刻本）。

96. 杨洪勋：《闻一多：从诗人到学者》，青岛：青岛海洋大学出版社，2006 年版。

97. 杨向奎等著：《百年学案》（上下），沈阳：辽宁人民出版社，2003 年版。

98. 杨向奎主编：《清儒学案新编》（8 卷），济南：齐鲁书社，1985 年版。

99. 尹继佐、周山：《中国学术思潮史》（8 册），上海：上海社会科学院出版社，2006 年版。

100. 永瑢等撰：《四库全书总目》（上下册），北京：中华书局，1965 年影印版。

101. 余嘉锡：《目录学发微》，北京：中国人民大学出版社，2004 年版。

102. 余英时：《士与中国文化》，上海：上海人民出版社，2003 年版。

103. 袁珂：《中国神话史》，重庆：重庆出版社，2007 年版。

104. 张巨才、刘殿祥：《闻一多学术思想评传》，北京：北京图书馆出版社，2000 年版。

105. 张立文主编：《中国学术通史》（6 卷），北京：人民出版社，2004 年版。

106. 张舜徽：《张舜徽集·中国文献学》，武汉：华中师范大学出版社，2004 年版。

107. 章太炎：《国学概论》，上海：上海古籍出版社，1997 年版。

108. 章太炎：《章太炎全集》，上海：上海人民出版社，1982—1986 年。

109. 章太炎、刘师培撰：《中国近三百年学术史论》，上海：上海古籍出版社，2006 年版。

110. 赵国华：《生殖崇拜文化论》，北京：中国社会科学出版社，1990

年版。

111. 赵慧编：《回忆纪念闻一多》，武汉：武汉出版社，1999年版。

112. 周予同：《群经概论》，北京：中国书籍出版社，2006年版。

113. 周予同：《中国经学史讲义》，上海：上海文艺出版社，1999年版。

114. 朱狄：《艺术的起源》，北京：中国社会科学出版社，1982年版。

115. 朱狄：《原始文化研究》，北京：生活·读书·新知三联书店，1988年版。

116. 朱维铮：《求索真文明——晚清学术史论》，上海：上海古籍出版社，1996年版。

117. 朱自清：《朱自清全集》，南京：江苏教育出版社，1992、1993、1996、1998年版。

118. 庄锡昌、孙克民编：《文化人类学的理论构架》，杭州：浙江人民出版社，1988年版。

119. ［法］克洛德·列维-施特劳斯著：《结构人类学》（1-2），张祖建译，北京：中国人民大学出版社，2006年版。

120. ［法］克洛德·列维-斯特劳斯：《野性的思维》，北京：商务印书馆，1987年版。

121. ［法］列维-布留尔著：《原始思维》，丁由译，北京：商务印书馆，1997年版。

122. ［法］雅克·德里达：《论文字学》，上海：上海译文出版社，2005年版。

123. ［美］威廉·A.哈维兰著，瞿铁鹏：《文化人类学》，张钰译，上海：上海社会科学院出版社，2006年版。

124. ［意大利］维柯著：《新科学》，朱光潜译，人民文学出版社，1997年版。

125. ［英］阿诺德·汤因比：《历史研究》，上海：上海人民出版社，2000年版。

126. ［英］爱德华·泰勒：《原始文化》，上海：上海文艺出版社，1983年版。

127. ［英］鲍斯：《种族·语言·文化》，北京：中国社会科学出版社，1999年版（英文原版影印本）。

128. ［英］詹·乔·弗雷泽：《金枝》（上下册），北京：中国民间文艺出版社，1987年版。

论文

1. 陈丙莹：《论1927—1937年间闻一多思想的发展》，载《铁道师院学报》，1993年第1期。

2. 程振兴：《"诗"与"史"的缠绵——试论闻一多的诗人气质对其文学史研究的影响》，载《云梦学刊》，2007年第1期。

3. 邓乔彬：《巫术与宗教的观照：论闻一多对先秦文学独特的文化发现》，载《华东师范大学学报》，1994年第6期。

4. 邓乔彬、赵晓岚：《传统与现代的完美结合——闻一多的古代文学研究方法论》，载《江汉论坛》，2006年第11期。

5. 方仁念：《闻一多在东西文化交流中的复杂心态》，载《齐鲁学刊》，1988年第2期。

6. 费振刚：《闻一多的中国文学史研究》，载《文学遗产》，1986年第4期。

7. 郭沫若：《论闻一多做学问的态度》，载《大学月刊》，1947年第6卷第3、4合刊。

8. 郭沫若：《闻一多的治学精神》，载《骆驼文丛》，1947年第1卷第1期。

9. 胡绍华：《论闻一多学术研究的时代性》，载《三峡学院学报》，2000年第1期。

10. 黄曼君、胡绍华：《闻一多现代品格论》，载《闻一多国际学术研讨会论文选》，武汉大学出版社2002年版。

11. 黄曼君、胡绍华：《闻一多现代学术品格论》，载《华中师范大学学报》，2000年第2期。

12. 季镇淮：《闻一多先生与中国传统文学研究》，载《闻一多研究四十年》，清华大学出版社1988年版。

13. 蓝棣之：《时代思潮的一个深度标志——闻一多思想论》，载《清华大学学报》，1995年第4期。

14. 黎风：《闻一多文化观的发展》，载《唐都学刊》，1996年第1期。

15. 李怡：《传统心理结构的自我拆解：论闻一多与中国传统诗歌文化》，载《贵州社会科学》，1995年第2期。

16. 林继中：《闻一多的文学史模式》，载《文艺理论研究》，1997年第2期。

17. 刘殿祥：《论郭沫若和闻一多〈周易〉研究的联系》，载《中国社会科学论坛·郭沫若与文化中国》，2013年第9期。

18. 刘殿祥：《论闻一多的国学研究结构及其特征》，载《闻一多诞辰 110 周年纪念暨国际学术研讨会论文集》，武汉：武汉大学出版社，2011 年版。

19. 刘殿祥：《论闻一多的诗中之学》，载《文学评论丛刊》，2009 年第 2 期。

20. 刘殿祥：《论闻一多对国学的态度及其变化》，载《徐州师范大学学报》，2010 年第 2 期。

21. 刘殿祥：《论闻一多历史意识的生成》，载《沈阳师范大学学报》，2009 年第 1 期。

22. 刘殿祥：《论闻一多神话学研究对民族文化起源的探索》，载《丝绸之路（理论版）》，2012 年第 20 期。

23. 刘殿祥：《论闻一多学术研究中的诗性思维》，载《汕头大学学报》，2009 年第 2 期。

24. 刘殿祥：《杀蠹的芸香——闻一多国学研究的价值取向略论》，载《光明日报"国学"版》，2011 年 2 月 14 日。

25. 刘殿祥：《闻一多国学研究特征论》，载《江汉论坛》，2017 年第 4 期。

26. 刘殿祥：《闻一多与中国现代学术文化》，载《江汉论坛》，2006 年第 11 期。27. 刘殿祥：《闻一多著作的版本演变和全集成型》，载《汕头大学学报》，2007 年第 4 期。

28. 刘殿祥：《"五四"新文化与二十世纪时代精神》，载《中国文学研究》，2009 年第 2 期。

29. 刘介民：《论闻一多对中国现代学术文化的贡献》，载《广州大学学报》，2004 年第 4 期。

30. 陆耀东：《闻一多新诗与中国古代诗歌的联系》，载《武汉大学学报》，1999 年第 3 期。

31. 陆耀东：《闻一多新诗与中国古典诗歌的联系》，载《闻一多国际学术研讨会论文选》，武汉大学出版社 2002 年版。

32. 吕维、徐葆耕：《对母体文化的自卫与超越——论闻一多的文化发展观》，载《中国社会科学院研究生远学报》，1987 年第 2 期。

33. 梅琼林：《闻一多：文学人类学的探索向度——以他的〈诗经〉〈楚辞〉研究为中心》，载《民族艺术》，1999 年第 1 期。

34. 潘皓：《闻一多"文化的国家主义"再读解》，载《江西社会科学》，2002 年第 3 期。

35. 邱紫华、阎伟：《论闻一多的文化阐释批评》，载《华中师范大学学报》，2000 年第 3 期。

36. 佘斯大：《闻一多先生古代文学研究法之始探》，载《华中师范大学学报》，1987 年第 2 期。

37. 石鹏飞：《学者闻一多》，载《读书》，1992 年第 11 期。

38. 宋曦业：《永生的鼓手：闻一多与中国传统文化》，载《山西大学师范学院学报》，1997 年第 9 期。

39. 苏志宏：《闻一多的古典文学研究》，载《古典文学知识》，2000 年第 6 期。

40. 孙党伯：《论闻一多的文化思想》，载《武汉大学学报》，1999 年第 3 期。

41. 孙党伯：《一项宏大而艰巨的文化工程——新编〈闻一多全集〉整理出版漫记》，载《湖北文史资料》，1999 年第 4 期。

42. 孙德高、陈国恩：《论闻一多的"文化国家主义"》，载《闻一多研究集刊》，2004 年第 9 期。

43. 唐鸿棣：《闻一多文化性格简论》，载《贵州社会科学》，1989 年第 4 期。

44. 陶敏：《闻一多与唐诗文献研究——纪念闻一多先生诞辰一百周年》，载《湘潭师范学院学报》，2000 年第 2 期。

45. 田根胜、路晓军：《闻一多治学思想方法论》，载《东莞理工学院学报》，2001 年第 1 期。

46. 王鸿莉：《压出来的"新"——论闻一多在性灵与故纸堆之间的挣扎》，载《云梦学刊》，2007 年第 1 期。

47. 王晓鹃：《从〈诗经〉研究看闻一多对传统治学方法的继承与扬弃》，载《西北师大学报》，1999 年第 6 期。

48. 王瑶：《念闻一多先生》，载《闻一多研究四十年》，清华大学出版社 1988 年版。

49. 王以宪：《闻一多〈诗经〉研究的两大贡献》，载《江西师范大学学报》，1999 年第 3 期。

50. 文春霞：《乾嘉后学和西学东渐——简析闻一多的学术构成》，载《经济与社会发展》，2004 年第 10 期。

51. 文之：《生殖崇拜的揭示：论闻一多〈诗经〉研究的独特文化视角》，载《中国韵文学刊》，1995 年第 1 期。

52. 吴艳秋：《诗人学者两蜚声——试论闻一多诗歌创作和学术研究的一体》，载《淮阴师范学院学报》，1990 年第 2 期。

53. 徐希平：《严谨求实　勇于创新——闻一多古代文学研究略论》，载

《江南大学学报》，2004年第6期。

54. 杨洪勋、吴力群：《从诗人到学者——评闻一多1930-1932年在青岛两年的学术研究》，载《青岛大学师范学院学报》，2004年第4期。

55. 杨华：《论闻一多的中国文化史研究》，载《闻一多研究集刊》，2004年第9期。

56. 杨天保：《斗士、学者和良师——试析闻一多整理古文献的学术动力和现实意义》，载《玉林师范学院学报》，2003年第2期。

57. 杨天保：《古典新义——闻一多古籍整理的成就》，载《广西右江民族师专学报》，2004年第5期。

58. 杨天保：《论闻一多先生关于古籍整理"三项课题"的思想》，载《广西师范大学学报》，2004年第2期。

59. 杨天保：《闻一多整理古籍的真善美标准》，载《广西师范大学学报》，2005年第1期。

60. 杨扬：《现代学术背景下的文化熔铸——论作为文学史家的闻一多》，载《开放时代》，2001年第11期。

61. 袁千正、宋顺元：《闻一多早期的文化心态》，载《中国现代文学研究丛刊》，1991年第2期。

62. 袁千正、袁朝：《文学史家闻一多》，载《武汉大学学报》，1999年第3期。

63. 袁千正、赵慧：《闻一多与中国传统文化》，载《武汉大学学报》，1994年第6期。

64. 章原、王启才：《闻一多和朱自清治学方法比较》，载《兰州大学学报》，2002年第4期。

65. 赵慧：《闻一多关于中国文学发展过程与趋势的研究》，载《闻一多研究集刊》，1995年第4期。

66. 郑临川：《闻一多先生的中华民族文学观》，载《西南民族学院学报》，2000年第5期。

67. 朱自清：《闻一多全集》编后记，载《闻一多全集》第4卷，上海：开明书店，1948年版。

68. 朱自清：《闻一多先生与中国文学》，载《国文月刊》，1946年第46期。

69. 朱自清：《闻一多先生怎样走着中国文学的道路——〈闻一多全集〉序》，载《闻一多全集》第1卷，上海：开明书店，1948年版。

70. 朱自清：《中国学术界的大损失—悼闻一多先生》，载《文艺复兴》，1946年第1期。

后 记

浸润闻一多研究多年，投入多，产出却少，少量的产出中发表出去的相对更少，大部分是未经整理的初稿。这次拿出一部分予以出版，也算是给自己闻一多研究的一个阶段性总结。

本书主要论述闻一多从诗歌创作转向学术研究，在诗歌与学术之间的思想历程，着重谈闻一多的古典学术研究与中国学术史的关系，说明他从"诗"到"思"的"史"的历程，凸显他在学术研究中的思想家品格。主要内容肇始于博士论文选题时，当时计划以此为主要内容撰写博士论文，但后来博士论文的基点和结构发生变化，本书内容就暂时悬置起来。但由此联系到与闻一多类似的从诗歌创作转向学术研究的现代诗人们，如郭沫若、朱自清、冯至等，他们共同呈现为现代诗歌史和现代学术史上的普遍现象。在此基础上，申报了教育部人文社科规划项目并获得批准，这才有机会将当初的想法付诸实施，就成为目前的这部书稿。

我研究闻一多是从他的诗歌创作和诗歌理论开始的，后来转为研究他的古典学术，从诗歌研究到学术研究，正是跟随了闻一多自身的变化，深切地体会了闻一多从诗歌创作到学术研究的人生感受、文化体验和精神历程的复杂性，这也构成了自己进入闻一多世界的基础。因为对闻一多更为熟悉并有了一定的研究基础，所以关于中国现代诗人与古典学术研究的课题也主要以闻一多研究展开，总可以达到以点带面、抛砖引玉的目的。自己才疏学浅、迟钝笨拙，书中一定存在错误之处，敬请学界专家和读者诸君批评指正！

在整理书稿过程中，我的导师王富仁老师离开了我们！从此再无法让他知道自己做什么和做得怎样了！几年前我出版《闻一多"死水"论》时，王老师给写了序言，我在后记中说道："王老师不仅在学术上引我入门并总在关键时候和关键地方给我指导，而且在精神上不断地提升着我，更在生活上切实地关心着我，使我总能够感觉到生活的踏实，使我总能够感觉到精神的依靠。"如今，王老师再不能为我这本习作写序言了，他再也看不见我的这本习作了，我也再听不到他的评价了！自己所感到的是悲痛和悲痛中的精神空虚。谨将此习作献给王老师，愿王老师安息！

刘殿祥

2017 年 6 月于山西大同大学